IFA

La empresa competitiva sustentable

en la era del

Capital Intelectual

Inteligente en la Organización

Flexible en la Producción

Agil en la Comercialización

René Villarreal
Tania Villarreal

CECIC

Centro de Capital Intelectual y Competitividad

A Rocío con todo nuestro cariño y admiración

A Sofía y Diego con todo nuestro amor

CONTENIDO

Parte I

Los impulsores de la nueva economía del conocimiento, la globalización y la mentefactura: El capital intelectual como fuente de la ventaja competitiva sustentable

Capítulo 1. Los impulsores de la economía y los negocios del siglo XXI

Capítulo 2. La ventaja competitiva sustentable en la hipercompetencia global

Capítulo 3. El capital intelectual como factor estratégico de la ventaja competitiva sustentable

Parte II

La estrategia de competitividad sustentable: La Empresa y el Sistema IFA en la cadena global de valor

Capítulo 4. Estrategia para el desarrollo de la empresa y sistema competitivo sustentable IFA

Capítulo 5. El Modelo Organizacional Inteligente: La Organización Inteligente de Innovación y Continuo Aprendizaje (OI^{2}CA)

Capítulo 6. El Modelo de Negocio Flexible en la Producción y Ágil en la Comercialización (NEFA): El Sistema Integral e Inteligente de Innovación-Manufactura-Marketing en la cadena global de valor

Parte III

La Competitividad Sistémica y la Empresa Competitiva Sustentable

Capítulo 7. El Modelo de Competitividad Sistémica para e Desarrollo

Introducción

La nueva economía del conocimiento, del cambio y globalización de los mercados ha originado que las empresas, ante la apertura económica, tengan que enfrentar un nuevo juego: la **hipercompetencia global en el mercado local**, el cual demanda un nuevo tipo de jugador para enfrentarlo con eficacia que es la **Empresa Competitiva Sustentable IFA: Inteligente en la organización, Flexible en la producción y Ágil en la comercialización**.

La globalización abre nuevas oportunidades a las empresas y países competitivos, pero también enormes retos, pues tienen que enfrentar mercados altamente volátiles, shocks externos y crisis financieras recurrentes con efectos de contagio, tal como ocurrió desde los llamados efectos Tequila hasta el Tango.

La empresa es quien finalmente enfrenta la hipercompetencia global en su mercado local en un mundo turbulento en donde la única constante es el cambio y lo único cierto es la incertidumbre. En este contexto, **la empresa IFA** debe integrarse a su entorno con una visión y estrategia de competitividad sistémica, desde el nivel micro-productivo, pasando por el nivel mesoeconómico —es decir en el contexto de su articulación competitiva con otras empresas de su rama productiva dentro de su misma localidad o región— y el nivel comercial internacional –frente al mercado global. La visión de competitividad sistémica se completa con la actuación del gobierno en los niveles mesoeconómico –en lo que toca a la provisión de infraestructura de clase mundial—, macroeconómico, institucional (con políticas públicas adecuadas), gubernamental (gobierno con calidad) y social (fortaleciendo la gobernabilidad).

Como corolario de un mundo globalizado y permeado por la incertidumbre, nos encontramos de frente a la nueva economía del conocimiento y la mentefactura en donde el capital intelectual se convierte en el factor estratégico para competitividad sustentable de las empresas y las naciones. Esto implica dejar atrás la vieja era industrial de la manufactura en donde sólo el capital tecnológico era el factor de competitividad.

La empresa debe aprender cómo formar y aplicar el capital intelectual a la innovación, no solamente para asimilar el conocimiento existente sino para crear nuevo conocimiento a una velocidad, efectividad y capacidad de respuesta mayor que la competencia, y no sólo en nuevos productos y procesos sino en el modo de hacer las cosas a lo largo de toda la cadena global de valor: desde la innovación a la cadena de abastecimiento, a la manufactura, la distribución y logística y el marketing (sin dejar de tomar en cuenta el servicio posventa y la preferencia revelada del consumidor); los cinco eslabones son fundamentales en el nuevo sistema internacional de producción y en la determinación de la estrategia de las empresas para competir internacionalmente. Por ello hablamos de la empresa, lo mismo que del sistema IFA de la cadena global de valor, donde se requiere una estrategia eficaz que implica la eficiencia operacional y de integración de los eslabones de esta cadena a través de un sistema Inteligente, Flexible y Ágil.

Esta obra es resultado de 30 años de experiencia en las áreas industrial-empresarial y macro-internacional que me han permitido desarrollar una amplia visión del nuevo entorno de las empresas del siglo XXI. Ideas y estrategias que hoy comparto con la intención de que este no sea un libro más, sino que contribuya a la creación de la **nueva generación de empresas IFA** que sustenten su competitividad en el nuevo mundo de los negocios.

El marco conceptual de la presente obra abarca desde la perspectiva micro hasta la perspectiva macro del modelo de competitividad sistémica, contenido en el libro *México Competitivo 2020: un Modelo de Competitividad Sistémica para el Desarrollo*, del cual está próxima a publicarse una interpretación para la región latinoamericana en su conjunto y del que se retoma lo sustancial en los capítulos finales.

En el referido libro se esbozó cómo el entorno de la empresa es determinante para su supervivencia; con lo que planteamos que en América Latina se requiere que los gobiernos entiendan hasta dónde el modelo de apertura macroestabilizador ha llevado a una transición inconclusa de las economías de la región, a un enorme costo para las empresas, como resultado de crisis recurrentes a nivel macroeconómico de estancamiento en los años ochenta y de un pobre crecimiento en los años noventa. Ello ha desembocado en un proceso de destrucción, no creativa como planteo Shumpeter sino improductiva, el cual ha erosionado de manera preocupante al capital empresarial latinoamericano. No se puede olvidar que son las empresas a nivel microeconómico la única fuente de riqueza, ya que si bien, la macroeconomía no crea riqueza, sí la puede destruir.

Mi reconocimiento al Centro de Capital Intelectual y Competitividad CECIC, y en especial a Tania Villarreal por su valiosa colaboración, quien con su formación y experiencia en las áreas administrativa y jurídica hicieron posible que saliera a la luz el presente libro.

René Villarreal
Presidente del CECIC

La visión global

El sistema mundial del siglo XXI implica que "quien hoy no vive en el futuro, mañana vivirá en el pasado."[1] La organización que hoy no se prepara para el futuro, al llegar la nueva década será obsoleta y vivirá en el pasado.

Los tres nuevos impulsores que caracterizan y conducen el nuevo sistema mundial del siglo XXI son:

- La era del conocimiento y la mentefactura, donde el capital intelectual (CI) se convierte en el factor estratégico del nuevo paradigma de la competitividad: la ventaja competitiva sustentable.

- La era del cambio rápido, continuo, complejo e incierto (RACI), el cual implica pasar del mundo del *ceteris paribus* (todas las cosas permanecen constantes) al del *mutatis mutandis* (todas las cosas cambian al mismo tiempo); además, a los agentes económicos les genera mayor incertidumbre y menor predecibilidad. En esta era se vive una transformación en la naturaleza misma del cambio. Asimismo, en ella "la única constante es el cambio y lo único cierto es la incertidumbre".

- La era de la globalización de los mercados, en los ámbitos de la producción, el comercio, las finanzas y la información, ha implicado la apertura e interdependencia de las economías y los negocios, y ha originado nuevas oportunidades, amenazas y fuentes de turbulencia y vulnerabilidad para la competitividad internacional de las empresas y países.

Estos tres impulsores, el conocimiento, el cambio y la globalización (CCG), los cuales reorientan el mundo de la economía y los negocios, poseen un gran alcance gracias a la revolución tecnológica que se ha dado en las telecomunicaciones, las cuales permiten e intensifican la comunicación a grandes distancias; las tecnologías de la información, que manejan en tiempo real grandes volúmenes de información; y las tecnologías del diseño y de la manufactura asistidas por computadoras (CAD y CIM), las cuales permiten la flexibilidad productiva con precisión y rapidez. Estas tecnologías se apoyan, todas ellas, en el desarrollo continuo y espectacular de la microelectrónica (integración de millones de componentes electrónicos en espacios milimétricos).

---

[1] Ellyard, Peter, *Learning Revolution*, Melbourne University Press, Australia, 1997.

Los nuevos impulsores CCG hacen que la economía y los negocios funcionen en los mercados globales como no se había hecho en el pasado, e implican nuevos retos para las organizaciones, al tiempo que dan origen a "**un nuevo nombre del juego**" para las naciones y las empresas: la **hipercompetencia global en el mercado local**, en cuya base se halla el **capital intelectual**, el cual funge como factor estratégico y es fuente de la **ventaja competitiva sustentable (VCS).**

La hipercompetencia global se caracteriza por la velocidad del cambio de nuevos productos, clientes, mercados, tecnologías, alianzas estratégicas, etc., con jugadores de todas partes del mundo, a quienes no sólo hay que enfrentar en los mercados internacionales, sino también, dada la apertura de las economías, en los propios mercados locales.

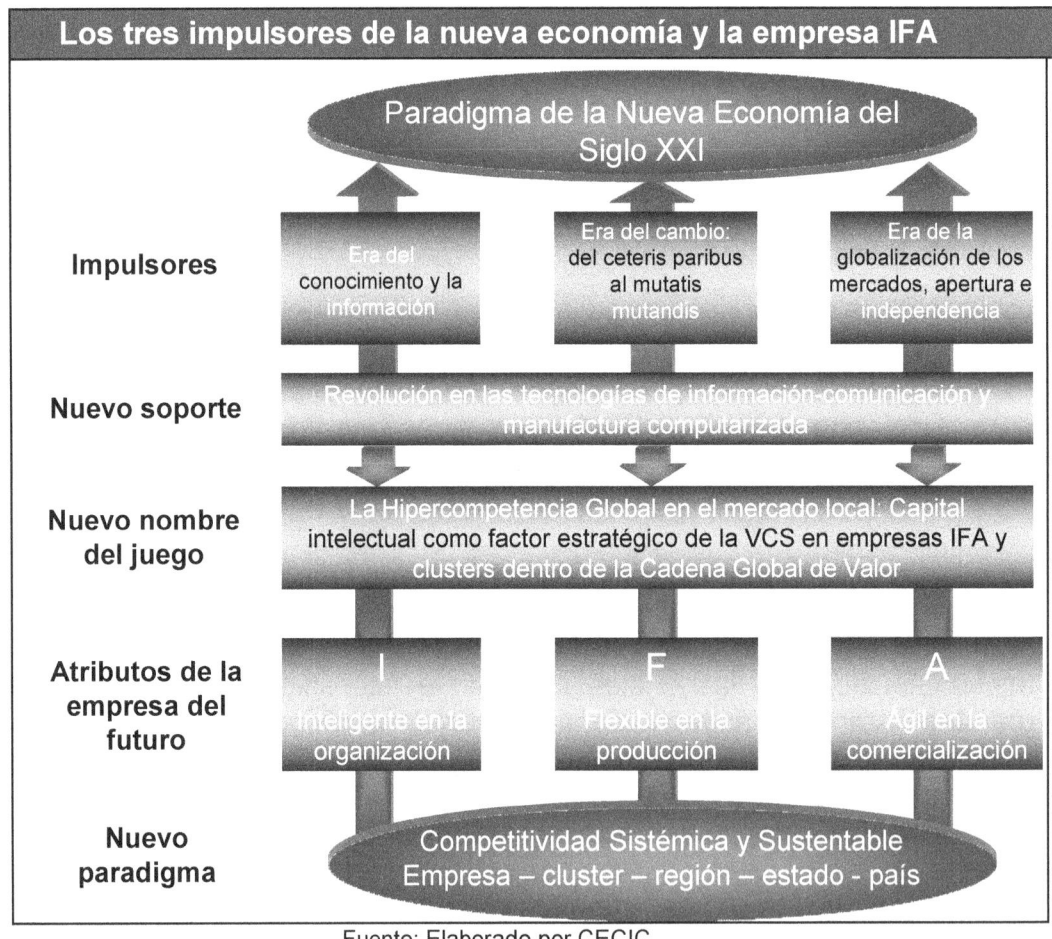

Fuente: Elaborado por CECIC.
Figura 1

De esta manera, el nuevo jugador en la hipercompetencia global en el mercado local es la empresa IFA: Inteligente en la organización, flexible en la producción y ágil en la comercialización. El nuevo jugador requiere no sólo ser IFA y conocer el entorno meso, macro-institucional, internacional y político-social que afecta su competitividad, sino que, además, requiere velocidad y capacidad de respuesta para enfrentar con eficacia el nuevo juego.

La empresa debe insertarse en la nueva economía con un enfoque integral, sin dejar de lado la necesidad de contar con una organización inteligente y un negocio flexible y ágil. La empresa, pues, debe ser IFA y tener un enfoque sistémico. El modelo de competitividad sistémica del desarrollo, expuesto ampliamente en un libro anterior[2] y de manera breve y actualizada en el presente, habla sobre los seis niveles de la competitividad, entre ellos el nivel macroeconómico de las empresas, y sus diez capitales; asimismo, el modelo integra los niveles micro, meso, macro, institucional, internacional y político social en un enfoque sistémico.

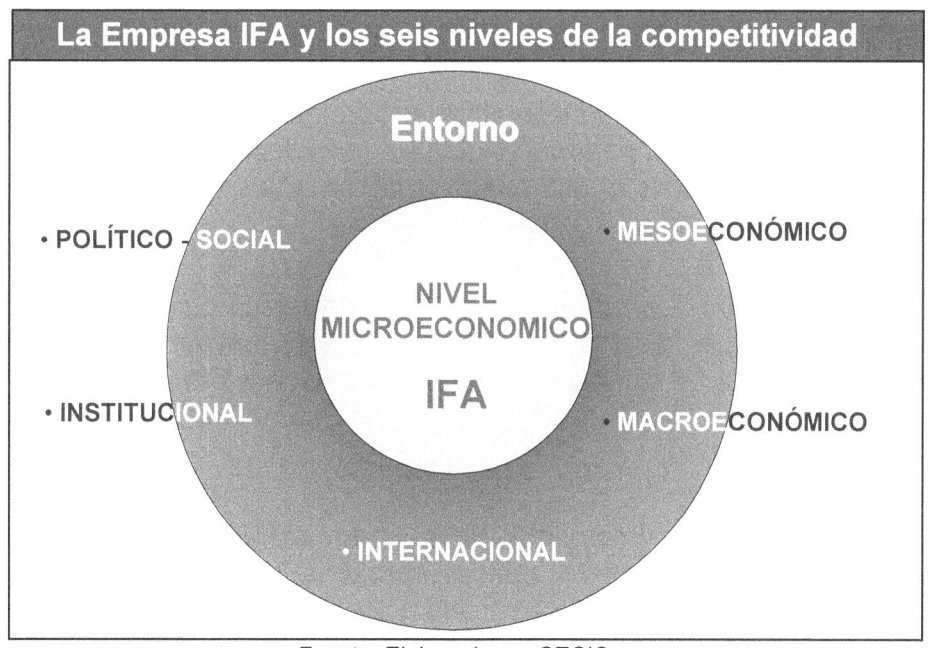

Fuente: Elaborado por CECIC.

Figura 2

---

[2] Villarreal René y Rocío Villarreal, *México Competitivo 2020. Un Modelo de Competitividad Sistémica para el Desarrollo*. Editorial Océano, 2001.

La globalización de los mercados: apertura e interdependencia

En el mundo de la globalización de los mercados —que implica apertura e interdependencia tanto de las economías como de las empresas—, la pequeña "aldea es global" en lo concerniente a las telecomunicaciones y a la información, pero también lo es respecto de la competencia económica, comercial y financiera.

La globalización de los mercados se da en cuatro ámbitos:

- En la producción. En la fábrica mundial, para producir actualmente un auto en Detroit, las partes y los componentes se fabrican en 16 países con sistemas del tipo *just in time*. La pregunta que surge es: ¿Dónde dicha fábrica? En todo el mundo. Tal fábrica integra producción e inversión y lo hace desde todas partes del mundo. En la actualidad más de 20 por ciento del PIB mundial se maneja través de la fábrica mundial y 33 por ciento es intrafirma (empresas trasnacionales).

- En la comercialización. Este ámbito se acelera mediante la apertura de los países a acuerdos regionales de libre comercio, tales como el acuerdo de América del Norte, el Merco Sur y la llamada Comunidad Económica Europea.

- En la información. Internet y los sistemas de telecomunicación modernos permiten disponer de mayor cantidad de información de manera casi instantánea. Así, el conocimiento puede ser considerado como materia prima, y se puede disponer de él en mayor volumen, a una gran velocidad y a un menor costo.

- En el financiero. El dinero electrónico permite la movilidad de grandes volúmenes de capital entre países (aproximadamente son llevados 200 mil millones de dólares en forma anual a los mercados emergentes). Sin embargo, en ocasiones el dinero electrónico puede traer consigo "virus especulativos" (los cuales son similares a los virus informáticos), los cuales desestabilizan las economías de los países y contagian al resto de los sistemas económicos mundiales. De aquí que el reto sea: cómo permanecer abierto a los capitales del exterior sin que éstos (el capital volátil y el especulativo de corto plazo) contagien al sistema económico mundial.

El mercado es el nuevo impulsor central de la economía mundial, incluso en China se habla hoy del neosocialismo de mercado. La globalización de los mercados plantea nuevos retos a las economías y empresas, pues aún la pequeña aldea local es una aldea global, y lo es no sólo en las comunicaciones, sino también en la economía. A ello se debe que las empresas estén obligadas a sobrevivir enfrentando la competencia internacional en su propio mercado local. Un claro ejemplo de esto lo constituyen los helados Virginia, que podemos hallarlos en la ciudad de Cuernavaca. En este establecimiento se elaboran helados de excelente calidad, a partir de frutas tropicales. A esta empresa no le interesa exportar o competir en otras regiones, pues su mercado local le ha permitido obtener los ingresos que requiere. Sin embargo, la empresa transnacional Baskin-Robins, se estableció en la misma ciudad y también ha comenzado a elaborar helados con base de frutas tropicales, los cuales se distribuyen a nivel local e incluso en el ámbito internacional.

En este contexto, la competencia para la empresa de helados Virginia se ha venido a ubicar en su propio mercado (Cuernavaca), pero ahora su competidor es una de las grandes empresas internacionales. Aunque no le interesa exportar, la competencia (mediante la globalización y la apertura) ya la alcanzó. Ahora, la competencia es un hecho en su propio mercado local. Sin duda, éste es el reto que tienen que enfrentar las empresas locales. En otras palabras, el reto es enfrentar en el mercado local la competencia internacional.

La única manera de enfrentar y sobrevivir esta nueva realidad es con una visión de futuro, con capacidad de respuesta y siendo flexibles ante el cambio, para lo cual se requiere crear empresas competitivas sustentables basadas en el CI, esto es, organizaciones que sean inteligentes, flexibles en la producción y ágiles en la comercialización. La visión de futuro, ante la mayor incertidumbre y menor predecibilidad de los acontecimientos, requiere más que nunca de la planeación estratégica bajo escenarios. No se puede ya extrapolar el pasado para proyectar el futuro, porque el cambio es discontinuo; por ello hay que imaginar los escenarios posibles, y probables, para crear el escenario viable y factible en el que las empresas habrán de participar. La globalización de los mercados es un juego de amenazas y oportunidades. La cuestión fundamental en este juego es encontrar los "nuevos atributos" que debe desarrollar la empresa del futuro para que pueda participar, en forma sustentable, en el juego de la "hipercompetencia global"; con base, claro está, en el CI. Éste es el nuevo paradigma de los negocios y las organizaciones exitosas del siglo XXI.

La era del conocimiento y la mentefactura: la ventaja competitiva sustentable

En el nuevo milenio, el mundo está pasando de la era industrial a la del conocimiento y, por lo tanto, está cambiando tanto la fuente como el factor estratégico de la competitividad. En la era agrícola, quien tenía la tierra de la mejor calidad (factor estratégico), poseía la mayor competitividad para producir alimentos. En la primera Revolución Industrial, el factor estratégico era la máquina; mientras que en la segunda Revolución fue, y ha sido, la tecnología. Desde los años de 1990 y, sin duda, para el siglo XXI, el CI es, y será, el factor estratégico de la ventaja competitiva sustentable (Ver Figura 3).

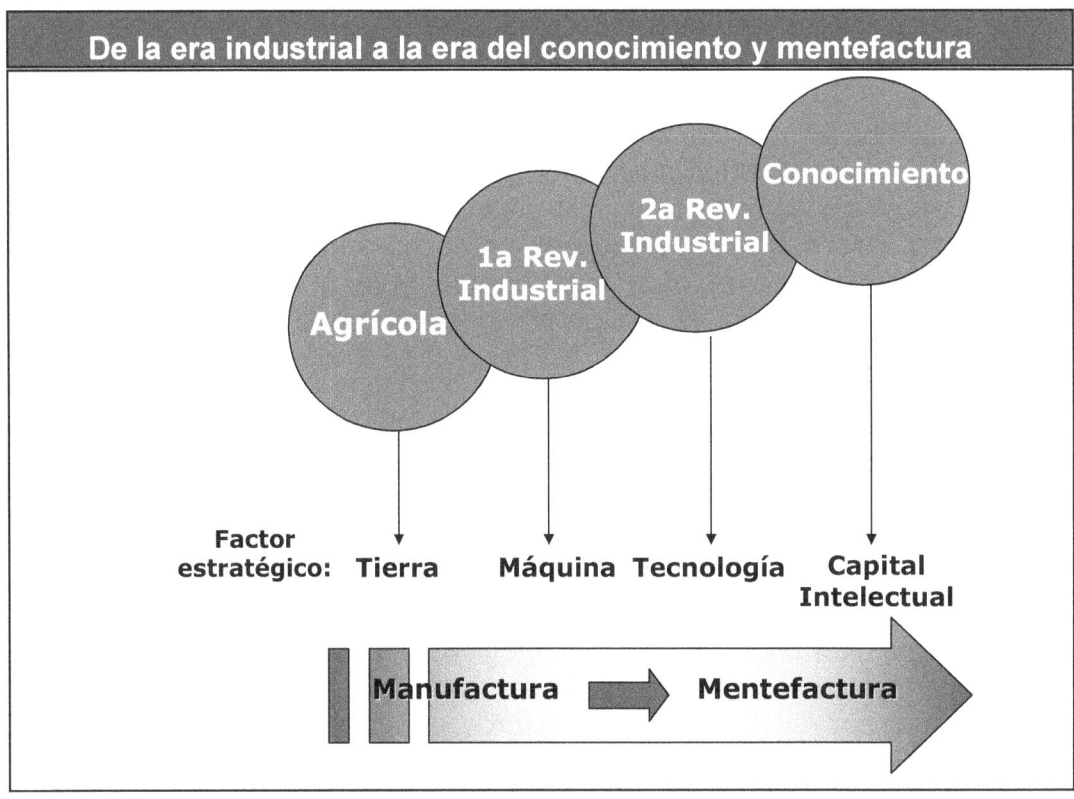

Fuente: Diagrama desarrollado con base en Hubert Saint-ONGE. Presentación "Capital Intelectual" Toronto Canadá, 1995.

Figura 3

El factor estratégico de la VCS (ventaja competitiva sustentable), en esta nueva era del conocimiento y la mentefactura, es el CI (capital intelectual), y la brecha de la competitividad está relacionada con el tiempo y la velocidad para adquirir conocimiento, asimilarlo, difundirlo y traducirlo, con la creación de conocimiento productivo vía la innovación de nuevos productos y procesos, de sistemas de organización y comercialización a través de células de aprendizaje o con la creación de conocimiento productivo dentro de empresas IFA.

La teoría económica neoclásica de la ventaja comparativa, basada en la dotación y la abundancia relativa de factores en los países, ha sido rebasada hoy por la alta movilidad de los factores de producción, de los insumos y de los recursos, lo cual ha sido causado tanto por el libre comercio como por la globalización de los mercados. El modelo de Porter de la ventaja competitiva, el cual está basado en una "guerra de posiciones" (selectividad en las cadenas de valor), también ha sido superado por la hipercompetencia global que se presenta en la nueva era del CCG; en ella, la "guerra" es más de movimientos que de posiciones.

Es importante diferenciar los tres conceptos de ventaja competitiva que se desarrollan en el presente libro: la ventaja competitiva básica, la ventaja competitiva revelada y la ventaja competitiva sustentable.

- **Ventaja competitiva básica** (VCB), se alcanza con costos-precios, calidad y servicios internacionales.

- **Ventaja competitiva revelada** (VCR), se alcanza consolidando o mejorando la participación de la empresa o del país en el mercado.

- **Ventaja competitiva sustentable** (VCS), se alcanza cerrando la brecha de la competitividad con el que va adelante en la carrera de la competencia y/o ampliándola con el que viene atrás.

La ventaja competitiva básica representa sólo el derecho a participar en el juego de la hipercompetencia global (es el boleto de entrada), pero no da para más. En otras palabras, en un mundo abierto y globalizado se requiere competitividad, costos, precios, servicio y calidad internacionales, pues estos factores constituyen el boleto de entrada a la competencia, pero no garantizan una posición en la carrera de la competencia internacional.

Si hay una ventaja competitiva revelada, se tiene una posición importante en la carrera, la cual podría ser, por ejemplo, la segunda o la tercera posición, según su participación de mercado. Sin embargo, para alcanzar una ventaja competitiva sustentable (VCS) a través del tiempo en una economía dinámica, bajo el juego de la hipercompetencia global permanente y sin fin, además de contar con las ventajas competitivas básica y revelada, se debe cerrar la brecha de la competitividad con el líder y ampliarla con el que viene atrás, lo que sólo se logra si la empresa es IFA.

Por otra parte, sigue abierta la cuestión de cómo las nuevas empresas basadas en el CI pueden, además de ser competitivas, sustentar su competitividad. Sin duda, una organización inteligente que forme, acumule y utilice plenamente el CI como el nuevo factor estratégico de la competitividad, dispondrá de todas las condiciones para alcanzar una VCS.

En el viejo paradigma de la ventaja competitiva de las naciones y las empresas, el cual está basado en la teoría neoclásica del comercio internacional (Heckscher-Ohlin), se establece que la ventaja competitiva de un país en desarrollo está en la mano de obra barata (la cual es la expresión en el precio de la abundancia relativa del factor de producción). Esto se manifiesta en la exportación de productos intensivos en su factor abundante, lo que se traduce en fuerza de trabajo barata. De la misma manera, para un país industrializado, en donde el factor abundante es el capital, la ventaja competitiva está en el sistema de producción masiva y estandarizada, con plantas a gran escala cuyos costos unitarios de producción permiten reducir el costo unitario de producción (industrias intensivas en capital).[3]

Por lo tanto, el viejo paradigma de la ventaja competitiva basada en la mano de obra barata (factor trabajo) para los países en desarrollo y de empresas de gran escala (abundancia de capital físico) para países industrializados, ya no funciona en la era del conocimiento y de la mentefactura. Ahora, el factor estratégico de la ventaja competitiva radica en el CI. La dificultad con el CI es su intangibilidad, además es algo que no se compra, sino que sólo se cultiva,

---

[3] Villarreal, René, *Panorama general, economía internacional*, Tomo I, FCE, México, 1997

El CI como factor de producción del conocimiento y fuente de la VCS

Hemos dicho que la hipercompetencia global y la ventaja competitiva sustentable se llevan a cabo con un nuevo factor estratégico, el CI, que a su vez genera conocimiento productivo e innovador.

En el análisis del CI hay que diferenciar las perspectivas de las cuales se derivan las siguientes preguntas:

- ¿Cómo se define, forma y acumula el CI?

- ¿Qué papel juega el CI en la producción de conocimiento productivo o en la innovación?

- ¿De qué manera se mide el CI como activo de valor?

El CI es el factor estratégico y fuente de competitividad en la era del conocimiento. El CI es intangible, no se puede comprar, se cultiva en organizaciones inteligentes que tienen tres características: son de aprendizaje, son innovadoras y tienen la capacidad para responder rápidamente al cambio.

La clave del CI no sólo es cómo definirlo o medirlo, sino también cómo formarlo, acumularlo y utilizarlo plenamente en la generación de conocimiento productivo aplicado al negocio.

Las empresas que sobrevivirán hoy y en el futuro dependen de la velocidad y capacidad de respuesta para innovar o producir conocimiento productivo. Sin embargo, ello depende de la acumulación del CI y de la flexibilidad y agilidad organizacional para cambiar, antes que los competidores, la dirección del negocio (producción y/o comercialización) hacia las necesidades del mercado y del cliente. La clave es, pues, desarrollar un "nuevo modelo organizacional para la innovación y la competitividad" basado tanto en el capital intelectual como en células del conocimiento.

El CI se forma con la integración del capital humano de conocimiento (*knowledge human capital*) que trabaja con el capital informático —el cual, por un lado, se crea a través de los sistemas de información y de conocimiento compartido en red a nivel organizacional y, por el otro, se apoya en las nuevas tecnologías de la información, comunicación y manufactura computarizada, pero con un nuevo modelo organizacional, a saber, el capital organizacional (Ver Figura 4). Estos tres capitales se integran en un nuevo enfoque, que es a la vez integral y sistémico. El arte, por lo tanto, consiste en desarrollar una visión y una capacidad de liderazgo de la gestión administrativa para articular dichos capitales, que además permita el aprendizaje y la innovación en equipo, así como la creación y acumulación del CI.

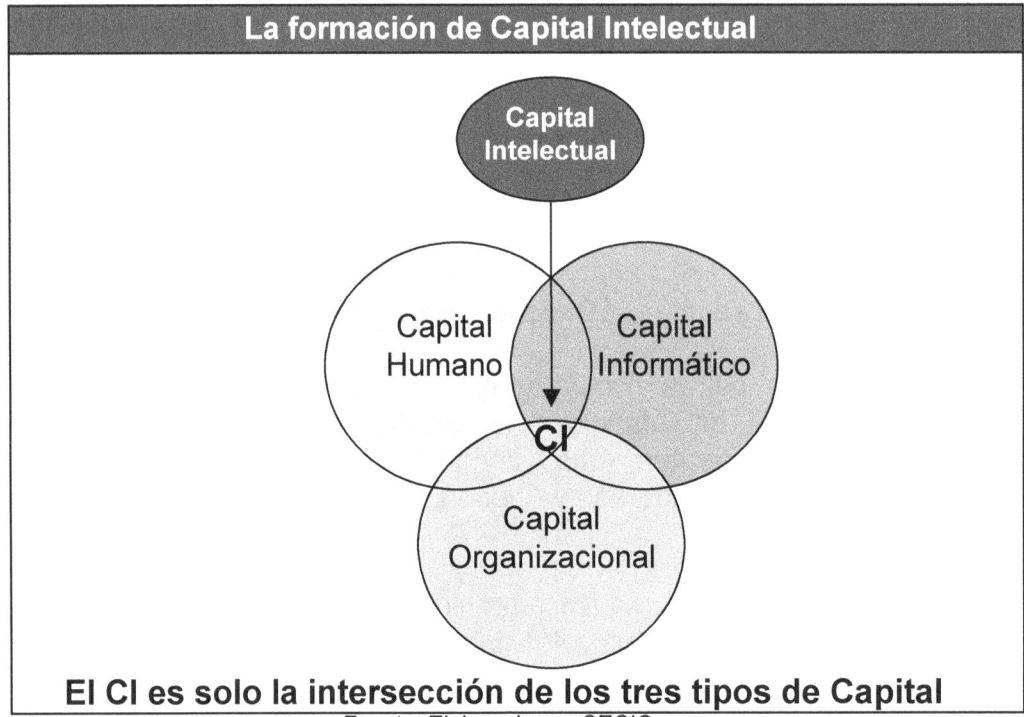

Figura 4

Es importante considerar el CI de dos maneras distintas: a) como activo de la empresa que le da valor, y b) como factor de producción de nuevo conocimiento e innovación.

En trabajos recientes se enfoca al CI principalmente como un activo de la empresa que le da valor a la hora de su realización (enfoque "portafolios de acumulación de riqueza"). Sin embargo, lo más importante y estratégico para el desarrollo de una empresa competitiva sustentable es cómo utilizar el CI como factor de generación de conocimiento productivo (enfoque "creación de riqueza o valor", desde la perspectiva de Nonaka y Takeuchi, 1995), el cual es la base de la innovación y la fuente de la ventaja competitiva sustentable.

La acumulación del CI requiere desarrollar el capital humano del conocimiento (trabajador del conocimiento, células de aprendizaje colectivo a nivel equipo y a nivel de la organización y centros virtuales de desarrollo del aprendizaje), pero apoyado en el nuevo capital sistémico de las tecnologías de la información, comunicación y manufactura computarizada (TICMC), así como de un nuevo capital organizacional que permita un enfoque dinámico y flexible de la estructura organizacional, de los liderazgos y de los estilos ágiles y abiertos de gestión.

De este modo, puesto que la formación y acumulación del CI es un factor estratégico de producción, resulta importante utilizarlo plenamente, aplicando los recursos actuales e incrementando su integración (Ver Figura 5).

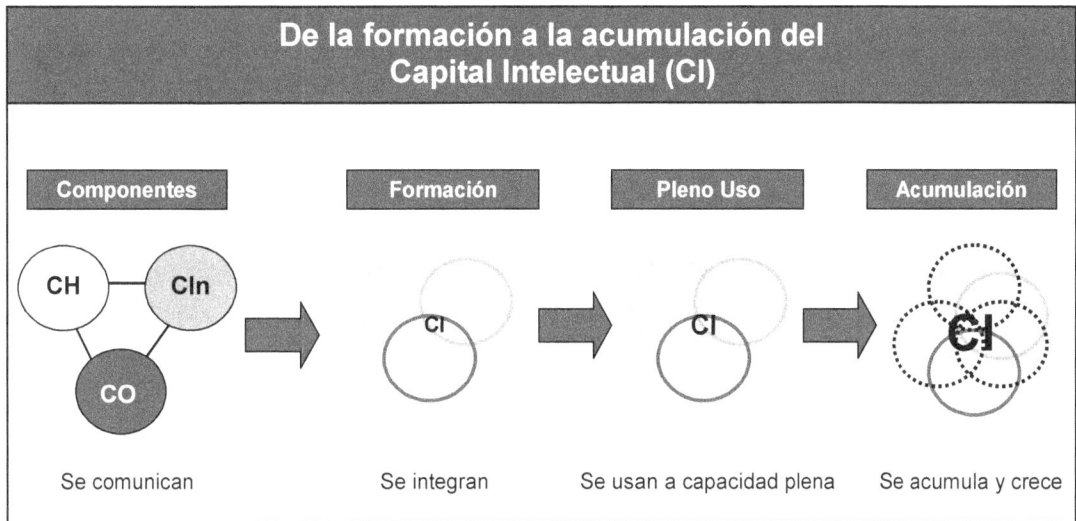

Fuente: Elaborado por CECIC.
Figura 5

La ventaja competitiva sustentable en la nueva era de la globalización y del conocimiento está en la inversión en capital humano y su desarrollo en capital intelectual. El capital físico y el tecnológico se compran, el financiero se contrata y/o se obtiene mediante socios, pero el CI no se puede comprar, sólo se cultiva y desarrolla en organizaciones inteligentes de continuo aprendizaje e innovación, las cuales requieren un nuevo modelo organizacional dinámico, flexible, ágil y abierto basado en liderazgo participativo y en el trabajo en equipo, vía células de aprendizaje y mediante la creación de nuevos conocimientos productivos (innovación).

En otras palabras, la VCS no está en la mano de obra barata, sino en la mano de obra productiva. Un simple cambio de palabra (*barata* por *productiva*) implica un cambio del paradigma neoclásico del comercio internacional (competitividad basada en la especialización de los productos intensivos en el factor abundante: Hecksher-Ohlin), hacia un nuevo modelo de creación de conocimiento, donde la ventaja competitiva no existe (no está dada), sino que se crea a través del CI y esta en organizaciones inteligentes de continuo aprendizaje (*learning organizations*) e innovación, esto es, en empresas IFA. Por lo tanto, el primer paso para enfrentar el nuevo paradigma de la ventaja competitiva sustentable basada en el CI es desechar el viejo modelo mental o paradigma, que establecía que la ventaja competitiva radica en "explotar la mano de obra barata" (bajos salarios) para los países en desarrollo o tener empresas de gran escala para los países industrializados. El nuevo enfoque es invertir en el capital humano para generar mano de obra productiva, basada en el trabajador del conocimiento (TACA), que tenga capacidad para trabajar, aprender y crear conocimiento productivo y aplicarlo a la empresa.

Paradójicamente, el reto de los países en desarrollo es el empleo productivo. En la nueva era, hablar del trabajador del conocimiento no implica hablar de un trabajador culto, sino de un trabajador creativo que, además, sea capaz de aprender. En México y América Latina la edad promedio del trabajador fluctúa entre los 19 y 25 años y está buscando oportunidades de desarrollo, en tanto que el estadounidense se ubica entre los 40 y 45 años y está planeando su retiro.

La capacidad de aprendizaje y creatividad del obrero mexicano es muy alta y requiere de un nuevo enfoque y sistema nacional que convierta a la "planta en aula", esto es, que la propia empresa, bajo una nueva organización inteligente, desarrolle trabajadores TACA, mediante células y centros de desarrollo de aprendizaje colectivo y creación de conocimiento. Asimismo, la revolución en las telecomunicaciones y los sistemas de la información permiten la educación a distancia, los cuales pueden llegar directamente a la empresa en forma relativamente barata. Ejemplo de esto, en México, son los desarrollos recientes de los sistemas EDUSAT (SEP) y el AVE (ITESM).

Las empresas competitivas sustentables del futuro, con mayor valor (enfoque portafolio), serán aquellas basadas en la creación de conocimiento y en el desarrollo del CI. Su rentabilidad dependerá de que se conviertan en empresas IFA, para desarrollar una VCS.

El capital intelectual como factor de producción y el proceso de creación de conocimiento e innovación

La creación de conocimiento productivo o innovación en los negocios no es producto de la "generación espontánea", sino de una organización inteligente, de aprendizaje e innovadora, que genera conocimiento productivo. Lo que se busca es desarrollar el "cerebro colectivo" o la "inteligencia emocional colectiva" de la empresa a través de un enfoque de trabajo del tipo centro-arriba-abajo (Nonaka-Takeuchi), basado en células del conocimiento: organismos de aprendizaje e innovación.

El reto es diseñar e instrumentar un nuevo modelo organizacional, que tenga como objetivo pasar del conocimiento individual al de grupo (células) y al de la organización, bajo un nuevo enfoque que transforme las organizaciones de trabajo en organizaciones inteligentes: con capacidad de aprendizaje continuo, de creación de nuevos conocimientos y con capacidad de respuesta al cambio de la economía y de los mercados globales en su realidad local. En otras palabras, el objetivo es crear una organización que innove y aplique el nuevo conocimiento en forma más rápida que la competencia.

En la nueva economía del conocimiento —como dice Romer— la producción es de ideas, más que de bienes y servicios. Para nosotros es importante visualizar el proceso de producción o creación organizacional de conocimiento productivo. La materia prima e insumos fundamentales para la creación del conocimiento son la información y el conocimiento acumulado en la empresa, tanto tácito (individual) como explícito, codificado en sus redes de información y de conocimiento. A ellos se unen los nuevos flujos de información y conocimiento externos, entre los que se hallan clientes, proveedores, competidores, universidades y centros de consultoría.

El proceso de producción del conocimiento (el cual, desde nuestro punto de vista, se genera, fundamentalmente, a través del enfoque de centro-arriba-abajo, por medio de células del conocimiento de aprendizaje, innovadoras y con capacidad y velocidad de respuesta al cambio en los mercados, que además se organizan en las áreas básicas y estratégicas de la cadena de valor de la empresa) se apoya en trabajadores del conocimiento y en el centro de desarrollo de habilidades intelectuales y de creación de conocimiento de la propia empresa, que genera el "cerebro colectivo" o la "inteligencia emocional colectiva", esto es, la fuente pensante y de creatividad de la organización.

La pregunta que surge es: ¿Cómo puede mejorarse la eficiencia de este proceso productivo? Mediante métodos que mejoren el aprendizaje y la creatividad colectiva.

El aprendizaje y la creatividad organizacional pueden mejorarse de manera sustantiva observando cuatro aspectos importantes:

- **El enfoque tridimensional del aprendizaje (triple A):** aprender a desaprender; aprender a aprender y aprender a emprender.

- **Tipos de aprendizaje:** aprendizaje por la práctica (*learning by doing*); aprendizaje por el uso (*learning by using*); aprendizaje por la búsqueda (*learning by searching*); aprendizaje por la interacción (*learning by interacting*); aprendizaje por medio de la exploración y la investigación (*learning by exploring*), como los avances de la ciencia y la tecnología; y aprendizaje por transferencias interindustriales (*learning from inter-industry spillovers*).

- **Técnicas de aceleración del aprendizaje.**

- **Educación a distancia, programas y sistemas.**

Las células de conocimiento, aprendizaje e innovación son las encargadas de generar, acumular y adquirir la información, crear el nuevo conocimiento y tenerlo actualizado de manera continua. De aquí que haya que pasar del viejo enfoque de los 'círculos de calidad' (teoría de la calidad total), a las células del conocimiento, de aprendizaje e innovadoras, de la nueva era de la economía del conocimiento.

El CI (factor de producción) a través de las células del conocimiento, bajo un enfoque TACA, procesa la información y el conocimiento acumulado en la empresa, así como el adquirido externamente, para producir nuevo conocimiento. La pregunta que surge desde el punto de vista de la economía y los negocios es: ¿Qué es el conocimiento productivo y la innovación? En este contexto, es posible clasificar el nuevo conocimiento en general y específico. El primero (general) se refiere a uno o varios tipos de conocimiento: saber cómo (*know how*), saber qué (*know what*), saber por qué (*know why*), saber quién (*know who*) y saber cuándo (*know when*). El conocimiento específico se concentra en las áreas de producción del negocio (mejoras y desarrollos de nuevos productos y procesos), en la comercialización, en la creación de nuevos sistemas de servicio integral al cliente y de marketing, en la administración, y en los nuevos métodos y sistemas de desarrollo organizacional.

Finalmente, ¿cuál es el resultado esperado en todo el proceso de creación de conocimiento productivo e innovación? La respuesta se encuentra en la mejora de la ventaja competitiva de la empresa. De este modo, todo nuevo conocimiento que no se aplique al negocio y se traduzca en una mejora en la competitividad, no es conocimiento productivo, sino sólo cultural

El capital intelectual como activo de valor

Se refiere al capital intelectual como un activo que puede ser incorporado al balance, como ocurre con la maquinaria, el equipo, los inventarios, los edificios, entre otras cosas, los cuales tienen un valor específico. Actualmente se intenta evaluar no sólo el stock, sino también el flujo de incremento de valor del activo (incluido el CI), y ello para reflejarlo en el estado contable de pérdidas y ganancias.

La medición del CI como activo de valor es un enfoque más tradicional. Desde nuestra perspectiva, el CI es objetivo y es algo que se puede fomentar y utilizar como fuente estratégica de producción de nuevo conocimiento e innovación.

La estrategia de competitividad internacional: el diamante de la empresa y el sistema IFA en la cadena global de valor

En la nueva economía global, del conocimiento y del cambio continuo del siglo XXI, la globalización de los mercados ha implicado el desarrollo de una **nueva economía sistémica,** donde se vive el fenómeno de la hipercompetencia global en el mercado local dentro de los sistemas internacionales de producción-comercio-inversión. En ellos no sólo hay libre movilidad de productos, sino también de factores, ocasionada principalmente por las empresas multinacionales que pueden producir productos de alta tecnología (chips) en países en desarrollo (Costa Rica, por lo que toca a la planta de Intel). Las decisiones se toman no por la dotación de factores en el país, sino por la estrategia trasnacional de las empresas que, además, han desarrollado la capacidad de desplazar entre países los procesos básicos de la cadena de valor de sus productos.

La estrategia de competitividad en la era industrial de los pasados dos siglos clasificaba el posicionamiento de los países en forma determinista, de acuerdo con su dotación relativa de factores; por un lado, se encontraban los países que debían orientarse a la producción masiva y de mínimo costo por tener una ventaja comparativa derivada de la abundancia de mano de obra barata y de recursos naturales; por otro lado, se encontraban los países industrializados que se concentraban en productos intensivos en capital. Este esquema funcionó en el mundo de los siglos XIX y XX con economías semicerradas e internacionalizadas (no globalización de mercados) y en donde los factores productivos no se movían entre fronteras.

Sin embargo, la globalización y la apertura de las economías han traído consigo un cambio radical en la organización de la producción a nivel mundial. Vivimos ahora bajo la dinámica de la fábrica mundial y los sistemas internacionales de producción, en los cuales los flujos de inversión y de comercio internacional van de la mano: las grandes corporaciones globales han fragmentado los distintos eslabones de la cadena de valor de su producto y han distribuido sus actividades alrededor del mundo. Así, **la dinámica competitiva internacional debe ser concebida ahora a través del enfoque de la cadena global de valor y sus cinco eslabones básicos: innovación, abastecimiento, manufactura, distribución logística y comercialización o marketing**. Es necesario resaltar que los eslabones de esta cadena deben concebirse como procesos dentro de un solo sistema, esto es, ninguno de ellos funciona de manera aislada.

La estrategia de la empresa en la nueva economía global ya no tiene como objetivo obtener alta rentabilidad del capital invertido en el corto plazo. Su estrategia ahora es cómo sostener la competitividad de la empresa en el mediano y largo plazo dentro del nuevo juego de la hipercompetencia global, no sólo en el mercado internacional sino también en el mercado local ante la apertura de los mercados a la globalización. ¿Cuál es la estrategia de la empresa en la nueva era de la economía del conocimiento? ¿Cuál es la estrategia de la empresa en la nueva era del cambio continuo del mundo globalizado?

En el mundo industrial previo a la globalización se concebía la estrategia de la competitividad internacional como un juego de **posiciones.** A ello se debe que la estrategia de la empresa fuera buscar un "buen producto" que pudiera elaborar con la tecnología existente al mínimo costo, ya sea mediante economías de escala, plantas (países industrializados) o salarios bajos en las actividades intensivas de mano de obra. Ahora, el reto es tener un "buen *management* empresarial" y mantenerse en una posición dentro de la carrera con una estrategia de movimientos para enfrentar la competencia internacional en una economía turbulenta de absoluta movilidad de capitales.

Sin embargo, la nueva estrategia es de movimientos, no de posiciones. El reto es cómo pasar de la ventaja competitiva básica (costo-calidad-servicio) y de la ventaja de competencia revelada (VCR) (posicionamiento en el mercado) a una **ventaja de competencia sustentable (VCS)**; es decir, el reto es cómo mejorar la posición competitiva en el mercado aumentando la velocidad y capacidad de respuesta, cerrando la brecha de la competitividad con el líder y ampliándola con el competidor que viene detrás. En otras palabras, el reto es cómo sustentar una posición competitiva en el mercado en un mundo donde "la única constante es el cambio y la único cierto es la incertidumbre" dentro del juego de la hipercompetencia global, donde la velocidad y el tiempo se convierten en variables estratégicas y donde ya no se compite con la estrategia de mínimo costo basada en la abundancia relativa de factores (capital o trabajo) sino con el **capital intelectual como el factor estratégico de producción** del nuevo conocimiento o innovación.

En este contexto, hay que dejar de lado el paradigma según el cual los países en desarrollo debían especializarse en productos de mano de obra barata. Ahora, el reto es desarrollar la capacidad empresarial para desarrollar empresas y sistemas IFA en la cadena global de valor dentro de un contexto cluster-polos-región, con nichos de producción especializados, en los que el factor estratégico para sustentar la ventaja competitiva sea el capital intelectual: la capacidad de innovar procesos y productos y ponerlos en el mercado mucho antes que la competencia.

Actualmente se requiere una **estrategia integral de competencia internacional que se base en el nuevo tipo de empresa IFA** (inteligente en la organización, flexible en la producción y ágil en la comercialización), con capacidad y velocidad de respuesta a los cambios del mundo (tecnología, demanda, competencia, etcétera), que se integre eficientemente en un sistema también IFA de la cadena de valor, de la innovación a la manufactura y el marketing.

Por otro lado, la dinámica y, por lo tanto, **la estrategia competitiva –que es de movimientos y no de posiciones—, a lo largo de la cadena global de valor, es diferente, de acuerdo con el tipo de producto en cuestión, así como con el tipo de mercado en que se esté jugando**. La cadena de valor cuero-calzado, por ejemplo, se comporta de manera distinta de acuerdo con las distintas combinaciones a lo largo del eje nicho de producto-nicho de mercado: el calzado deportivo estandarizado de bajo costo-precio define un patrón estratégico en la cadena de valor, mientras que el calzado intensivo en diseño y moda, con mayor tecnología de materiales de precio medio-alto y alto define otro patrón estratégico en la cadena de valor completamente distinto.

Todo ello se basa en un plan estratégico con visión clara a lo largo de los dos ejes de lo que denominamos diamante estratégico IFA de competitividad internacional: nicho de producto-nicho de mercado; empresa IFA-sistema IFA en la cadena de valor.

Fuente: Elaborado por CECIC.
Figura 6

Al moverse estratégicamente en el eje empresa-sistema IFA de la cadena de valor, las empresas deben aumentar su capacidad para mejorar la eficiencia de operación de cada eslabón de la cadena de valor incrementando la eficiencia de integración entre los eslabones. En este nuevo esquema estratégico, el capital intelectual se vuelve la fuente de la competitividad sustentable en la nueva economía del conocimiento.

El sistema IFA de la cadena de valor implica, en primer lugar, ligar el capital comercial con el capital intelectual, estableciendo un vínculo estrecho entre todos los eslabones de la cadena (consumidor final, detallista, departamento de diseño de la moda, departamento de nuevos productos, establecimiento de los productos bestsellers, reórdenes del producto demandado, etcétera); en segundo, que los sistemas de abastecimiento, distribución y logística sean de rápida respuesta y confiables, para poner el producto correcto en el mostrador antes de que lo haga la competencia; en tercer lugar, que la manufactura sea flexible para poder adaptar con rapidez los sistemas de producción a este tipo de productos específicos; por último, que la articulación de la cadena de valor sea efectiva y eficiente. Ello en virtud de haber alcanzado un alto grado de "eficiencia operativa" por parte de todas y cada una de las empresas que integran cada uno de los eslabones de la cadena: materia prima, proveeduría, manufactura, logística, canales de distribución y comercialización/marketing.

Para lograr operar bajo este esquema es imprescindible, entonces, la "eficiencia en la integración" con la cadena de abastecimiento (*supply chain*) de materias primas, de partes y componentes, para poder establecer la repetición de órdenes de los productos seleccionados como los más vendidos.

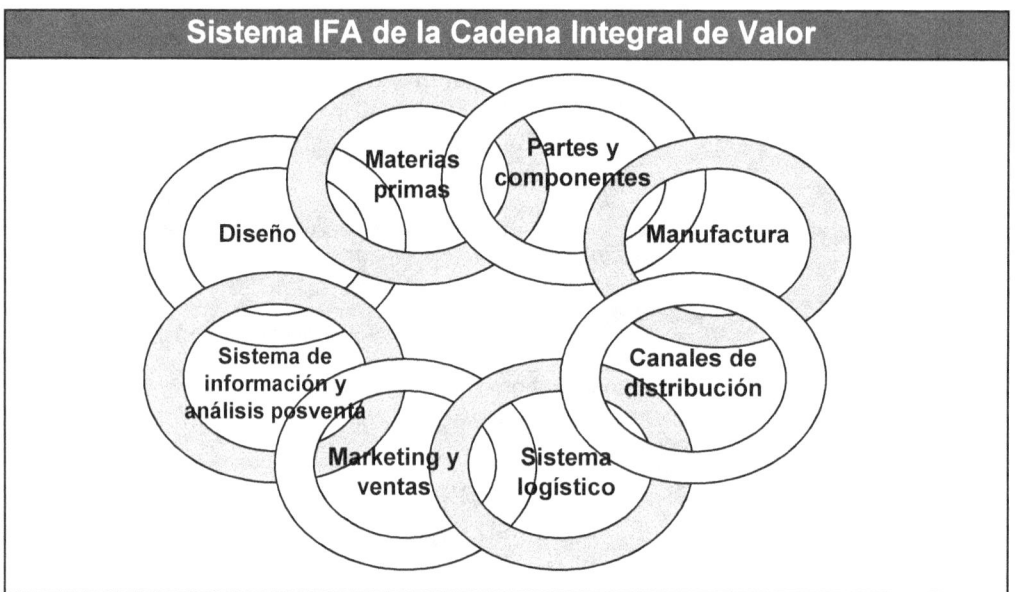

Fuente: Elaborado por CECIC.
Figura 7

Así, la empresa debe asumir que ahora ya no se compite con una estrategia de posiciones tomando un **producto y nicho de mercado** y sólo buscado el mínimo costo de producción, sino que hoy día debe agregar valor en la cadena global de valor y esforzarse por generar un proceso permanente de escalamiento del valor del producto, a tal grado que sea incluso posible transitar de una cadena de valor en productos relativamente básicos a una de productos más complejos.

Efectivamente, la estrategia de competitividad basada en movimientos y en un enfoque sistémico en empresas IFA implica eficiencia de operación e integración a lo largo de la cadena de valor. Esta estrategia se basa no en el mínimo costo sino en el **máximo valor agregado para el cliente**. Con la capacidad de "escalamiento de valor" (*up-grading*) no sólo a lo largo de la cadena de valor sino también a una cadena superior, Nokia pudo pasar del sector forestal y del papel a la elaboración de electrónicos de alta tecnología. De esta manera observamos cómo la ventaja competitiva no existe o está dada de manera determinista por la dotación de factores, la ventaja competitiva se crea y se desarrolla a través de las empresas y sistemas IFA en la cadena global de valor.

Jerarquía evolutiva del escalamiento productivo

Trayectoria	Tipo de escalamiento productivo			
	Proceso	Producto	Funcional	Cadena
Ejemplos exitosos: •Taiwán •China •Brasil	Ensamble del equipo/producto original Manufactura del equipo/producto original	Manufactura del diseño original	Manufactura de la marca original	Evolución de las cadenas del calzado barato y estandarizado a la cadena de moda e innovación con materiales de alto valor percibidos por el cliente
	El valor añadido total aumenta progresivamente a lo largo de la cadena global de valor o incluso CAMBIANDO de cadena global de valor			

Fuente: Elaborado por CECIC.
Cuadro 1

No es casual que tres de los países en desarrollo con mayor dinamismo en el escalamiento productivo de diversos sectores manufactureros, como son China, India y Brasil, posean también importantes polos de desarrollo tecnológico. Entretanto, en México no existe ninguno a la fecha, como muestra el siguiente mapa:

Fuente: PNUD, *Informe de Desarrollo Humano*, 2001.
Mapa 1

El mapa anterior sugiere que el patrón de especialización de los países, lo mismo que el de las empresas en la nueva economía global, es cambiante y no determinista; queda por ello en segundo plano el qué se produce, siendo más importante el cómo se produce. en otras palabras, si se tienen empresas competitivas a nivel micro y éstas se hallan en entornos tanto meso (a nivel de infraestructura regional y capacidad organizativa en cluster que, además, favorezcan la innovación) como macro (económico, gubernamental y social) favorables a la empresa, es posible potenciar el desarrollo de los diez capitales de la competitividad en los dos frentes de la competitividad sistémica, a saber, el micro-empresarial-industrial y el macro-gubernamental-social.

Las capacidades competitivas de las empresas, en particular su fuente de ventaja competitiva sustentable, no son deterministas, sino que se desarrollan. Pero no se desarrollan en el vacío ni de manera aislada; antes al contrario. existen múltiples factores que condicionan la capacidad de competir y cuya interacción es compleja pero sincrónica. En virtud de esta realidad se vuelve imprescindible mirar cualquier tipo de estrategia competitiva bajo una perspectiva sistémica, que considere el desarrollo de las capacidades o capitales competitivos básicos, así como los frentes estratégicos para el desarrollo de estos capitales. Estos frentes son, por un lado, el micro-empresarial-industrial y, por el otro. el macro-gubernamental-social. Desde la perspectiva sistémica, ¿qué horizonte estratégico enfrenta la empresa competitiva sustentable? Para responder hay que definir:

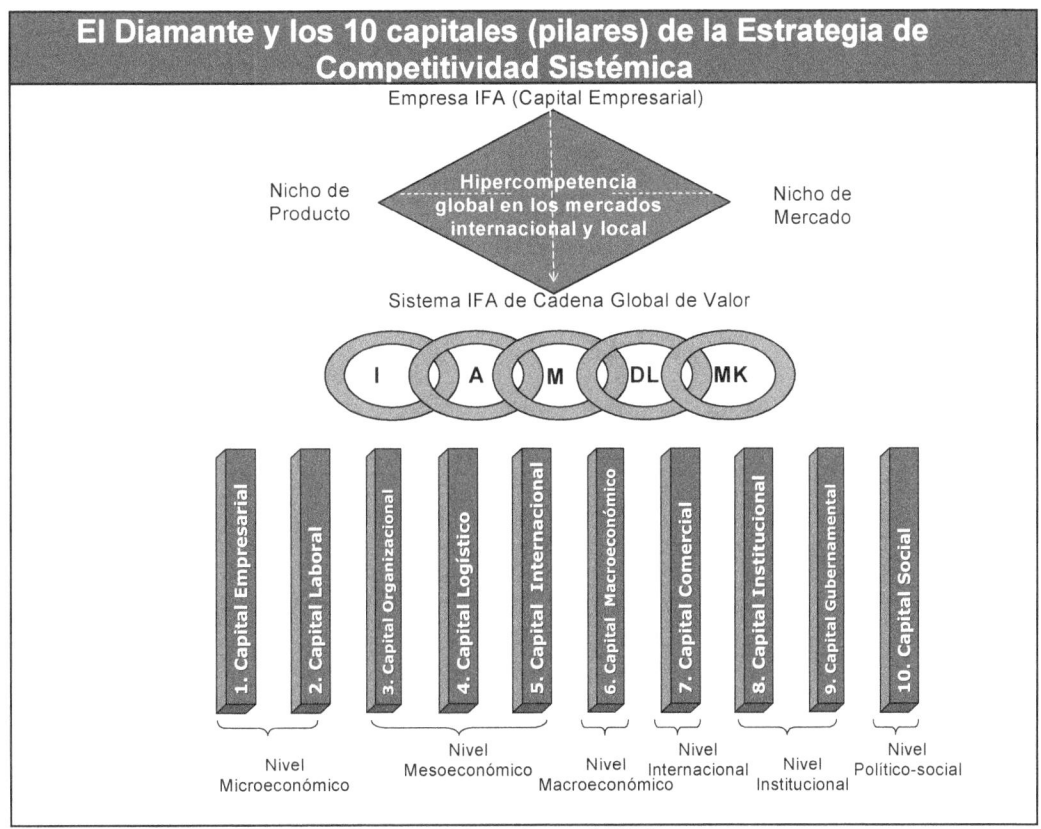

Fuente: Elaborado por CECIC.
Figura 8

A nivel micro, los capitales sistémicos de competitividad que atañen directamente a la empresa son el intelectual, el de manufactura y laboral y el comercial. A ellos se enfocan los tres atributos IFA: inteligente, flexible en la producción y ágil en la comercialización.

33

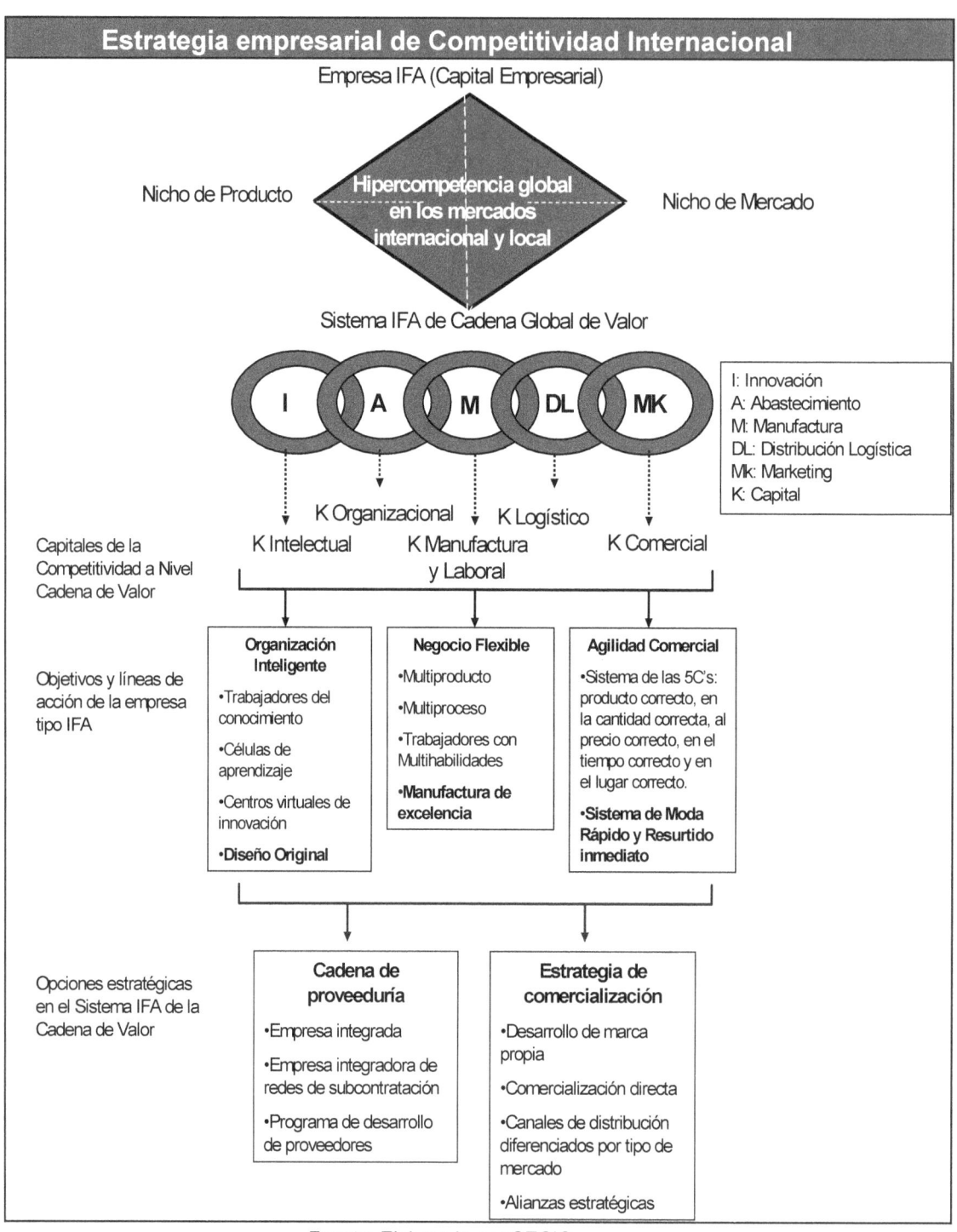

Fuente: Elaborado por CECIC.

Figura 9

A nivel de la cadena global de valor, existen diversos ejemplos de empresa IFA:

a) **La empresa integrada IFA** se encarga directamente de la integración de los eslabones de su cadena de valor y su ventaja competitiva radica en la eficiencia de la reacción y en la velocidad de respuesta para desarrollo nuevos productos y poderlos en el mercado, como ocurre con la empresa Zara.

b) **La empresa integradora IFA,** como IKEA, que maneja innovación y marketing e incorpora la cadena de abastecimiento (*supply chain*).

c) **El conglomerado o cluster integrado** de empresas se localiza dentro de una región articulada en su cadena, generando economías de aglomeración. Ejemplos de ello son la Tecnópolis de Austin, Texas, en el sector electrónico, y el cluster de cuero-calzado de la ciudad de León, Guanajuato.

En conclusión, en la nueva economía sistémica de mercado global donde existe alta movilidad de factores y empresas, y donde el comercio y el financiamiento van acompañados de inversión extranjera directa, hay que entender que:

- La competencia no sólo es fundamental, sino estratégica.
- El reto de la ventaja competitiva es hacerla sustentable.
- La ventaja competitiva se crea, no existe, y se desarrolla aprovechando todos los recursos de la empresa bajo el modelo IFA, a partir de su capital intelectual.

La orientación de la economía y los negocios pasó de estar enfocada a la industria y la producción masiva estandarizada a otra, orientada al mercado y al consumidor, basada en la producción personalizada para atender nichos de mercado con "trajes hechos a la medida" (*tailor made*) del tipo producto-servicio-solución de problemas para el cliente; lo cual presupone el modelo de negocio tipo NEFA.

Los jugadores exitosos del siglo XXI: las empresas competitivas sustentables IFA

Nos encontramos transitando hacia el nuevo mundo del siglo XXI, que no es simplemente el "viejo mundo modificado" extrapolable con cambios lineales, sino un mundo nuevo de la economía y los negocios: que requiere un nuevo modelo mental, de un cambio radical y no de simple" sintonía fina" (*fine tuning*) en la organización de los negocios. Esto es, vivimos un nuevo juego, con nuevas reglas que demandan nuevos atributos de los jugadores exitosos. Estos atributos los tienen las empresas IFA.

Hacia el siglo XXI están entrando en crisis los viejos paradigmas de la economía y los negocios, basados en la administración de empresas. Hoy el reto ya no es administrar empresas, sino desarrollar empresas competitivas de manera continua y permanente con base tanto en una ventaja competitiva sustentable como en el CI. En otras palabras, hoy día la realidad histórica va por delante del mundo de las ideas.

¿Hacia dónde debe caminar el nuevo paradigma? A los tres nuevos impulsores del nuevo mundo: la era del conocimiento y la mentefactura, la era del cambio del *ceteris paribus* al *mutatis mutandis* veloz, complejo e incierto, y la era de la globalización de los mercados.

Se ha dado origen a un nuevo juego en la competencia internacional, donde el objetivo no sólo es producir a menores costos y/o mejor calidad (VCB) o tener mayor participación del mercado (VCR), sino también cómo alcanzar una VCS, donde la velocidad y capacidad de respuesta depende más tanto del aprendizaje e innovación como de la flexibilidad y la agilidad para responder a los cambios, así como de saber operar con éxito en la competencia, sustituyendo el modelo mecánico de la acción basada en el manual de procedimientos, en la administración de tiempos-movimientos de la operación, bajo el viejo estilo de gestión administrativa (*management*) de "mando-control".

En este contexto, la pregunta fundamental es: ¿Qué características o atributos debe tener la empresa del futuro para enfrentar con éxito dichos impulsores y entrar al nuevo juego mediante el desarrollo de una ventaja competitiva sustentable? En otras palabras, ¿qué tipo de nuevos jugadores se requiere para tener éxito en el juego de la hipercompetencia global?

La respuesta es crear una empresa competitiva sustentable (ECS) tipo IFA; inteligente en la organización, flexible en la producción y ágil en la comercialización:

- Inteligente en la organización, para aprender, formar y acumular CI y, con ello, crear conocimiento productivo o innovación y enfrentar la era del conocimiento-mentefactura e información.

- Flexible en la producción, para enfrentar la era del cambio rápido, continuo, complejo e incierto (RACI).

- Ágil en la comercialización, para hacer frente con velocidad, eficacia y capacidad de respuesta, a los cambios en los mercados, clientes, nuevos productos y la hipercompetencia global.

Como veremos adelante, la empresa tipo IFA comprende dos modelos de empresa y de negocio: el modelo de empresa inteligente OI^2CA de continuo aprendizaje y el negocio tipo NEFA de flexibillidad productiva y agilidad comercial. El "arte" en la OI^2CA es llevar el desarrollo del capital intelectual de la empresa al terreno operativo de los trabajadores, empleados y, en general, a toda la organización. Lo anterior se logra mediante células del conocimiento (de aprendizaje e innovadoras) en centros virtuales de desarrollo del aprendizaje y del conocimiento productivo (aprendizaje organizacional), para desarrollar al nuevo trabajador, empleado y técnico del conocimiento (que implica mano de obra productiva y no barata).

En otras palabras, el nuevo paradigma de la ventaja competitiva de las naciones y las empresas está en las organizaciones más que en la dotación de factores, ya que en el nuevo mundo globalizado ya no hay fronteras entre países y hay una alta movilidad de los factores de producción y de las propias empresas (capital, tecnología, financias, insumos y recursos, etcétera). Como se mencionó anteriormente, la orientación de la economía y los negocios cambió de enfoque hacia la producción especializada que comprende el modelo de negocio tipo NEFA.

Así, la fuente de la ventaja competitiva sustentable en la nueva era del conocimiento y la mentefactura proviene del CI como factor estratégico de competitividad, el cual genera conocimiento productivo e innovación a través de una organización IFA.

La empresa IFA tiene atributos y desarrolla actividades para mantener o mejorar su posición en la carrera continua de la competitividad sustentable, de cambios inciertos e impredecibles, abierta a la entrada de nuevos jugadores con nuevos atributos y funciones, de todas partes del mundo, donde aun los pequeños jugadores inteligentes, flexibles y ágiles se pueden transformar en empresas IFA para enfrentar, con éxito, los retos de la nueva era del conocimiento-mentefactura, la globalización y el cambio veloz. En esta carrera continua de la competitividad sustentable, los pequeños jugadores inteligentes tienen incluso la capacidad de superar a las corporaciones grandes, rígidas y lentas, basadas en la producción masiva a gran escala, que viven en la era industrial y de la manufactura.

Esto significa que los viejos paradigmas de la economía y la administración de empresas y los negocios (*business administration*) ya no responden al nuevo sistema mundial movido por sus tres impulsores CCG y al nuevo juego de la competencia internacional. Los viejos paradigmas de la administración de negocios que se presentaron bajo los escenarios de una macroeconomía internacional estable, predecible y de mercados semicerrados en la era industrial (años de 1960) deben cambiar por uno cuyo enfoque sea el "desarrollo de empresas competitivas sustentables", en donde el futuro no se puede encontrar a través de la simple extrapolación del pasado, porque el cambio no ha sido sólo de tendencia de variables, sino discontinuo, como dice Rowan Gibson (*Repensando el Futuro*, 1997).

En síntesis, los tiempos actuales requieren de empresas con nuevos atributos, que desarrollen un nuevo tipo de organización y cuya competitividad sea sustentable. En otras palabras, los tiempos actuales requieren de la empresa IFA (Ver Figura).

Así, parafraseando la metáfora popular, pasamos de la era donde
"El pez más grande se comía al más pequeño",

a una nueva era donde

"El pez más veloz, inteligente y ágil se come al más grande, lento y rígido".

Fuente: Elaborado por CECIC.

Figura 9

El desarrollo de una ECS tipo IFA

La empresa puede ser vista con dos componentes: el negocio y la organización. El negocio es lo que la empresa comercializa y/o produce (bienes y servicios) y la organización es cómo lo hace.

En la perspectiva de las teorías de la administración de empresas se han venido desarrollando dos grandes corrientes.

a) La corriente de la administración científica, que tiene sus orígenes en la teoría de Frederick Taylor, se enfoca en el desarrollo de los métodos y procedimientos científicos para organizar y manejar el trabajo eficientemente a través del estudio de tiempos y movimientos que optimicen el esfuerzo del trabajador. Su evolución tendría como ideal el "trabajador robótico", que desarrolla sus actividades mecánicamente con precisión y eficacia, en tiempos y movimientos.

b) La corriente humanista, que está basada en la escuela de las relaciones humanas de George E. Mayo, centra el estudio de la administración en el desarrollo de las habilidades humanas y sociales para facilitar la comunicación interpersonal, dando lugar a los estudios y enfoques del desarrollo organizacional. En esta perspectiva el ideal es el *trabajador del conocimiento* de Peter Drucker.

No obstante el desarrollo de ambas corrientes del pensamiento de la ciencia de la administración —la científica y la humanista—, el reto ha sido, y continuará siendo, alcanzar una nueva síntesis del pensamiento administrativo bajo un enfoque sistémico y holístico que integre al negocio (el cuerpo) con la organización (la mente) en una sola empresa (ser humano); pero que se oriente estratégicamente para dar una respuesta eficiente a los retos que imponen los impulsores del nuevo mundo de la economía y los negocios del siglo XXI y del nuevo juego de la hipercompetencia global, basado en el CI como la fuente de la VCS en empresas IFA.

Nuestro enfoque del desarrollo de la empresa competitiva sustentable tipo IFA se basa en la perspectiva de la nueva síntesis, y su objetivo es integrar y superar los enfoques de creación de conocimiento organizacional (Nonaka–Takeuchi), la estrategia corporativa basada en la generación de capacidades o competencias críticas (Prahalad, Hamel, Stalk, Evans y Shulman), el aprendizaje organizacional (P. Senge), la sociedad del conocimiento (Drucker) y la fuente de la ventaja competitiva (Porter).

Por ello, el objetivo del presente libro es descubrir y desarrollar los atributos de la empresa del futuro para enfrentar con éxito el nuevo mundo de la economía del conocimiento, del cambio y de la globalización de los mercados. Este texto se enfoca y plantea una estrategia integral de desarrollo de empresas competitivas sustentables IFA. Finalmente, plantea la necesidad de pasar del viejo paradigma basado en la administración de empresas al del desarrollo de empresas competitivas sustentables (ECS). El reto en la era de la hipercompetencia global no es administrar empresas (es condición necesaria, pero no suficiente), sino sostener y sustentar la competitividad de las empresas de manera continua. Éste es el nuevo paradigma de la ECS.

El reto en la OI^{2}CA es transformar el capital humano en intelectual o del conocimiento. Esto es, formar, acumular y utilizar el CI a nivel operativo y del conjunto de la empresa para que ésta mejore su competitividad. Un camino son las células de aprendizaje y de creación de conocimiento productivo, que permitan mejorar la competitividad en sus tres niveles o dimensiones. Esto implica avanzar del enfoque de círculos de calidad para la calidad total a los círculos de conocimiento para la innovación; es decir, del enfoque de la administración total de la calidad (ATM o, por sus siglas en inglés, TQM) al enfoque de desarrollo y administración del conocimiento (DAC o, por sus siglas en inglés, KDM); lo que, a su vez, entraña un nuevo modelo organizacional para el desarrollo de la competitividad y productividad vía la innovación y el capital intelectual.

La razón fundamental es que el mundo del siglo XXI ha cambiado sus impulsores, no sólo en la dimensión del conocimiento, sino también en la naturaleza del cambio (rápido e impredecible) y en los nuevos mercados globalizados. Debido a lo anterior, es necesario desarrollar nuevos atributos en la empresa, además de constituir una organización inteligente. Esta empresa debe ser flexible en la producción, con sistemas multiproducto, multiproceso y multihabilidades; así como ágil en la comercialización para desafiar los retos de los mercados globalizados, abiertos e interdependientes, en el nuevo juego de la hipercompetencia, y donde la velocidad de respuesta al cambio es un atributo básico de los nuevos jugadores.

El reto de las empresas del futuro, como lo plantea G. Stark, es que "las empresas de la nueva generación compiten con manufactura flexible y sistemas de rápida respuesta, expandiendo su variedad y aumentando la innovación. Una empresa que construye su estrategia en este sentido es un competidor más poderoso que aquel que tiene una estrategia tradicional basada en ingresos, escala o enfoque de corto alcance. Estas viejas estrategias basadas en los costos requieren administradores que hagan lo que sea necesario para reducirlos: mudar la producción a un país con salarios bajos; construir nuevas instalaciones o consolidar las viejas plantas para ganar economías de escala; enfocar las operaciones en el conjunto de actividades más económicas. Estas tácticas reducen los costos pero a expensas de la velocidad de respuesta. En contraste, las estrategias que manejan conceptos como manufactura flexible, respuesta rápida, expansión de variedad y el incremento de la innovación, están basadas en el tiempo. Las fábricas están cerca de los clientes a quienes sirven. Las estructuras de las organizaciones permiten respuestas rápidas en lugar de bajos costos y control."[4]

---

[4] Stalk, George Jr., *The Next Source of Competitive Advantage,* HBRB.

Hacia un nuevo modelo organizacional: la OI^{2}CA

La organización inteligente de innovación y de continuo aprendizaje

En la nueva era, la organización inteligente desarrolla tres atributos estratégicos:

- Aprende y crea conocimiento productivo de manera continua aplicándolo al negocio de la empresa (en la administración, en la producción y en la comercialización de bienes y/o servicios). Trabaja con organización y con sistemas de redes de información y conocimiento compartido.

- Forma, acumula y utiliza plenamente el CI, el cual constituye el nuevo factor estratégico que "produce" conocimiento productivo y es la base, en la nueva era del conocimiento-mentefactura, de la competitividad sustentable. El CI es un factor de producción (de conocimiento), con rendimientos crecientes y a medida que se acumula, incrementa la capacidad de innovación futura.

- Desarrolla capacidad de respuesta organizacional ante los cambios rápidos e impredecibles no sólo para manejar sistemas flexibles de producción y ágiles en la comercialización sino también para enfrentar la competencia y los mercados globalizados.

Fuente: Elaborado por CECIC.

Figura 10

Las nuevas organizaciones de la era del conocimiento y mentefactura son del tipo OI^{2}CA (organizaciones inteligentes, de aprendizaje e innovadoras con capacidad de respuesta al cambio), pues desarrollan todo nuevo sistema de aprendizaje organizacional que permite tanto formar y aumentar el CI como utilizarlo para generar conocimiento productivo aplicado a la empresa.

Enfoque de la OI^{2}CA:

La OI^{2}CA es una organización que trabaja de manera eficiente con sistemas y tecnologías de la información, aprende de manera continua, crea conocimiento productivo y lo aplica al negocio (TACA). La empresa no es sólo un centro de trabajo, sino una comunidad de aprendizaje e innovación, lo cual permite reducir tiempos, costos y manejo del conocimiento e información a través del aprendizaje electrónico (*e-learning*).

- **Enfoque y métodos de aprendizaje organizacional**

El nuevo enfoque del aprendizaje organizacional implica integrar en una sola tres perspectivas del aprendizaje: aprender a desaprender, aprender a aprender y aprender a emprender. Además del nuevo enfoque tridimensional del aprendizaje, se han identificado seis tipos principales de aprendizaje, dependiendo de la fuente o método de aprendizaje que se emplee:

El aprendizaje por la práctica (*learning by doing*), el aprendizaje por el uso (*learning by using*), el aprendizaje por la búsqueda (*learning by searching*), el aprendizaje por la interacción (*learning by interaction*); el aprendizaje por la investigación y la exploración (*learning by exploring*) y el aprendizaje por las transferencias interindustriales (*learning from inter-industry spillovers*).

- **Nueva estructura organizacional para el aprendizaje:**

1. El trabajador del conocimiento entraña una relación sindicato-empresa, de cooperación y beneficio mutuo, de suma positiva (hace crecer el pastel). El trabajador del conocimiento desecha el viejo enfoque de adversarios y suma cero (lo que uno gana el otro lo pierde).

2. La organización de aprendizaje colectivo utiliza células de aprendizaje para la creación de conocimiento productivo. Esta organización emplea el método TACA y lo aplica al negocio en sistemas de trabajo integrales e inteligentes.

3. Los centros virtuales del desarrollo del aprendizaje para el conocimiento productivo cultivan las habilidades intelectuales de los individuos que integran al nuevo "trabajador del conocimiento" para la era de la mentefactura. Estos centros sustituyen a los "Centros de Capacitación y Adiestramiento" de la era de la manufactura, los cuales se limitaban a desarrollar las habilidades manuales de los trabajadores. La estrategia es pasar de los círculos de calidad a las células de aprendizaje y creación de conocimiento (Ver Figura 11).

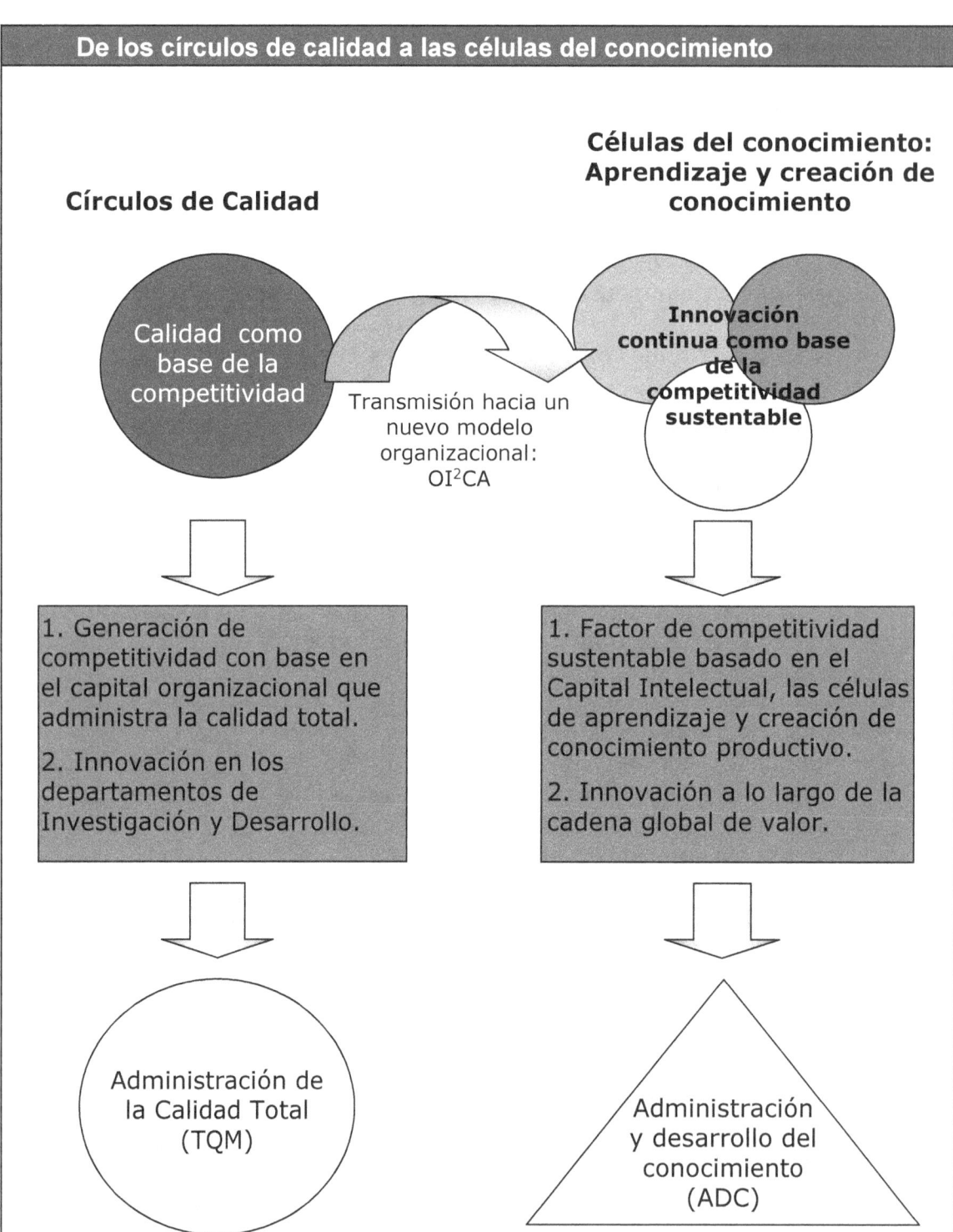

De los círculos de calidad a las células del conocimiento

Círculos de Calidad

Células del conocimiento: Aprendizaje y creación de conocimiento

Calidad como base de la competitividad

Transmisión hacia un nuevo modelo organizacional: OI^2CA

Innovación continua como base de la competitividad sustentable

1. Generación de competitividad con base en el capital organizacional que administra la calidad total.

2. Innovación en los departamentos de Investigación y Desarrollo.

1. Factor de competitividad sustentable basado en el Capital Intelectual, las células de aprendizaje y creación de conocimiento productivo.

2. Innovación a lo largo de la cadena global de valor.

Administración de la Calidad Total (TQM)

Administración y desarrollo del conocimiento (ADC)

Fuente: Elaborado por CECIC.

Figura 11

46

El desarrollo y la administración del conocimiento: de los círculos de calidad a las células del conocimiento, de aprendizaje continuo e innovadoras

El enfoque de la administración total de la calidad (TQM, por sus siglas en inglés), como fuente de ventaja competitiva de la empresa, es limitado porque es sólo una técnica operacional que todos los competidores pueden usar. En la actualidad, la calidad es un requisito indispensable de la ventaja competitiva básica (es el boleto para entrar al juego de la hipercompetencia global). Por su parte, el reto de la competitividad sustentable en la nueva era del conocimiento no es administrar la calidad, sino tener la capacidad para aprender e innovar (crear conocimiento productivo) de manera continua y antes que la competencia. De aquí la necesidad de un nuevo enfoque, el del desarrollo y administración del conocimiento (*Knowledge Development Management* KDM), basado en el capital intelectual y en células del conocimiento de aprendizaje e innovadoras como la fuente de la competitividad sustentable de las empresas del siglo XXI.

- **Nuevo estilo de gestión administrativa**

El nuevo estilo de los directivos, el cual desecha el viejo estilo del jefe que manda y controla, de jefe que cree en jerarquías (como ocurre en la milicia) y defiende el *status quo*, toma una nueva dirección, la cual está sustentada en el liderazgo participativo y promotor del cambio (tipo orquesta) de estructura más horizontal.

La empresa NEFA: el sistema IFA de innovación, manufactura y marketing en la cadena global de valor

En el pasado, los diferentes eslabones de la cadena global de valor Innovación-Proveeduría-Manufactura-Distribución-Marketing de una empresa trabajaban y se desarrollaban de manera aislada e independiente, sin tomar en cuenta la fuerte interdependencia e interrelación que existía entre cada uno de ellos. Por ejemplo, el departamento de innovación trabajaba de manera independiente, sin tomar en cuenta las necesidades y requerimientos de los demás eslabones. En el mundo de hoy, cualquier empresa que aspire a ser competitiva debe contar con una cadena global de valor totalmente integrada a lo largo de sus diferentes eslabones. Ahora bien, ésta es una característica esencial de la empresa IFA. En ella, ningún eslabón de la cadena puede actuar sin retroalimentarse de las necesidades, condiciones, requerimientos y exigencias de los demás eslabones.

El sistema integral, inteligente, de innovación, manufactura y marketing ($SI^2:IM^2$) es la estrategia de posicionamiento a lo largo de la cadena global de valor. En él la integración funcional de los cinco eslabones de la cadena global de valor resulta fundamental para el correcto funcionamiento competitivo de la empresa. Él, además, se apoya en la nueva economía digital y en los sistemas de información, pues requiere tener la capacidad de acumular conocimientos (memoria) y saber utilizarlos para el mejoramiento global de toda la cadena de valor. La comunicación e integración de los eslabones de innovación, manufactura y marketing resulta fundamental para el correcto funcionamiento de la empresa. El contacto que tiene la empresa con el cliente se da en el eslabón del marketing, pues en éste se conocen las necesidades y deseos del cliente. Por ello, debe mantener una estrecha comunicación con los eslabones de innovación y manufactura; ya que al conocer las necesidades del cliente, tiene que comunicar al eslabón de innovación cuáles son las características que está buscando el cliente en un producto y/o servicio determinado; de igual manera, el eslabón de marketing, al conocer qué tanto o qué tan poco se demanda un bien, inmediatamente debe ordenar al eslabón de manufactura aumentar o disminuir la producción, según sea el caso.

De no haber esta comunicación, el eslabón de manufactura puede seguir produciendo un bien para el cual no existe demanda. El eslabón de innovación puede estar desarrollando nuevas características de un producto que el cliente no necesita. En el modelo $SI^2:IM^2$, los eslabones de la cadena de abastecimiento y distribución juegan el papel de eslabones de soporte básico de la cadena, pues, a pesar de ser eslabones fundamentales para el funcionamiento de la cadena, la interdependencia con los otros eslabones no es tan importante, ya que el abastecimiento de materias primas y la distribución del producto no modifica las decisiones, dirección y accionar de los demás eslabones, lo que no ocurre entre estos tres, pues las acciones a seguir por cada uno de ellos, están relacionadas con la información que ellos intercambian. De igual forma, los eslabones de soporte afectan el funcionamiento de la empresa; que una empresa no cuente con sistemas de entrega de justo a tiempo con sus proveedores (cadena de abastecimiento) puede provocar que la producción se vea retrasada, y a la inversa, que una empresa no cuente con los canales de distribución adecuados puede provocar que el producto no llegue a las manos del consumidor en el tiempo correcto, aunque la producción de éste haya sido terminada a tiempo.

Fuente: Elaborado por CECIC.

Figura 12

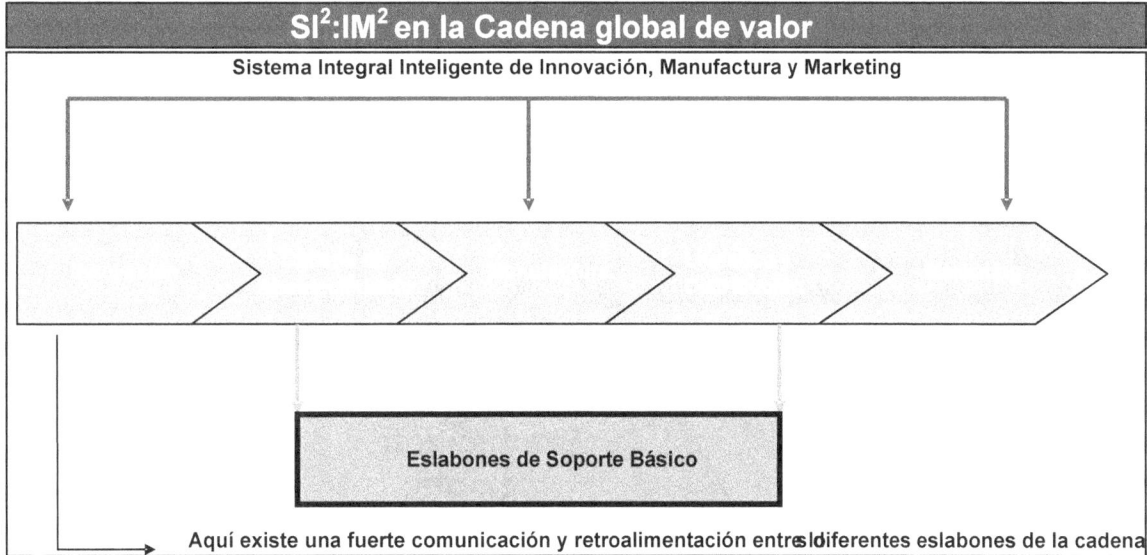

Fuente: Elaborado por CECIC.

Figura 13

Como se puede observar, resulta importante que las empresas cuenten con una cadena global de valor perfectamente integrada y comunicada. Sin embargo, es necesario señalar que existen diferentes estrategias de posicionamiento a lo largo de la cadena. A continuación se presentan diferentes estrategias de posicionamiento, pero antes señalamos las

49

características que deben poseer las empresas IFA en cada uno de los diferentes eslabones de la cadena y las herramientas, técnicas y estrategias disponibles al alcance de las empresas para lograr la correcta comunicación de éstos.

Las empresas flexibles en la producción y ágiles en la comercialización: las 3 M'S

Los sistemas de producción flexible se presentan en tres dimensiones, a las que nos referiremos como las 3 M's (multiproducto, multiproceso y multihabilidades), las cuales permiten enfrentar aspectos fundamentales de la nueva era de la economía y los negocios, como la producción masiva personalizada y los ciclos y turbulencias de las economías globalizadas, abiertas e interdependientes, que requieren no sólo flexibilidad en la producción sino también estar apoyadas en las nuevas tecnologías.

- Sistemas de producción flexibles con las 3 M's:

Las 3 M's | Multiproceso,
Multiproducto y,
Multihabilidades en el trabajo

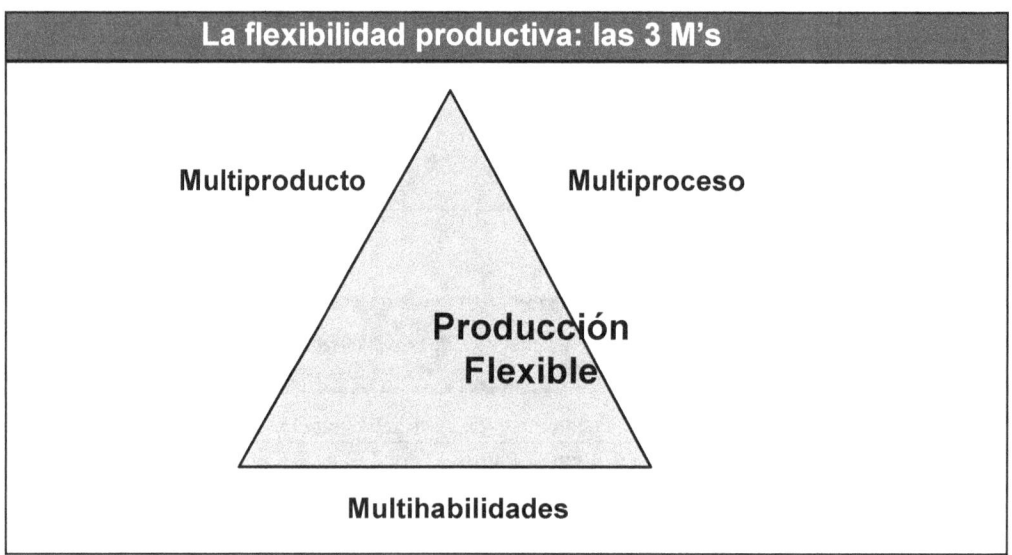

Fuente: Elaborado por CECIC.

Figura 14

- Sistemas ágiles de comercialización (SAC) que requieren tres elementos fundamentales para integrarse de manera efectiva:

1. Enfocar la estrategia de comercialización bajo el nuevo enfoque del "marketing digital", el cual reenfoca las tradicionales 5 P's (producto, precio, plaza, promoción y posventa) en la nueva era de la revolución informativa y del comercio electrónico (*e-commerce*).

2. La venta del producto-servicio-solución integral al cliente, esto es, "trajes a la medida" a través de la producción masiva personalizada (*mass customization*), apoyados en sistemas flexibles de producción (SFP) y en un nuevo enfoque de competencia cooperativa de alianzas estratégicas con el cliente, proveedores y competidores, los cuales forman el nuevo triángulo SAC (Ver Figura 15).

3. Integrar una empresa IFA significa, por un lado, desarrollar una organización inteligente que aprende de manera continua y, por lo tanto, registra, tiene memoria y desarrolla capacidad creativa para captar, asimilar, traducir el conocimiento productivo y aplicarlo mediante sistemas de producción flexibles y ágiles de comercialización (Ver Figura 16).

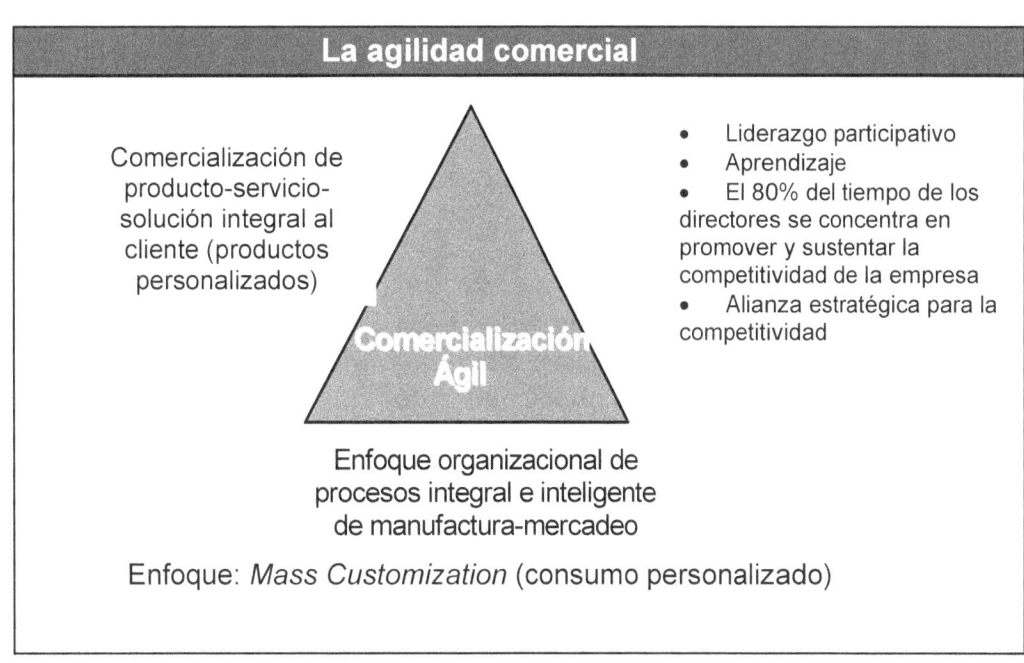

Fuente: Elaborado por CECIC.

Figura 15

51

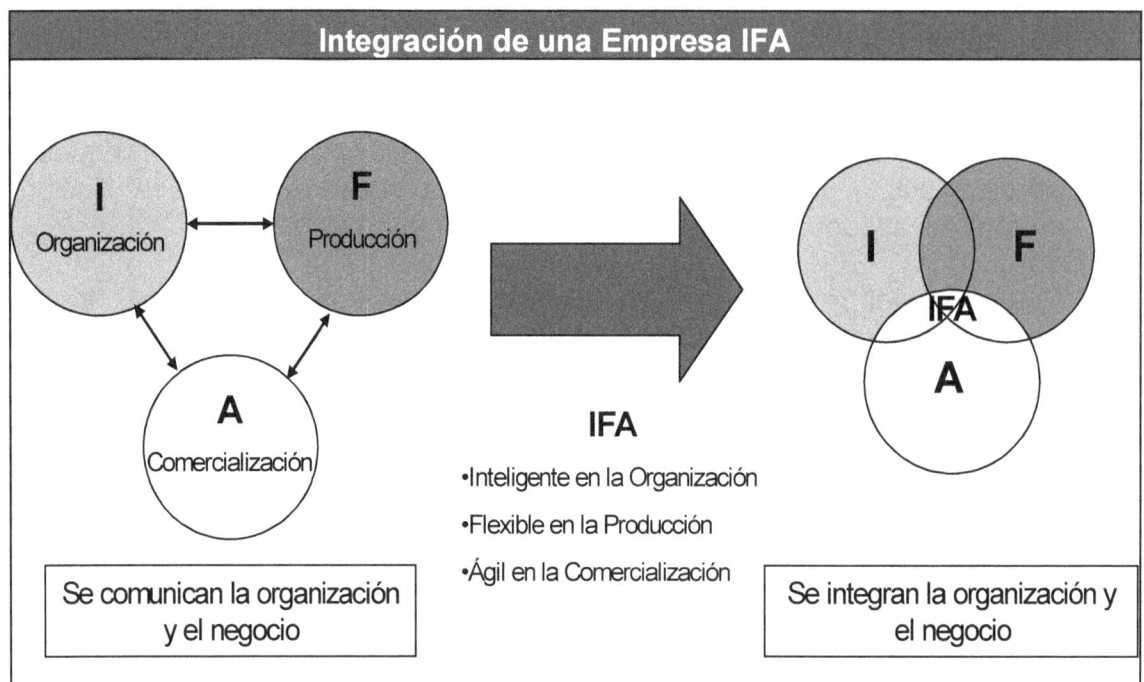

Fuente: Elaborado por CECIC.

Figura 16

El nuevo reto implica que las empresas dejen de funcionar con departamentos divisionales, como se hacía en el viejo enfoque del paradigma mecanicista de división de departamentos, áreas y funciones, a semejanza de máquinas separadas: el departamento de administración de recursos humanos, el de producción (en donde el objetivo era máxima producción estandarizada a un costo mínimo), el de comercialización, etcétera. Las nuevas empresas tienen que funcionar como organismos vivos, integrados por seres humanos. En tales empresas debe ser utilizada la tecnología de la información tanto en la administración como en los sistemas de manufactura, y ello para trabajar a mayor velocidad, precisión y, de esa manera, hacer viable el sistema flexible y ágil en forma inteligente. Esto sólo se consigue si los tres atributos de la empresa se integran en uno solo (Ver Figura 16). Para integrar una organización IFA, se requiere pasar de la administración al desarrollo integral de una organización inteligente, que registre, tenga memoria y aprenda de manera continua y permanente (CI), que incorpore un sistema de producción flexible bajo el sistema de las 3M's y que sea ágil en la comercialización y que, además, integre todos los eslabones de la cadena. El resultado es vivir la nueva era de la mentefactura y el consumo personalizado (*mass customization*).

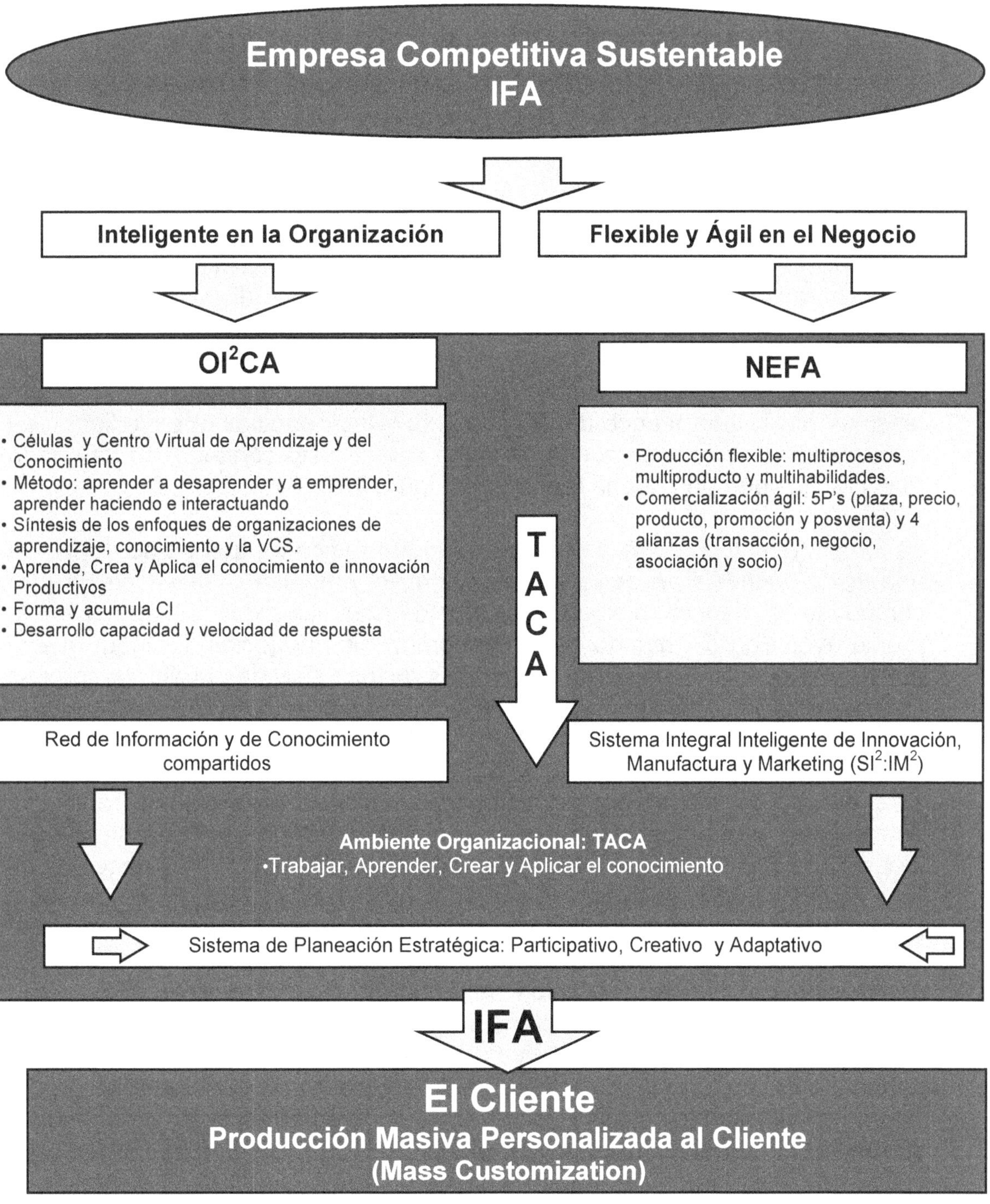

Empresa Competitiva Sustentable
IFA

Inteligente en la Organización	Flexible y Ágil en el Negocio

OI²CA

- Células y Centro Virtual de Aprendizaje y del Conocimiento
- Método: aprender a desaprender y a emprender, aprender haciendo e interactuando
- Síntesis de los enfoques de organizaciones de aprendizaje, conocimiento y la VCS.
- Aprende, Crea y Aplica el conocimiento e innovación Productivos
- Forma y acumula CI
- Desarrollo capacidad y velocidad de respuesta

NEFA

- Producción flexible: multiprocesos, multiproducto y multihabilidades.
- Comercialización ágil: 5P's (plaza, precio, producto, promoción y posventa) y 4 alianzas (transacción, negocio, asociación y socio)

T A C A

Red de Información y de Conocimiento compartidos

Sistema Integral Inteligente de Innovación, Manufactura y Marketing (SI²:IM²)

Ambiente Organizacional: TACA
·Trabajar, Aprender, Crear y Aplicar el conocimiento

Sistema de Planeación Estratégica: Participativo, Creativo y Adaptativo

IFA

El Cliente
Producción Masiva Personalizada al Cliente
(Mass Customization)

Fuente: Elaborado por CECIC
Figura 17

Hacia un nuevo paradigma: la evolución de las diferentes corrientes administrativas y su convergencia en el desarrollo de empresas competitivas sustentables IFA

¿Por qué surge el nuevo enfoque de la empresa IFA? Porque el mundo y el juego cambiaron y porque el nuevo enfoque se constituye en el medio eficaz para hacer frente a estos cambios. El gran problema actualmente es que los viejos paradigmas de la economía, de los negocios y de la administración han entrado en crisis como paradigmas teóricos, ya que se encuentran un paso atrás de la realidad y fueron construidos con base en supuestos que actualmente ya no son vigentes. Nos encontramos en el tercer milenio sin tener un paradigma teórico de la economía y los negocios que explique con consistencia y validez el mundo del siglo XXI; en este contexto, no hay nada más práctico que una buena teoría (Ver Figura 18).

La fortaleza metodológica de nuestro enfoque radica en que no se deriva de una visión mecanicista de la era industrial, ni orgánica o sistémica de otro campo de la ciencia (biología, física, etcétera), sino que se apoya en la propia evolución del mundo de la economía y los negocios. De aquí que el nuevo reto de la ciencia de la administración, sea desarrollar empresas competitivas sustentables, superando el esquema tradicional de administrar los negocios (*business administration*).

Éste es uno de los momentos históricos en donde la velocidad, rapidez y complejidad del cambio hace que la realidad vaya muy por delante de las ideas. Esto implica que no hay modelos teóricos de economía y negocios, ni prescripciones de política, ni recetas para aplicarlas a todas las empresas y países. De aquí la habilidad de cada empresa y de cada país para derivar de estos principios los elementos claves para construir y desarrollar su propio capitalismo de mercado (relación de gobierno, mercado y sociedad) y la nueva empresa competitiva sustentable IFA, que le permita incorporarse a los impulsores de la nueva era de la globalización, del cambio, de la economía del conocimiento y de la mentefactura. Si no existe una visión del futuro con estrategia, acción y compromiso compartido, el cambio no se dará con éxito. El cambio implica utilizar plenamente las tecnologías modernas y reestructurar las organizaciones, así como un nuevo enfoque en el desarrollo del recurso humano.

En síntesis, alcanzar una empresa competitiva sustentable tipo IFA en la era del conocimiento y la mentefactura requiere de un nuevo enfoque integral, sistémico y organizacional en la operación de la corporación moderna, para coordinar y articular los tres activos claves de la empresa: la gente, la tecnología y la organización, y ello para generar el factor estratégico de la competitividad sostenible, a saber, el capital intelectual.

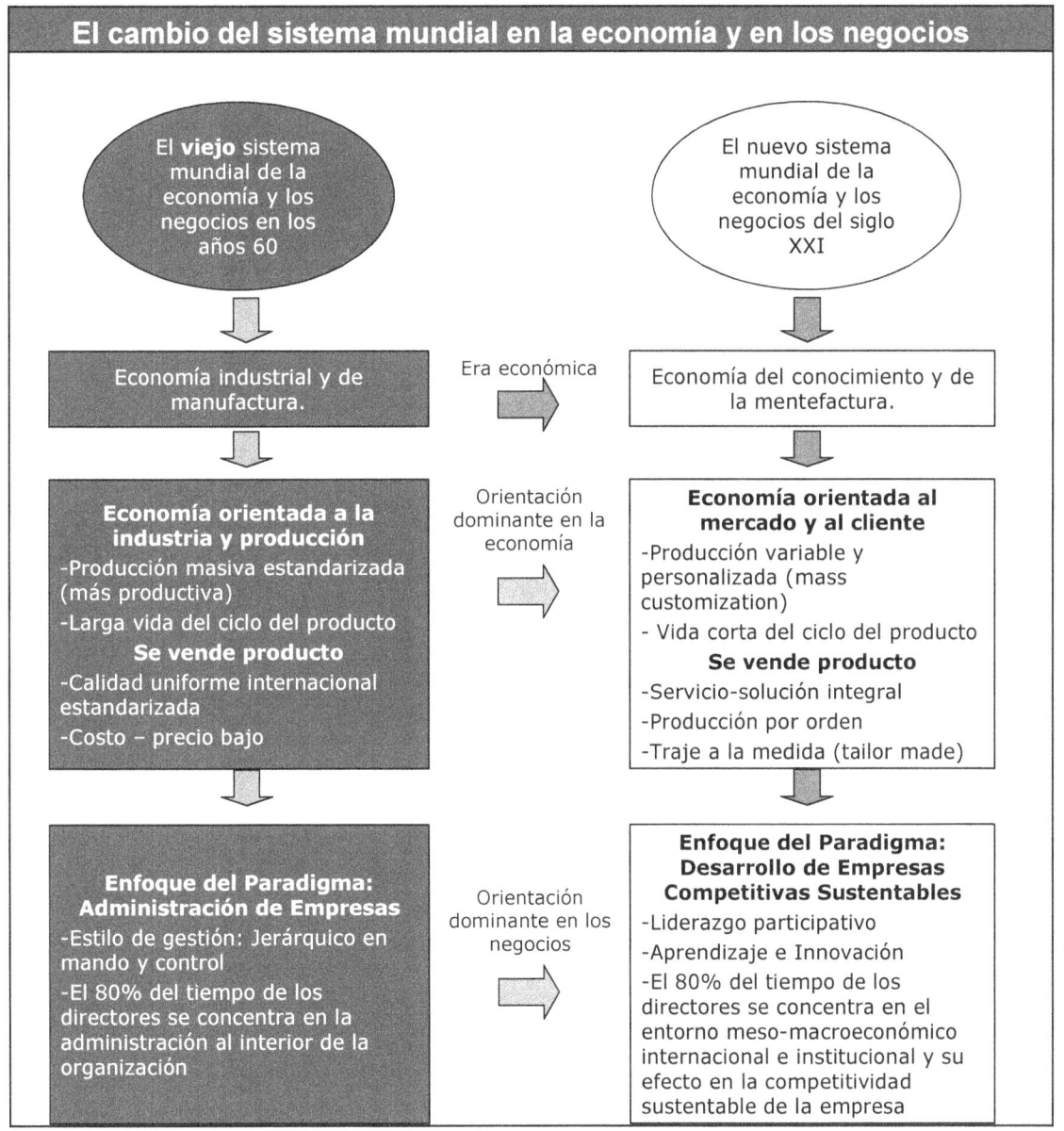

Fuente: Elaborado por CECIC.
Figura 18

Como podemos observar, las nuevas teorías de la administración tratan de explicar el éxito de las empresas en la nueva era de la globalización y el capital intelectual (Ver Figura 19). El reto ya no es administrar empresas, sino crear y desarrollar empresas competitivas sustentables que puedan cambiar para responder a las necesidades y preferencias cambiantes de los clientes. Es decir, el reto es crear empresas tipo IFA, las cuales, debido a sus características —inteligentes en la administración, flexibles en la producción y ágiles en la comercialización—, son las que mejor se adaptan a las condiciones en que se desarrollan los negocios de hoy. El reto de las nuevas generaciones no es solamente administrar empresas, sino convertirlas en empresas competitivas sustentables.

La visión hacia el interior de las empresas es insuficiente e incompleta porque falta tomar en cuenta un factor fundamental de nuestra época y, sobre todo, de los países latinoamericanos, esto es, el entorno tanto macroeconómico como el mesoindustrial, que le dan a la empresa la posibilidad de mantener su competitividad. Es preciso recordar que en una economía global abierta a la hipercompetencia, ya no se compite empresa *versus* empresa, sino cluster *versus* cluster, país *versus* país. Sin embargo, son finalmente las empresas las que salen a competir en este nuevo juego de la hipercompetencia global, por lo que tener un *management* adecuado es determinante para lograr la eficiencia de la empresa (*business efficiency*). Por esta razón, es necesario crear capital empresarial y capital intelectual, que como mencionamos anteriormente, resultan ser los factores estratégicos para enfrentar los cambios de la nueva economía.

El capital empresarial es el factor más importante para lograr un *management* moderno. Por desgracia, en América Latina sólo Chile ha creado y conservado una clase empresarial fuerte y dinámica, mientras que la clase empresarial de México, por ejemplo, ha desaparecido en los últimos años. Por ello es necesario que las instituciones educativas inculquen en los jóvenes una comprensión del entorno de las empresas desde el punto de vista meso y macro institucional-internacional; es decir, un enfoque sistémico que les permita desarrollar empresas IFA cuya competitividad sea sustentable en la nueva economía global.

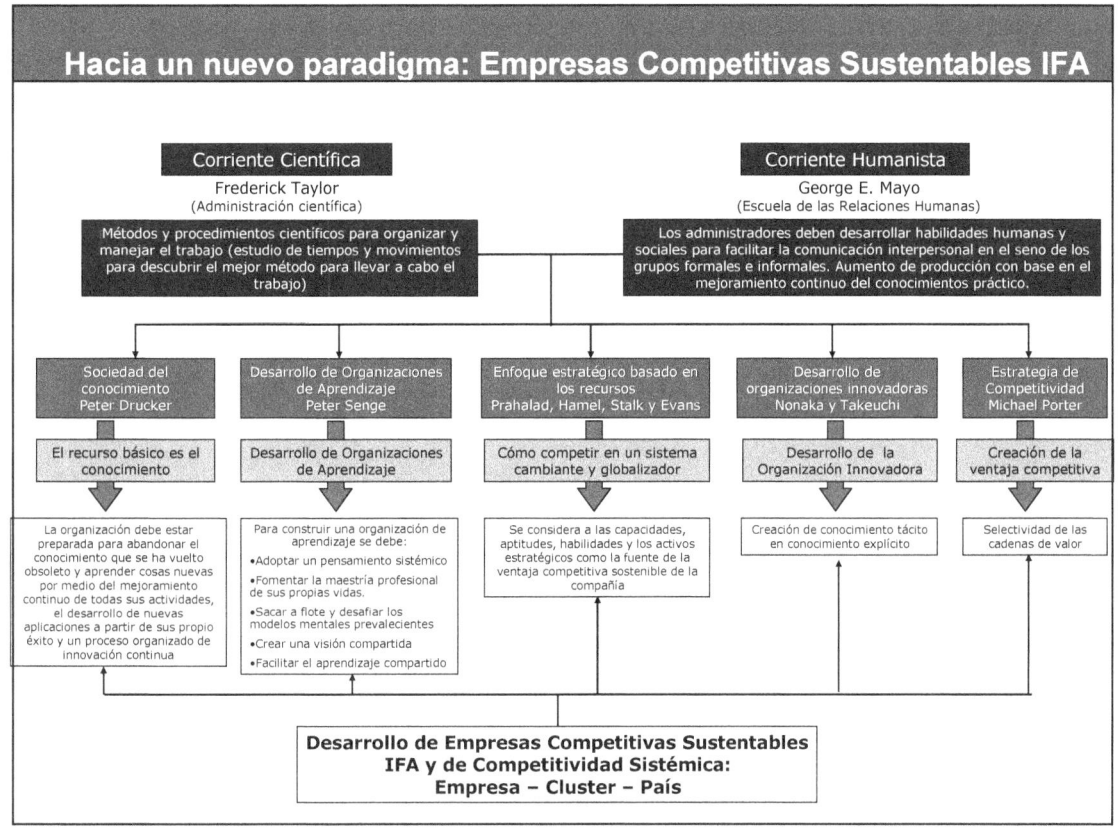

Fuente: Elaborado por CECIC

Figura 19

Con lo anterior se tiene una visión más completa de la evolución de los enfoques de la administración de empresas hacia el desarrollo de empresas competitivas sustentables y de competitividad sistémica. La corriente científica establecía métodos y procedimientos científicos para organizar y manejar el trabajo, era un estudio de tiempos y movimientos donde el trabajador realizaba su trabajo de manera mecánica. En contraparte, en la corriente humanista los administradores debían desarrollar habilidades humanas y sociales para facilitar la comunicación interpersonal en el seno de los grupos formales e informales. El mejoramiento continuo se basaba en el aumento de producción de conocimiento práctico. Estas dos corrientes desarrollaron una amplia gama de enfoques sobre la administración de empresas, tales como la sociedad del conocimiento de Peter Drucker, el desarrollo de organizaciones de aprendizaje de Peter Senge, el enfoque estratégico basado en los recursos, el desarrollo de organizaciones innovadoras de Nonaka y Takeuchi, y la más reciente, la estrategia de competitividad de Michael Porter.

En la perspectiva de la estrategia de competitividad sistémica de nuestro Centro de Capital Intelectual y Competitividad (CECIC), la síntesis y desarrollo de estos enfoques da lugar al nuevo paradigma de la competitividad a nivel macroeconómico: el desarrollo de **Empresas Competitivas Sustentables IFA,** las cuales están basadas en el capital intelectual como el factor estratégico de la competitividad en organizaciones de continuo aprendizaje e innovación.

Parte I

Los impulsores de la nueva economía del conocimiento, la globalización y la mentefactura: El Capital Intelectual como fuente de la ventaja competitiva sustentable

"Los nuevos tiempos piden una nueva organización...Lo que necesitamos es un nuevo tipo de vehículo organizacional, que pueda manejar el panorama de los negocios duro e incierto hacia el cual nos dirigimos; un modelo que refleje la era de la información del futuro más que la era industrial del pasado"

Reformulando los Negocios
Rowan Gibson

Capítulo 1

Los impulsores de la economía y los negocios del siglo XXI

CAPÍTULO 1
Los impulsores de la nueva era de la mentefactura: El capital intelectual como fuente de la ventaja competitiva sustentable

1.1 Introducción

El futuro se vive y se construye hoy, de lo contrario, mañana se vivirá en el pasado. Para entender el futuro hay que conocer la naturaleza, características y evolución de los componentes que están impulsando al mundo de la economía y los negocios en el siglo XXI. En este sentido, son tres los principales impulsores del cambio:

1. La era del conocimiento y la mentefactura.

2. El cambio rápido, continuo, complejo e incierto (RACI).

3. La globalización de los mercados en la producción, en el comercio, en las finanzas y la información.

Estos impulsores no estaban presentes en el mundo de la economía y los negocios de los años sesenta, ya que estaba basado en la era industrial de la manufactura, donde el cambio era lento, más predecible y basado en la concepción del *ceteris-paribus* (todo lo demás constante), lo que generaba certidumbre y predecibilidad. Además, el mundo de los años sesenta se basaba en economías semicerradas cuyo crecimiento se orientaba a mercados internos, la ventaja competitiva estaba basada en el paradigma tradicional de las economías a escala, en la intensidad en capital para los países industrializados y en la mano de obra barata para los países en desarrollo.

Existía aún estabilidad en los mercados financieros y las instituciones bajo el sistema generado por Bretton Woods evitaban posibles sobresaltos o desequilibrios financieros y/o comerciales de naciones que pudieran afectar el orden económico internacional. Sin embargo, el sistema económico mundial se ha transformado rápidamente en los últimos años y el marco institucional ha sido rebasado por lo que llamamos los impulsores de la nueva economía del siglo XXI, la era del cambio rápido, continuo e incierto, la era del conocimiento y la información y la globalización de los mercados; lo anterior mediante un soporte tecnológico a través de la revolución en las telecomunicaciones, la era digital, entre otras.

Este cambio de paradigma de la nueva economía basado en la revolución en las tecnologías de la información-comunicación y manufactura computarizada, nos lleva a una hipercompetencia global en los mercados locales, donde el capital intelectual se convierte en el factor estratégico para el desarrollo de las capacidades competitivas de las empresas que dan sustentabilidad a lo largo del tiempo.

1.2 De la internacionalización de la economía a la globalización de los mercados

De 1940 a 1971 hubo dos variables claves en la internacionalización de la economía: 1) el papel de los gobiernos que lideraron el proceso del cambio y 2) el marco institucional donde se encontraban el GATT, el FMI, y todos los acuerdos internacionales donde existían reglas y normas claras en torno al Derecho Internacional. Sin embargo desde 1980, con las fuerzas y mecanismos de los mercados globalizados y la apertura de las economías semicerradas, son las grandes corporaciones multinacionales quienes lideran el juego de la hipercompetencia global. El libre comercio y los inmensos flujos de capital, que los gobiernos no han podido controlar, pero si los grandes bancos y corporaciones, ha provocado que éstos sean los que controlen los flujos de capitales alrededor del mundo.

De la internacionalización a la globalización de la economía

Fuente: Elaborado por CECIC
Gráfica 1.1

Las instituciones creadas después de la segunda guerra mundial para reestructurar el sistema financiero internacional   funcionaron eficazmente hasta 1971, con la crisis de Bretton Woods.   Un aspecto fundamental del sistema de Bretton Woods era el manejo de la cuenta de capitales en la balanza de pagos, la cual era compensatoria, lo que significa que sólo se movían los recursos para financiar los déficits en las balanzas en cuenta corriente (exportaciones menos importaciones de bienes y servicios). Sin embargo en la actualidad la cuenta de capitales es autónoma, se mueve por sí misma e independientemente de las necesidades de financiamiento del comercio de bienes y servicios y de la inversión productiva; el dinero electrónico se ha convertido en una mercancía que se renta por minutos, horas o días, sin compromiso de permanencia y se comercia en altos volúmenes (respecto a las reservas de los países de economías de mercado emergentes) y se mueve a gran velocidad. Por ejemplo, según datos del Reporte Mundial de Inversión 2002 de la UNCTAD, de 1990 a 1995 el flujo de Inversión Extranjera Directa (IED) promedio anual fue de 145,019 millones de dólares. Entre 1998 y el 2001 éste flujo alcanzó la cifra de 506,222. Alcanzando una cifra record en el año 2000 de 1,227,476 millones de dólares.

El capital financiero de corto plazo ha generado crisis económicas a los países emergentes y la naturaleza del mercado se doblega ante la falta de permanencia del dinero, ya que es altamente volátil y está impregnado de un virus especulativo que al transmitirse al sistema no solamente lo hace inestable, sino que provoca las crisis recurrentes, generando intervenciones de las instituciones como el Fondo Monetario Internacional y de los gobiernos para generar rescates financieros y bancarios, pero que en muchos casos han acentuado más la enfermedad. Lo anterior deja de manifiesto que la globalización de los mercados le ha ganado a las instituciones, ya que los acontecimientos ponen en entredicho el marco institucional hasta ahora vigente.   Hoy día son los mercados globales y no las instituciones las que logran manejar el cambio; por ejemplo, en México durante la crisis de 1994 y el caso de Argentina en 2001 – 2002 demostraron que el Fondo Monetario Internacional no pudo enfrentar ninguna de estas crisis.

Hablamos del dominio de la globalización de los mercados porque son las empresas y los mercados los que dominan la dinámica del cambio, a diferencia de la economía internacional de post-guerra. Este nuevo capitalismo muestra una nueva forma de organización y funcionamiento que lo diferencia sustancialmente del capitalismo industrial de los tiempos de

Bretton Woods. Sus principales características son la globalización, la interdependencia y la incertidumbre, que rigen a todas las actividades económicas y que son, al mismo tiempo, causa y consecuencia de los cambios estructurales y de las transformaciones en la organización y operación del mismo capitalismo global. Además, si el sistema económico es la manera como se organizan y operan las transacciones económicas y financieras a partir de las reglas del juego y de los jugadores, podemos decir que el sistema económico mundial está en proceso de transformación y transición hacia un nuevo sistema dominado por la globalización de los mercados y determinado por tres impulsores fundamentales:

- *La nueva era del conocimiento avanza sobre la era industrial.* El capital intelectual surge como el factor estratégico de la competitividad internacional que mueve al mundo de la economía y de los negocios, en la nueva economía del conocimiento y la información. La elevada movilidad de los factores de producción, el crecimiento del comercio intrafirma y la era del conocimiento dejan atrás el paradigma neoclásico de la ventaja competitiva basada en la dotación de factores, es decir, en la mano de obra barata para los países en desarrollo.
- *El cambio es continuo, rápido y simultáneo,* al pasar del mundo del *ceteris paribus* (todo permanece constante) al *mutatis mutandis* (todo cambia al mismo tiempo), generando mayor incertidumbre y menor predecibilidad en la economía y los negocios. De esta manera, la única constante es el cambio y lo único cierto es la incertidumbre.
- *La globalización de los mercados* en la producción, vía la fábrica mundial; en las finanzas internacionales, vía dinero electrónico; en el comercio, vía los acuerdos de liberalización comercial e integración regional; y en las comunicaciones, vía la globalización de los flujos de información y del conocimiento.

Uno de los aspectos centrales de esta globalización es lo que ha sucedido en el sistema financiero internacional, que con el dinero electrónico genera su propia dinámica, esto es, el sistema económico mundial ha sido superado por la dinámica del sistema financiero en el que el dinero electrónico rebasa su función de medio de intercambio, unidad de cuenta y depósito de valor y se convierte en una mercancía que se renta al mejor postor, por segundos, minutos, horas y días, con la "promesa de pago a futuro". Los flujos de inversión financiera son autónomos de los flujos comerciales y de inversión productiva, pero afectan al tipo de cambio real, a la competitividad de las empresas y países, y por lo tanto, al sector productivo. El mecanismo de precios en el mercado del dinero electrónico (tasas de interés) no cumple con su función de equilibrar la oferta y la demanda, es un equilibrio inestable: una mayor tasa de interés puede significar mayor rentabilidad del capital, pero también mayor riesgo. En ambos casos se incrementa la oferta, pues el mercado no puede diferenciar sólo a través de las señales de los precios, el premio por rentabilidad o por riesgo. Esto hace más complejo el manejo de la economía abierta a la globalización y genera un entorno más complejo para las empresas.

El Nuevo Paradigma

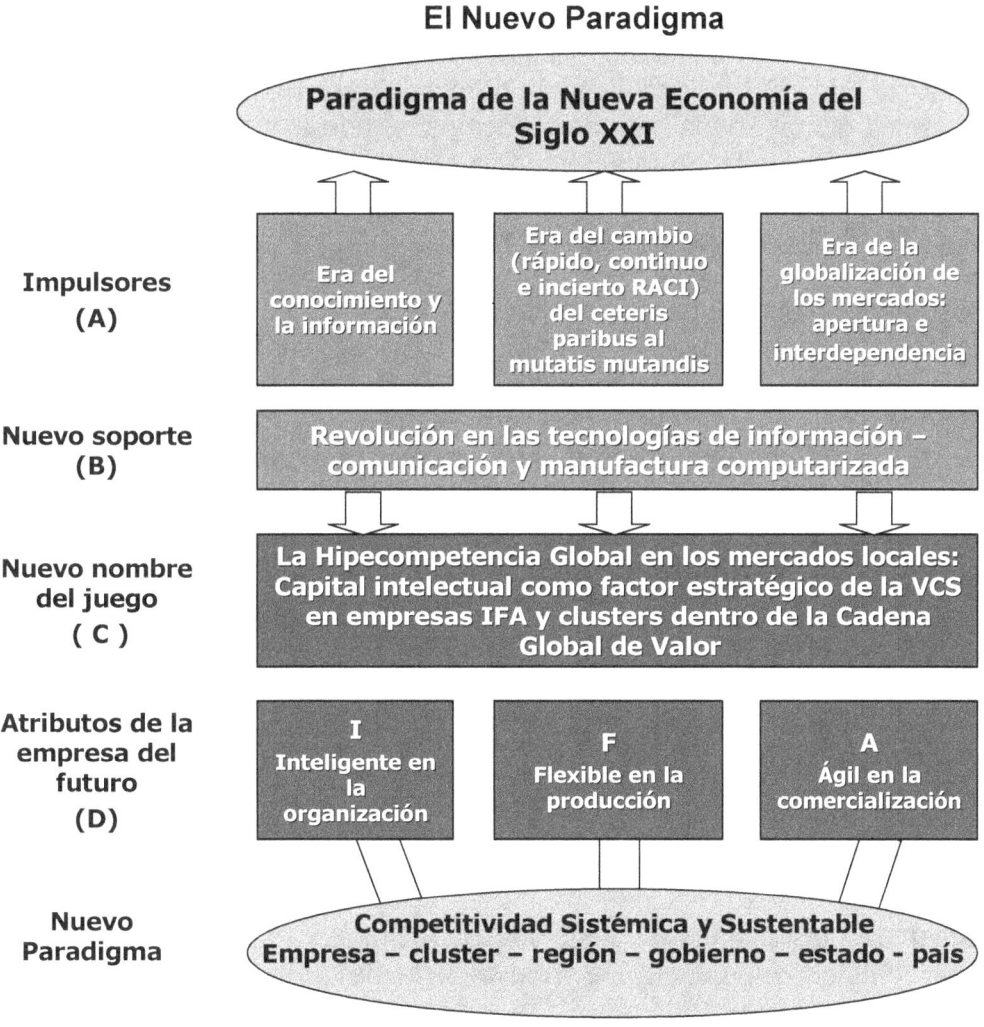

Fuente: Elaborado por CECIC
Gráfica 1.2

Los impulsores de la nueva economía tienen como soporte a la revolución tecnológica en la información, telecomunicaciones y manufactura asistida por computadora; esto es, la marcha acelerada de la Tercera Revolución Tecnológica (con sus grandes transformaciones en la informática, la microelectrónica, los nuevos materiales, la biotecnología, nanotecnología y las telecomunicaciones), promueve y posibilita los procesos de globalización en la industria, el comercio, los servicios y las finanzas, componentes característicos del capitalismo global. Los adelantos en las telecomunicaciones y transportes hacen que la variable tiempo sea parte sustancial de la competitividad y que las barreras o determinantes geográficos hayan dejado de serlo. El nuevo soporte tecnológico nos ha conducido a la definición del nuevo nombre del juego, que es la hipercompetencia global en los mercados locales, donde el capital intelectual es el factor estratégico de la ventaja competitiva sustentable de las empresas con atributos que denominamos IFA (Inteligentes en la Organización, Flexible en la Producción, Ágil en la Comercialización).

Sin embargo, en el nuevo paradigma de la nueva economía, ya no es suficiente contar con empresas IFA debido a que no sólo compiten las empresas vs. empresas, sino que compiten cadenas empresariales – cluster – polos regionales versus cadenas empresariales – cluster – polos regionales, dentro del contexto de la hipercompetencia global, por lo que se requiere de un enfoque de competitividad sistémica donde se integren los niveles de la competitividad en la nueva economía, partiendo desde la empresa (nivel microeconómico), organización industrial, innovación y logística (nivel mesoeconómico), aspectos financieros, fiscales, demanda, tipo de cambio (nivel macroeconómico), tratados de libre comercio, promoción exportaciones, defensa a la competencia desleal (nivel internacional), reglas del juego claras y estado de derecho (nivel institucional) y la confianza (nivel político – social).

1.3 El Nuevo Paradigma de los Negocios en el Siglo XXI

Hoy la nueva economía mundial y de los negocios se caracteriza por la globalización de los mercados, la nueva era de la información, del conocimiento y del cambio continuo, rápido e incierto. Como mencionábamos anteriormente, estos tres impulsores de la nueva economía y los negocios a nivel mundial han dado lugar a un nuevo nombre del juego que es la hipercompetencia global en los mercados internacionales y locales. En el nuevo juego, los países han tenido que abrir sus economías para participar en la economía mundial, en los mercados internacionales y al mismo tiempo defender sus propios mercados locales. Esto ha dado lugar a un nuevo paradigma de empresas IFA y de la competitividad sistémica, empresa-industria-gobierno-país. En este sentido, la nueva economía global demanda un nuevo tipo de empresa con nuevos atributos para enfrentar la hipercompetencia global.

La vieja economía se basaba en la producción masiva y estandarizada, orientada y dirigida por la producción (production driven) "se vende lo que se produce" (mass production). Se buscaban las economías de escala de producción y mínimo costo en un mercado local con una red de distribución física; el marketing se sustentaba en el producto uniforme y estandarizado, el ciclo del producto era largo y el precio se daba por el costo por unidad, más el margen de utilidad. La competencia tradicional entre empresas era vía precio y calidad, su objetivo era maximizar la participación en el mercado y de sobrevivencia del más fuerte (Ver Gráfica 1.3).

Nuevo paradigma de los negocios en el siglo XXI

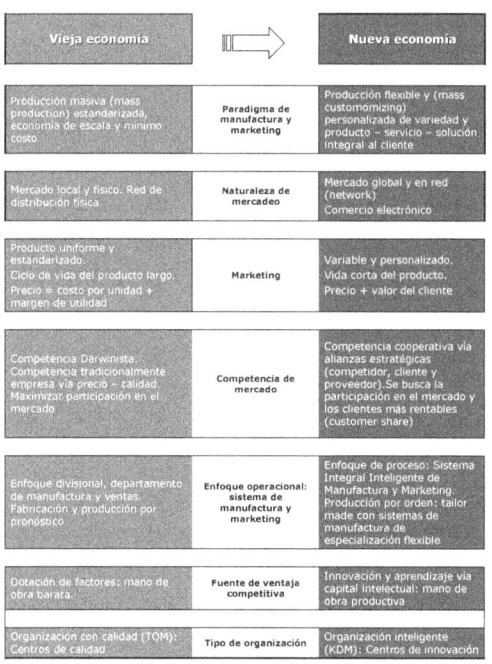

Fuente: Elaborado por CECIC

Gráfica 1.3

En las empresas la parte operativa era divisional, ya que se contaba con un departamento de manufactura y ventas, además la fabricación y producción era por pronóstico. La mano de obra barata era la fuente de ventaja competitiva y su herramienta organizacional para la competitividad era del tipo Total Quality Management (TQM). En cambio en la nueva economía, los negocios se comportan distinto; se basan y se mueven por el mercado (market driven) y el consumo más personalizado (mass customizing) y una producción más hecha a la medida (tailor made) y, por lo tanto, flexible. Así, los negocios se orientan a una producción flexible y personalizada, hay economías de variedad y producto-servicio-solución integral al cliente. Ahora la naturaleza del mercado es global y en red (network) con un aumento considerable del comercio electrónico, el marketing es variable y personalizado, el ciclo del producto es corto y el precio se basa en el valor percibido por el cliente.

Hoy día, la competencia de mercado es cooperativa vía alianzas estratégicas (competidores, cliente y proveedores) y se busca la mayor participación en el mercado, además de los clientes más rentables (customer share). El enfoque de procesos es de manufactura y marketing integral inteligente y la fuente de ventaja competitiva es la innovación y el aprendizaje vía Capital Intelectual, lo que significa mano de obra productiva y por último, el tipo de organización es inteligente, Knowledge Development Management (KDM). En la nueva economía de los negocios y de los mercados globales, además de los factores por el lado de la producción, la orientación del cliente es fundamental, su evaluación y percepción de los productos nacionales e importados que participan en el mercado local. Surge un nuevo enfoque de marketing que busca la creación de capital comercial con el cliente, el proveedor, distribuidor y detallista.

1.4 De la era industrial y la manufactura a la era del conocimiento y la Mentefactura

La historia de la sociedad muestra la existencia de tres grandes fases en su recorrido por el tiempo: la revolución agrícola, la revolución industrial y la era del conocimiento. En la era agrícola el factor estratégico de la competitividad de las naciones se basaba en la abundancia y calidad de la tierra, ya que quien tenía la mejor tierra poseía los mejores productos: Portugal el vino, Argentina las mejores carnes, etc.; En la primera revolución industrial, la máquina era lo fundamental, ya que el capital físico se convirtió en el motor del crecimiento y en el factor estratégico de la competitividad; posteriormente la era industrial avanzó en lo que puede denominarse como la segunda etapa de la revolución industrial con la producción Fordista, que estuvo dominada por la producción en serie.

En la actualidad, la revolución tecnológica (microelectrónica, biotecnología, nanotecnología, etc.) y la tecnología de información, comunicación y de producción asistida por computadora han sido el sustento del desarrollo de una nueva era: la del conocimiento y la mentefactura (Ver Gráfica 1.4). Ahora, el factor estratégico de la competitividad, ya no es el capital físico (maquinaria) ni el capital tecnológico, sino el **capital intelectual**. El reto es transformar a la información en conocimiento, y a éste en conocimiento productivo que permita elevar la competitividad de las empresas y países. Lo anterior implica que el crecimiento y competitividad de las empresas y países, depende, descontando de antemano el capital físico, no sólo de la formación y utilización plena de la información y el conocimiento, sino de la acumulación de capital intelectual. El capital intelectual es intangible, y a diferencia del capital físico y tecnológico que se pueden comprar, aquél sólo se puede cultivar y desarrollar en las empresas a través de lo que llamaremos Nuevas Organizaciones Inteligentes, que son aquellas que tienen capacidad para identificar el conocimiento, aprender de manera continua y permanente y crear conocimiento productivo.

De la era industrial a la era del conocimiento

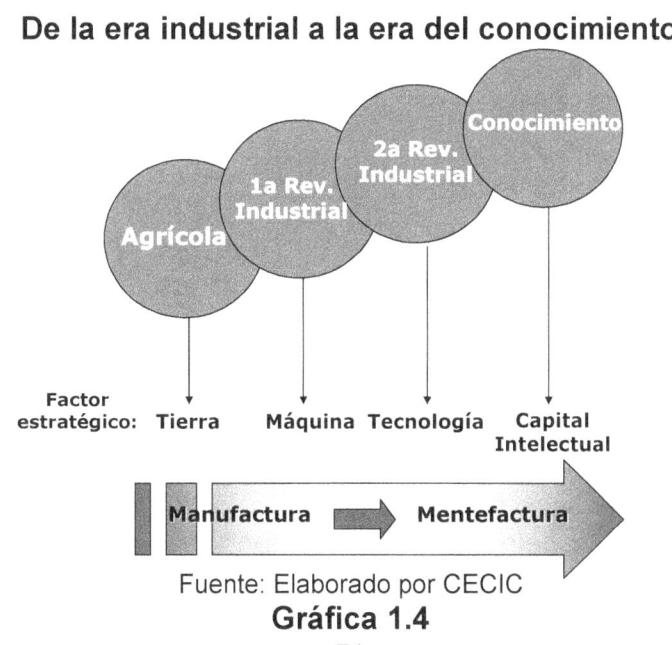

Fuente: Elaborado por CECIC
Gráfica 1.4
71

1.4.1 Del sistema de la manufactura a la de mentefactura

Los sistemas de manufactura siempre han estado apoyados en la combinación de dos grandes factores de la producción: el capital y el trabajo, dado un nivel de tecnología. Existe un sistema de producción masiva y estandarizada (mass production and standardized products); donde el resultado son economías de escala con el objetivo de alcanzar la máxima producción de bienes estandarizados y homogéneos, esto es máxima producción a mínimo costo como clave de la competitividad.

En cambio, la mentefactura está apoyada ahora en el nuevo trabajador del conocimiento, no en el trabajador robótico; en el sistema de la manufactura el ideal es el robot, un trabajador eficiente, mecánico y repetitivo, que maneja tiempos y movimientos con precisión, eficiente para trabajar en ritmos y procesos estandarizados. Un trabajador en la era del conocimiento, es un trabajador tipo TACA. El trabajador ideal es el que arma un motor en una hora, realiza todos los tiempos y movimientos de manera precisa, haciéndolo mejor que todos los demás en exactitud y velocidad, por lo tanto es un trabajador eficiente y alcanza el objetivo de producir con el mínimo costo. Este trabajador puede ser, en la era de la manufactura, un robot donde sus tiempos y movimientos son rápidos y precisos; nunca falla. En la nueva era, el trabajador del conocimiento que está orientado al consumidor, busca la producción personalizada, el servicio integral al cliente, la solución de problemas y desarrolla productos y /o servicios integrales tailor made, y como no es repetitivo, por lo tanto, además de trabajar eficientemente, tienen que agregarse dos condiciones; éstas son:

1. Aprender de cada proceso que realiza (por eso es inteligente).

2. Capacidad creativa para responder a nuevos escenarios y nuevos mundos, producto del cambio en el mercado, los retos de la competencia y el gusto de los consumidores.

El trabajador del conocimiento se obliga a aprender de cada experiencia nueva, pero como el mundo es cambiante, cada vez se modifican las reglas que se tienen que incorporar al sistema. Ahora, para trabajar la mejor maquinaria, no es suficiente; se necesitan tecnologías asistidas por computadora en el manejo de la información, de la comunicación y de la producción; la mentefactura está basada en sistemas de producción flexibles, multiproducto, multiproceso y multihabilidades.

Un ejemplo de la producción personalizada es la planta de Motorola en Florida, Estados Unidos, que con sistemas 100% computarizados ha pasado de cumplir un pedido en un período de 15 días a dos horas; antes producía un modelo uniforme para todos, ahora manufactura productos personalizados y tiene 500 modelos; en el caso de la producción personalizada también se tiene el ejemplo de la producción de muñecas *Barbie* con mínimo costo, en donde antes se producía una muñeca uniforme para un mercado mundial y estandarizado; después aparecieron los nichos de mercado y se desarrolló el modelo de muñecas gemelas, en el cual la niña envía su foto para que sea registrada en el sistema de computadoras y el modelo de la cara y del cabello de la muñeca se asemejen a los de la niña; manteniendo la producción al mínimo costo, integrando marketing con manufactura. Es el departamento de marketing el encargado de percibir lo que el cliente desea, lo cual da como resultado productos hechos a la medida (tailor made). Además, es inteligente porque es un sistema que aprende y crea, es flexible porque permite rediseñar los productos y hacerlos a la medida del cliente en la línea de producción sin ser un producto en serie.

De la manufactura a la mentefactura

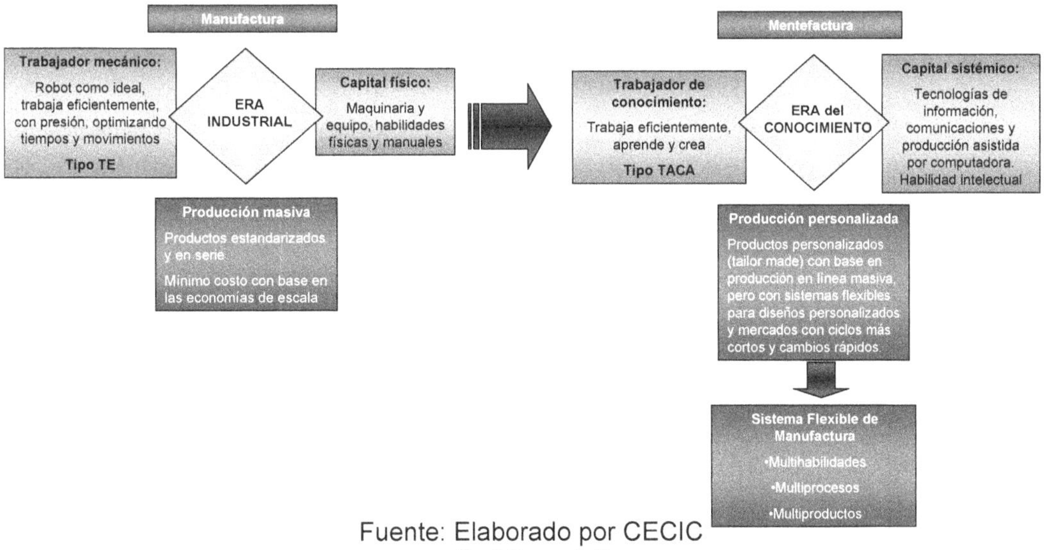

Fuente: Elaborado por CECIC
Gráfica 1.5

La nueva era del conocimiento no significa que la era industrial quedó atrás, sino que la industria ha modificado las características que determinan su crecimiento y competitividad con respecto al pasado; esto es, transitamos de la era industrial de la manufactura a una nueva era industrial dominada por la mente y el conocimiento productivo. A esa nueva era la podemos denominar la mentefactura, ya que antes necesitábamos desarrollar las habilidades manuales de los trabajadores en centros de capacitación y adiestramiento manual; pero hoy día los adelantos en la tecnología de la información, en las tecnologías de las comunicaciones, así como los adelantos de la tecnología de la manufactura asistida por computadora (AMT Advanced Manufacturing Technologies) implican que lo que hay que desarrollar son las habilidades intelectuales de los trabajadores, lo que ha dado lugar a lo que podemos llamar el trabajador del conocimiento (knowledge worker).

El que hayamos pasado a la nueva era del conocimiento y la información no significa que la era de los servicios (como algunos estudiosos han querido establecer) ha dejado atrás a la era industrial, lo que significa es que la naturaleza e impulsores de la propia industrialización han cambiado. Ahora no está basada en el capital físico (tecnología), sino en el propio capital intelectual; incluso puede señalarse que todavía los propios servicios están apoyados y apalancados en la industria. En este sentido, la industrialización sigue siendo el motor del crecimiento, aún en los países avanzados, y sin duda seguirá siendo en los países en desarrollo, por ello hablamos del cambio de la manufactura a la mentefactura. El Fondo Monetario Internacional[1], señala al respecto que:

- La industria manufacturera en los países industrializados ha mantenido su participación en la producción en términos constantes en los últimos 30 años.

- La percepción incorrecta de que la industria ha disminuido su importancia como motor de crecimiento se deriva de los siguientes factores:

  - Medida a precios corrientes, la participación de la manufactura ha bajado, lo que aparentemente reflejaría un cambio en el gasto de bienes a servicios; sin embargo, en términos constantes, la relación permanece alrededor del 22% del PNB para las economías avanzadas debido al movimiento en los precios.

  - La disminución que ha presentado el empleo total en la industria, el cual bajó de manera considerable: de 28% en 1970 a 18% en 1994. De esta forma, en Estados Unidos uno de cada seis trabajadores trabajan en la industria y en Europa uno de cada cinco.

¿Cuál es la razón que explican estos fenómenos de la evolución industrial? El FMI estima que el rápido crecimiento en la productividad de las manufacturas y el bajo crecimiento en los servicios explican más de dos terceras partes de la caída en el empleo industrial. Este fenómeno ya ocurrió en el siglo pasado con la agricultura, ya que las mejoras en productividad provocaron que en Estados Unidos la proporción del total de la fuerza laboral que trabajaba en el campo, pasara del 50% en 1860 a 3% en la actualidad (en el caso mexicano se da un fenómeno similar, pues en el año de 1940 la producción agrícola empleaba el 65.3% de la población económicamente activa, bajando para 1980 al 25.9%).

Por otra parte, otro de los fenómenos que también explica la menor absorción de mano de obra registrada en la manufactura, es que en la última década, las empresas industriales han desarrollado el esquema de la subcontratación de una serie de servicios que antes desarrollaban en la propia empresa, tales como limpieza, mantenimiento, etc.; sin embargo, estos servicios, aunque no se toman en cuenta para la estadística industrial, se desarrollan en el propio sector manufacturero. En síntesis, así como la desindustrialización en los países avanzados es un mito, el proceso de reestructuración industrial en los países de América Latina y Europa Oriental es una realidad, en donde el reto de la apertura comercial en estos países implica el reto de la reconversión industrial de estas empresas, para enfrentar la apertura y la competencia internacional en la nueva era del conocimiento y la mentefactura y el mismo juego de la competitividad sustentable basada en el capital intelectual.

Evolución en los sistemas de producción

Sistema mundial de los años 60

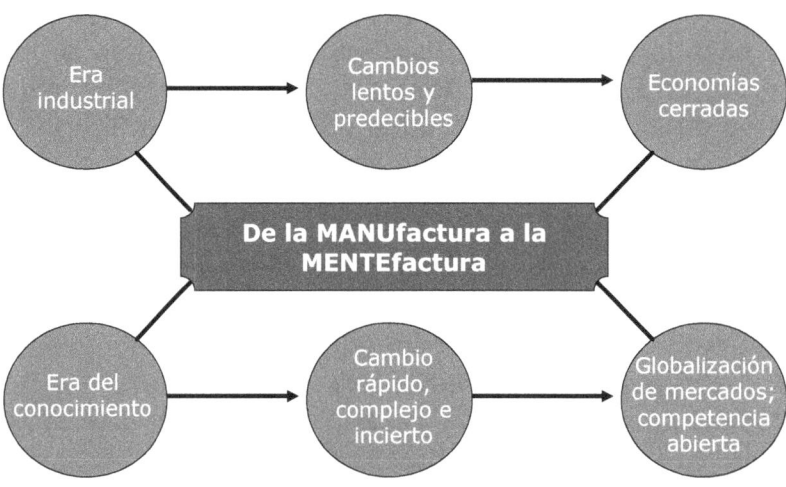

Sistema mundial de los años 90

Fuente: Elaborado por CECIC
Gráfica 1.6

1.5 La era del cambio rápido, continuo, complejo e incierto: Del entorno económico ceteris paribus (todo lo demás constante) al mutatis mutandis (todo cambia y al mismo tiempo)

El mundo de los años noventa se ha caracterizado por el cambio continuo, en donde se podría decir como ya se ha mencionado antes "la única constante es el cambio"; pero además, la velocidad del cambio ha aumentado vertiginosamente, esto es, en 10 veces de lo que era en los siglos pasados, pues como dice Eric Hobsbawn "los cambios que hoy observamos en una década antes tomaban un siglo". Pero la naturaleza del cambio, además de cambiar en su velocidad y permanencia, ha cambiado en su complejidad: el mundo ha pasado del *ceteris-paribus* de los economistas (todas las demás cosas constantes) a un nuevo mundo del *mutatis-mutandis* (todo cambia al mismo tiempo), lo que ha provocado que hoy día los cambios en la política afecten a la economía, los cambios en la tecnología afecten al mundo financiero, etc.

76

Lo importancia de la naturaleza del cambio (permanencia, rapidez y complejidad) radica en el impacto que tiene en dos variables determinantes para la toma de decisiones en el mundo de la economía, las finanzas y los negocios: la incertidumbre y la predecibilidad del futuro. En este escenario de cambio continuo, rápido y complejo se requiere un enfoque multidisciplinario de análisis prospectivo, donde se observen los grandes cambios cualitativos; además, a diferencia del pasado, cuando se podía extrapolar para proyectar el futuro, en el mundo de hoy, de mayor incertidumbre, se tiene que planear bajo escenarios. Así por ejemplo, ¿Cómo evaluar la rentabilidad y el valor presente de un proyecto de inversión en la industria petroquímica en un mundo de incertidumbre y de baja predecibilidad? ¿Cómo determinar el precio del petróleo, la tasa de interés y el tipo de cambio en los próximos 15 años?

El problema de la incertidumbre del futuro no se resuelve con un modelo econométrico o estadístico, se requiere de un enfoque sistémico en donde el cambio ya no es lineal; ahora el cambio es discontinuo y multidimensional y en buena medida se desconoce lo que puede pasar en el mundo dentro de 10 años; esto afecta la rentabilidad de las empresas y los proyectos de inversión, y por lo tanto la toma de decisiones. Esta son las consecuencias de desenvolverse en una economía llena de incertidumbres y difícil de predecir.

Planeación bajo escenarios

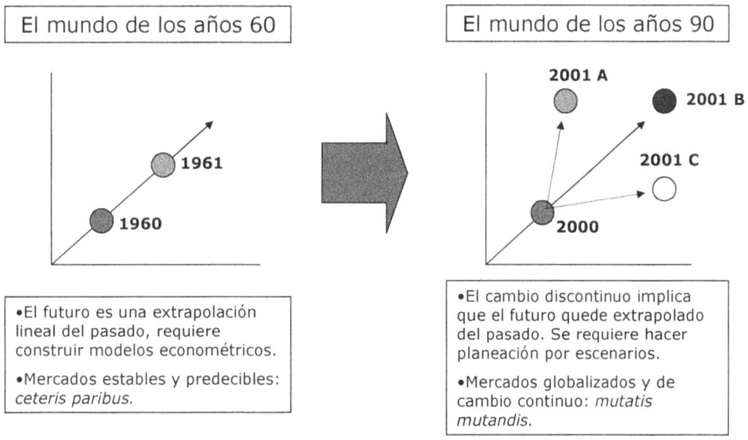

El mundo de los años 60

1961
1960

•El futuro es una extrapolación lineal del pasado, requiere construir modelos econométricos.

•Mercados estables y predecibles: *ceteris paribus.*

El mundo de los años 90

2001 A
2001 B
2001 C
2000

•El cambio discontinuo implica que el futuro quede extrapolado del pasado. Se requiere hacer planeación por escenarios.

•Mercados globalizados y de cambio continuo: *mutatis mutandis.*

Fuente: Elaborado por CECIC
Gráfica 1.7

En la economía de los negocios de los años sesenta el mercado era estable y predecible (*ceteris-paribus*), el tipo de cambio era fijo, la tasa de interés fija, economías semicerradas, reducida movilidad de capitales financieros entre países, inflaciones bajas y estables ¿Cómo se proyectaba el futuro? En esa época era relativamente fácil, ya que no se requerían modelos econométricos ni estadísticos, sino que prácticamente "a mano alzada" se podía proyectar el presupuesto, la inversión, la inflación, los ingresos del próximo año; hoy día, tenemos que hablar de escenarios posibles, probables y deseables, bajo el nuevo mundo del cambio continuo, lo que implica que la planeación estratégica es indispensable y más trascendente que antes. En conclusión, la planeación bajo incertidumbre implica tomar en cuenta distintos escenarios; sin embargo, ésta es una condición necesaria pero no suficiente para enfrentar el mundo del siglo XXI.

Dada esta naturaleza del cambio, la clave es: si en mi empresa o en mi país tengo un buen departamento de planeación estratégica, que planea bajo escenarios ¿es suficiente para enfrentar el mundo del futuro? La respuesta es no. Ciertamente la planeación bajo escenarios es una condición necesaria, pero no suficiente, pues se requiere tener capacidad y flexibilidad para cambiar de un escenario a otro, cuando aquel no es favorable a la competitividad y desarrollo de la empresa. Por lo tanto, se requiere tener flexibilidad productiva y agilidad comercial en una organización inteligente, es decir, que tiene memoria, que aprende de manera continua y que tiene capacidad de ver el futuro a través de planeación estratégica, y crear un propio escenario, e instrumentar las acciones de una organización para convertir en realidad dicho escenario.

Así por ejemplo, podemos establecer la metáfora de un vuelo de México a Japón, en donde el plan de vuelo establece tres posibles escenarios:

A) 24 horas de vuelo con tiempo normal;
B) 18 hrs. con el tiempo y viento a favor y
C) con tormenta que puede plantear un tiempo no definido.

El departamento de planeación estratégica provee los tres escenarios de plan de vuelo y se inicia el proceso bajo el escenario A, pero a la mitad del camino se presenta el escenario C, requiriéndose de un plan de contingencia para poder aterrizar por ejemplo en Hawai antes de llegar a Japón; pero tampoco es suficiente este plan, pues también se requiere que el avión tenga flexibilidad y agilidad para cambiar de ruta y tomar la nueva ruta a Hawai, además de necesitarse que la organización y el equipo humano de vuelo esté capacitada para reorganizarse y orientar el cambio; esto es, en la nueva etapa de un mundo de cambio rápido, continuo, y complejo que genera mayor incertidumbre y menor predecibilidad, se necesita planeación bajo escenarios como elementos necesarios, y además se requiere tener flexibilidad y agilidad para cambiar de escenario. Lo anterior implica construir lo que hemos llamado las empresas IFA, un nuevo tipo de empresas: Inteligentes en el Organización, Flexibles en la Producción y Ágiles en la Comercialización.

Cambio en la Ventaja Competitiva

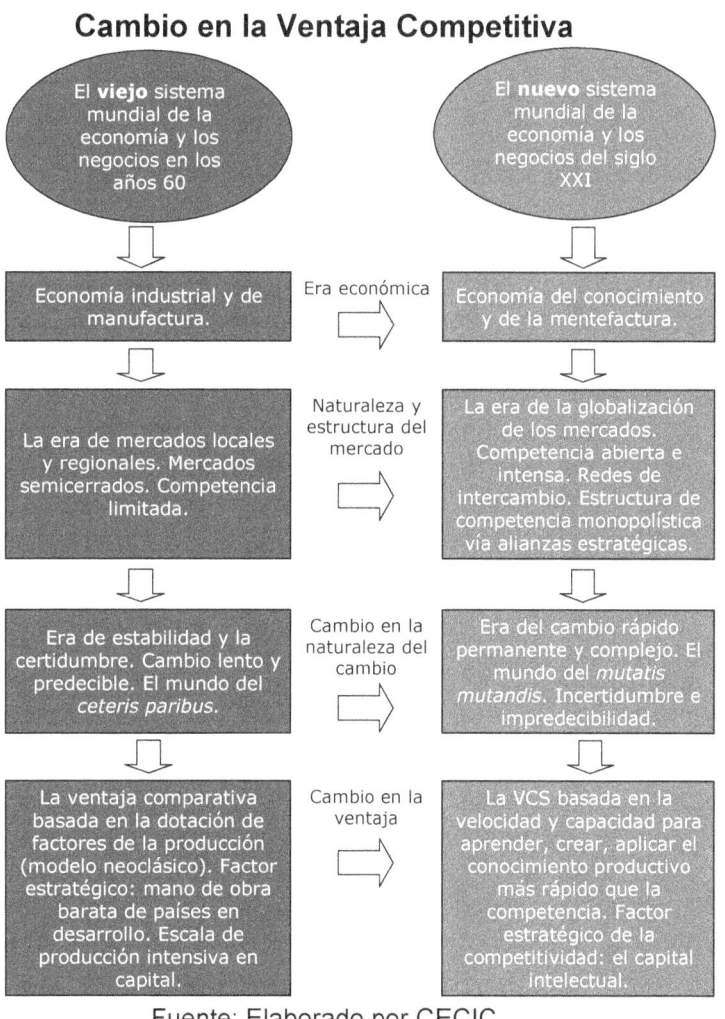

Fuente: Elaborado por CECIC

Gráfica 1.8

1.6 La era de la globalización de los mercados: Apertura e Interdependencia de las naciones

El sistema mundial de la economía y los negocios, cambió radicalmente de los años sesenta a este siglo XXI (Ver Gráfica 1.8), principalmente al pasar de una economía orientada a la industria y a la producción, a una orientada al cliente, es decir, mientras que en los años sesenta se vendía lo que se producía, debido a que la producción era masiva y estandarizada con un largo ciclo de vida del producto, en la actualidad la producción es variable y personalizada con un ciclo de vida corto.

1.6.1 Cambios en la naturaleza y estructura del mercado: las redes de intercambio y la competencia monopolística vía alianzas estratégicas

La globalización ha cambiado la naturaleza y perfiles de los mercados, dando lugar a una nueva estructura; los mercados espaciales han evolucionado a redes de intercambio (networks), así como la propia estructura de mercados en la competencia internacional, que ha pasado de la competencia oligopolística a alianzas estratégicas a través de la diferenciación de productos. Desde la década de los años setenta se aceptaba que la estructura de los mercados internacionales era de competencia oligopolística, es decir, unas cuantas empresas dominaban el mercado, pero competían en el mismo. En las últimas dos décadas, esto se ha venido transformando, dando lugar a una nueva estructura de mercados, donde ahora son los competidores oligopolísticos que llegan a acuerdos y alianzas estratégicas, y que van más allá de los simples acuerdos de precios (cárteles), pues establecen fusiones accionarías, acuerdos tecnológicos, en inversión, de desarrollo de nuevos productos, alianzas para comercialización, etc. Las firmas se alían y compiten, no por bajos costos, sino para controlar mercados.

La tendencia a la realización de alianzas, fusiones o asociaciones entre grandes empresas se inicia a fines de la década de los años setenta y principio de los ochenta, entre las corporaciones norteamericanas, japonesas y europeas. Las alianzas constituyeron el camino más viable de sobrevivencia y consolidación en medio de la crisis y la reestructuración. Ejemplos de éstas se dan entre grandes corporaciones como la asociación Ford con Mazda, la de General Motors con Isuzu, y la de Hewlett Packard con Hitachi. Las alianzas estratégicas entre empresas y la globalización de las finanzas y las inversiones han dado lugar a una estructura y un sistema inédito de comercio internacional: se pasa del comercio complementario y competitivo al comercio adversario oligopolístico, eliminándose gran parte las reglas de intercambio que tradicionalmente se conocían en las décadas pasadas.

La era de la globalización de los mercados

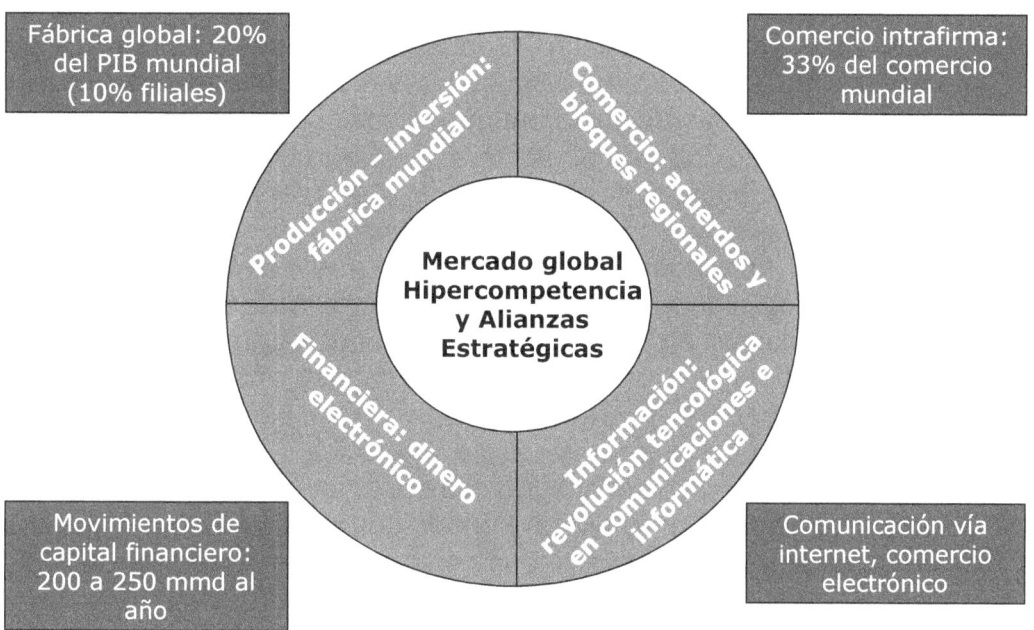

Fuente: Elaborado por CECIC
Gráfica 1.9

1.6.2 La globalización en la producción: de la fábrica mundial a la fábrica virtual

Hoy el esquema de la globalización y la apertura ha dado lugar no sólo a la fábrica mundial, sino a lo que podemos llamar la "fábrica virtual", a través de esquemas de subcontratación en la producción, comercio intrafirma, y asociaciones a través de alianzas estratégicas. Tal es el caso de la empresa Nike, la cual se puede clasificar como fábrica virtual, puesto que manufactura su línea de ropa deportiva en 65 localidades de diferentes partes del mundo, a través de esquemas de subcontratación con sus diseños propios y marcas (conocimiento) y una red de comercialización de orden global. La fábrica mundial es un resultado del traslado de segmentos de un proceso más amplio de producción hacia diferentes países en función de sus ventajas competitivas, con objeto de enfrentar la ardua competencia y reducir costos o acceder con facilidad a los mercados regionales.

Este proceso se intensificó en aquellas industrias que resultaron sensibles a las alzas energéticas de los años setenta, así como para frenar la tendencia de la disminución en la relación productividad-salario de los países industrializados ante el arribo de nuevos países a la nueva industrialización (NICS). La reorganización de la economía global surgida con la "fábrica mundial" y el comercio intrafirma, acelera la integración de las partes y componentes de los productos en el proceso de justo a tiempo y auspician un cambio en el orden económico internacional, que es la globalización de la producción. En la actualidad producir un auto en Detroit implica una producción en 16 países de partes y componentes que se integra en un proceso de justo a tiempo en Detroit. La pregunta que surge es: ¿dónde está la fábrica? La respuesta es que existe una fábrica mundial. La fábrica mundial ha transformado el proceso productivo para hacerlo flexible, y ha acelerado la transición de información entre productos y mercados. También ha transformado el comercio, del antiguo comercio, esencialmente de bienes, a un creciente comercio de servicios y productos inteligentes, e implica la articulación de cadenas productivas industriales en el plano internacional.

1.6.3 La globalización en el comercio: Los bloques comerciales regionales como el camino a la globalización mundial

La globalización del comercio a través de acuerdos se ha dado también a través de esquemas de subcontratación en la producción, comercio intrafirma, y asociaciones a través de alianzas estratégicas, bloques regionales (TLC, el Mercado Común Europeo, el Mercosur, Asociación Asiática), bajo un marco de comercio mundial cada vez más abierto e interdependiente, promovido a través de la Organización Mundial del Comercio (OMC). La integración de bloques ha dado lugar a una estructura y sistema inédito de comercio internacional, caracterizados por una dinámica de integración economía-sociedad-territorio, con la formación de los bloques económico-regionales que auguran cambios institucionales de más largo alcance.

La conformación de estas nuevas estructuras de mercado tiene su origen en el desarrollo de las alianzas estratégicas, pero no son excluyentes entre sí, ni se sustituyen unas a otras, ya que si bien se integran bloques con alianzas entre países, con frecuencia empresas de origen en otros bloques se alían con su congéneres o sus competidores de los bloques restantes para tener acceso a los nuevos mercados regionales. Las alianzas estratégicas entre países crean grandes zonas económicas de libre comercio recíproco (trato nacional a inversiones y empresas), consolidando el comercio intrafirma, la subcontratación y la complementación industrial que se impulsa, con la tercera revolución tecnológica industrial y la fábrica mundial. En cuanto a la integración de estas nuevas zonas económicas y el conjunto de factores antes apuntados, cabe establecer distinciones en la configuración de los diferentes bloques económicos. Por ejemplo, en Europa la noción prevaleciente es de una "casa Común", mientras que la modalidad de la integración del Pacífico se orienta a la creación de asociaciones productivas entre países y empresas, que implican más una coordinación de políticas industriales y aún de agentes económicos, que la cesión de espacios de decisión soberana o integración territorial y en el caso de América del Norte la integración tiende únicamente al libre comercio de bienes, servicios y flujos de inversión y tecnología

1.6.4 La globalización financiera: el dinero electrónico

La globalización en las finanzas a través del "dinero electrónico", un sistema monetario y financiero internacional de alta movilidad de capitales financieros, tipos de cambio y tasas de interés flexibles, ha dado lugar al comercio del dinero y que los tipos de cambio entre países se vean afectados por movimientos financieros independientemente de su estructura de costos-precios, dados por la paridad de compra (purchase parity power), afectando finalmente a la competitividad del sector real y del comercio entre países. Este auge de la economía del dinero surge a partir del rompimiento del esquema de Bretton Woods -que sirvió para reglamentar y estabilizar el comercio y finanzas internacionales- y de las alzas en los precios del petróleo que originaron el reciclaje de los enormes superávits líquidos de los países petroleros, creándose una enorme y volátil masa monetaria que no tiene territorialidad, ni fidelidad a ninguna moneda, potenciándose en los años ochenta con la globalización de las finanzas y con el largo estancamiento que sufrieron algunas regiones del mundo.

Esto ha ocasionado que en los últimos veinte años las tasas de cambio e interés flexibles hayan originado especulación y comercio de dinero. De esta forma, en el contexto de la economía monetaria transnacional de hoy, el dinero ya no es un simple lubricante del intercambio, sino un bien en sí mismo, que se comercia y tiene una dinámica independiente. La economía del dinero, por lo tanto, afecta el comportamiento no sólo de la macroeconomía, sino a las empresas (las industrias), como capital de trabajo y de inversión. En síntesis, y parafraseando a Robert Reich, podemos afirmar que vivimos una transformación que reordena la política y la economía del siglo XXI, que eliminará la nacionalidad de los productos, las tecnologías, las empresas e incluso de las ramas industriales nacionales. El tránsito es hacia una economía de valor basada en redes de información descentralizada en todos los puntos del planeta y con capacidad para identificar problemas, resolverlos y comunicarlos mediante los sistemas de comunicación vía satélite. La aldea global ha circundado el mundo, el Estado-Nación se torna demasiado pequeño frente a estas dinámicas fuerzas de la región y del mercado global, y demasiado lejana para responder las cuestiones locales que plantean los ciudadanos.

1.7 La revolución en las tecnologías de la información – comunicación y manufactura computarizada

En 1972 mi Profesor de Teoría Microeconómica en la Universidad de Yale, Joseph Stiglitz iniciaba el curso con una pregunta, ¿cuál es el factor más escaso en una economía? Los alumnos pensábamos que podría ser el ahorro, la tecnología, la innovación, etc. La respuesta que daba era: la información. Aunque esto estaba más enfocado al problema de la escasez de la información para buscar el equilibrio en los mercados, más que para la creación de conocimiento productivo. Sin duda refleja, 30 años después, que uno de los factores más abundantes es la información gracias a la revolución en las tecnologías de información y comunicación. Así, hoy día la cantidad, velocidad y precisión para transmitir la información y los mecanismos de acceso a ésta, hacen que la información sea un factor abundante; sin embargo el reto sigue siendo, cómo utilizar esta información, organizarla en un conocimiento y traducir esto en un conocimiento productivo, base de la innovación y de la competitividad sustentable en las empresas de la economía.

Por otro lado, es importante observar, que gracias a la revolución tecnológica se ha dado el fenómeno de la globalización de los mercados, que permite, sin duda, una mayor información, de conocimiento de lo que sucede en la producción, comercio e integración de mercados que antes estaban aislados por la propia geografía, y hoy ha dado lugar a una nueva naturaleza de mercado. Y lo mismo ha permitido a las empresas desarrollar sistemas de justo a tiempo y de inventario cero, basados en el control y seguimiento de los productos a través de sistemas de comunicación más rápidos, precisos y confiables. Desde otra perspectiva, la revolución en los sistemas de manufactura computarizados ha permitido darle flexibilidad a la producción con rapidez y precisión, de acuerdo a las necesidades de los mercados personalizados, pero que a su vez requiere de la producción masiva de productos. De aquí, que es importante entender como los tres drivers (impulsores) de la era del conocimiento y la mentefactura, de la globalización de los mercados y del cambio rápido, continuo y completo, están hoy día soportados por una verdadera y trascendente revolución en las tecnologías de información, comunicación y sistemas de manufactura computarizadas, que hacen viable y refuerzan en si mismos a estos tres impulsores, caracterizando la nueva economía mundial del siglo XXI.

Ahora, veamos como pasamos de la ventaja comparativa en el mundo de los años sesenta a la nueva ventaja competitiva sustentable en los noventa. En el mundo de la década de los sesenta el modelo dominante en la ventaja comparativa estaba basada en la dotación de factores de la producción del modelo neoclásico, y que establece que la ventaja competitiva de las naciones está determinada por la abundancia relativa de los factores de la producción. Para los países con abundante mano de obra su vocación es producir aquellos productos intensivos en ese factor, aprovechando sus salarios bajos y para los países en desarrollo que tienen abundante capital, en aquellas industrias y bienes que son intensivos en capital, esto es, que requieren producción en gran escala. Sin embargo, este modelo de pensamiento de ventaja competitiva, actualmente en el mundo del siglo XXI es imperfecto, impreciso e incorrecto. Por que hoy en día lo que se requiere es hablar de la ventaja competitiva sustentable, la cual esta basada en la velocidad y capacidad para aprender, crear y aplicar conocimiento más rápido que la competencia, en donde el factor estratégico de la competitividad es el propio capital intelectual, para ambos países, tanto en desarrollo como industrializados.

Esto representa un cambio radical y abre grandes oportunidades para los países en desarrollo; la ventaja competitiva básica, esto es, producir con costos, precios y calidad internacional, simplemente representa el requisito básico de boleto de entrada para la competencia internacional, pero tener una posición relevante en la competencia significa tener una participación de mercado revelada en la competencia y finalmente la clave es sostener en un proceso dinámico la competitividad sustentable, que es acortando la brecha con el líder que va adelante y ampliándola con el que viene atrás. Desde otra perspectiva ofrece nuevas oportunidades, ya que el viejo modelo de la ventaja competitiva neoclásico que domina todavía hoy el mundo, es un modelo determinístico, pues esta basado en la dotación de factores existentes en los países. En la nueva era del conocimiento y la ventaja competitiva sustentable, el factor estratégico de la competitividad ya no es el factor capital físico, sino el factor capital intelectual, pero éste, no existe ni se compra, se cultiva a través de organizaciones inteligentes de continuo aprendizaje, que sustituyen a los centros de capacitación, los cuales están mal enfocados y requieren de gran cantidad de capital financiero.

El reto para los países y empresas es lograr la transición de la era industrial a la era del conocimiento, ya que ahora las empresas necesitan desarrollar organizaciones de aprendizaje continuo, innovación y creación de conocimiento productivo, mientras que los países requieren desarrollar sistemas nacionales de aprendizaje e innovación tecnológica que impulsen la creatividad y el conocimiento colectivo de sus sociedades. Así surge la globalización del mercado de la información como la base potencial para el desarrollo del capital intelectual que es el factor estratégico de la competitividad en la nueva era del conocimiento.

Por lo anterior, la información tiene un papel bidimensional:

- En la operación de los mercados permite un ajuste más rápido y eficiente entre los desequilibrios de demanda y oferta.

- En el desarrollo y creación del conocimiento productivo e innovación, es la materia prima básica. La información deja de ser un bien escaso, el arte sigue siendo cómo transformarla en conocimiento productivo e innovación.

1.8 El nuevo nombre del juego: La hipercompetencia global en el mercado local

En la actualidad, existen elementos que por su gran importancia económica y social no podemos pasar por alto. Las grandes empresas multinacionales, el elevado comercio intra-firma en los conglomerados industriales, las alianzas estratégicas, así como el rompimiento de restricciones para las empresas que ahora tienen acceso al capital físico, tecnológico y financiero, son señales inequívocas de importantes cambios en todos los niveles. La idea de que los factores son estáticos y el comercio se manifiesta entre países, ha sido superada por la evidente movilidad de los factores de la producción, así como por el hecho de que el comercio internacional ocurre entre empresas. El mundo ha pasado de una competencia en mercados semi-abiertos a una en mercados totalmente abiertos, globales e interdependientes. Estos elementos se pueden resumir en lo que hemos denominado los tres impulsores del mundo de la economía y los negocios del siglo XXI (el conocimiento, la globalización y el cambio), los cuales han dado lugar al nuevo nombre del juego, "la hipercompetencia global" donde la lucha por sobrevivir y prosperar económicamente se caracteriza por su velocidad, globalidad y permanencia.

Si el mundo del siglo XXI ha cambiado su manera de operar y funcionar, movido por los nuevos impulsores del cambio, ¿qué implicación tiene lo anterior para el mundo de la economía y los negocios?

En principio, se ha cambiado el nombre del juego porque ahora la competencia internacional se ha intensificado, al encontrarse en mercados globales, abiertos e interdependientes, en donde ha aumentado la vulnerabilidad de las empresas a la competencia y a los shocks externos (cuyos movimientos se deben a la libre movilidad de capitales que provocan fuertes modificaciones en las tasas de interés y en la paridad, y que por lo tanto afectan a la competitividad). La hipercompetencia global en los mercados implica enfrentarse con empresas competitivas que poseen una gestión empresarial moderna y productividad laboral en continuo desarrollo; además, hoy día no es posible desarrollar una empresa competitiva, si ésta se mantiene aislada. Esto es, en este mundo globalizado no se compite bajo el esquema tradicional de empresa versus empresa, sino en uno nuevo de cadena empresarial versus cadena empresarial, cluster versus cluster, región versus región y país versus país.

De esta forma, como la naturaleza del juego ha cambiado, ahora se enfrenta una competencia intensa, aguda en mercados globales abiertos, con nuevas reglas, en donde la estructura del mercado de la competencia oligopólistica cada vez se mueve más hacia estructuras de competencia monopolísticas vía diferenciación de producto y alianzas estratégicas entre competidores, por lo que el capital intelectual se convierte en el factor estratégico de la competencia.

Hipercompetencia Global en el Mercado Local:
La Experiencia de los Helados Virginia

Helados Virginia es una pequeña empresa que produce, tal como su lema indica "Los Mejores Helados del Mundo con el Sabor de Nuestra Tierra". Entre los productos originales que esta empresa ha ofrecido a sus clientes, se encuentran las muy conocidas nieves de zapote, mamey, tamarindo y coco. La empresa no desea ofrecer sus productos a nuevos mercados, mucho menos exportarlos, más allá de la ciudad en que los Helados Virginia tuvieron tanto éxito.

Recientemente, una famosa cadena internacional de helados abrió sus puertas en la misma localidad de los Helados Virginia. Entre su amplia oferta de sabores, la nueva tienda cuenta ahora con los mismos que Helados Virginia hiciera famosos, con una diferencia clave: la cadena internacional ahora puede exportar estos nuevos sabores a su vasta franquicia global, al mismo tiempo que ha ganado cerca del 50 por ciento de lo que fuera el mercado local de los Helados Virginia. Irónicamente, el competidor internacional merece finalmente el crédito de ofrecer, tal como lo prometiera el negocio local, los mejores helados al mundo, con el sabor de nuestra tierra.

La moraleja:

La globalización de la demanda y la apertura de la economía mexicana implican que la empresa local tiene que ser competitiva con visión global, pues incluso si no contempla exportar, siempre podría enfrentar la competencia internacional en su propio mercado local.

Fuente: Elaborado por CECIC
Recuadro 1.1

En este contexto, el concepto de ventaja competitiva ha evolucionado de la ventaja competitiva básica (VCB), basada en costo-precio y calidad que son los requisitos mínimos para entrar al juego de la hipercompetencia global, y de la ventaja competitiva revelada (VCR), como la participación en el mercado, al nuevo concepto de ventaja competitiva sustentable (VCS) basado en la capacidad y velocidad de la empresa para aprender e innovar nuevos productos y procesos más rápido que la competencia internacional.

Referencias y Bibliografía

[1] Reporte Mundial de Inversión 2002. Corporaciones Trasnacionales y Competitividad Exportadora, UNCTAD, Publicado por la ONU, Nueva York y Ginebra, 2002.

[2] World Economic Outlook - reseñado por The Economist, abril 26, 1997.

[3] Stiglitz, Joseph E. *Globalization and its discontents*. W.W. Norton & Company. Nueva York, 2002.

[4] Gibson, Rowan. *Repensando el futuro: Repensando los negocios, los principios, los mercados, la competencia, el liderazgo y el mundo*. Grupo Editorial Norma. México 1997. 319 p.

Capítulo 2

La ventaja competitiva sustentable en la hipercompetencia global

CAPÍTULO 2

2.1 Introducción

A lo largo de la historia, han existido diversas teorías que intentan explicar qué determina la corriente del comercio internacional, por qué algunos países e industrias gozan de ventajas sobre otros y cuál es la fuente de dichas ventajas. Sin embargo, los modelos actuales no han podido dar una respuesta integral a estas preguntas, ya que algunas teorías se han enfocado a la competitividad a nivel país, en tanto que otras se enfocan principalmente a la competitividad de las empresas.

Nuestro enfoque se desarrolla bajo la perspectiva de Michael Porter: la competitividad se desarrolla a nivel empresa, industria y país, aunque ésta, en cada nivel, no es suficiente por sí misma para explicar el flujo comercial. La competitividad se da en varios niveles que pueden ser clasificables, pero en su conjunto determinan qué empresas y qué países dominarán la carrera de la hipercompetencia global como resultado de las transformaciones en el terreno de juego, del tipo de competidores, de la velocidad de la carrera y de la fuente de la competitividad. Para presentar nuestro modelo sobre una concepción integral de la ventaja competitiva sustentable, así como de las características y atributos que debe tener la nueva empresa para competir en esta carrera de la hipercompetencia global, y el papel del capital intelectual como factor estratégico de la competitividad, es conveniente tener un marco conceptual e histórico de la evolución de los conceptos de la ventaja comparativa entre las naciones y competitiva entre las empresas para determinar los patrones del comercio internacional.

La ventaja comparativa se determina por la diferencia de costo-precio relativos entre países dando lugar a las corrientes del comercio internacional. Estas teorías tratan de explicar la fuente de esas diferencias costo-precio que dan origen al comercio entre países, de tal manera que es necesario analizar estos elementos en su propio marco conceptual, sus límites y sus alcances. En la diferenciación de la ventaja comparativa entre países, en los modelos clásico y neoclásico, la empresa no existe como elemento explicativo de estas corrientes del comercio. En este marco conceptual desarrollaremos las teorías de la ventaja comparativa del comercio internacional que surge con David Ricardo. Él establece que no es la ventaja absoluta de Adam Smith la determinante del comercio internacional, y que aún los países con ventaja absoluta en todos los bienes pueden beneficiarse del comercio con otras naciones. Así, para David Ricardo, la ventaja comparativa, es decir, el diferencial costo-precio relativo entre países, tiene como fuente la diferencia en las productividades relativas del trabajo, siendo esto lo que explica la corriente del comercio internacional.

La teoría neoclásica de Heckscher-Ohlin, no sólo toma en cuenta el factor trabajo, sino también la tierra, el capital y los recursos naturales, además establece que es la dotación y abundancia relativa de los factores de la producción en cada país, lo que determina la corriente del comercio internacional. Así pues, se establece que los países abundantes en mano de obra exportarán bienes intensivos en mano de obra porque, en términos de precio, ésta es más barata en su país.

Con respecto a los desarrollos más recientes de las teorías del comercio internacional, destacan cuatro de ellos, que explican, a partir de otras fuentes, el origen de la ventaja comparativa. Estas cuatro teorías son: la teoría de la disponibilidad de recursos escasos de Kravis; la teoría de la demanda representativa de Linder; la del ciclo del producto de Vernon; y la corriente de nuevos productos y teoría de la brecha en la imitación tecnológica de Posner. Aunque estas teorías se encuentran más enfocadas en la perspectiva macro-país, han encontrado su limitación práctica, pues el paradigma dominante ha sido y sigue siendo el neoclásico de la dotación de factores, que, como veremos más adelante no tiene validez empírica, pero sigue siendo un factor determinante como modelo mental o paradigma dominante en la toma de decisiones de los gobiernos y de las empresas entre otros.

Michael Porter aporta una nueva perspectiva sobre la ventaja competitiva; Porter se enfoca más al área de las empresas y los negocios; esto a partir de la evidencia empírica obtenida de un análisis a las 50 industrias más importantes en diez países desarrollados a lo largo de un periodo determinado[1]. Mediante este estudio, Porter pretende conocer la fuente de la competitividad de dichas industrias, surgiendo así el concepto de ventaja competitiva. La gran aportación de este autor es a nivel empresa, aunque para él la fuente de la ventaja competitiva es sólo la estrategia de selección de actividades competitivas en el marco de un sistema de valor de la empresa. Por otro lado, a nivel nacional, le resta importancia al ambiente macroeconómico, social y político de un país.

Estas teorías han significado un gran avance para entender el comercio internacional, pero no son suficientes; para explicar este fenómeno es necesario un enfoque sistémico como el de nuestro modelo, pues sobre todo en los países de América Latina, el entorno tanto macroeconómico como político-social son determinantes para desarrollar la competitividad en todos los niveles. En este contexto es donde desarrollamos un modelo, basado principalmente en la perspectiva de Porter respecto a la diferenciación de la ventaja competitiva en sus dos niveles: empresarial y país. A nivel empresa, estableceremos que la ventaja competitiva no es solamente la diferencia de costos-precios relativos entre empresas y países, sino que hoy día, se suman otros factores, tales como el costo-precio, la calidad, el servicio integral al cliente y las alianzas estratégicas. Todos estos elementos representan el valor agregado del producto, determinando con esto la competitividad de las empresas.

Por otro lado, la competitividad en el nuevo mundo de la hipercompetencia en mercados globales requiere de empresas competitivas sustentables tipo IFA, con nuevos atributos necesarios para enfrentar los impulsores del mundo de la economía y los negocios, y el juego mismo de la hipercompetencia global. Esto es, se requiere de empresas inteligentes en la organización, flexibles en la producción y ágiles en la comercialización. Las empresas IFA permiten desarrollar las dos armas fundamentales de la competitividad sustentable. La primera es, la creación y acumulación del capital intelectual como factor estratégico para crear conocimiento productivo e innovación, a través de centros virtuales de aprendizaje aplicados a la producción y comercialización de bienes y servicios. La esencia es la capacidad para crear conocimiento productivo. La segunda es, se requiere que la empresa tenga capacidad de respuesta organizacional en el negocio para enfrentar la rapidez y versatilidad del cambio, es decir, la hipercompetencia en los mercados globales.

En el presente capítulo se desarrolla la ventaja competitiva sustentable a nivel empresa. Además se establece que, aún cuando lo anterior es condición necesaria, no es condición suficiente para garantizar la competitividad de las empresas y su capacidad para competir en la aldea económica global, por lo que se hace necesaria una política gubernamental de competitividad como la que se tiene en la mayoría de los países avanzados en el mundo actual. Existen condiciones de competitividad a nivel país en donde los diversos sectores de la economía intervienen para garantizar la competitividad, estos serán desarrollados en capítulos posteriores. En los párrafos siguientes se desarrolla, como primera parte, la evolución de las teorías del comercio: clásica, neoclásica, nuevos desarrollos y el modelo de Porter; mientras que en la segunda parte del capítulo desarrollamos nuestro modelo integral al cual llamamos Modelo de Competitividad Sistémica para el Desarrollo (Ver Cuadro 2.1).

Teorías Clásica, Neoclásica y las Nuevas Teorías del Comercio Internacional[2]

Teoría Clásica	Teoría Neoclásica	Nuevas teorías	Teoría de la competitividad de las empresas
Teoría de la ventaja absoluta (Adam Smith)	La teoría de la proporción relativa de los factores como determinante del comercio internacional (Heckscher-Ohlin).	Teoría de disponibilidad de recursos escasos (I. B. Kravis).	La estrategia de selectividad de actividades competitivas en el marco de los sistemas y cadenas de valor. (Michael Porter)
Teoría de la ventaja comparativa y la productividad relativa del trabajo (David Ricardo).	La teoría de la proporción relativa de los factores y la igualación de los precios de los factores (Heckscher-Ohlin-Samuelson).	La teoría de la demanda representativa (S. Linder).	
Enfoque de los costos de oportunidad comparativos de la Teoría clásica (G. Haberler)		La teoría del ciclo del producto y el ciclo del comercio (R. Vernon).	
		La teoría de la corriente de nuevos productos y la brecha en la imitación tecnológica (M. V. Posner).	

Fuente: Elaborado por CECIC
Cuadro 2.1

2.2 Ventaja comparativa y competitiva entre países

2.2.1 Modelo Clásico de David Ricardo: La productividad relativa del trabajo

Adam Smith establece que el comercio internacional ocurre sólo cuando existe una *ventaja absoluta*, es decir, cuando un país genera con el mismo número absoluto de horas-hombre un volumen mayor de producción que cualquier otro país[3]. Por su parte, David Ricardo considera que un país presenta una ventaja comparativa cuando su costo-precio relativo es más barato que el de otro país. Para este autor, la fuente de la *ventaja comparativa* y, por lo tanto, la corriente del comercio, se atribuye a la diferencia en la productividad relativa del trabajo. El factor productivo determinante del valor de las mercancías es directa e indirectamente el trabajo (la tierra y el capital representan meramente el trabajo acumulado). Las diferentes tecnologías (la cantidad de trabajo incorporado a un bien) entre países causan las diferencias en los precios relativos, y en consecuencia determinan la ventaja comparativa.

En suma, la teoría clásica establece el concepto de la ventaja comparativa como las diferencias costo-precio relativos entre países y por tanto como la base de las corrientes de comercio. La teoría clásica parte de una visión estrecha y restrictiva al considerar a un sólo factor de producción como determinante de la fuente del comercio internacional.

2.2.2 Modelo Neoclásico de Heckscher-Ohlin: La abundancia relativa de factores

Para Heckscher-Ohlin, la ventaja comparativa está determinada por la dotación o abundancia relativa de factores de producción. La hipótesis básica se expresa en el siguiente teorema (H-O): *Un país exportará aquel producto en el que utiliza intensivamente el factor en el que es relativamente abundante.* Así, el país con una abundancia relativa de capital, exportará bienes intensivos en capital; y el país con una abundancia relativa de trabajo, exportará bienes intensivos en mano de obra. La ventaja comparativa entre países se obtiene a partir de la dotación fija y determinada de factores. Un país producirá aquel bien que utilice intensivamente el factor en el que sea relativamente abundante.

El atractivo de la teoría neoclásica es la lógica impecable que presenta, ya que si las corrientes del comercio, o bien, si la ventaja comparativa se determina por las diferencias costo-precio relativos, entonces, cuando las tecnologías son las mismas, los productos son homogéneos. La cantidad del factor utilizado en la producción de un bien, es decir, la intensidad del uso del factor productivo determinará el costo del bien. Sin embargo, la fortaleza de la teoría en cuanto a la simplificación de los diez supuestos que establece, también es su debilidad dado que varios de estos supuestos eliminan el problema central del análisis del mundo actual.

En primer lugar, como se puede ver en la Recuadro 2.1, los diez supuestos en esta teoría son necesarios para que ésta sea válida; pero como veremos más adelante, cuando citemos a Krugman, estos supuestos no se dan en el mundo real, por lo que la evidencia empírica demuestra que la teoría de Heckscher–Ohlin (H–O) ya no es adecuada. El primer supuesto de la teoría dice que no existe movilidad de factores de la producción, y que por lo tanto, la corriente de bienes se genera por la diferencia de su abundancia relativa, sin embargo, en el mundo de la globalización de los mercados, esto no es válido, porque existe apertura y movilidad del capital físico, tecnológico, financiero, inversión extranjera y aún en la mano de obra especializada. En segundo lugar, de manera implícita, la teoría supone que el comercio se da entre países por la diferencia en la abundancia de recursos o factores. Esta dotación determina si el país es o no competitivo en los bienes que utilizan intensivamente dicho factor, por lo tanto, esta teoría es determinística. En este contexto las empresas no existen y no se les considera como un factor relevante. Es evidente que en la era de la hipercompetencia global las empresas juegan un papel fundamental en un mundo de corrientes de comercio e inversiones que se realizan cada día en mayor medida a niveles intrafirma entre las grandes multinacionales y conglomerados y de esquemas de la fabrica mundial a través de la subcontratación.

Estos elementos son suficientes para saber que existe la alta movilidad de factores, el hecho de que la ventaja comparativa se crea y no se da, y por último, que las empresas tienen un gran papel a jugar en la movilidad de los factores; estos no siendo tomados en cuenta en la teoría. Entonces la pregunta es: ¿por qué hoy en día sigue siendo un paradigma dominante el de la teoría neoclásica? En primer lugar, porque es muy atractivo en su sencillez y lógica, y en segundo, porque los economistas lo siguen utilizando ya que es muy útil para analizar los efectos y patrones del comercio en la distribución del ingreso entre los países. El que la teoría neoclásica no sea relevante para el mundo real, es irrelevante para los teóricos, en tanto que, como ejercicio modelístico, sea interesante para analizar el efecto distributivo del ingreso.

Desde el punto de vista práctico, estos modelos son útiles porque ayudan a explicar de manera sencilla el patrón del comercio y la distribución del ingreso, aun cuando sabemos que ahí no está la explicación del mundo real del comercio internacional. Sabemos que la explicación está en otro mundo, en un mundo que hable de la movilidad de factores, del papel de las empresas, del papel del management, de cómo se crean las ventajas comparativas, del papel que tiene la nueva era del conocimiento y la información, de las alianzas estratégicas, de la creación del conocimiento productivo, del aprendizaje continuo, etc. Lo peligroso es que en las instituciones internacionales, los agentes encargados de hacer la política económica en los gobiernos, y las propias empresas siguen utilizándolo como modelo mental dominante. Es por esto que tenemos que cambiar el paradigma, para poder pensar cuales son las nuevas fuentes de la ventaja competitiva sustentable en el nuevo juego de la hipercompetencia de los mercados globales.

La ventaja comparativa en el Modelo Neoclásico

Si:

K = Capital
T = Trabajo
X = Bien x
Y = Bien y
Px = Precio de x
Py = Precio de y

Dados:

$$\left(\frac{K}{T}\right)_{E.U.} > \left(\frac{K}{T}\right)_{Mexico} \left\{ \begin{array}{l} \text{Definición física de} \\ \text{abundancia de} \\ \text{factores} \end{array} \right. \quad \text{Implica que:} \quad \left(\frac{p_K}{p_T}\right)_{E.U.} < \left(\frac{p_K}{p_T}\right)_{Mexico} \left\{ \begin{array}{l} \text{Definición precio} \\ \text{de abundancia} \\ \text{relativa de factores} \end{array} \right.$$

Estados Unidos exportará el bien Y, México el bien X, porque son los bienes que ambos producen más baratos en términos comparativos

Si el bien Y es intensivo en capital (K), y el X en trabajo (T) dado el supuesto de Tecnologías y Productos homogéneos para los dos países entonces:

$$\left(\frac{p_Y}{p_X}\right)_{E.U.} < \left(\frac{p_Y}{p_X}\right)_{Mexico}$$

Estados Unidos exportará el bien Y (autos) porque es intensivo en capital y el capital es relativamente más abundante y barato que en México. Por su parte México exportará el bien X (textiles) intensivo en trabajo, y el trabajo es el factor de producción relativamente más abundante y barato en México respecto a Estados Unidos.

Por lo tanto, en el corolario de política de comercio internacional, la ventaja competitiva basada en los paradigmas de la dotación de factores del modelo neoclásico (Heckscher-Ohlin), Estados Unidos deberá impulsar industrias intensivas en capital, esto es, por ejemplo, con economías de escala (automóviles) que requieren abundante capital, el cual es más barato y puede tener un costo-precio de los productos más competitivo.

En contraparte, México deberá exportar productos intensivos en mano de obra barata (el caso extremo es la maquila, que sólo ensambla y exporta mano de obra barata; la hora / hombre, en México / Estados Unidos es de 1 a 10). La clave de la competitividad bajo este paradigma es, por lo tanto, mantener un precio (salario real) barato de la mano de obra para impulsar la competitividad.

Fuente: Elaborado por CECIC
Recuadro 2.1

En este enfoque la fuente de competitividad entre países está dada por la abundancia relativa de factores y su efecto final es el costo-precio de producción. Como veremos más adelante, en la nueva era del conocimiento (mentefactura), la globalización y del cambio continuo, rápido y complejo (modelos mundiales), la ventaja competitiva ya no está en la mano de obra barata sino en la mano de obra productiva y en la capacidad del trabajador del conocimiento para aprender, crear e innovar, es decir, el costo de producción es importante, pero también lo son la calidad, el servicio integral al cliente y las alianzas estratégicas, por ello no debemos buscar únicamente tener mano de obra barata, sino que debemos procurar el valor óptimo.

Los supuestos del Modelo Neoclásico son:

1. Condiciones de Mercado:

- Dos países, dos bienes y dos factores de producción (capital y trabajo).
- Competencia perfecta en los mercados.

- Libre comercio en los bienes y completa inmovilidad internacional de los factores.
- No existen costos de transporte en el ámbito del comercio internacional.

2. Condiciones de Oferta:

- Funciones de producción idénticas para la elaboración de un mismo bien en todos los países: tecnológicos y productos homogéneos.
- Funciones de producción de rendimientos constantes a escala (en un proceso productivo el doble de insumos genera el doble de producción) y cada factor presenta rendimientos decrecientes cuando éste aumenta y los otros factores permanecen constantes.
- Ausencia de reversibilidad en la intensidad del uso de los factores en todo el rango relevante de precios relativos.

3. Condiciones de demanda:

- Patrones de consumo idéntico entre países (todos los bienes se consumen en proporciones iguales) a cualquier conjunto de precios internacionales de los bienes.

El hecho de usar un modelo simplificado para explicar la realidad es similar a la fábula donde el rey manda traer a un experto en estrategia de ajedrez para que le enseñe a dominar el juego. El ajedrecista le enseña sobre un modelo de damas chinas para simplificar el análisis; supone que las piezas son iguales, que el tablero es idéntico y que los movimientos son uniformes, pero cuando el rey se siente que está preparado, juega y a la primera jugada le hacen jaque-mate. Al rey se le enseñó con un modelo simplificado para que aprendiera a jugar de la manera más rápida y fácil; sin embargo, la preparación fue para las damas chinas y no para el ajedrez. Esto deja ver que el juego del mundo de hoy es el ajedrez, y no podemos prepararnos para el mundo de la hipercompetencia, de la ventaja competitiva sustentable, con el viejo modelo neoclásico (damas chinas). No podemos aprender a jugar a la ventaja comparativa estática y determinística, donde no hay movilidad de factores como en el siglo pasado, en una realidad donde las empresas, la creatividad, la innovación, el cambio y las tecnologías, entre muchos otros factores son determinantes.

La evidencia empírica existente sobre el modelo demuestra que sus supuestos tienen limitantes y no permiten explicar la realidad del comercio internacional actual. Paul Krugman muestra, no sólo la evidencia empírica de la paradoja de

Leontief, sino también la evidencia empírica en donde no es válida la teoría de la dotación de factores para explicar el comercio internacional.

"...Podría esperarse, por lo tanto, que Estados Unidos fuera exportador de bienes capital-intensivos e importador de bienes trabajo-intensivos. Sin embargo, sorprendentemente no fue éste el caso durante los 25 años posteriores a la Segunda Guerra Mundial. En un famoso estudio publicado en 1953, el economista Wassily Leontief (ganador del Premio Nóbel en 1973) encontró que las exportaciones de Estados Unidos eran menos capital-intensivas que sus importaciones. Este resultado es conocido como la paradoja de Leontief. Es la única y la mayor prueba de la evidencia contraria a la teoría de las proporciones factoriales." [4]

Por otro lado, estudios realizados por Bowen, Leamer y Sveikauskasse, con base en datos globales, demuestran que el comercio no va en la dirección que predice el modelo de H–O. A partir de las bases de dotación de factores de la producción de 27 países, la teoría de H–O se cumplió en menos del 70% de las veces para la más de la mitad de los casos. Esto es, en la mayoría de los factores de producción, la teoría no explica el patrón de comercio internacional:

"Los economistas han intentado contrastar el modelo de Heckscher-Ohlin utilizando datos de un gran número de países. Un importante estudio de Harry P. Bowen, Edward E. Leamer y Leo Sveikauskasse, se basa en la idea descrita anteriormente, de que el comercio de bienes es realmente una vía indirecta para intercambiar factores de producción. Así, si pudiéramos calcular los factores de producción incorporado en las exportaciones e importaciones de un país, encontraríamos que el país es exportador neto de los factores de producción en los que es relativamente más abundante, e importador neto de los que carece relativamente. Para una muestra de 27 países, los autores calcularon el índice de la dotación factorial de cada país y de cada factor en la oferta mundial. Posteriormente compararon este índice con la participación de cada país en la renta mundial. Si la teoría de las proporciones factoriales fuera cierta, un país exportaría siempre factores cuya participación factorial proporcional excediera a la participación proporcional en la renta, e importaría factores cuya participación fuera menor que la de la renta. De hecho, para dos tercios de los factores de producción, el comercio iba en la dirección predicha en menos de 70 por ciento de las veces. Este resultado confirma ampliamente la paradoja de Leontief: el comercio no va en la dirección que predice la teoría de Heckscher-Ohlin." [5]

2.2.3 Enfoques Post – Neoclásicos del Comercio Internacional

En el marco de la perspectiva neoclásica se han desarrollado diferentes teorías alternativas, por autores como Kravis, Linder, Vernon y Posner, las cuales buscan explicar las fuentes de la ventaja comparativa de una manera diferente a las perspectivas clásica y neoclásica. Explican principalmente, el flujo comercial entre países por una o más variables que el modelo neoclásico establece como dadas. A pesar de que toman el supuesto neoclásico de tecnología homogénea en todos los países, adicionan factores como el de innovación tecnológica, que son determinantes en la explicación de las exportaciones manufactureras:

- La teoría de Kravis de los recursos escasos, simplemente establece que el país exportará aquellos bienes o recursos que son escasos a nivel mundial, por ejemplo, Chile exportará cobre y México petróleo.

- La teoría de Linder de la ventaja representativa establece que un país exportará aquellos bienes que están sustentados en el mercado interno, es decir, que tienen una demanda representativa en su mercado que les permite apalancarse para salir al exterior.

- La corriente de nuevos productos y la brecha en la imitación tecnológica (M. V. Posner) establece que existen diferencias en el conocimiento tecnológico y éstas son las determinantes del patrón y la dirección del comercio entre países. La generación de nuevos productos, como resultado de la investigación científica, le otorga al país innovador una ventaja temporal por el poder monopólico (pueden aumentar precios y no tener seguidores) que puede ejercer mientras que los países, que importan el producto, pueden desarrollar las capacidades para poder producirlo internamente. El comercio y el monopolio tienen un horizonte temporal determinado por la "brecha de la imitación" tecnológica. La ventaja comparativa radica en la tasa de crecimiento y dirección del proceso de innovación tecnológica, o el gasto intensivo en Investigación y Desarrollo (I+D).

- La Teoría del Ciclo del Producto y el Ciclo del Comercio (R. Vernon) amplía el análisis de la teoría propuesta por Posner al analizar una evolución completa del ciclo del producto. El autor encuentra que la brecha de la imitación se cierra por el propio país innovador al trasladar su producción hacia el resto del mundo en la etapa de estandarización y maduración del producto. Este enfoque integra una teoría del comercio internacional de bienes y servicios, con el flujo de la inversión extranjera, lo cual deja de lado el supuesto rígido de la inmovilidad de factores del modelo neoclásico. La fuente de la ventaja comparativa, bajo esta óptica, radica en la capacidad de innovar, pero a diferencia del modelo de Posner, la inversión extranjera se mueve de manera paralela a los flujos de bienes y servicios.

Aún cuando los nuevos desarrollos consideran diversos factores para la explicación del comercio internacional, desde la teoría de los recursos escasos de Kravis hasta la innovación en los enfoques de Vernon y Posner, siguen siendo explicaciones parciales del fenómeno del comercio entre países.

2.2.4 El Modelo de Michael Porter: "La estrategia de selectividad de actividades competitivas en un sistema de cadena de valor" Una estrategia de posiciones

En las fuentes de la ventaja competitiva, la teoría de Michael Porter es más avanzada respecto a las teorías clásica y neoclásica debido a que su perspectiva a nivel microindustrial le permite entrar más al mundo de la hipercompetencia global del siglo XXI. Sin embargo, su enfoque presenta limitaciones en el grado en que no toma en cuenta como factor dominante a la creación de conocimiento productivo y, por lo tanto, a la innovación como fuente de competitividad, ya que, aunque en algunos casos la menciona, no la desarrolla y tampoco enmarca la nueva era del conocimiento y la información, en donde las organizaciones que aprenden y la administración del conocimiento (knowledge management) van más allá de simples herramientas de efectividad operacional, debido a que su articulación permite generar procesos para la creación de conocimiento productivo e innovación.

Aunque Porter habla de la innovación, el up-grading y el mejoramiento continuo en su modelo, no son desarrollados como fuentes de ventaja competitiva, el autor se concentra más en la selección de actividades competitivas en la cadena de valor y en los clusters a nivel industrial. Michael Porter considera como la fuente de la ventaja competitiva de una empresa a la Estrategia de Selectividad de Actividades Competitivas dentro de las cadenas de valor. La empresa debe seleccionar las actividades en las que tiene ventajas sobre los demás y debe rechazar las actividades que no son consideradas estratégicas. En este proceso de selección siempre existe un intercambio (trade-off) entre unas y otras actividades.

Porter realizó estudios empíricos de corte transversal a partir de las 50 industrias más importantes de diez países (Estados Unidos, Suiza, Suecia, Alemania, Japón, Italia, Corea, Reino Unido, Dinamarca y Singapur). De las industrias más relevantes en Estados Unidos, Suecia, Alemania, Japón y Reino Unido, se encuentra la de accesorios y partes para vehículos motores y aeronaves mientras que en Italia y Argentina destaca la industria de piel para el calzado.

Las industrias más importantes en los países seleccionados

Estados Unidos	Suiza	Suecia	Alemania
Aeronaves	Relojes	Vehículos automotores para pasajeros	Vehículos automotores para pasajeros
Partes de vehículos automotores	Medicamentos con hormonas	Camiones	Accesorios y partes para vehículos automotores
Frijol de soya	Instrumentos medidores y controladores	Mobiliario de madera	Conectores de interruptores
Vehículos automotores para pasajeros	Compuestos heterocíclicos	Soda	Aeronaves mayores de 15 mil kilogramos
Maquinaria de energía distinta a la eléctrica	Tintes orgánicos y sintéticos	Sulfatos de pulpa de madera y sodio blanco	Camiones
Japón	Italia	Corea	Reino Unido
Vehículos automotores para pasajeros	Piel para el calzado	Barcos de carga	Petróleo crudo
Camiones	Joyería de metales preciosos		Oficina, partes y accesorios de maquinaria ADP
Televisores y equipo de sonido	Accesorios y partes para vehículos automotores	Tejidos sintéticos	Accesorios y partes para vehículos automotores
Accesorios y partes para vehículos automotores	Mobiliario de madera	Microcircuitos electrónicos	Instrumentos de medición y control
Barcos de carga		Partes de hierro y acero	Partes de aeronaves

Fuente: Porter, Michael. *The Competitive Advantage of Nations.* Ed. The Free Press. EUA, 1990
Cuadro 2.2

Para Porter, la ventaja competitiva reflejada en el incremento de la productividad a partir de la reducción de costos, y el aumento del precio-premio con base en la diferenciación, se fundamenta en la "Estrategia de Selectividad de Actividades Competitivas". Porter pone como ejemplo de selección de actividades competitivas a la aerolínea Southwest, que presta un servicio de traslado de pasajeros (familias, estudiantes, empresarios) de viajes cortos, con poca capacidad de carga, entre ciudades pequeñas y en aeropuertos secundarios de las grandes ciudades, a precios bajos, con automatización de boletaje, sin asignación de asientos, sin comidas ni bebidas y sin clases premium. Para nosotros la ventaja competitiva de Southwest no radica en haber escogido una actividad con la cual obtuvo una ventaja sobre los demás, sino en haber satisfecho una necesidad hasta entonces no detectada, es decir, un nicho de mercado-cliente y ofrecer un producto/servicio hecho la medida (tailor-made).

Porter, considera que la competitividad se da en tres distintos niveles:

1. A nivel micro o intrafirma, mediante una cadena de valor que es un sistema interdependiente o red de actividades eslabonadas entre sí. Esto se presenta cuando la forma en que una actividad es llevada a cabo, afecta el costo o efectividad de otras actividades.

2. Para competir en una industria en particular, la cadena de valor de una compañía forma parte de una corriente más grande, denominada sistema de valor que corresponde a un segundo nivel entrefirmas (proveedor-empresa-distribuidor-cliente).

3. El tercer nivel denominado nivel interindustria contempla los llamados clusters que también generan ventaja competitiva adicional. Los clusters son núcleos industriales que se apoyan entre sí, generando economías externas y, por lo tanto, una mayor competitividad de la empresa. (Ver Gráfica 2.1).

El Modelo de Michael Porter: Una estrategia de posiciones

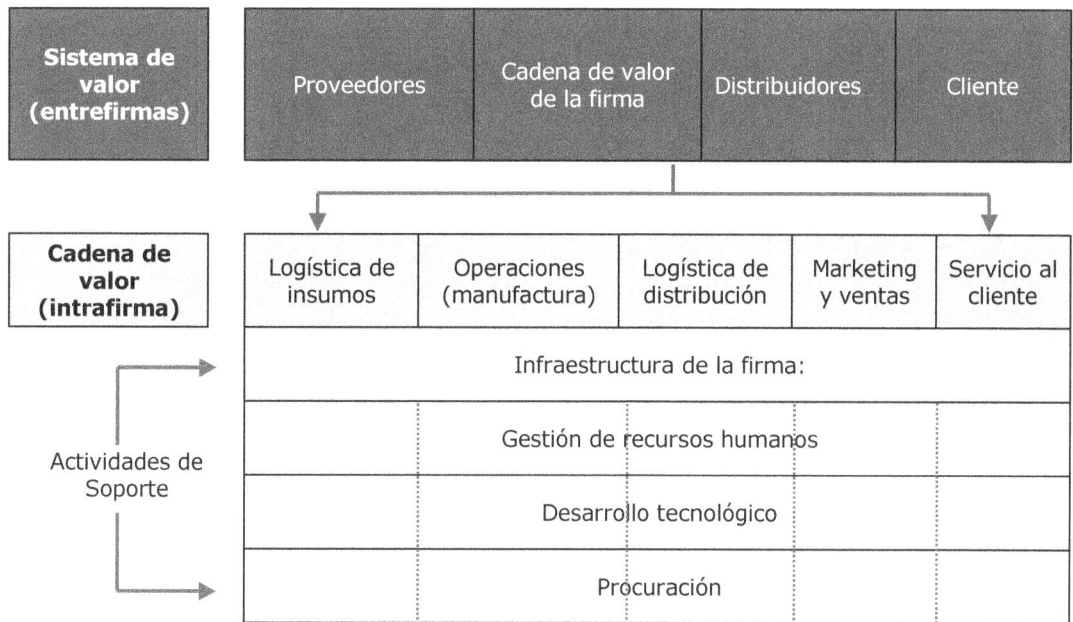

Fuente: Porter, Michael. *The Competitive Advantage of Nations*. Ed. The Free Press. EUA, 1990
Gráfica 2.1

Porter considera que son cuatro los atributos de una nación, los cuales dan forma al ambiente en que las firmas compiten y estos son:

1. Las condiciones de los factores. Es la posición de la nación en producción de factores, tales como infraestructura o mano de obra capacitada, necesarias para competir en una industria dada.
2. Las condiciones de la demanda. Es la naturaleza de la demanda interna para un producto o servicio de determinada industria.
3. La existencia de industrias de soporte y relacionadas. Es la existencia o ausencia en el país, de industrias de soporte y relacionadas, que son competitivas internacionalmente.
4. La estrategia, estructura y competencia de la firma. Es cómo se crean, organizan y gestionan las empresas (management), así como la naturaleza de dicha competencia[6] (Ver Gráfica 2.2)

La ventaja competitiva a nivel empresa y país

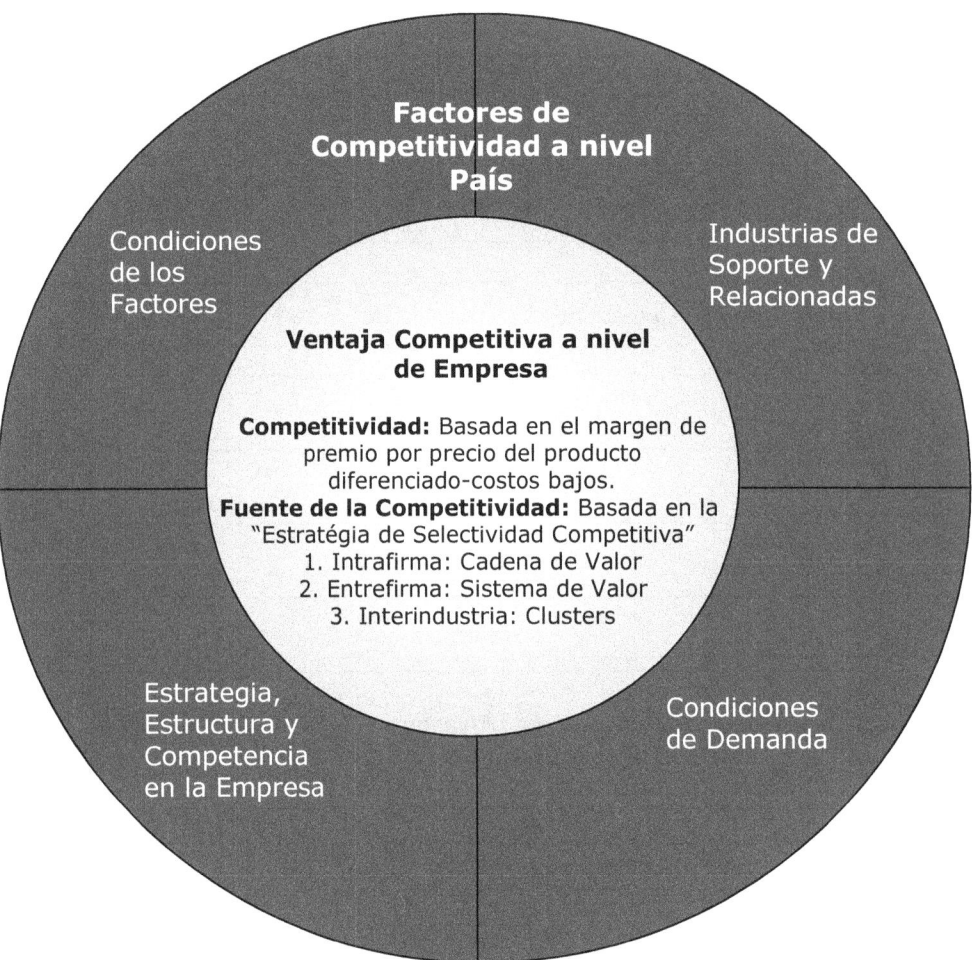

Factores de Competitividad a nivel País

Condiciones de los Factores

Industrias de Soporte y Relacionadas

Ventaja Competitiva a nivel de Empresa

Competitividad: Basada en el margen de premio por precio del producto diferenciado-costos bajos.
Fuente de la Competitividad: Basada en la "Estratégia de Selectividad Competitiva"
1. Intrafirma: Cadena de Valor
2. Entrefirma: Sistema de Valor
3. Interindustria: Clusters

Estrategia, Estructura y Competencia en la Empresa

Condiciones de Demanda

Fuente: Elaborado por CECIC con base en Porter, Michael. *The Competitive Advantage of Nations.* Ed. The Free Press. EUA, 1990
Gráfica 2.2

Alcances, aportaciones y limitaciones del Modelo de Michael Porter

Porter presenta un enfoque a nivel empresa no planteado por las teorías de comercio internacional anteriores a su modelo (teorías clásicas y neoclásicas) que hasta ese entonces atribuían los flujos de comercio internacional a los países. En su modelo, Porter pone un mayor énfasis en los niveles micro y mesoeconómico más que en el macroeconómico. Además, realiza su modelo basándose en un estudio de corte transversal empírico-inductivo sobre el sector industrial de diez países tomando sólo los factores y datos más representativos. Por último, el modelo establece que la ventaja competitiva no existe, se crea; y plantea el hecho de que dicha ventaja debe sustentarse. Las aportaciones de Porter a las teorías del comercio internacional han hecho que replantee la manera de interpretar el intercambio y se generen nuevas ideas y puntos de vista al respecto.

Para el autor, la fuente de la competitividad se basa en la capacidad para desarrollar una Estrategia de Selectividad por Actividades, pero el conocimiento productivo no tiene lugar; considera a la innovación simplemente como la suma de la inversión en investigación y desarrollo formal, aunque mejora en la manera de hacer las cosas y toma en cuenta las presiones de los factores del entorno.

"… la innovación no puede ser separada del contexto estratégico y competitivo. Gran parte de la innovación no involucra tecnología en un sentido científico estricto, la innovación surge de las mejoras en la forma de hacer las cosas. El ambiente que rodea a la firma es igual o hasta más importante para la innovación, que lo que esta dentro. La exposición a la información y la interpretación de la información es central para el proceso de innovación. La innovación es un acto no natural en las firmas, que resulta solamente de presiones o motivaciones inusuales. Mi teoría muestra cómo todo un rango de determinantes interactúan para formar el proceso de innovación. Las exigencias de la demanda (demand pull) y el empuje de la tecnología (technology push) son necesarios, así como un ambiente competitivo apropiado y un acceso a los factores apropiados…"[7]

"Hoy en día, la única forma de tener una ventaja es a través de la innovación y el up-grading, pero en estos se tiene que involucrar una dirección estratégica consistente. Tiene que haber una visión estratégica de lo que se está innovando, una compañía debe tener algo distintivo al final del día con lo que se esté reforzando. Para mí, la innovación significa ofrecer cosas de distintas maneras, creando nuevas combinaciones. Innovación no significa introducir pequeñas mejoras, estas son sólo parte de ser una organización dinámica. La innovación consiste en encontrar nuevas maneras de combinar cosas."[8]

Para Porter, las organizaciones de aprendizaje (learning organizations) son meras herramientas de efectividad operacional y no toma en cuenta la gestión o administración del conocimiento (knowledge management) como estrategia fundamental para mantener y sustentar la ventaja competitiva. Porter relega el papel de la organización dentro de la empresa al considerar que el management no es relevante. Además supone que *"industrias diferentes requieren aproximaciones diferentes"*[9].

Como limitación al modelo de Porter, en cuanto a las ventajas competitivas, él asegura que éstas varían por sector y que sólo existen dos maneras fundamentales en una empresa para alcanzar la frontera, esto es teniendo el costo más bajo o diferenciando sus productos. La mayoría de las fuentes de ventaja que se observan son reducibles a estas ideas, pero las pequeñas variaciones a través de los sectores son interesantes. El atributo más común de las compañías con ventajas competitivas es tener una fuerte administración (strong management). También, la identidad de la marca, estructuras de bajo costo y acceso al capital, suelen ser mencionadas frecuentemente como fuentes.[10]

Teorías de los distintos tipos de ventaja

Ventaja Comparativa	Ventaja Competitiva	Ventaja competitiva sustentable	
		Fuente	Nivel
Productividad relativa del trabajo (Ricardo)	Estrategia de Selectividad de Actividades Competitivas (Porter)	Creación de conocimiento productivo o innovación a partir del Capital Intelectual como factor estratégico de competitividad	Nivel Macro: Políticas y comisiones de competitividad.
Dotación relativa de factores (Heckscher-Ohlin)			Nivel Infraestructura: tradicional, moderna y educacional
Recursos escasos (Kravis)			Nivel Industrial: Políticas de promoción a la pequeña y mediana industria, y articulación de cadenas productivas.
La ventaja representativa (Linder)			Sistema Económico: Economía institucional participativa de mercado
Brecha de la imitación tecnológica (Posner)			Sistema Político: Democrático y estable
Ciclo del producto e innovación (Vernon)			Visión y Proyecto de Nación: clara y de largo plazo.

Fuente: Elaborado por CECIC
Cuadro 2.3

2.2.5 Nuevas Teorías de Comercio Internacional

2.2.5.1 Enfoque del Banco Mundial sobre los recursos naturales

Según el Banco Mundial, en su más reciente libro "De los Recursos Naturales a la Economía del Conocimiento: Comercio y Calidad del Empleo"[11] los países de América Latina experimentaron en la década de los años noventa grandes avances, principalmente en materia de las reformas al comercio; sin embargo, las vías por las cuáles esta región se integra en el mercado mundial y sustenta su crecimiento económico, preocupan a algunos. En la teoría clásica sobre las ventajas comparativas se da importancia a factores como la tierra, el trabajo y el capital; en la nueva teoría del comercio exterior se da importancia a otros acervos como la geografía, el conocimiento técnico, el capital humano, la infraestructura pública, la calidad de las instituciones y la capacidad de las empresas de suministrar los procesos adecuados a los mercados pertinentes en el momento preciso, así como también la disminución de los costos de transporte y comunicación.

Así, en este enfoque se plantea que uno de los grandes errores que cometen los países de América Latina y el Caribe es dar la espalda a sus ventajas naturales, ya que las actividades que se basan en estos recursos naturales pueden impulsar el crecimiento en un mediano o largo plazo. Para ellos, las pruebas más importantes son las que ofrece la historia del desarrollo económico de países industrializados ricos en recursos naturales como Australia, Finlandia y Estados Unidos en el último siglo, y recientemente Chile. El éxito de éste último al tener la mayor tasa de crecimiento de la región en los últimos 15 años, se debió a que sus exportaciones se basaron en productos provenientes de sus recursos naturales.

Para los investigadores, la clave del éxito es complementar la riqueza en recursos naturales con buenas instituciones, con capital humano y conocimientos, puesto que los recursos naturales y el conocimiento son una receta probada para el crecimiento. La creación de sectores dinámicos basados en recursos naturales no es incompatible con la construcción de nuevas ventajas comparativas en industrias móviles y de alta tecnología. Ambos sectores coexisten no solo en economías desarrolladas ricas en recursos naturales, sino también en la estructura exportadora altamente diversificada de Brasil y México. Es probable que las economías pequeñas no evolucionen hacia estructuras productivas tan diversificadas, pero todos los países pueden integrarse con éxito a la economía global si aprovechan los medios con que cuentan, complementando sus ventajas comparativas con capital humano, sistemas basados en el conocimiento, infraestructura pública e instituciones de calidad. En las investigaciones hechas, se encontró que, de manera general, los perfiles de exportación de los países de la región, salvo unos cuantos, han variado muy poco desde principios de la década de los ochenta. De esta manera, se concluye que América Latina y el Caribe siguen siendo regiones exportadoras de bienes obtenidos a partir del aprovechamiento de sus recursos naturales.

Los conceptos modernos sobre dotación nacional de recursos, apoyados por la teoría moderna de comercio exterior poseen, además, un considerable valor explicativo. Así, no es sorprendente que la ventaja comparativa de las actividades basadas en recursos esté determinada en su mayor parte por la dotación de recursos naturales, y que aparezcan manufacturas elaboradas con gran intensidad de trabajo en los lugares en que estos abundan. Los exportadores netos de productos forestales y cereales tienen también niveles más altos de estos factores no tradicionales, por lo tanto, la dotación de recursos propios de la economía del conocimiento, parece ser de igual forma importante para algunas actividades basadas en recursos naturales. De esta manera, las pruebas estadísticas en determinados productos agrícolas y las nuevas dotaciones de recursos explican en mayor medida las diferencias internacionales de las ventajas comparativas.

Según el Banco Mundial, la ventaja comparativa en las manufacturas intensivas en mano de obra registró una mayor variación en el último cuarto de siglo, que aquella correspondiente a grupos de productos básicos. Existen ejemplos como el de El Salvador, en donde se aportaron los subprocesos de gran intensidad de trabajo de muchos productos armados en distintos países del mundo, o el de Guadalajara, México, que se ha convertido en un centro de diseño de impresoras para Hewlett–Packard.

Las criticas más conocidas al desarrollo basado en recursos naturales en América Latina y el Caribe son de Prebisch y Singer; ambos mostraban preocupación por el deterioro a largo plazo de la relación de precios de intercambio y creían que los productos naturales ofrecen menores oportunidades de progreso técnico que las manufacturas. Más recientemente Jeffrey Sachs y Andrew Warner llegaron a la conclusión de que entre 1970-1989, la tasa de crecimiento económico de los países ricos en recursos naturales fue inferior a la de los países restantes.

Es importante mencionar que si algo ofrecen los modernos estudios sobre la continua reducción de costos de transporte y las externalidades de conglomerados, es la formalización de la teoría de la dependencia y la posible confirmación de su resultado final. El sector manufacturero es más dinámico que los sectores basados en recursos naturales debido a la paulatina disminución de los precios relativos o a la reducción de las posibilidades de progreso tecnológico, según la idea de Prebisch. Así, los estudios realizados por el Banco Mundial, confirman el hecho de que la productividad agraria aumentó en todos los países tras las reformas de comercio exterior. Entre 1980 y 1999, México y Brasil fueron los casos de mayor éxito con respecto a la productividad por trabajador, exportación, gestión macroeconómica, competitividad relativa y estabilidad del tipo de cambio real. En este contexto, se han desarrollado algunas nuevas teorías de comercio exterior que presentamos, de manera sintética, en la siguiente sección.

2.2.5.2 Teorías del comercio internacional basadas en las dotaciones y en los recursos disponibles

Las nuevas teorías y enfoques del comercio exterior muestran un cambio en los puntos centrales de análisis, donde los viejos supuestos de los modelos se han relajado debido a que ahora se consideran las imperfecciones de los mercados, aun dentro de los mercados autorregulados donde suelen predeterminarse soluciones óptimas. También se considera dentro de los nuevos modelos, que existe imperfecta movilidad de factores e insumos debido en parte, a las condiciones comerciales entre países. Otro supuesto que ha cambiado se refiere a la tecnología, considerada homogénea, y lo cual sólo podría tener sentido solamente dentro de ciertos países de Norteamérica, Europa, y de Asia; sin embargo, si comparamos a estos países con los de América Latina, África y un gran número de países asiáticos, encontramos que no solamente no hay una homogeneidad en tecnología, sino que existe una clara divergencia.

Esto no significa que las nociones y teorías anteriores que impulsan el comercio exterior y transforman las ventajas comparativas en ventajas competitivas han perdido toda validez; en cambio se pueden combinar para analizar la situación específica de cada país en un periodo determinado. Es decir, se puede proporcionar un marco conceptual para comprender cómo y por qué se desarrollaron las estructuras de comercio que prevalecen actualmente (Perry, et. al. 2002), y para poder predecir cuáles serán las futuras y cómo hacer para mejorarlas y alcanzar los objetivos establecidos. Ahora, debido a que los viejos paradigmas de las teorías del comercio internacional no han podido mejorar, como se esperaba, las brechas existentes en el desarrollo y crecimiento de los países, en las tendencias dentro de las nuevas investigaciones se desarrollan problemas como el papel del comercio de insumos, en donde dentro de la economía de hoy, un modelo de integración habitual se caracteriza por la fragmentación de la producción con uso intensivo de mano de obra (Jones, 2000). Es importante indicar que el término fragmentación significa que la etapa de producción intensiva en capital se realiza en economías industrializadas que poseen la mayor cantidad de capital, en tanto que la etapa del proceso productivo intensiva en mano de obra tiene lugar en economías en desarrollo, en donde la mano de obra es barata. Esto tiene sentido al ver el gran número de maquiladoras en nuestro país.

Otra de las teorías en las que actualmente se pone especial énfasis, se basa en el auge del comercio intrasectorial, esto es las exportaciones e importaciones de bienes similares. Como un ejemplo de esto podemos citar el caso de México, que por un lado exporta artículos electrónicos y automóviles a Estados Unidos, pero importa de igual manera estos bienes. En lo que se refiere a las investigaciones sobre los factores que determinan el comercio intrasectorial, éstas ponen en relieve que la aparición de dicho comercio depende de la diferenciación de los productos, de los cuales las empresas de cada país generan bienes similares con diferencias de marca sutiles (Krugman, 1979). En este sentido, el principal detonador del comercio intrasectorial es aumentar los rendimientos constantes a escala, es decir, que los costos unitarios de producción disminuyen a medida que aumenta la producción. De esta manera dicha estructura puede surgir si las industrias aprovechan grandes inversiones o costos fijos (Ruffin, 1999) o cuando los productores son más eficientes a medida que avanzan a través de la curva de experiencia o a través del grado de adopción y absorción de tecnología más avanzada del extranjero o de industrias locales (Venables, 2001).

Ventaja comparativa, diversificación y comercio intrasectorial: determinantes y consecuencias

- Ventaja Comparativa

Como ya lo mencionamos, el término ventaja comparativa se refiere a las actividades económicas que un país puede realizar a costos relativos menores que otros, lo que significa que cada país tiene determinadas fortalezas y estructuras propias para el comercio. La forma teórica más adecuada para medir esto son las exportaciones netas; es decir, la diferencia entre el valor de las exportaciones menos el valor de las importaciones. De esta forma los países exportarán sólo los productos elaborados con aspectos fuertes en sus economías, que pueden ser la dotación de grandes recursos naturales, mano de obra altamente calificada o cualquier otro factor. Una de las ventajas de utilizar a las exportaciones netas como indicador de las ventajas comparativas, en lugar de otros indicadores como puede ser la estructura de las exportaciones, es que supone que los países deberían ser exportadores netos de los productos que utilicen recursos disponibles en cada economía, en otras palabras las exportaciones netas proporcionan información adecuada sobre productos en los que un país tiene fortalezas con relación al resto el mundo.

Ilustrando lo anterior, vemos que en América Latina, a partir de los años ochenta con la apertura comercial, se trató de realizar un cambio estructural a favor de sectores con uso intensivo de mano de obra; sin embargo la estructura promedio del comercio internacional, de acuerdo con lo que reflejaron las exportaciones netas por trabajador en todos los conglomerados de productos básicos, ha seguido dependiendo de exportaciones netas de productos con uso intensivo en tierra y recursos naturales, no obstante para el caso de México y Costa Rica sí se ha demostrado un cambio significativo en la estructura del comercio exterior. Específicamente para México, con la puesta en vigor del TLCAN (Perry, et. al 2002), el país se convirtió en exportador neto de maquinaria para telecomunicaciones y transporte. En el caso de Costa Rica en 1999, también se convirtió en exportador neto de maquinaria, pero en este caso por el impulso de la compañía Intel en la producción de microchips.

Dado que el problema central, de acuerdo con la evolución estructural del comercio de algunos casos, es la creciente y persistente dependencia de los ingresos provenientes de las exportaciones de recursos naturales, es válido preguntar si un país está condicionado por su dotación de recursos tradicionales, lo cual implicaría que al menos le sería muy difícil realizar un cambio estructural exitoso. Ante tal interrogante, podemos señalar que, por principio, esto no es cierto, ya que la posesión de recursos naturales o tierra no implica *per se* que un país solamente vaya a producir y exportar productos básicos en función de dichos recursos, ya que existen una serie de factores que pueden determinar que ciertos países sean exportadores netos de manufacturas. Un ejemplo puede ser la sensibilidad de la economía ante las políticas económicas y sociales de cada sector.

▪ Ubicación geográfica

Parte de la actual investigación de Guillermo Perry y su equipo se refiere al estudio sobre la formación de conglomerados industriales, el papel de la geografía y del conocimiento en el fomento de dichos conglomerados. Para esto, lo primero que se debe tener claro es qué significa y qué implica cada concepto; siguiendo con esta lógica, un conglomerado industrial es un grupo de empresas comerciales y organizaciones no comerciales, en que la pertenencia al grupo es un elemento importante de la competitividad de cada empresa miembro (Bergman y Feser 2001). De esta manera los clusters o conglomerados más importantes incluyen dos categorías: los verticales y los horizontales. Los verticales comprenden a un grupo de empresas que forman una cadena de suministro única y aquellas donde la cadena de abastecimiento la forman diferentes empresas involucradas en los distintos eslabones de la cadena de valor del producto, en donde la rentabilidad de las empresas y clusters, depende en gran medida de la capacidad de suministrar insumos y productos finales a tiempo. En este punto la ubicación geográfica puede desempeñar un papel importante en el establecimiento y funcionalidad del cluster, debido al impacto sobre los costos de transporte.

Los conglomerados horizontales están formados por empresas que producen artículos similares y que aprenden técnicas y prácticas de gestión unas de otras, es decir existe una interacción real entre empresas, lo cual puede llevar a externalidades positivas, tales como propagación del conocimiento técnico o de aprendizaje, actividades de I+D, etc. Una parte fundamental de los clusters horizontales es la propagación del conocimiento, la cual también está concentrada geográficamente; sin embargo, a diferencia de los clusters verticales, los costos de transporte desempeñan un papel insignificante. La rotación de los trabajadores entre empresas resulta una problemática mayor, ya que se llevan con ellos, el conocimiento acumulado en cada empresa.

Los costos de logística son los derivados del transporte (tanto de productos finales como intermedios), de la comunicación y de la coordinación de la cadena de valor, lo cual implica bienes, tiempo y lugar adecuados. Éstos son fletes, almacenamiento, seguros y costos de administración. Aquí también la geografía es importante, junto con las técnicas de gestión de empresas y la infraestructura, pues un sistema logístico ineficiente y costoso, se puede convertir en una barrera para los países en desarrollo que intentan ingresar al mercado internacional, ya que un mayor costo en logística implica un aumento sobre el precio, inventarios más grandes y un tiempo mayor de espera. Por todo lo anterior, es necesario incrementar y mejorar la infraestructura de cada estado, país o región, pero sin dejar a un lado un estudio de prioridades sobre la implementación en las regiones y un marco regulatorio adecuado para obtener el mayor beneficio posible.

▪ Tecnología de la información y de las comunicaciones (TIC) y el conocimiento

Los indicadores del conocimiento y de la tecnología de la información y las comunicaciones miden la posición relativa de cada país respecto a los demás en áreas clave del desarrollo; para esto se seleccionaron ocho indicadores, de los cuales los primeros cuatro reflejan la actividad innovadora y de I+D, y los restantes el nivel de desarrollo en tecnología de la información y comunicaciones:

1. I+D como participación dentro del PIB
2. Científicos en I+D por millón de habitantes
3. Solicitudes de patentes por cada mil habitantes
4. Solicitudes de patentes por país, por cada mil habitantes
5. Líneas telefónicas por cada mil habitantes
6. Teléfonos móviles por cada mil habitantes
7. Computadoras personales por cada mil habitantes
8. Servidores de Internet por cada diez mil habitantes

Es lógico pensar que existe relación entre el stock de conocimientos y tecnología y el comercio y, por lo tanto, con el desarrollo; con estos indicadores podemos encontrar la posición que ocupa cada país en cuestión tecnológica y de conocimiento, para poder tener una visión de lo que pueden hacer con dichos capitales y poder enfrentar el comercio exterior y posibles predicciones en su carrera al desarrollo. Sin embargo, no se debe dar una importancia ilimitada a los índices, ya que pueden tener desde problemas de medición hasta de interpretación e implementación.

▪ Determinantes de la estructura del comercio exterior

De acuerdo con el estudio comparativo de Perry (2002) obtenido a partir de los datos de 55 países, se trata de comparar la influencia de los conceptos tradicionales de dotación de factores, con efectos de naciones modernas como educación, conocimiento, tecnología, instituciones, volatilidad e infraestructura. Uno de los resultados obtenidos fue que el valor de las exportaciones netas de manufacturas elaboradas con gran intensidad de mano de obra y la probabilidad de ser un exportador neto de estos bienes constituyen los indicadores comerciales con la menor varianza relativa entre los países, cuando se les compara con su variación en el tiempo. Aparentemente es más probable que un país desarrolle una ventaja comparativa en productos manufacturados que en productos básicos, aunque con la limitante de que sea el resultado de la atracción de inversión extranjera directa en busca de mano de obra calificada. En términos generales, la mayoría de los indicadores relacionados con las exportaciones netas de productos manufacturados, tiende a variar más en el tiempo que los indicadores relacionados con productos agrícolas.

El que aparentemente sea complicado cambiar las ventajas comparativas en el tiempo como lo indica un cambio relativamente bajo de las variables del comercio entre países, de acuerdo con el estudio de Perry, no implica que no se puede hacer nada, ya que en sus conclusiones se señala que es posible experimentar cambios estructurales en el tiempo. El simple hecho de contar con recursos como la tierra no implica que no se pueda desarrollar una ventaja comparativa en el sector manufacturero; es más, algunos países que exportan productos agrícolas llegan a tener un nivel sofisticado en desarrollo tecnológico e institucional. Complementando el análisis anterior, Perry realiza un análisis econométrico que examina los efectos marginales de cada uno de los acervos nacionales, encontrando que en promedio con una pequeña mejora en educación, pueden mejorar significativamente las exportaciones netas de productos tropicales. Además, en general los países que aumentan su nivel educativo e infraestructura de transporte incrementan también sus probabilidades de desarrollar una ventaja comparativa en productos de origen animal. Además, con igualdad de circunstancias, existe una relación positiva en el acervo de conocimiento, tecnología de la información y comunicaciones y el desarrollo de una ventaja comparativa en manufacturas con uso intensivo de mano de obra. Las mejoras en conocimiento tienen efectos mayores en las ventajas comparativas en el caso de manufacturas con gran intensidad de capital, que en bienes intensivos en mano de obra. En términos generales los resultados indican que los nuevos acervos influyen de manera importante en las estructuras de comercio exterior en el mundo. Finalmente, el estudio concluye que el comercio intrasectorial está correlacionado con el ritmo de desarrollo económico y que es más probable que el motor del crecimiento intrasectorial sea la diferenciación de productos, los aumentos en productividad y el ciclo de vida de desarrollo de productos. Es decir, el comercio intrasectorial se impulsa por economías de escala y la productividad, que a su vez se reflejan en la tasa de crecimiento.

2.3 El Modelo de Competitividad Sistémica y Sustentable (MCS^2): Una estrategia integral de movimientos

Tanto la teoría neoclásica, como el modelo de competitividad de Porter y las nuevas teorías han quedado como explicaciones parciales del fenómeno del comercio internacional. Por un lado, la ventaja no se da solamente por la diferencia precio-costo relativos, ni tampoco por el premio en el ingreso neto al que hace referencia Porter. La ventaja se encuentra dada por las diferencias en costo, precio, calidad, servicio integral al cliente y alianzas estratégicas. Por otro lado, la ventaja se da en ambos niveles, empresa y país; ambas son condiciones necesarias, más no suficientes *per se*. El núcleo de la tesis aquí planteada se encuentra en la competitividad a nivel empresa creada por el capital intelectual; aún así, la competitividad a nivel de país es de igual manera relevante para un análisis integral.

En nuestro enfoque, la competitividad es una noción integral de ambos elementos. Por un lado, las empresas tienen que enfrentar el nuevo reto de la hipercompetencia en mercados globales a través de una organización adecuada a las nuevas condiciones. Mientras que por otro, los países deben de brindar las condiciones adecuadas para que estas empresas puedan salir a competir. Si una empresa incrementa su productividad en 10%, por medio de reducciones en sus costos, y el tipo de cambio se sobrevalúa en 15%, resulta en una pérdida de competitividad del 5%. El papel del gobierno, en este caso es simple, sólo debe de brindar las condiciones macroeconómicas (tipo de cambio estable, en este caso) para promover su industria nacional. El tipo de cambio es sólo un caso, pero de la misma manera los logros de las empresas se pueden cancelar por una infraestructura carretera inadecuada, altos costos financieros, sistemas tributarios ineficientes, entre muchos otros.

La competitividad integral se compone de dos niveles principales, empresa y país:

1. A nivel empresa, se deben desarrollar unidades competitivas para enfrentar los nuevos impulsores del mundo de la economía y los negocios a través de empresas IFA: Inteligentes en la Organización, Flexibles en la Producción y Ágiles en la Comercialización.
2. A nivel país, el tipo de cambio real, el sistema financiero, la infraestructura tecnológica y de la información es determinante en la ventaja competitiva de las empresas.

El capital intelectual es el factor estratégico de la competitividad a nivel empresa, al crear la innovación base de la ventaja. Pero aunado a esto, las empresas requieren condiciones macroindustriales y características del sistema económico y político favorables para éstas (Ver Gráfica 2.3). De ahí la importancia de las políticas y instituciones de competitividad en los países, como se puede observar en los miembros de la OCDE.

La Competitividad Integral a nivel empresa y país

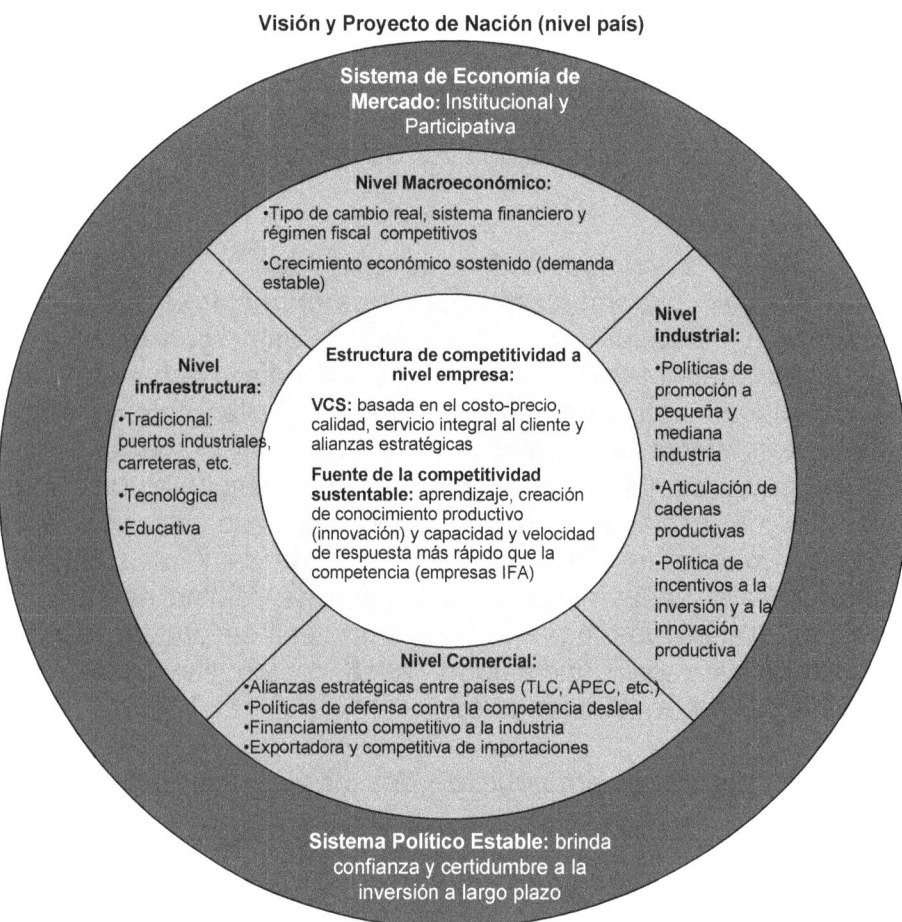

Fuente: Elaborado por CECIC

Gráfica 2.3

A continuación veremos en qué consiste la hipercompetencia en los mercados globales, la naturaleza tridimensional de la ventaja competitiva sustentable, el proceso a partir del cual se obtiene dicha ventaja y los diferentes niveles de competitividad que una empresa requiere para enfrentar los mercados en la nueva era.

La Hipercompetencia Global y la Ventaja Competitiva Sustentable

En la actualidad existen elementos que por su gran importancia económica y social no podemos pasar por alto, tales como las grandes empresas multinacionales, el elevado comercio intrafirma en los conglomerados industriales, las alianzas estratégicas, así como el rompimiento de restricciones para las empresas que ahora tienen acceso al capital físico, tecnológico y financiero. Éstas son señales inequívocas de importantes cambios en todos los niveles. También es importante mencionar que la teoría de que los factores productivos son estáticos y el comercio se manifiesta entre países, ha sido superada por la evidente movilidad de los factores de la producción, así como por el hecho de que el comercio se da entre empresas, de la misma manera que entre países. Los elementos anteriores se pueden resumir en lo que denominamos los tres impulsores del mundo de la economía y los negocios del siglo XXI (el conocimiento, la globalización y el cambio) los cuales han dado lugar a un nuevo nombre del juego: la hipercompetencia global. El mundo ha pasado de una competencia en mercados semi-abiertos a una en mercados totalmente abiertos, globales e interdependientes, en donde la revolución tecnológica y la velocidad de ésta es tal, que ha dado lugar a dicha hipercompetencia.

En la hipercompetencia se requiere de velocidad, precisión, flexibilidad y agilidad para competir y para cambiar de circuitos de competencia (de mercados, de productos, etc.), donde el tiempo se convierte en una variable fundamental. Las empresas no deben sólo prepararse para competir en los mercados de exportación, sino también para enfrentar las difíciles condiciones de la aldea económica global, a la que acuden los mejores competidores del mundo. Los medios, así como el terreno, los competidores, las habilidades y los requerimientos para competir, han cambiado. Se necesita un nuevo factor estratégico para mantenerse y liderar en la carrera y permanecer dentro del "circuito" de ganadores a través del tiempo. Los cambios en los requerimientos para ingresar y las condiciones para permanecer en los mercados internacionales son:

- La velocidad para enfrentar el cambio en los mercados (gustos de los consumidores, nuevos competidores, etc.) más rápido que los competidores se ha convertido en un factor determinante para poder entrar a la carrera de la competencia internacional. La capacidad de respuesta y la velocidad o la rapidez en el tiempo para llegar antes que los competidores es uno de los elementos determinantes para poder competir en la nueva era.

- La diversidad de competidores es mucho mayor, debido a los procesos de apertura comercial, globalización de los mercados en la producción, comercio, inversión y tecnología. Al mismo tiempo, la competencia proviene de diversas fuentes, empresas de otros ramos entran a la competencia, como es el caso de General Electric, que ha ingresado a los mercados financieros a través de GE Capital. Alianzas estratégicas vía fusiones; compras o adquisiciones las cuales mejoran de un día a otro las participaciones dentro del mercado; el portafolio de clientes y la capacidad competitiva de las empresas son aspectos que influyen en la permanencia de los competidores dentro de la carrera.

- La competencia es continua, la ventaja competitiva revelada hoy (posicionamiento de mercado), no garantiza que se pueda sostener en el tiempo. Sólo se puede sustentar si existe un proceso de mejora continua en la empresa que haga viable la competitividad.

La Ventaja Competitiva Sustentable en la Carrera de la Hipercompetencia Global

La ventaja competitiva sustentable (VCS) es el nuevo elemento en la hipercompetencia global del siglo XXI. La VCS se define como la capacidad y velocidad de la empresa para mejorar su posición relativa en la hipercompetencia global (carrera Fórmula Uno), reduciendo la brecha de la competitividad (del conocimiento e innovación productivos, etc.) del que va adelante y ampliándola con el que va atrás. La ventaja competitiva básica sólo representa el boleto de entrada a la competencia en mercados locales e internacionales.

El factor estratégico de competitividad en esta nueva era del conocimiento y la mentefactura, es el capital intelectual. La brecha de la competitividad está relacionada con la capacidad y la velocidad para aprender y crear conocimiento productivo, y después traducirlo en innovación productiva a través del capital intelectual y las células de aprendizaje, creando así conocimiento productivo más rápido que la competencia.

En el viejo paradigma:
El pez más grande se come
al pez chico

En el nuevo paradigma:
El pez más veloz se come
al más lento

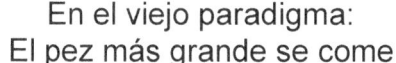

El competidor exitoso es la empresa IFA: Inteligente en la organización (aprende y crea conocimiento productivo e innovación más rápido que la competencia), Flexible en la producción, Ágil en la comercialización y con capacidad de respuesta al cambio

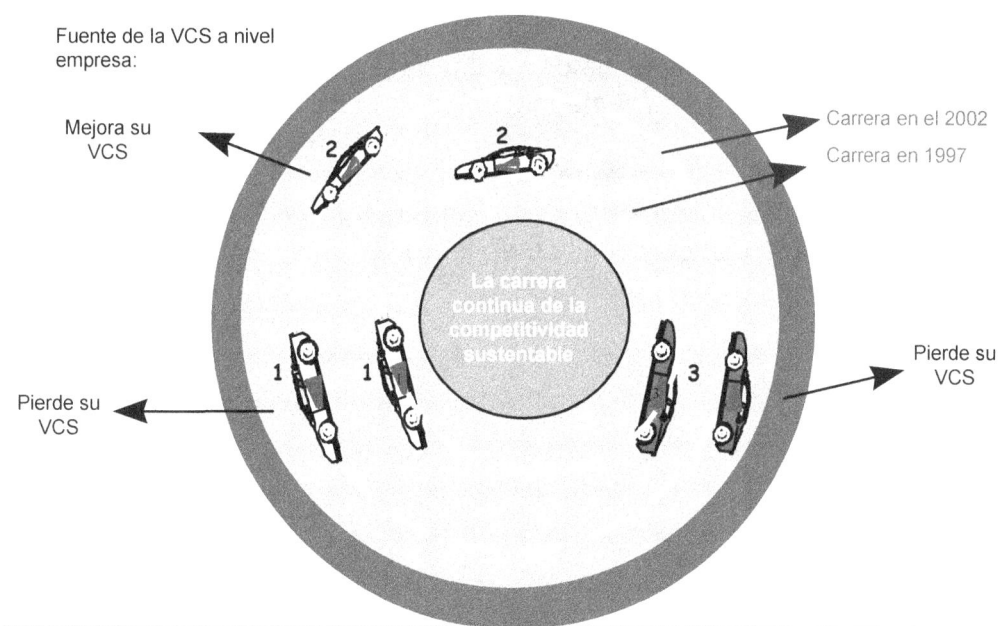

Fuente de la VCS a nivel empresa:

Mejora su VCS

Carrera en el 2002

Carrera en 1997

La carrera continua de la competitividad sustentable

Pierde su VCS

Pierde su VCS

La empresa 2 en el año 1997 mantenía una posición dentro del mercado (participación) que le daba una ventaja competitiva revelada colocándose en el lugar número dos. Sin embargo, a través del capital intelectual mejoró su ventaja competitiva sustentable y en 1997 cerró la brecha con el competidor que iba adelante (empresa 1) y la amplió con el que viene atrás (empresa 3). Esto es, la empresa 2 mejoró su ventaja competitiva sustentable. Por otra parte, las empresas 1 y 3 en la carrera de la competencia en el año 2002 mantienen aparentemente su ventaja competitiva respecto a 1997, pero esto de acuerdo a la ventaja competitiva revelada, pues ocupan las mismas posiciones, primero y segundo lugar respectivamente. Sin embargo, en términos de sustentabilidad su ventaja competitiva en ambos casos ha disminuido, pues la empresa 1 es seguida mucho más cerca por su competidor, la empresa 2, es decir la brecha se redujo, mientras que la empresa 3 amplió su brecha con el que va adelante.

Fuente: Elaborado por CECIC
Recuadro 2.2

Para sustentar la ventaja competitiva en esta nueva era, se requiere tener una ventaja competitiva básica que es el boleto de entrada a la competencia basada en el costo, precio, calidad y servicio internacionales, una ventaja competitiva revelada y una posición dentro de la carrera (ventaja competitiva tridimensional). En este contexto, la competitividad de la empresa en una industria o producto determinado no se da con el mismo enfoque del costo-precio, sino que está en función del valor agregado, éste a costa del precio, calidad, servicio integral al cliente y las alianzas estratégicas con consumidores, proveedores, competidores y oferentes de productos. El diferencial en este valor agregado relativo entre los productos finalmente determina el flujo de comercio. Una empresa exportará el producto que le dé un mayor valor agregado al consumidor. En los siguientes casos se explican más claramente los conceptos. En el caso de la industria textil vemos cómo México logró posicionarse en el mercado estadounidense en el periodo de 1990 a 1999 y mantener su ventaja competitiva sustentable, mientras que en el caso de la industria del calzado, México sólo logró una ventaja competitiva revelada siendo China quien logró la VCS.

Caso 1: La industria textil de México y su VCS

La industria textil y de la confección en México es una de las actividades económicas más importantes y representativa del país. El producto interno bruto de dicha industria alcanzó en el año 2000 un valor de 1,268 millones de pesos; sin embargo al año siguiente tuvo una caída del 10%, quedando en niveles de 1,218 millones pesos.

El crecimiento sostenido de 1995 al 2000 se debió principalmente a la firma del TLCAN, pero debido a problemas en el tipo de cambio los productos mexicanos se volvieron menos competitivos frente a los asiáticos, principalmente ante los chinos, tanto en el mercado interno como en el de Estados Unidos, principal destino de las exportaciones mexicanas.

El tamaño del mercado de importación estadounidense de productos de algodón fue de 52,404 millones de dólares en 1999, cifra que indica su importancia. En los últimos años México se ha revelado como uno de los más importantes exportadores de productos textiles y de confección en los Estados Unidos. Su Ventaja Competitiva Revelada (VCR) indica que en 1999 fue el país líder en la exportación de prendas e implementos de vestir de algodón de punto, con un valor de 3 309 millones de dólares y una participación de mercado de 14%. Por otro lado, México ha demostrado tener una Ventaja Competitiva Sustentable (VCS), pues de ocupar la posición número siete en 1990 con una participación de mercado del 1% pasó al primer lugar con una participación de 13.96% en 1999, según los datos del Departamento de Comercio de Estados Unidos.

En las exportaciones de prendas de algodón de punto Hong Kong se colocó en la segunda posición, con exportaciones que alcanzaron un valor de 2,189 mdd y una participación de 9.24%. China por su parte, se ubicó en el tercer lugar con 2,024 mdd, seguido por Honduras que en ese año exportó artículos de algodón por un valor de 1,475 mdd, ambos con una participación de mercado de 8.54% y 6.22% respectivamente. En quinto sitio se colocó Taiwán con exportaciones por 1,168 mdd y una participación de 4.93%. El resto de las posiciones estuvieron ocupadas por Corea, El Salvador, República Dominicana, Tailandia y Canadá.

Exportaciones de prendas e implementos de vestir de algodón de punto al mercado estadounidense

País	1990	1991	1992	1993	1994	1995	1996	1997	1998	1999
					Porcentaje %					
1 México	1.01	1.27	1.66	2.85	4.24	7.02	9.71	11.60	13.02	13.96
2 Hong Kong	19.26	19.73	18.17	16.12	16.36	14.37	12.07	10.95	10.45	9.24
3 China	12.61	12.78	13.62	14.20	12.92	9.91	10.05	9.85	8.59	8.54
4 Honduras	0.36	0.67	1.46	1.87	2.28	3.23	4.86	5.61	5.70	6.22
5 Taiwan	11.79	13.32	10.59	10.35	8.74	7.96	6.96	6.12	5.46	4.93
6 Corea	10.33	8.10	6.57	6.56	5.98	4.54	3.62	3.59	4.17	4.17
7 El Salvador	0.17	0.35	0.86	1.11	1.56	2.11	2.60	3.54	3.55	3.95
8 República Dom	2.07	2.46	3.00	3.27	3.20	3.35	3.57	3.68	3.72	3.78
9 Tailandia	2.66	2.99	3.51	3.40	3.41	3.44	3.26	3.42	3.77	3.43
10 Canadá	0.77	0.94	1.29	1.65	1.90	2.25	2.66	2.88	3.08	3.38
Subtotal	61.04	62.62	60.71	61.40	60.60	58.19	59.39	61.25	61.50	61.60
Resto del Mundo	38.96	37.38	39.29	38.60	39.40	41.81	40.61	38.75	38.50	39.40
Total	100.00	100.00	100.00	100.00	100.00	100.00	100.00	100.00	100.00	100.00

Fuente: Elaborado por CECIC con datos del Departamento de Comercio de los Estados Unidos

Ventaja Competitiva Revelada (VCR) y Ventaja Competitiva Sustentable (VCS) de prendas de algodón de punto en Estados Unidos

1990		1999	
Hong Kong	19.26	México	13.96
China	12.61	Hong Kong	9.24
Taiwan	11.79	China	8.54
Corea	10.33	Honduras	6.22
Tailandia	2.66	Taiwan	4.93
República Dominicana	2.07	Corea	4.17
México	1.01	El Salvador	3.95
Canadá	0.77	República Dominicana	3.78
Honduras	0.36	Tailandia	3.43
El Salvador	0.17	Canadá	3.38

Fuente: Elaborado por CECIC con datos del Departamento de Comercio de los Estados Unidos

En 1990 Hong Kong se revelaba como el líder indiscutible de este mercado, con 19.26%, seguido por China con 12.61%. En tercer lugar se encontraba Taiwán con 11.79%; Corea tenía una participación de mercado de 10.33% y en quinto lugar se encontraba Tailandia con 2.66%. En este tiempo los principales países exportadores de artículos de algodón tejidos a Estados Unidos eran asiáticos. En 1999 México se reveló como el líder de este mercado con una participación de mercado de 13.96%, aumentando en el periodo su participación en 12 puntos porcentuales de mostrando su VCS. Por su parte, Hong Kong tuvo una participación de 9.24% es decir, bajó su participación poco más de diez puntos porcentuales. China disminuyó su cuota de mercado a 8.54%; Honduras también aumentó de manera muy importante su participación y se colocó en la tercera posición con una participación de 6.22%; Taiwán es otro de los países asiáticos que hacia finales de la década ve disminuida sensiblemente su participación a 4.17%. La VCS que presentó México se debió en gran parte a las reducciones arancelarias en el TLC

En este análisis podemos observar cómo países que aumentan su participación de mercado, ocuparon lugares más bajos. Como ejemplo podemos citar a Canadá que pasó de tener el octavo lugar con 0.77% del mercado en 1990, a ocupar el décimo lugar en 1999, pero con una participación de 3.38%. Esto se explica por nuestro concepto de Ventaja Competitiva Sustentable que nos indica que no sólo debemos mejorar, sino que debemos hacerlo más rápido que nuestros competidores. Por lo cual, es útil verla como una carrera de autos:

La ventaja competitiva sustentable en la competencia de velocidad en la industria de la confección de los Estados Unidos

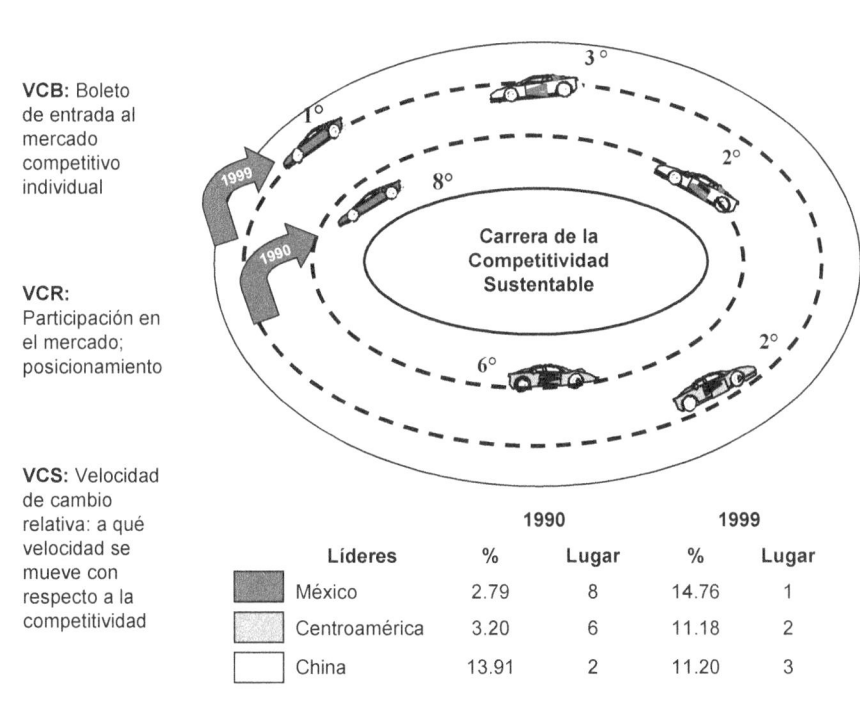

VCB: Boleto de entrada al mercado competitivo individual

VCR: Participación en el mercado; posicionamiento

VCS: Velocidad de cambio relativa: a qué velocidad se mueve con respecto a la competitividad

Líderes	1990		1999	
	%	Lugar	%	Lugar
México	2.79	8	14.76	1
Centroamérica	3.20	6	11.18	2
China	13.91	2	11.20	3

Fuente: Elaborado por CECIC
Recuadro 2.3

Caso 2: La industria del calzado de México y su VCS

México es el 7° productor mundial de calzado, con alrededor de 200 millones de pares anuales; por otro lado, dentro del mercado estadounidense, principal destino de las exportaciones del país, ocupa el quinto lugar. El mercado estadounidense de calzado es posiblemente el más grande y dinámico en el mundo. Adicionalmente, dada su apertura a las importaciones y al libre comercio, se presenta en toda su magnitud la hipercompetencia internacional. Al ser un importador neto se trata de un excelente laboratorio para evaluar la competitividad de los países. En el año 2000, el mercado de calzado de Estados Unidos tuvo un valor de 14,854 millones de dólares.

Mercado de exportación del calzado en Estados Unidos (millones de dólares)

	1990	1991	1992	1993	1994	1995	1996	1997	1998	1999	2000
China	1,477	2,532	3,403	4,520	5,259	5,824	6,392	7,415	8,008	8,434	9,195
Italia	984	791	785	760	891	1,022	1,212	1,198	1,176	1,189	1,264
Brasil	1,034	970	1,112	1,419	1,261	1,122	1,201	1,149	1,026	961	1,151
Indonesia	241	415	664	837	884	958	1,056	1,083	745	747	731
México	**165**	**163**	**212**	**216**	**206**	**237**	**307**	**386**	**347**	**354**	**351**
España	365	309	272	250	367	370	395	413	391	327	325
Tailandia	295	304	327	359	375	408	345	386	346	322	328
Reino Unido	43	40	72	85	88	120	153	241	234	239	198
República Dominicana	126	146	191	220	285	247	254	292	284	237	181
Corea	2,573	1,987	1,527	1,053	681	515	340	235	182	162	140
Vietnam	0	0	0	0	0	3	39	98	115	146	125
Taiwán	1,528	1,169	843	583	456	351	257	186	147	111	92
India	62	76	81	107	102	97	97	111	99	107	112
Portugal	58	59	66	73	91	87	60	69	68	98	99
Canadá	53	45	50	68	97	97	102	118	102	89	77
	9,576	9,561	10,165	11,176	11,716	12,106	12,749	14,018	13,879	14,068	14,854

Fuente: Elaborado por CECIC con datos del Programa de Competitividad Internacional del Cluster Cuero Calzado (PROCIC[3])

En el año 2000 China fue el líder en el mercado estadounidense de calzado, al exportar 9,195 millones de dólares, lo que representó una participación aproximada del 62%. Italia le siguió en el segundo lugar, con un valor de exportaciones 86% menor (1,264 mdd.), lo cual representó 8.51% del mercado. Brasil, por su parte ocupó el tercer sitio con 1,151 mdd y 7.75% del mercado; mientras que Indonesia se posicionó en el cuarto lugar, con 731 mdd. y 4.92% del mercado. México ocupó el quinto lugar con 351 mdd, lo que representó el 2.36% del mercado y una veinteava parte de las exportaciones de China. En la sexta posición se ubicó Tailandia con 228 mdd. y una participación de mercado 2.21%. Finalmente en el séptimo lugar se encuentra España con 325 mdd. y una participación de mercado de 2%.

En el siguiente cuadro se observa el posicionamiento de los principales países, así como su ventaja competitiva. Muestra que países como China lograron una ventaja competitiva revelada y sustentable al pasar del tercer lugar en 1990 con una participación de 15.43% al primer lugar en el 2000 con una participación de 61.9%. Por el contrario, países como Corea y Taiwán que en 1990 tenían una participación de 26.87% y 15.96% y ocupaban las primeras dos posiciones, en el 2000 cayeron hasta los lugares número 10 y 14, respectivamente, con participaciones inferiores al uno por ciento. En el caso de México, éste pasó del lugar número nueve con una participación de 1.72% al quinto lugar con una participación de 2.36% reflejando así sólo una ventaja competitiva revelada, pues al no disminuir la brecha con su competidor siguiente y aumentarla con el que viene detrás no logró hacer su ventaja sustentable.

Ventaja Competitiva Revelada (VCR) y Ventaja Competitiva Sustentable (VCS)

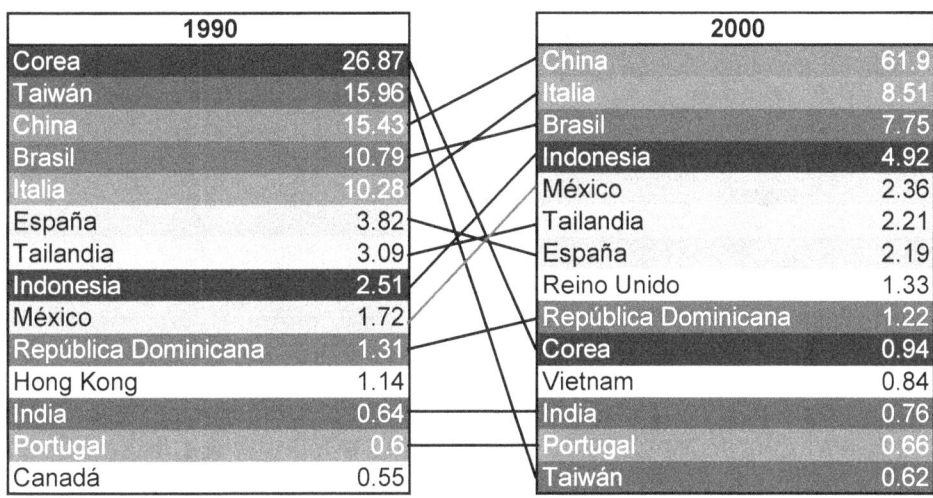

1990		2000	
Corea	26.87	China	61.9
Taiwán	15.96	Italia	8.51
China	15.43	Brasil	7.75
Brasil	10.79	Indonesia	4.92
Italia	10.28	México	2.36
España	3.82	Tailandia	2.21
Tailandia	3.09	España	2.19
Indonesia	2.51	Reino Unido	1.33
México	1.72	República Dominicana	1.22
República Dominicana	1.31	Corea	0.94
Hong Kong	1.14	Vietnam	0.84
India	0.64	India	0.76
Portugal	0.6	Portugal	0.66
Canadá	0.55	Taiwán	0.62

Fuente: Elaborado por CECIC con datos del Programa de Competitividad Internacional del Cluster Cuero Calzado (PROCIC[3])

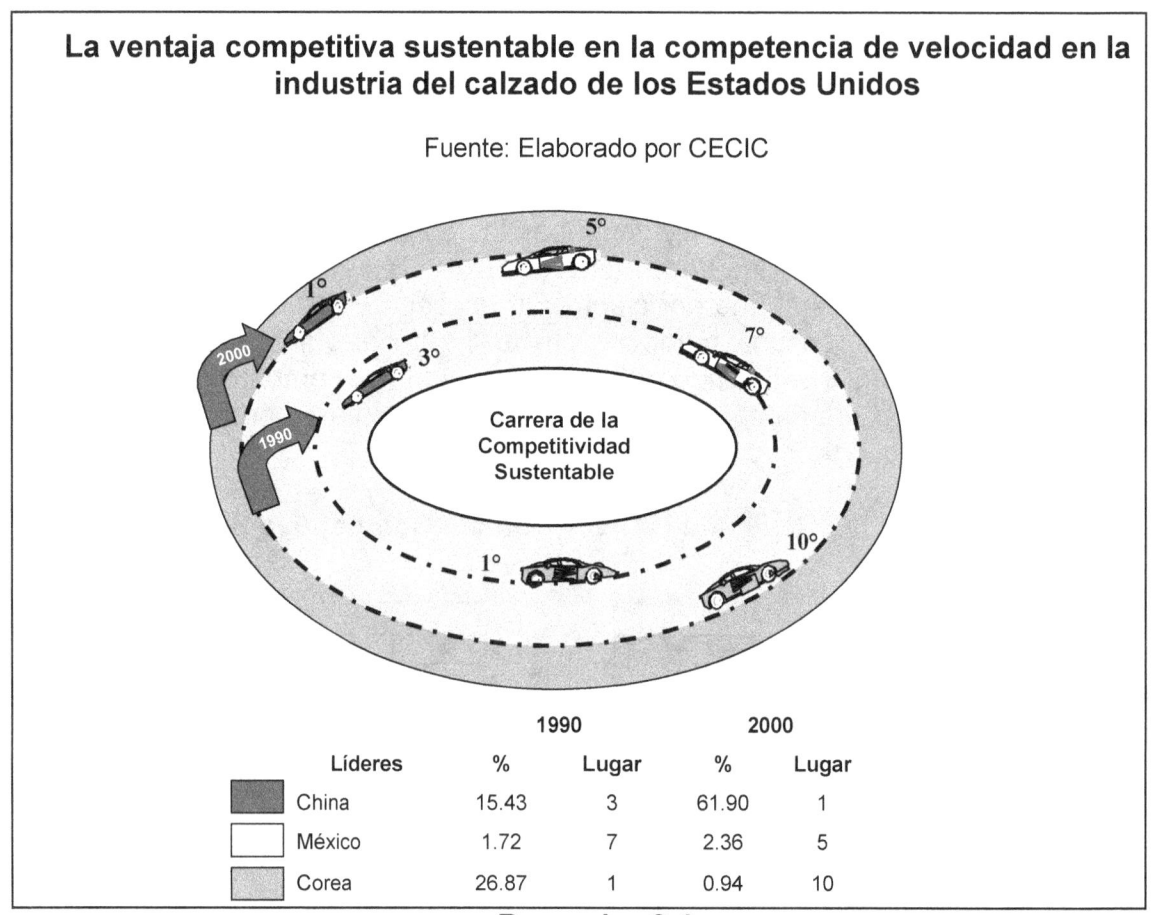

La ventaja competitiva sustentable en la competencia de velocidad en la industria del calzado de los Estados Unidos

Fuente: Elaborado por CECIC

Líderes	1990		2000	
	%	Lugar	%	Lugar
China	15.43	3	61.90	1
México	1.72	7	2.36	5
Corea	26.87	1	0.94	10

Recuadro 2.4

Para participar dentro de la carrera de la hipercompetencia global, se requiere de un nuevo tipo de empresas competitivas sustentables basadas en el capital intelectual como el factor estratégico el cual crea el conocimiento e innovación productivos y lo aplica al negocio. Al mismo tiempo, se requiere una capacidad y velocidad de respuesta organizativa, de producción y comercialización de la empresa que permita responder a los nuevos impulsores (visión y modelo integral). Estas empresas son competitivas sustentables (ECS) tipo IFA, con tres atributos principales, inteligentes en su organización, flexibles en la producción y ágiles en su negocio. El capital intelectual, que a través de las células y centros virtuales de creación de conocimiento productivo desarrolla la innovación, es la fuente última de la ventaja competitiva sustentable en un proceso de retroalimentación continua que permite enfrentar los tres impulsores de la nueva era (Ver Gráfica 2.4).

Modelo de la ECS: Proceso de creación de conocimiento productivo y generación de la ventaja competitiva sustentable

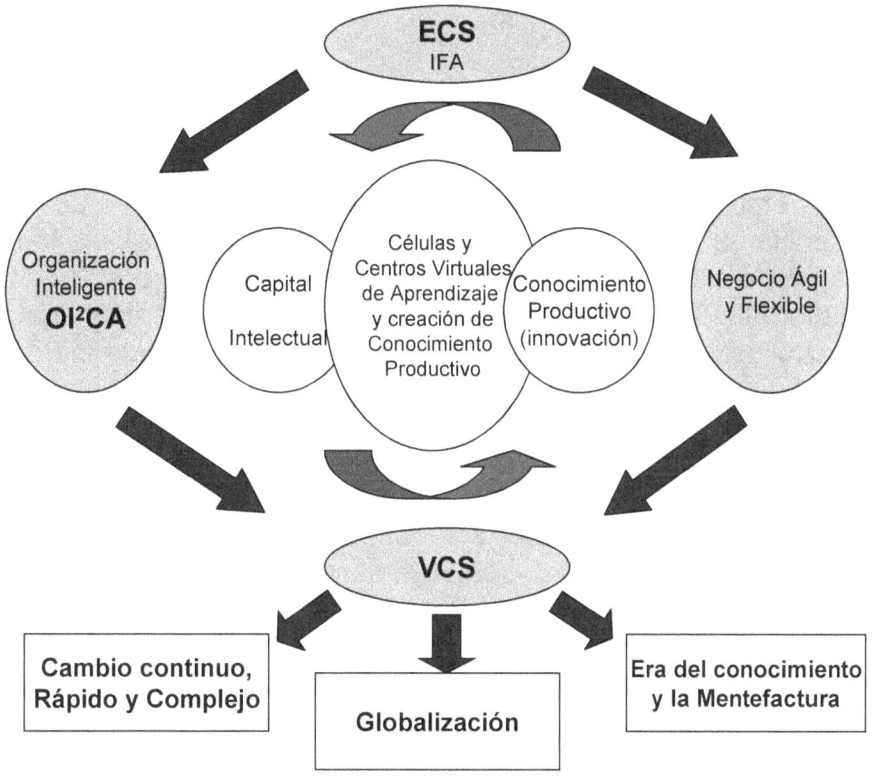

Fuente: Elaborado por CECIC
Gráfica 2.4

El modelo de la ECS, expone la ventaja competitiva sustentable a nivel empresa como una condición necesaria para competir en la nueva era del siglo XXI. Pero esta condición no es suficiente, ya que los países juegan un papel fundamental dentro de la competitividad, al funcionar como proveedores de las condiciones macroeconómicas, de infraestructura etc. para garantizar esa competitividad en el juego internacional de la hipercompetencia en mercados globales.

2.3.1 La ventaja competitiva básica, revelada y sustentable

- La ventaja competitiva básica

En el mundo de la globalización de los mercados y la apertura a la competencia internacional, la ventaja competitiva básica se da a través de las mejoras en costo, calidad y servicio integral al cliente. Esta competitividad internacional en costo-calidad-servicio es una condición básica para sobrevivir en mercados locales o internacionales globalizados y abiertos. En la carrera de la hipercompetencia éste tipo de ventaja permite sólo ingresar al mercado, pero no garantiza la permanencia dentro de éste.

- Ventaja competitiva revelada

La ventaja competitiva revelada representa el posicionamiento dentro de la carrera de la hipercompetencia. Esta ventaja se obtiene a través de igualar lo que la competencia hace; las técnicas de efectividad operacional, las tácticas de ataque, etc. En la era del cambio continuo, rápido y complejo e incierto, esta ventaja es superada fácilmente por la competencia. La ventaja competitiva revelada tampoco garantiza la sustentabilidad de la competitividad en el largo plazo, e incluso en el mediano plazo.

- Ventaja competitiva sustentable

La ventaja competitiva sustentable se obtiene cerrando la brecha de la competitividad con respecto al líder que va delante y ampliándola con respecto del que viene detrás. La mejora e innovación continua es la única forma de garantizar la competitividad a lo largo del tiempo. La única forma de obtener esta ventaja es por medio de la creación de empresas competitivas sustentables tipo IFA: Inteligentes en organización, Flexibles en la producción y Ágiles en la comercialización. En nuestra perspectiva y bajo las actuales condiciones de hipercompetencia global, ambos conceptos de ventaja entre países (comparativa) y entre empresas (competitiva), no permiten interpretar de una manera integral la base a partir de la cual se da la ventaja entre países y entre empresas. En primer lugar, la ventaja comparativa basada en la productividad del trabajo y en la dotación de factores, es estática y determinística, además de suponer condiciones altamente restrictivas que la hacen irreal. Por otro lado, aún cuando el modelo de Porter establece que la ventaja no está determinada, sino que debe crearse, considera que la ventaja competitiva sólo se refleja en un menor precio y un mayor ingreso, a partir de la diferenciación del producto. Ambos elementos (menor costo y mayor diferenciación) así como las diferencias en precio-costo relativos de los clásicos y neoclásicos, hoy día bajo las condiciones de hipercompetencia global y de los tres impulsores de siglo XXI, representan solamente el boleto de entrada a los circuitos globales. La ventaja competitiva bajo nuestro análisis es de naturaleza tridimensional, la ventaja competitiva básica representa sólo el boleto de entrada a dicha carrera, la ventaja competitiva revelada representa el posicionamiento en la propia carrera y la ventaja competitiva sustentable nos permite permanecer dentro de la carrera mejorando continuamente nuestra posición relativa (Ver Gráfica 2.5).

La ventaja competitiva: una perspectiva tridimensional

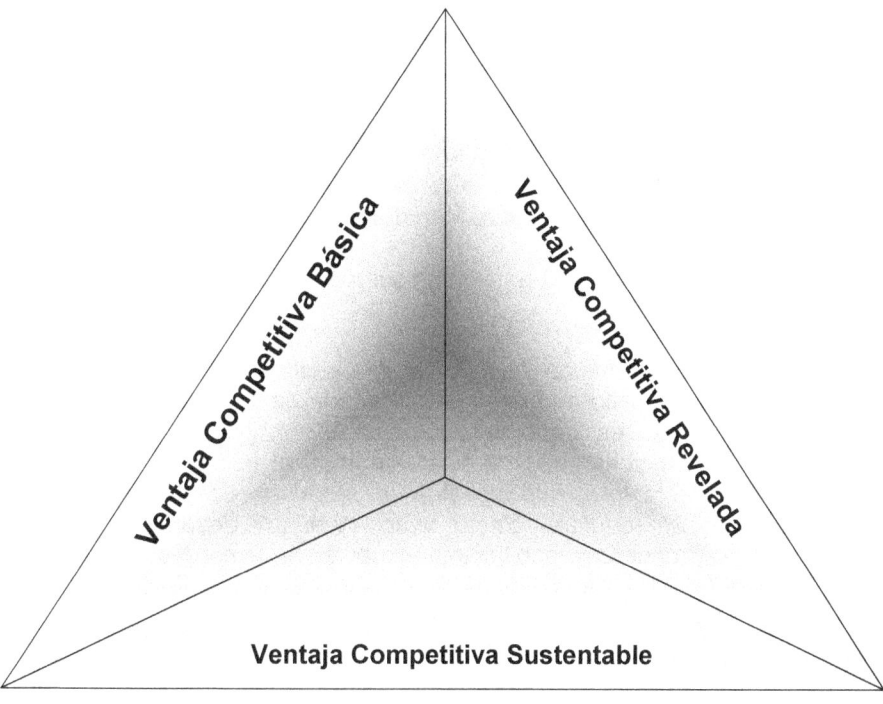

Fuente: Elaborado por CECIC
Gráfica 2.5

La ventaja competitiva sustentable implica que se han presentado ya la básica (boleto de entrada) y la revelada (posicionamiento), de ahí que la sustentable posea una naturaleza tridimensional. La ventaja competitiva, como se puede observar, no se da solamente por bajos costos o calidad, también intervienen otros factores como el servicio integral al cliente y las alianzas estratégicas. La ventaja competitiva está determinada por multifactores (Ver Recuadro 2.5).

La Ventaja Competitiva Sustentable

En el mundo de la economía y los negocios del siglo XXI se compite no sólo con el costo -precio, cada vez es más importante dentro de los mercados globales, el valor que se agregue a los productos a lo largo de los cinco eslabones de la cadena de valor.

Dados:

$$(VA_x / VA_y) \text{ México } (VA_x / VA_y) \text{ E.U} \qquad \text{erencia en el Valor Agregado}$$

VA = f (Innovación, Cadena de Abastecimiento, Manufactura, Logística Distributiva y Marketing)

México exportará el bien en el que posee una ventaja competitiva sustentable, es decir, el bien X.

La ventaja competitiva ya no se obtiene sólo por el diferencial en los costos relativos de los bienes. El valor agregado al producto a lo largo de la cadena de valor vía servicio y negocios a través de alianzas estratégicas es también determinante en los flujos comerciales entre empresas y países. Cabe mencionar que no nos referimos al valor agregado en el sentido tradicional, sino al conjunto de factores que respaldan al producto-servicio-negocio a lo largo de la cadena global de valor. Se requiere, por lo tanto, invertir y desarrollar trabajadores del conocimiento para formar y acumular capital intelectual en la empresa, el país y entonces generar dicho valor.

Paradigma Tradicional de la Ventaja Comparativa	Nuevo Paradigma de la Ventaja Competitiva Sustentable
Mano de obra barata	Mano de obra productiva y creativa (capital intelectual)
⇓	⇓
Manufactura	Mentefactura
⇓	⇓
Producción Masiva Estandarizada (Mass Production)	Producción Masiva Personalizada (Mass Customizing)
⇓	⇓
Competitividad basada en costos unitarios bajos de manufactura	Competitividad basada en la capacidad y velocidad para aprender e innovar a lo largo de la cadena de valor (generando valor agregado) más rápido que la competencia

Fuente: Elaborado por CECIC

Recuadro 2.5

Bajo nuestro enfoque, la ventaja competitiva sustentable (VCS) se obtiene a partir de la innovación, la cual es generada por el conocimiento productivo aplicado al negocio vía la formación, acumulación y uso pleno del capital intelectual. La capacidad para innovar más rápido que la competencia es lo que se manifiesta finalmente en la obtención de la ventaja tridimensional. Esta ventaja se da en el seno de la propia empresa que presenta ciertas características y atributos esenciales en su organización y negocio, además de ciertas condiciones externas. La fuente de la competitividad y su sustentabilidad depende del núcleo de la acumulación de capital intelectual, su utilización en la producción de conocimiento productivo a través del proceso de las células y centros virtuales para su creación, la aplicación al negocio y del desarrollo de empresas IFA, que tengan la capacidad y velocidad de respuesta organizacionales y del negocio para responder a los cambios del mercado.

2.3.1.1 La ventaja competitiva de México: Las Exportaciones de México a Estados Unidos después del TLCAN

Al entrar en vigor del TLCAN en 1994, nuestro país logró una posición privilegiada para comerciar con Estados Unidos no sólo por la proximidad con este gran mercado, sino por la baja de los aranceles en un gran número de productos entre otras ventajas. Como podemos observar en la siguiente gráfica, antes de 1994 la participación de mercado de nuestro país antes de 1994 se mantenía en 6.5% en promedio y su crecimiento observado era muy pequeño. En cambio, a partir de 1994 el crecimiento fue cada vez más mayor y a un ritmo acelerado. Como consecuencia, la participación de México como socio comercial de los Estados Unidos ha ido aumentando hasta llegar a tener 10.70% del total de la cuota de mercado en 1999.

Porcentaje de las Exportaciones de México a Estados Unidos

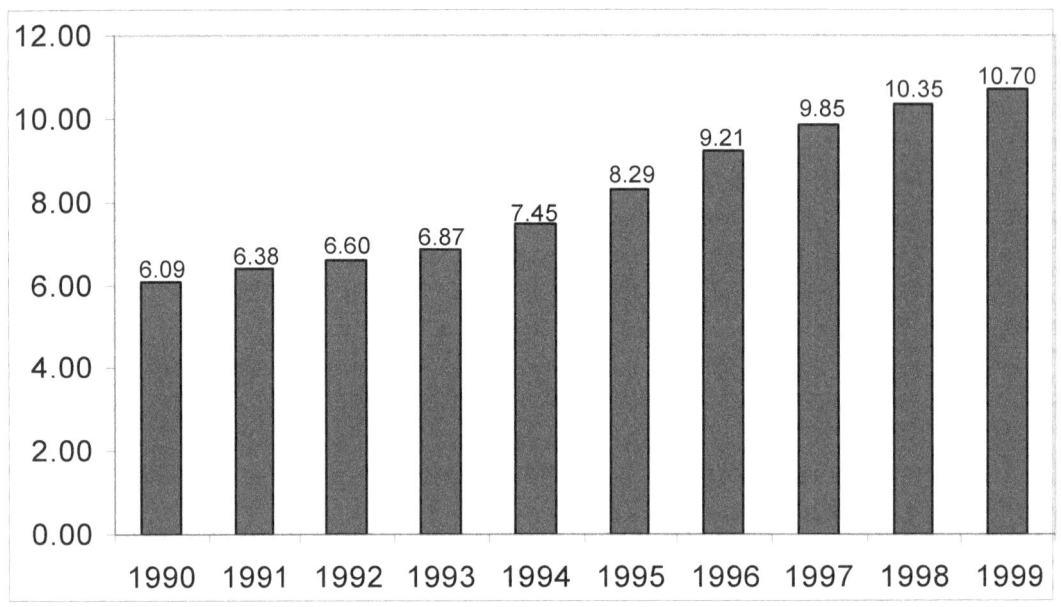

Fuente: Elaborado por CECIC con datos del Departamento de Comercio de los Estados Unidos
Gráfica 2.6

Para comprender de mejor manera la importancia de México, como socio comercial de los Estados Unidos, a continuación presentamos un cuadro que muestra las participaciones de mercado de países selecciones que igualmente se consideran socios importantes en el comercio mundial y con dicho país. La ventaja competitiva de México dentro del mercado estadounidense ha superado a la canadiense. A diferencia de Canadá, los incrementos en la participación de México han sido de casi un punto porcentual por año mientras que éste se ha mantenido con una participación del 19% aproximadamente desde 1993 hasta los registrados en 1999.

Participación de Mercado en Estados Unidos de países seleccionados
(porcentajes)

Año	Taiwán	Corea	China	Canadá	Japón	México	Brasil	India
1990	4.54	3.73	3.06	18.41	18.08	6.09	1.606	0.641
1991	4.68	3.48	3.87	18.66	18.75	6.38	1.376	0.654
1992	4.59	3.13	4.82	18.50	18.24	6.60	1.429	0.709
1993	4.29	2.94	5.42	19.10	18.47	6.87	1.285	0.782
1994	3.99	2.94	5.83	19.42	17.94	7.45	1.311	0.796
1995	3.87	2.96	6.11	19.51	16.61	8.29	1.185	0.770
1996	3.75	2.86	6.49	19.78	14.55	9.21	1.106	0.777
1997	3.72	2.66	7.17	19.31	13.94	9.85	1.106	0.839
1998	3.60	2.61	7.76	19.13	13.34	10.35	1.107	0.896
1999	3.41	3.05	7.95	19.35	12.81	10.70	1.104	0.883

Año	Alemania	Francia	España	Venezuela	Reino Unido	Honk Kong	Argentina	Chile
1990	5.66	2.64	0.66	1.91	4.08	1.92	0.29	0.27
1991	5.36	2.74	0.58	1.69	3.78	1.90	0.26	0.27
1992	5.41	2.78	0.56	1.53	3.78	1.84	0.24	0.26
1993	4.92	2.63	0.52	1.40	3.74	1.65	0.21	0.25
1994	4.78	2.53	0.54	1.26	3.77	1.46	0.26	0.27
1995	4.95	2.31	0.52	1.31	3.62	1.38	0.24	0.26
1996	4.92	2.35	0.54	1.63	3.65	1.25	0.29	0.29
1997	4.95	2.38	0.53	1.55	3.75	1.18	0.25	0.26
1998	5.45	2.63	0.52	1.02	3.81	1.15	0.25	0.27
1999	5.37	2.53	0.49	1.10	3.82	1.03	0.25	0.29

Fuente: Elaborado por CECIC con datos del Departamento de Comercio de los Estados Unidos

Cuadro 2.3

Como podemos observar, sólo Canadá y Japón superan a México en sus exportaciones a Estados Unidos, dejando atrás a los países asiáticos y europeos. Cabe mencionar que China aun se encuentra detrás de nuestro país en cuanto a exportaciones a EE.UU. se refiere, pero debemos estar atentos, pues el ritmo de crecimiento en su comercio internacional en los últimos años ha sido de alrededor del 5%, y su entrada a la Organización Mundial de Comercio (OMC) lo hace un rival comercial muy peligroso pues al igual que México cuenta con bajos costos y ha presentado una mayor ventaja en la exportación de productos de alta tecnología.

2.3.1.2 La dinámica de la VCS de los productos líderes en la exportación manufacturera: de la manufactura a la mentefactura

La VCR y VCS de los productos líderes en el mercado mundial

Lugares	Productos	Cuota de mercado			Valor		Tasa anual de
		1985	2000	Incremento	1985	2000	crecimiento
1	Microcircuitos electrónicos	0.82	3.38	2.56	13,976	186,887	18.9
2	Partes y accesorios de maquinas para la elaboración automática de datos	1.02	2.33	1.30	17,446	128,882	14.3
3	unidades de almacenamiento digital central, entregadas por separado	0.02	1.01	0.99	295	55,942	41.9
4	Transmisores y transmisores-receptores de telvisión, radio, radiotelegrafía y radiotelefonía	0.11	0.91	0.81	1,811	50,614	24.9
5	Medicamentos	0.53	1.24	0.71	8,945	68,452	14.5
6	Partes y accesorios de aparatos y equipo para telecomunicaciones y para grabación de sonido	0.67	1.28	0.61	11,346	70,633	13.0
7	aparatos eléctricos para la telefonía y telegrafía	0.28	0.83	0.55	4,704	45,962	16.4
8	Unidades digitales centrales completas de elaboración automática de datos	0.3	0.74	0.44	516	40,845	14.8
9	Aparatos eléctricos para emplame, corte y conexión de circuitos eléctricos	0.64	1.05	0.41	10,919	58,297	11.8
10	Otras maquinas y equipo eléctricos	0.48	0.86	0.39	8,132	47,829	12.5
11	Jugetes para niños, juegos de salón	0.40	0.79	0.39	6,804	43,509	13.2
12	Artículos diversos de materias y productos químicos	0.40	0.77	0.37	6,815	42,483	13.0
13	Aeronaves con propulsión mecánica (excepto helicópteros)	0.44	0.78	0.34	7,496	43,222	12.4
14	Unidades accesorias para máquinas para la elaboración automática de datos	0.66	0.98	0.32	11,248	5,439	11.1
15	Otros aparatos de electricidad y sus partes	0.17	0.49	0.32	2,829	26,929	16.2
16	Hilos, trenzas, cables, pletinas, barras y similares, aislados para la electricidad	0.29	0.60	0.30	5,012	33,062	13.4
17	Otros compuestos de funciones nitrogenadas	0.15	0.45	0.30	2,578	25,009	16.4
18	Ropa interior, de punto o ganchillo, de algodón	0.16	0.44	0.28	2,714	24,145	15.7
19	cristales piezoeléctricos, partes de transitores y válvulas electrónicas de cátodo	0.31	0.58	0.27	5,285	32,259	12.8
20	Maquinas digitales completas de elaboración de datos	0.20	0.47	0.27	3,400	26,035	14.5
21	Automoviles de pasajeros	4.90	5.15	0.25	83,547	285,222	8.5
22	Otros productos de polimerización y copolimerización	0.16	0.40	0.24	2,736	22,087	14.9
23	Otros muebles y sus partes	0.32	0.55	0.22	5,495	30,281	12.1
24	Diodos, trasistores y elementos semiconductores similares	0.22	0.42	0.20	3,735	23,025	12.9
25	Partes y piezas sueltas para máquinas y motores no eléctricos	0.28	0.46	0.19	4,712	25,648	12.0
26	Sillas y otrs asientos	0.26	0.43	0.18	4,366	24,006	12.0
27	Discos de Fonógrafo y otras grabaciones de sonido o similares	0.33	0.50	0.17	5,609	27,880	11.3
28	Instrumentos y aparatos de medicina	0.24	0.41	0.17	4,122	22,722	12.1
29	Jerseys, suéteres, monos, conjuntos, chalecos, mañanitas y similares	0.39	0.54	0.15	6,594	29,987	10.6
30	Ropa exterior de otro tipo para mujeres, niñas y bebes, de tejido	0.30	0.45	0.15	5,161	25,015	11.1
31	Maquinaria y aparatos para determinadas industrias y sus partes	0.68	0.82	0.14	11,618	45,617	9.6
32	Motores de combustión interna, de émbolo, para vehículos de carretera	0.45	0.58	0.14	7,599	32,368	10.1
33	Productos y preparados químicos	0.45	0.58	0.13	7,603	31,865	10.0
34	Receptores de televisión en colores	0.27	0.40	0.13	4,589	21,955	11.0
35	compuestos heterocíclicos, ácidos nucleicos	0.32	0.44	0.12	5,445	24,599	10.6
36	Otras partes y accesorios de vehículos automotores	2.23	2.33	0.10	37,954	129,051	8.5
37	Diamantes (exepto diamantes industriales clasificados), en bruto, tallados o trabajados de otra forma	0.83	0.92	0.09	14,166	50,741	8.9
38	partes para motores de combustión interna de émbolo	0.34	0.40	0.06	5,814	22,249	9.4
39	Artículos de grifería y órganos similares (incluídas las válvulas reductoras de presión y las válvulas termostaticas), para tuberías, calderas, depósitos, cubas y otros recipientes similares	0.34	0.40	0.06	5,854	22,168	9.3
40	Partes (excepto neumáticos, motores y piezas eléctricas) de aeronaves	0.49	0.53	0.04	8,334	29,475	8.8
	Todos los productos anteriores	21.84	36.71	14.87	372,006	2,031,347	12.0

Fuente: Elaborado por CECIC con datos la UNCTAD TRADE CAN 2000

Cuadro 2.4

El crecimiento de los sistemas internacionales de producción ha sido la reacción de las Empresas Transnacionales (ETN) a los cambios que se producen en el entorno económico mundial como lo son: cambio tecnológico, liberalización de las políticas económicas y aumento de la competencia. La reducción de los obstáculos al comercio internacional también han permitido a las ETN emplazar diferentes partes de sus procesos de producción, incluidas diversas funciones de servicios, en todo el planeta, para así aprovechar las diferencias que pueda haber en los costos, los recursos, la logística y los mercados. Las ETN se distinguen por esforzarse constantemente en aumentar sus ventajas competitivas buscando el emplazamiento geográfico más conveniente para sus actividades

La dinámica de la VCS de los productos líderes en la exportación mundial de la manufactura a la mentefactura

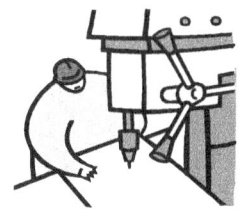

29 PRODUCTOS

Productos	manufacturados
1985	16.89
2000	23.30
Incremento	6.43
Tasa anual de crecimiento	11.78

11 PRODUCTOS

Productos	mentefacturados
1985	4.96
2000	13.39
Incremento	8.43
Tasa anual de crecimiento	17.6

Fuente: Elaborado por CECIC con datos la UNCTAD TRADE CAN 2000
Gráfica 2.6

Los productos más dinámicos en el comercio mundial en la actualidad son sobre todo las manufacturas no basados en la explotación de recursos naturales, particularmente los de las industrias de la electrónica, el automóvil y las prendas de vestir.

Las ETN han tenido un importante papel en el crecimiento de las exportaciones de estos productos, aunque de diferentes maneras. Pueden jugar un papel similar en otros productos e industrias empleando para ello diferentes estrategias. Dentro de los cambios estructurales encontramos la composición del comercio mundial, en donde ahora se revelan, en términos de cuotas de mercado, sólo 20 economías las cuales suman más de las tres cuartas partes del valor del comercio mundial. Sin embargo el crecimiento de las exportaciones de muchas de las economías ganadoras está directamente relacionado con la expansión de los sistemas nacionales de producción, sobre todo en la industria electrónica y la del automóvil. En otras palabras, se están produciendo cambios importantes en la composición del comercio mundial.

Es importante observar que 40 productos han mostrado una Ventaja Competitiva Revelada, esto es; que se han movido con mayor velocidad en el mercado mundial; Y, 29 de estos productos son manufacturados con una participación mundial de 23.30%; el incremento total de estos productos ha sido de 6.4% y una tasa anual de crecimiento de 11.78%. Sin embargo 11 son los productos mentefacturados, y muestran porcentaje menor, esto es de 13.3%, y el incremento en estos productos es mayor dos puntos porcentuales y la tasa anual de crecimiento es de igual manera más alta con respecto a los productos manufacturados; esto para el año 2000. (Ver Gráfica 2.6). Esto indica que la evolución de la competitividad de las exportaciones ha pasado de la manufactura a la mentefactura.

Ventaja Competitiva Revelada y la Ventaja Competitiva Sustentable de los productos líderes en la exportación

La Ventaja Competitiva Revelada

Lugares	Cuota de Mercado 1985	Productos	Cuota de Mercado 2000	Lugares
5	0.82	Automoviles de pasajeros	5.15	1
3	1.02	Microcircuitos electrónicos	3.38	2
40	0.02	Partes y accesorios de maquinas para la elaboración automática de datos	2.33	3
39	0.11	Otras partes y accesorios de vehículos automotores	2.33	4
10	0.53	Partes y accesorios de aparatos y equipo para telecomunicaciones y para grabación de sonido	1.28	5
7	0.67	Medicamentos	1.24	6
28	0.28	Aparatos eléctricos para emplame, corte y conexión	1.05	7
25	0.3	Unidades de almacenamiento digital central, entregadas por separado	1.01	8
9	0.64	Unidades accesorias para máquinas para la elaboración automática de datos	0.98	9
12	0.48	Diamantes (exepto diamantes industriales clasificados), en bruto, tallados o trabajados de otra forma	0.92	10
16	0.40	Transmisores y transmisores-receptores de	0.91	11
17	0.40	Otras maquinas y equipo eléctricos	0.86	12
15	0.44	Aparatos eléctricos para la telefonía y telegrafía	0.83	13
8	0.66	Maquinaria y aparatos para determinadas industrias y sus partes	0.82	14
35	0.17	Jugetes para niños, juegos de salón	0.79	15
27	0.29	Aeronaves con propulsión mecánica (excepto helicópteros)	0.78	16
38	0.15	Artículos diversos de materias y productos químicos	0.77	17
36	0.16	Unidades digitales centrales completas de	0.74	18
24	0.31	Hilos, trenzas, cables, pletinas, barras y similares, aislados para la electricidad	0.60	19
34	0.20	Cristales piezoeléctricos, partes de transitores y válvulas electrónicas de cátodo	0.58	20
1	4.90	Motores de combustión interna, de émbolo, para	0.58	21
37	0.16	Productos y preparados químicos	0.58	22
22	0.32	Otros muebles y sus partes	0.55	23
33	0.22	Jerseys, suéteres, monos, conjuntos, chalecos, mañanitas y similares	0.54	24
29	0.28	Partes (excepto neumáticos, motores y piezas eléctricas) de aeronaves	0.53	25
31	0.26	Discos de Fonógrafo y otras grabaciones de sonido	0.50	26
21	0.33	Otros aparatos de electricidad y sus partes	0.49	27
32	0.24	Maquinas digitales completas de elaboración de datos	0.47	28
18	0.39	Partes y piezas sueltas para máquinas y motores no eléctricos	0.46	29
26	0.30	Otros compuestos de funciones nitrogenadas	0.45	30
6	0.68	Ropa exterior de otro tipo para mujeres, niñas y bebes, de tejido	0.45	31
13	0.45	Ropa interior, de punto o ganchillo, de algodón	0.44	32
14	0.45	Compuestos heterocíclicos, ácidos nucleicos	0.44	33
30	0.27	Sillas y otrs asientos	0.43	34
23	0.32	Diodos, trasistores y elementos semiconductores	0.42	35
2	2.23	Instrumentos y aparatos de medicina	0.41	36
4	0.83	Otros productos de polimerización y copolimerización	0.40	37
19	0.34	Receptores de televisión en colores	0.40	38
20	0.34	Partes para motores de combustión interna de émbolo	0.40	39
11	0.49	Artículos de grifería y órganos similares (incluídas las válvulas reductoras de presión y las válvulas	0.40	40
	21.84	**Todos los productos anteriores**	36.71	

Fuente: Elaborado por CECIC con datos de UNCTAD, TRADECAN 2000

Cuadro 2.5

En los últimos 15 años, la participación de los productos electrónicos y, por lo tanto, el lugar que ocupan en el mercado mundial de exportaciones ha aumentado de manera significativa (ver cuadros) esto es un claro ejemplo de cómo el mundo ha cambiado de la manufactura a la mentefactura.

En 1985 los cinco primeros lugares en la exportación mundial los ocupaban los siguientes productos, los automóviles de pasajeros ocupaba el primer lugar con una cuota de mercado de 4.9%; seguidos por otras partes y accesorios de vehículos automotores con una participación de 2.23%; el tercer puesto lo ocupaban las partes y accesorios para máquinas de elaboración automática de datos (equipos de cómputo) con 1.02%, el cuarto lugar lo ocupaban los diamantes (0.83%) y en la quinta posición se encontraban los microcircuitos electrónicos (0.83%).

Para el año 2000 los primeros cinco lugares los ocuparon respectivamente: automóviles de pasajeros (5.15%), microcircuitos electrónicos (3.38%), partes y accesorios para máquinas de elaboración automática de datos tuvo la misma cuota de mercado que otras partes y accesorios de vehículos automotores (2.33%), en el quinto sitio encontramos partes y accesorios de aparatos y equipo para telecomunicaciones y para grabación de sonido (1.28%).

Los datos anteriores nos muestran cual fue la VCR de los distintos productos en 1985 y 2000, pero más allá de eso es interesante observar la dinámica de crecimiento en la importancia de estos productos en el comercio mundial a través de la tasa anual de crecimiento. Esta tasa nos indica lo que nosotros llamamos, la velocidad con que participaron en la carrera y lo que les permite poseer una VCS. También es importante observar, el incremento en la participación de estos productos en el mercado mundial (Ver Cuadro 2.6).

Incremento en la participación y tasa anual de crecimiento de los productos más dinámicos en el comercio mundial

Productos	Incremento en la participación	Tasa anual de crecimiento
Microcircuitos electrónicos	2.56	18.9
Partes y accesorios de maquinas para la elaboración automática de datos	1.30	14.3
Unidades de almacenamiento digital central, entregadas por separado	0.99	41.9
Transmisores y transmisores-receptores de telvisión, radio, radiotelegrafía y radiotelefonía	0.81	24.9
Medicamentos	0.71	14.5
Partes y accesorios de aparatos y equipo para telecomunicaciones y para grabación de sonido	0.61	13.0
aparatos eléctricos para la telefonía y telegrafía	0.55	16.4
Unidades digitales centrales completas de elaboración automática de datos	0.44	14.8
Aparatos eléctricos para emplame, corte y conexión de circuitos eléctricos	0.41	11.8
Otras maquinas y equipo eléctricos	0.39	12.5
Jugetes para niños, juegos de salón	0.39	13.2
Artículos diversos de materias y productos químicos	0.37	13.0
Aeronaves con propulsión mecánica (excepto helicópteros)	0.34	12.4
Unidades accesorias para máquinas para la elaboración automática de datos	0.32	11.1
Otros aparatos de electricidad y sus partes	0.32	16.2
Hilos, trenzas, cables, pletinas, barras y similares, aislados para la electricidad	0.30	13.4
Otros compuestos de funciones nitrogenadas	0.30	16.4
Ropa interior, de punto o ganchillo, de algodón	0.28	15.7
Cristales piezoeléctricos, partes de transitores y válvulas electrónicas de cátodo	0.27	12.8
Maquinas digitales completas de elaboración de datos	0.27	14.5
Automoviles de pasajeros	0.25	8.5
Otros productos de polimerización y copolimerización	0.24	14.9
Otros muebles y sus partes	0.22	12.1
Diodos, trasistores y elementos semiconductores similares	0.20	12.9
Partes y piezas sueltas para máquinas y motores no eléctricos	0.19	12.0
Sillas y otrs asientos	0.18	12.0
Discos de Fonógrafo y otras grabaciones de sonido o similares	0.17	11.3
Instrumentos y aparatos de medicina	0.17	12.1
Jerseys, suéteres, monos, conjuntos, chalecos, mañanitas y similares	0.15	10.6
Ropa exterior de otro tipo para mujeres, niñas y bebes, de tejido	0.15	11.1
Maquinaria y aparatos para determinadas industrias y sus partes	0.14	9.6
Motores de combustión interna, de émbolo, para vehículos de carretera	0.14	10.1
Productos y preparados químicos	0.13	10.0
Receptores de televisión en colores	0.13	11.0
compuestos heterocíclicos, ácidos nucleicos	0.12	10.6
Otras partes y accesorios de vehículos automotores	0.10	8.5
Diamantes (exepto diamantes industriales clasificados), en bruto, tallados o trabajados de otra forma	0.09	8.9
Partes para motores de combustión interna de émbolo	0.06	9.4
Artículos de grifería y órganos similares (incluídas las válvulas reductoras de presión y las válvulas termostaticas), para tuberías, calderas, depósitos, cubas y otros recipientes similares	0.06	9.3
Partes (excepto neumáticos, motores y piezas eléctricas) de aeronaves	0.04	8.8
Todos los productos anteriores	14.87	12.0

Fuente: Elaborado por CECIC con datos de UNCTAD, TRADECAN 2000.

Cuadro 2.6

2.3.1.3 La Empresa Competitiva Sustentable (IFA)

El capital intelectual (formado por la interacción de capital sistémico, organizacional y humano del conocimiento) es el insumo para la generación de la ventaja competitiva. En este contexto, el proceso de creación se da por la organización, la cual debe de poseer los atributos de una Organización Inteligente de Innovación y de Continuo Aprendizaje (OI^{2}CA): aprender de manera continua, crear conocimiento productivo, aplicarlo al negocio, y desarrollar velocidad y capacidad de respuesta para enfrentar los cambios del mercado.

Modelo organizacional de creación de conocimiento productivo (innovación)[12] como fuente de la VCS

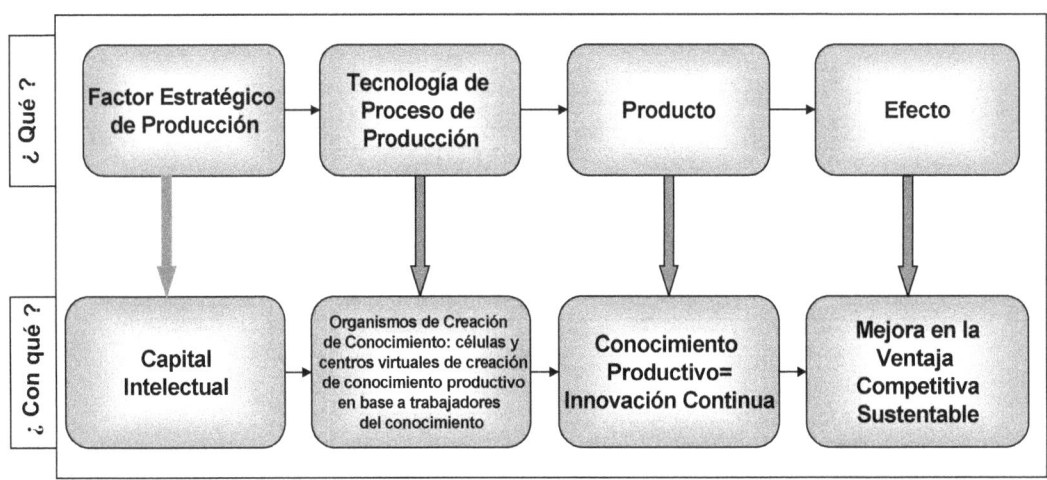

Fuente: Elaborado por CECIC
Gráfica 2.7

El proceso dinámico de creación del conocimiento, innovación productiva y la ventaja competitiva tridimensional

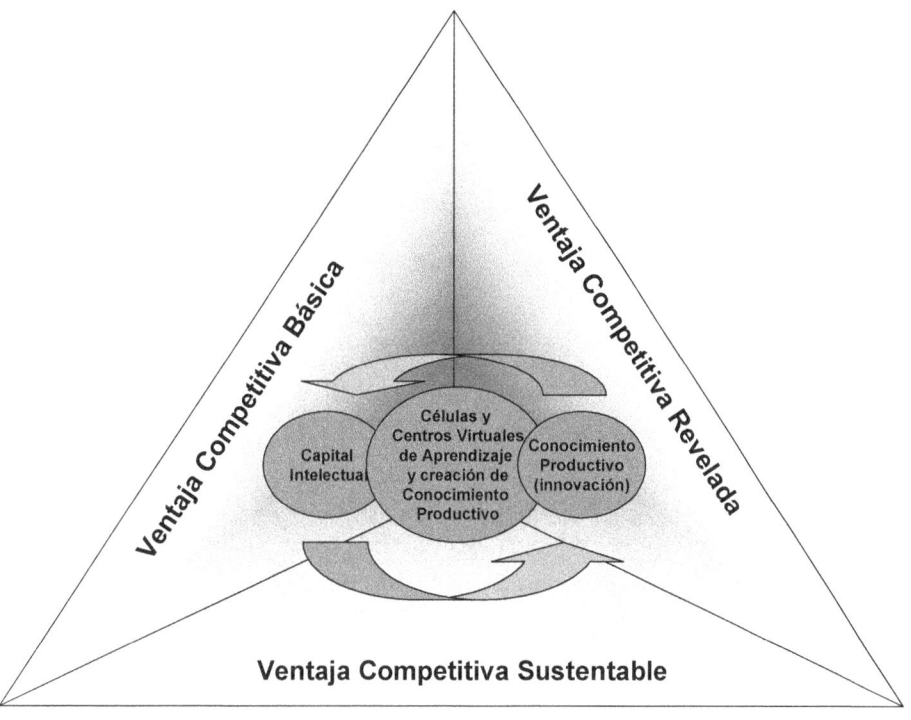

Fuente: Elaborado por CECIC
Gráfica 2.8

El proceso de creación de conocimiento productivo a su vez acumula capital intelectual, generando un proceso de retroalimentación de capital intelectual-conocimiento productivo-ventaja competitiva sustentable (Ver Gráfica 2.7). Sin embargo, este mecanismo no debe pensarse como automático< es un proceso de trabajo, aprendizaje, creación y aplicación continuo y permanente. El capital intelectual no se puede comprar, licitar, ni contratar, sólo se puede cultivar dentro de una Organización Inteligente de Innovación y de Continuo Aprendizaje (OI^2CA). Para que este proceso se pueda llevar a cabo, se requiere de una empresa competitiva sustentable tipo IFA que mediante sus atributos, le permita desarrollar el proceso de innovación, para poder competir en la carrera de la hipercompetitividad. La VCS sólo se puede alcanzar a través del desarrollo de una empresa competitiva sustentable para así enfrentar los tres impulsores del mundo de la economía y los negocios que han dado lugar al nuevo juego de la hipercompetencia. Esta empresa debe ser tipo IFA, donde el núcleo sea el capital intelectual (Ver Gráfica 2.8).

El capital intelectual como factor estratégico de competitividad sustentable

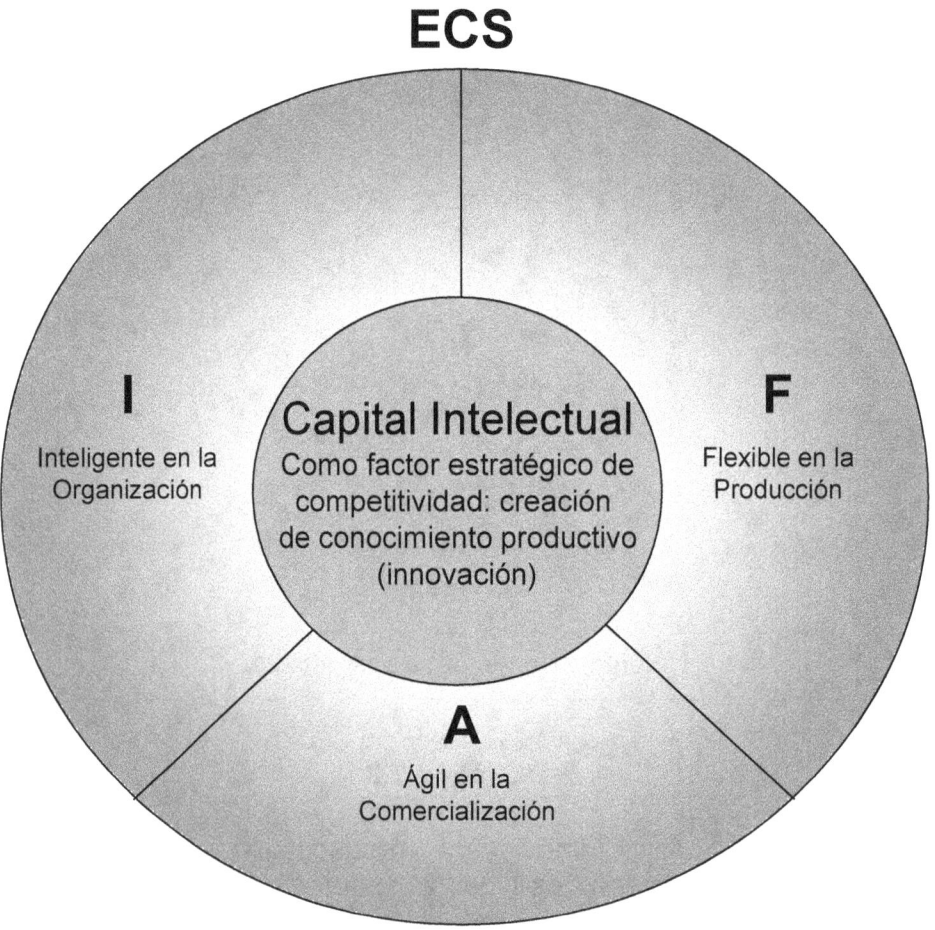

ECS

I
Inteligente en la
Organización

Capital Intelectual
Como factor estratégico de
competitividad: creación
de conocimiento productivo
(innovación)

F
Flexible en la
Producción

A
Ágil en la
Comercialización

Fuente: Elaborado por CECIC
Gráfica 2.9

La OI^{2}CA forma y acumula capital intelectual, el cual a su vez produce conocimiento e innovación productivos, lo aplica al negocio, genera y desarrolla una nueva capacidad y velocidad de respuesta organizacional capaces de enfrentar los nuevos impulsores del cambio apoyándose en un Sistema IFA Integral e Inteligente de Innovación, Manufactura y Marketing bajo un enfoque de proceso y con el objetivo de servicio integral al cliente. Dentro de la OI^{2}CA, se encuentran las células y los centros virtuales de creación de conocimiento productivos e innovación, los cuales transmiten el conocimiento a la organización y convierten el conocimiento tácito a explícito. Ambos funcionan con el método de las 3A's: aprender a aprender, aprender a desaprender y aprender a emprender, además del aprendizaje virtual.

El negocio de la empresa es por su parte NEFA, flexible en la producción y ágil en la comercialización. Flexible en la producción significa desarrollar los sistemas productivos con las 3 M's: Multiproducto, Multiproceso y Multihabilidades. Ágil en la comercialización significa que trabaja con las 4 P's tradicionales (precio, producto, plaza y promoción) además de una quinta de posventa, y ahora con las 4 A's de las alianzas: Alianza de transacción, Alianza de negocio, Alianza de asociación, y la Alianza de "partnership". Estos dos procesos, de producción y comercialización, se integran en un Sistema Integral e Inteligente de Manufactura y Marketing, que permite la capacidad de respuesta de la propia empresa. Todo esto para atender finalmente al cliente con productos personalizados en la era del mass customization.

Crear empresas competitivas depende de todo un nuevo enfoque de management. Este no es el viejo paradigma en el sentido de cómo administrar empresas, no es el viejo enfoque de Administración de Empresas (Bussiness Administration). Se requiere de un nuevo enfoque de organizaciones que aprenden y de gestión del conocimiento para alcanzar la ventaja competitiva sustentable por medio de la formación y acumulación de capital intelectual. El concepto de la ventaja competitiva sustentable es dinámico y sobre todo no es determinístico, la ventaja se crea y se sustenta a lo largo del tiempo. Bajo este nuevo enfoque no se puede hablar de la productividad del trabajo, de la productividad del capital (teoría clásica), de la dotación determinada de factores (teoría neoclásica), o incluso de los recientes enfoques como el de Porter que considera a la fuente de la ventaja de competitividad el enfocar las actividades de la empresa como un proceso (cadena de valor) que es la fuente de la competitividad de las empresas y las naciones. En el nuevo enfoque, la productividad de la empresa y cómo usa todos sus factores tienen como fuente al capital intelectual, fuente también de la competitividad en la carrera de la hipercompetencia global.

Detrás de la formación del capital intelectual y su utilización como factor estratégico de conocimiento e innovación productiva, y como la base de la ventaja competitiva sustentable, está el management en la organización. Si una empresa tiene una buena organización enfocada con estas características tridimensionales tendrá la capacidad para formar y acumular capital intelectual y aplicarlo a la creación de conocimiento e innovación productiva de una manera continua, permanente y más rápido que la competencia, ya que en última instancia, es esto último lo que finalmente da la competitividad.

2.3.2 El Modelo de Competitividad Sistémica para el Desarrollo

Como ya lo hemos mencionado anteriormente, la velocidad del cambio ha aumentado vertiginosamente: el mundo de los economistas ha pasado del *ceteris - paribus* (una variable cambia mientras el resto permanece constante) a un nuevo mundo del *mutatis-mutandis* (todo cambia al mismo tiempo). Esto ha ocasionado que hoy día los cambios en la política afecten a la economía, y los cambios en la tecnología afecten al mundo financiero, en una manera cada vez más compleja dentro de un mundo interdependiente. El problema de la creciente incertidumbre a que nos vemos expuestos no se resuelve con un modelo econométrico o estadístico más complejo; en un mundo caracterizado por el *mutatis-mutandis,* es el conocimiento multidisciplinario que requiere de un enfoque sistémico en donde el cambio ya no es lineal. El cambio ahora es discontinuo y multidimensional, lo que explica en buena medida nuestra gran dificultad para prever lo que puede pasar dentro de diez años, lo cual afecta de cualquier modo la rentabilidad de las empresas y todo proyecto de inversión en el presente, así como la toma cotidiana de decisiones en cualquier ámbito. Aquí es donde reside la importancia trascendental que tiene la creciente incertidumbre para la economía y los negocios.

Bajo el nuevo paradigma, la competitividad adquiere un carácter sistémico al involucrar el cambio y la incertidumbre en distintos niveles y la toma de decisiones de múltiples actores en cada uno de éstos: desde el nivel micro, de la empresa, hasta el nivel país y del mercado global. Al final del camino, son las empresas quienes deben ser competitivas (a nivel microeconómico), si bien dicha competitividad está condicionada por la del país en su conjunto, y sin duda alguna por el nivel y calidad de educación de su gente (individuo-empresa-país). El nuevo reto demanda empresas y países competitivos con ventajas sustentables, lo que ha dado lugar al nuevo enfoque de competitividad sistémica. Una vez entendido que la ventaja competitiva se pondera en varios niveles, es fácil comprender que ésta no se agota al nivel de país, tal como simplifican los modelos de comercio internacional y tampoco se reduce al nivel microeconómico: la firma puede alcanzar la competitividad si desarrolla los atributos de una empresa Inteligente, Flexible y Ágil. Sin embargo, la competitividad de la empresa puede verse contrarrestada por condiciones macroindustriales. Así mismo, la empresa puede perder competitividad si las condiciones políticas o las condiciones macroeconómicas no son favorables. **En la nueva economía ya no sólo se compite país vs. país sino empresas vs. empresas y cluster vs. cluster.**

¿Si una empresa es competitiva en un país como México, está lista para enfrentar la hipercompetencia global de las grandes firmas que están instaladas tanto en México como en el resto del mundo? Definitivamente no; las empresas requieren diversos factores en su entorno que les sean favorables para poder desarrollar la ventaja competitiva sustentable y ser exitosas. Necesitan de infraestructura -carreteras, telecomunicaciones, tecnológica, etc.- financiamiento competitivo, además de un marco macroindustrial similar a aquel en que se desenvuelven las empresas en los países competidores. El papel de la política económica es brindar las condiciones macroeconómicas (tipo de cambio estable y competitivo) para promover a la industria nacional. El tipo de cambio es sólo un factor, pero de la misma manera los logros de las empresas se pueden cancelar por deficiencias estructurales. De esta manera, las empresas tienen que enfrentar el nuevo reto de la hipercompetencia en mercados globales a través de una organización adecuada a las nuevas condiciones, mientras que por otro lado, los países deben de brindar las condiciones adecuadas para que estas empresas sean capaces de salir a competir. De aquí la necesidad de generar un Nuevo Modelo de Competitividad Sistémica para el Desarrollo, que vaya desde el nivel microeconómico de la empresa al nivel político-social del país.

En esta perspectiva el Modelo de Competitividad Sistémica abarca seis niveles o círculos de competitividad y diez capitales. Estos niveles son el microeconómico, mesoeconómico, macroeconómico, internacional, institucional y político social (Ver Gráfica 2.10). En la siguiente sección explicaremos brevemente en que consisten tanto los seis niveles como los diez capitales que integran nuestro modelo.

El Modelo de Competitividad Sistémica Empresa – Trabajador – Gobierno – País:
Los seis círculos de la competitividad

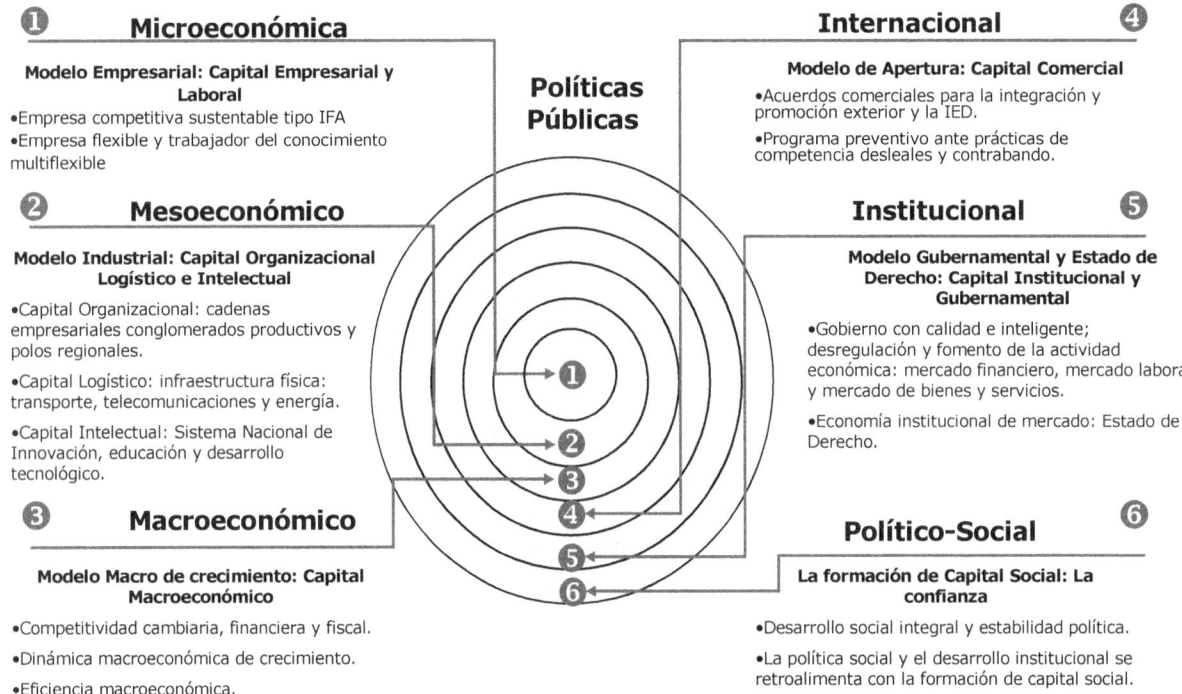

❶ Microeconómica

Modelo Empresarial: Capital Empresarial y Laboral
• Empresa competitiva sustentable tipo IFA
• Empresa flexible y trabajador del conocimiento multiflexible

❷ Mesoeconómico

Modelo Industrial: Capital Organizacional Logístico e Intelectual
• Capital Organizacional: cadenas empresariales conglomerados productivos y polos regionales.
• Capital Logístico: infraestructura física: transporte, telecomunicaciones y energía.
• Capital Intelectual: Sistema Nacional de Innovación, educación y desarrollo tecnológico.

❸ Macroeconómico

Modelo Macro de crecimiento: Capital Macroeconómico
• Competitividad cambiaria, financiera y fiscal.
• Dinámica macroeconómica de crecimiento.
• Eficiencia macroeconómica.

Políticas Públicas

❹ Internacional

Modelo de Apertura: Capital Comercial
• Acuerdos comerciales para la integración y promoción exterior y la IED.
• Programa preventivo ante prácticas de competencia desleales y contrabando.

❺ Institucional

Modelo Gubernamental y Estado de Derecho: Capital Institucional y Gubernamental
• Gobierno con calidad e inteligente; desregulación y fomento de la actividad económica: mercado financiero, mercado laboral y mercado de bienes y servicios.
• Economía institucional de mercado: Estado de Derecho.

❻ Político-Social

La formación de Capital Social: La confianza
• Desarrollo social integral y estabilidad política.
• La política social y el desarrollo institucional se retroalimenta con la formación de capital social.

Fuente: Villarreal René y Rocío, "México Competitivo 2020: Un Modelo de Competitividad Sistémica para el Desarrollo",
Ed. Océano, México, 2002.
Gráfica 2.10

Referencias y Bibliografía

[1] Porter, Michael. *The Competitive Advantage of Nations*. Ed. The Free Press. EUA, 1990.

[2] Villarreal, René, *Panorama General en Economía Internacional. Tomo I. Teorías clásica, neoclásicas y su evidencia histórica.* El Trimestre Económico, FCE. México, 1979. Pág. 15.

[3] Villarreal, René. *Economía Internacional I, Teorías clásica, neoclásica y su evidencia histórica.* Ed. FCE 1989 Pág. 12

[4] Leontief. *Domestic production and Foreign Trade: The American Capital Position Re-examined.* Proceedings of the American Philosophical Society. EUA, 1953. Pág. 97

[5] Bowen, Leamer y Sveikauskas. *Multicountry, Multifactor Tests of Factor Abundance Theory.* American Economic Review No. 77. EUA, 1987. Pág. 791-809.

[6] Porter, Michael. *The Competitive Advantage of Nations.* Ed. The Free Press, 1990. Pág. 71.

[7] *Op. cit.* Pág. 791.

[8] Porter, Michael. *Creating tomorrow´s advantages.* Rethinking the future. Pág. 54.

[9] Porter, Michael. *The Competitive Advantage of Nations.* Strategy, Harvard Business Review. EUA. Pág. 166.

[10] Morgan Stanley. *The Competitive Edge.* EUA. Pág. I.

[11] Ferratti David, Perry Guillermo, Lederman Daniel, Maloney William, *De los Recursos Naturales a la Economía del Conocimiento: Comercio y Calidad del Empleo.* Banco Mundial, 2002.

[12] El R&D es el centro de investigación y desarrollo (I+D) formal para crear Innovación: Actualmente, las industrias de tecnología avanzada requieren de unidades de este tipo, pero con una estrategia que combine ambos procesos de innovación. Las empresas deben de tener un proceso de innovación basado en células y centros virtuales de creación de conocimiento productivos con el capital intelectual como el factor estratégico de producción.

[13] Reporte Mundial de Inversión 2002. Corporaciones Trasnacionales y Competitividad Exportadora, UNCTAD, Publicado por la ONU, Nueva York y Ginebra, 2002.

Capítulo 3

El capital intelectual como factor estratégico de la ventaja competitiva sustentable

CAPITULO 3

3.1 Introducción

En la era del conocimiento y la información el factor estratégico de competitividad sustentable es el capital intelectual, que a diferencia de otros tipos de capital que intervienen en los procesos productivos es intangible, presenta rendimientos crecientes a escala y no se compra, sólo se puede cultivar a través de organizaciones inteligentes: de aprendizaje continuo e innovadoras. El capital intelectual (CI) se puede analizar desde la perspectiva de la economía y los negocios a través de dos enfoques que son complementarios y no excluyentes, pero que es fundamental diferenciarlos porque tienen objetivos diferentes.

- 1° El capital intelectual como factor de producción.

  Se refiere a la creación o producción de conocimiento productivo o innovación, que aplicado al negocio permite crear la base fundamental de la ventaja competitiva sustentable, en la nueva era del conocimiento, y del cambio rápido y constante, complejo e incierto y de la globalización de los mercados.

- 2° El capital intelectual como activo de valor.

  Se refiere al capital intelectual entendido como un activo que puede ser incorporado al balance como sucede con la maquinaria, el equipo, los inventarios, los edificios y tienen un valor específico; existe un enfoque reciente que intenta evaluar no sólo el stock, sino también el flujo de incremento de valor del activo, para reflejarlo en el estado contable de pérdidas y ganancias (Johan y Goran Roos)[1].

En síntesis, el capital intelectual puede tener dos enfoques que no se excluyen uno al otro, más bien se complementan; como factor de producción para la producción de conocimiento productivo o innovación y como activo de valor; lo más importante y estratégico para el desarrollo de una empresa competitiva sustentable es cómo utilizar el CI como factor de generación de conocimiento productivo (enfoque de creación de riqueza o valor en la perspectiva de Nonaka y Takeuchi, 1995), base de la innovación y fuente de la ventaja competitiva sustentable. Lo estratégico para el desarrollo de una empresa y un país es cómo crear la riqueza más que medirla. En la nueva era de la economía del conocimiento crear riqueza es desarrollar capacidad organizacional para generar conocimiento productivo o innovación de manera continua y más rápida que la competencia, como la base o fuente fundamental de la ventaja competitiva sustentable de la empresa y el país y enfrentar exitosamente el nuevo juego de la hipercompetencia global.

Sin embargo, los primeros trabajos sobre el capital intelectual se desarrollaron bajo el enfoque de medición del CI como activo de valor. El trabajo pionero que inicio el movimiento del capital intelectual bajo la perspectiva de análisis como activo de valor y su medición fue el Modelo de Skandia (empresa sueca de servicios financieros) que en 1995 publicó el primer reporte de capital intelectual como un suplemento al Reporte Anual de la Empresa. Posteriormente en 1997, Leif Edvinsson (Director de Capital Intelectual en Skandia) y Michael Malone publicaron el famoso libro "El Capital Intelectual: Cómo identificar y calcular el valor inexplotado de los recursos de su empresa". El modelo de Skandia tiene como objetivo medir el valor de la empresa haciendo explícita la división entre el capital financiero y el capital intelectual (Ver Recuadro 3.1).

El Modelo Skandia
(El Capital Intelectual como activo de valor)

Skandia divide al valor mercantil en capital financiero y capital intelectual. El capital intelectual a su vez se divide en capital estructural (definido como lo que permanece en la compañía cuando la gente se va a casa: marcas, patentes, procedimientos escritos, etc.) y el capital humano (personas pensantes). El capital estructural incluye capital en clientes y capital organizacional, representando enfoques externos e internos respectivamente; el capital organizacional se divide en capital de innovación y capital de procesos. El capital de procesos es el saber cómo (know-how) que está formalizado dentro de la compañía: manuales, mejores practicas, recursos de intranet, bibliotecas de proyectos, todos son parte del capital de proyecto. El capital de innovación es lo que crea el éxito del mañana; es la fuente de renovación para toda la compañía que incluye activos intangibles y la propiedad intelectual.[2]

El Esquema de Valor Skandia

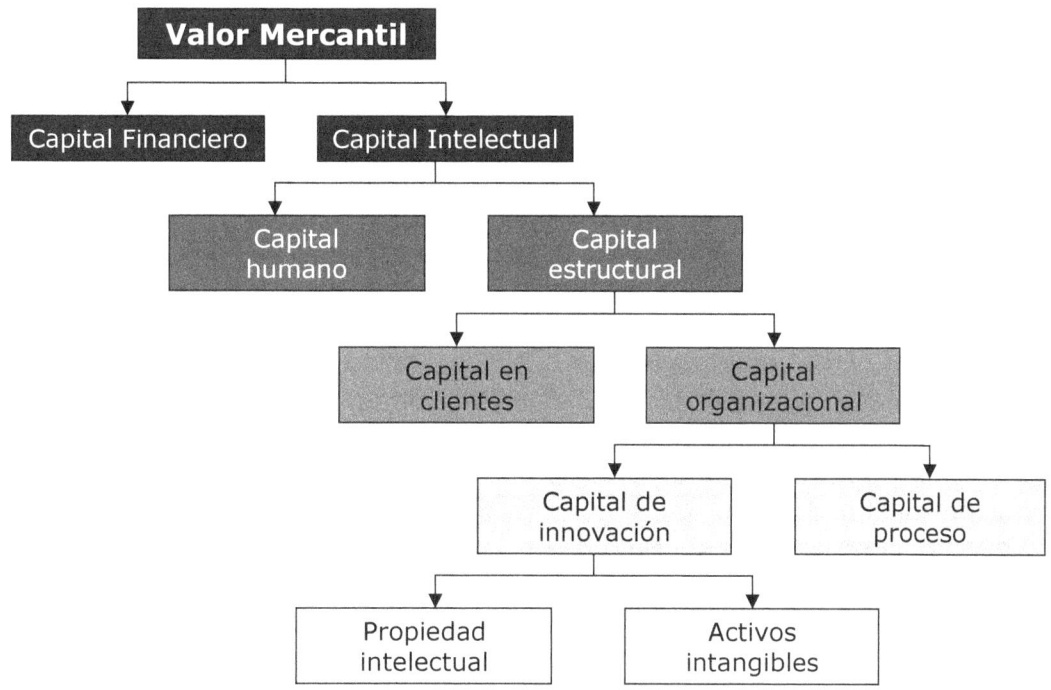

Fuente: Elaborado por CECIC con datos del Business Harvard Review
Recuadro 3.1

En 1997, Microsoft valía en el mercado mundial de la bolsa de valores $100,000 millones de dólares (24% propiedad de Bill Gates), y el valor en libros de sus acciones era de sólo 10,000 millones de dólares, esto es, las acciones de Microsoft se cotizaban a diez veces su valor en libros, lo cual significa que el 90 por ciento de su valor es intangible. En otras palabras, si se le preguntara a Bill Gates dónde están los activos que le dan el valor a su empresa de $100,000 md, la respuesta no estaría en los activos tradicionales de maquinaria, equipo, edificios, etc.; él respondería, que lo que tienen en Microsoft es gente inteligente, pensando y creando conocimiento e innovando nuevos y mejores productos más rápido que la competencia. Así en 1997, el propio Gates reveló "a la revista Time el secreto del toque de Midas de Microsoft: Nosotros ganamos porque contratamos a la gente más inteligente. Mejoramos los productos a base de retroinformación hasta que son los mejores. Todos los años celebramos retiros para ponernos a pensar adónde va el mundo. En otros términos, Gates trabaja sin cesar para aumentar el capital intelectual de Microsoft".[3] En 1999, Bill Gates en su reciente libro "Los negocios en la era digital" revela la verdadera estrategia en la gestión del conocimiento (knowledge management) en Microsoft, qué es lo que el llama el "capital intelectual corporativo".

La gestión del conocimiento no es más que administrar los flujos de la información, y llevar la información correcta a las personas que la necesitan, de manera que sea posible hacer algo con prontitud. Se le debe a Michael Dertouzos la idea de que la palabra información no es un nombre (estático) sino un verbo (por cuanto expresa una acción). Es un medio, no un fin; y el fin estriba en crear una inteligencia institucional, lo que aquí llamo el CI corporativo. En los mercados dinámicos de hoy una empresa necesita tener un CI corporativo alto para triunfar. El CI corporativo significa compartir tanto el conocimiento histórico como el actual. Las aportaciones al CI corporativo derivan del aprendizaje individual y de la fertilización mutua entre las ideas de distintas personas. El objetivo último es formar un equipo que desarrolle las mejores ideas halladas en el seno de la organización, y que actúe con unidad de propósito. Los flujos de información digital pueden facilitar este tipo de cohesión a un grupo. El conocimiento compartido es una noción que debe ser asumida por la alta dirección de la empresa, sin lo cual fracasarán, incluso las inversiones más serias en gestión del conocimiento.

Una vez establecido un ambiente que estimule la colaboración y el conocimiento compartido, todavía hace falta que los dirigentes instituyan proyectos concretos para toda la organización y hagan del conocimiento compartido una parte integral del trabajo en sí, no un adorno circunstancial que podamos permitirnos ignorar. Luego los dirigentes deben tomar disposiciones de manera que se recompense a quienes efectivamente comparten conocimiento. El viejo adagio de que "la información es poder" muchas veces induce a acaparar conocimiento; pero el poder no es una consecuencia del conocimiento guardado, sino del conocimiento distribuido. Esta idea debe reflejarla el sistema de valor de una empresa y también su sistema de remuneraciones[4]. Es importante distinguir que el concepto de Gates de capital intelectual corporativo lo aplica en una industria intensiva en conocimiento y directamente relacionado con la nueva industria y tecnología de la información, pero no es exclusiva de este sector. El modelo de Organización Inteligente de Innovación y de Continuo Aprendizaje (OI^{2}CA) desarrollado en el Capítulo 5 para la creación del capital intelectual es igualmente aplicable a las empresas que producen bienes y servicios tradicionales, cuyo mejor ejemplo es la empresa Minnesota Minning & Manufacturing (3M).

"La empresa 3M tiene el objetivo explícito de que el 25% de las utilidades de cada división ha de provenir de productos desarrollados durante los cinco años anteriores. Solamente en el último año, 3M lanzó más de 200 nuevos productos. Los éxitos de productos nuevos como el Scotch-Brite, Never Rust Wool Soap Pad alimentan la reputación de 3M como un claro ejemplo del cambio de paradigma de la innovación"[5] (Ver Recuadro 3.2).

El Modelo 3M

La empresa Minnesota Mining & Manufacturing, 3M, fabrica más de 50 mil productos desde hace 100 años. Paul Steece, Director General de 3M México, considera que una de las llaves del éxito de la compañía ha sido su constante innovación y desarrollo tecnológico, el cual tiene como fin último entender las necesidades de la gente y ofrecer productos que la satisfagan. La empresa factura anualmente alrededor de 60 mil millones de dólares en los casi 200 países en donde tiene presencia y ofrece productos para diversos mercados, desde el cuidado de la salud, productos industriales, para la industria de telecomunicaciones, hasta para la imagen gráfica, para el transporte y la minería, entre otros.

Una de las fortalezas que ha permitido a 3M traspasar las fronteras del tiempo y fortalecerse, ha sido su diversificación de productos como de mercados. La empresa trabaja tanto con mercados grandes como Estados Unidos o los europeos, como en mercados en crecimiento. La empresa cuenta con compañías locales en México, China, Indonesia y Francia y tiene la capacidad de detectar y ofrecer soluciones para cada mercado.

Fuente: Elaborado por CECIC
Recuadro 3.2

El trabajo pionero que estudia al CI bajo la perspectiva de la creación del conocimiento, es el de Nonaka y Takeuchi y está referido a la experiencia de la empresa japonesa (Ver Recuadro 3.3). Dos expertos del negocio, Ikujiro Nonaka (Profesor en la Escuela de la Ciencia del Conocimiento en el Instituto Avanzado de la Ciencia y la Tecnología de Japón), e Hirotaka Takeuchi (Profesor de Administración en el Instituto de la Investigación del Negocio, de la Universidad de Hitosubashi), son los primeros en estudiar el éxito de las empresas con base en su capacidad de creación de nuevo conocimiento y de utilizarlo para producir productos acertados y tecnologías. Los autores precisan que hay dos tipos de conocimiento: el conocimiento explícito, contenido en manuales y procedimientos, y el conocimiento tácito, adquirido solamente por experiencia. De tal forma que concluyeron que los norteamericanos se centran en conocimiento explícito, en tanto que los japoneses se centran en el conocimiento tácito. Y éste, según los propios autores, es la clave de su éxito. Para explicar cómo se hace esto, los autores se extienden a la filosofía de economistas clásicos, gurús modernos de la gerencia, ilustrando a la teoría de la creación de organización del conocimiento con estudios de caso de firmas tales como Honda, Canon, Matsushita, NEC, Nissan, 3M, General Electric, e incluso a los infantes de marina de EE.UU. Por ejemplo, usando el desarrollo de Matsushita, de la panadería casera (la primera máquina completamente automatizada) demuestran cómo el conocimiento tácito se puede convertir en conocimiento explícito. Esto se hace: cuando los diseñadores no podían perfeccionar el mecanismo del amasamiento de la pasta, un programador del software se puso de aprendiz con el panadero principal en el hotel internacional de Osaka, logrando una comprensión tácita del amasamiento, y después transportado esta información a los ingenieros. Además, los autores demuestran que para crear conocimiento, el mejor estilo de la gerencia no es ni de arriba hacia abajo, ni de abajo hacia arriba, sino más bien a través de lo que ellos llaman "medio-para arriba-abajo"; en el cual los encargados medios forman un puente entre los ideales de la gerencia superior y las realidades caóticas del frontline. A diferencia de lo que Peter Drucker plantea, acerca de que la adquisición y aplicación del conocimiento se convertirán en factores competitivos dominantes, Nonaka y Takeuchi van un paso más lejos, señalando que la creación de conocimiento se convertirá en la llave para sostener una ventaja competitiva en el futuro.

El Modelo de Nonaka y Takeuchi
(La creación del conocimiento organizacional)

Para Nonaka y Takeuchi, la creación del conocimiento se logra a través de un descubrimiento de la relación sinérgica entre conocimiento tácito y explícito en la organización, y mediante el diseño de procesos sociales que crean nuevo conocimiento al convertir el conocimiento tácito en conocimiento explícito. El *conocimiento tácito* es conocimiento personal, difícil de formalizar o comunicar a otros. El *conocimiento explícito* es conocimiento formal, fácil de transmitir entre individuos y grupos. Es preciso que las organizaciones lleguen a especializarse en la conversión de conocimiento tácito personal, en conocimiento explícito, que pueda impulsar la innovación y el desarrollo de nuevos productos.

Hay cuatro modos de conversión del conocimiento: De conocimiento tácito en conocimiento tácito, a través de un proceso de socialización compartiendo experiencias; de conocimiento tácito en conocimiento explícito, a través de la exteriorización utilizando metáforas, analogías o modelos; de conocimiento explícito en conocimiento explícito, a través de la combinación de conocimiento reunido de cierto número de fuentes; y de conocimiento explícito en conocimiento tácito a través de la interiorización de las experiencias obtenidas por medio de los otros modos de creación de conocimiento dentro de las bases de conocimiento tácito de los individuos, en forma de modelos mentales compartidos o prácticas de trabajo. Los cuatro modos de conversión del conocimiento se alimentan recíprocamente en una espiral continua de creación de conocimiento de la organización.

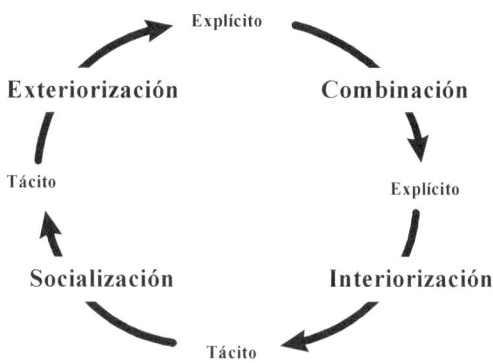

Programa de creación de conocimiento organizacional:
1. Crear una visión de conocimiento.
2. Desarrollar personal del conocimiento.
3. Construir un campo de interacción de alta densidad en la línea frontal.
4. Apoyarse en el proceso de desarrollo de nuevos productos.
5. Adoptar la administración centro-arriba-abajo.
6. Adoptar una organización de tipo hipertexto.
7. Construir una red de conocimiento con el exterior.

Fuente: Nonaka y Takeuchi *Procesos de conversión del conocimiento de la organización*
Recuadro 3.3

Con estos antecedentes, en el siguiente apartado desarrollamos nuestro modelo de capital intelectual como factor de producción de conocimiento o innovación y el tipo de organización inteligente: OI^{2}CA que se requiere para crear, acumular y usar plena y productivamente el capital intelectual como factor estratégico para alcanzar la ventaja competitiva sustentable (VCS). Para ello es importante definir los dos conceptos básicos: capital intelectual e innovación.

3.2 Definición de Capital

Capital es todo lo que produce y genera valor a la empresa. Así, podemos hablar de capital financiero, de capital físico, pero dentro del contexto en el que se desarrollan las organizaciones actualmente surge el capital intelectual, como el capital estratégico. En otras palabras, si parafraseamos a Adam Smith, en el mundo del Siglo 21, la riqueza de las naciones está en la formación, uso pleno y acumulación del capital intelectual. Existen diferentes sistemas de clasificación del capital, uno de ellos consiste en dividirlo en capital tangible e intangible:

El capital tangible es el que puede observarse físicamente, registrarse, contarse, medirse, etc. El capital intangible no puede observarse físicamente, sino que se manifiesta en la competitividad de la empresa (Ver Gráfica 3.3.) y se puede estimar bajo métodos no tradicionales de la contabilidad y finanzas.

Clasificación del Capital

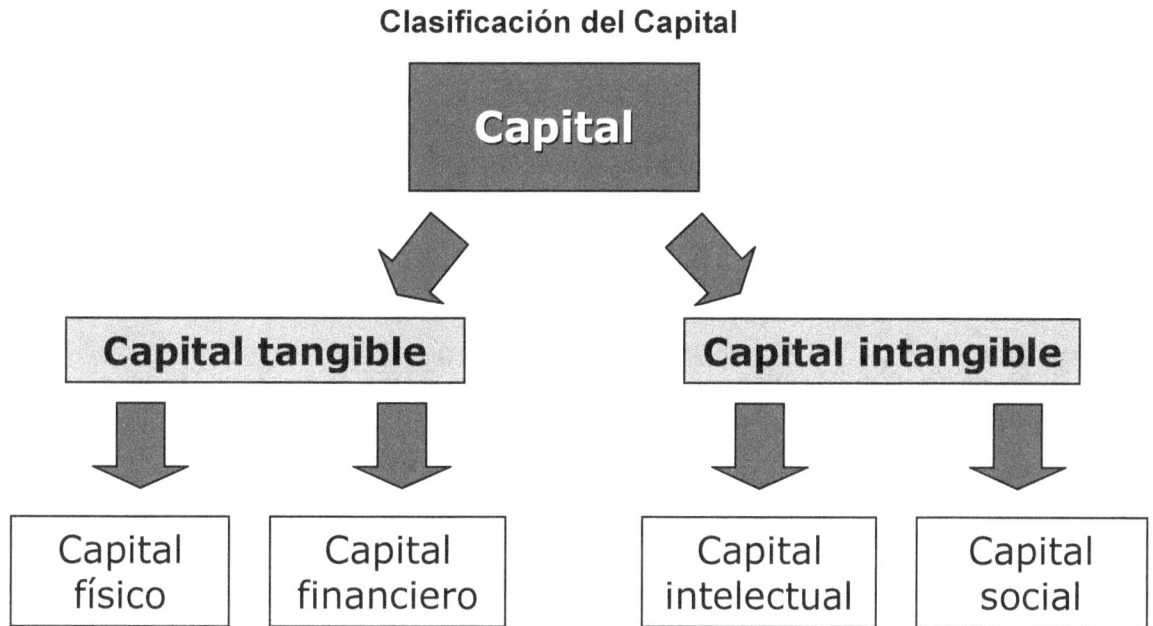

Fuente: Elaborado por CECIC
Gráfica 3.1

3.3 Tipos de Capital en la Nueva Economía del Conocimiento

3.3.1 Capitales tangibles

El capital tangible, como se señaló anteriormente, es susceptible a ser medido, contado, registrado, es decir, lo que es visible de manera física. Durante la era industrial, el capital tangible era el que entraba en juego fundamentalmente, aunque ya se vislumbraba de manera intuitiva la existencia del capital intangible. Los capitales tangibles se refieren al capital físico, tecnológico y financiero, principalmente.

• Capital financiero

El capital financiero lo constituyen los recursos monetarios que se invierten o se utilizan para la operación de una empresa. Por ejemplo, en una hoja de balance el capital financiero son las cantidades que se encuentran bajo los rubros de bancos, circulante, acciones, etc.

- Capital físico

Es la maquinaria, equipo, edificios, terrenos, etc., empleados para la producción y operación del negocio, el capital físico fue el factor estratégico de la competitividad en la primera revolución industrial.

3.3.2 Capitales intangibles

El capital intangible es el que no se ve, pero que se manifiesta en la competitividad, rentabilidad y valor de la empresa. En la era del conocimiento y la mentefactura, en donde los mercados son masivamente personalizados, el capital intelectual, antes sólo identificado de manera intuitiva en la era de la manufactura, hoy es el determinante de la ventaja competitiva de las empresas. Se tienen fundamentalmente dos tipos de capital intangibles: el capital intelectual y el capital social.

- Capital intelectual

Al capital intelectual se le denomina también como el conocimiento tácito de una organización. Es, en esencia, el conocimiento que tiene la organización sobre su núcleo de negocios (core business), gente, tecnologías, procesos, mercados y sobre la organización misma. Aunque es intangible, el capital intelectual tiene diversas formas de manifestarse: una es incrementando el valor de la empresa en el mercado y otra mejorando la competitividad de la empresa. El capital intelectual se integra de la intersección y funcionamiento orgánico de sus tres factores fundamentales: el capital humano del conocimiento, el capital informático y el capital organizacional. En breve, el capital humano del conocimiento es la gente con que cuenta la empresa, pero organizada de una nueva manera para trabajar, aprender, crear y aplicar el conocimiento productivo; el capital informático son las redes de información y conocimiento compartido; el capital organizacional son los sistemas de trabajo y la confianza que crean una comunicación fluida entre las diversas etapas de un proceso de trabajo. El capital tecnológico tradicional es parte del capital intelectual codificado y se refiere principalmente a las patentes y marcas, propias u operadas bajo licencia, en los que se basan los procesos tecnológicos y de producción del núcleo de negocios de la empresa.

- Capital social

Sobre este concepto, existe el significado tradicional del capital social en los estados financieros que refleja el valor de las aportaciones de los accionistas a la empresa. Para el propósito del presente libro, el concepto de capital social como capital intangible se refiere al concepto desarrollado por Francis Fukuyama[6], el capital social como la confianza entre los trabajadores y empleados de una empresa, y también entre clientes y la empresa, es decir es el "pegamento" que mantiene unidas a las cadenas de personas (mantener cadenas de relaciones). La importancia del capital social es que es la base y el ambiente sobre el que se desarrolla el capital intelectual y la operación misma de las organizaciones.

Capital Intelectual e Innovación

Si el capital físico es tangible como la maquinara y equipo para producir bienes y servicios en una empresa, el capital intelectual es intangible y se encuentra finalmente en la capacidad organizacional de creación de conocimiento o innovación en la empresa. El CI es intangible, no se puede ver pero si es posible observar su manifestación en la competitividad de la empresa y se puede estimar indirectamente su valor. El CI a diferencia de los factores tradicionales (capital físico, tierra, trabajo) que tienen rendimientos decrecientes, presenta rendimientos crecientes a escala, esto es, el crecimiento en una unidad de CI genera un incremento marginal cada vez mayor en el valor de la producción. Así a medida que se incrementa y acumula el conocimiento o innovación se incrementa la capacidad de generar más conocimiento en el futuro.

El CI no se puede comprar como la maquinaria o equipo y la tecnología tradicional sólo se pude cultivar y desarrollar a través de organizaciones inteligentes que tienen dos características: de continuo aprendizaje y de creación de conocimiento productivo e innovación. Se puede contratar, como dice Bill Gates, a la gente más inteligente de manera individual, pero el reto es cómo crear la inteligencia colectiva a nivel de grupo y de toda la organización, esto es, cómo crear la visión y capacidad organizacional para desarrollar organizaciones inteligentes que sean innovadoras y de aprendizaje continuo. Por conocimiento productivo e innovación se entiende la generación de una nueva idea que se aplica a la creación o mejora de productos, procesos o servicios. La innovación va más allá del desarrollo de tecnologías de productos y procesos productivos que se localizan en el área de producción (o manufacturas), se refiere también a nuevas técnicas y sistemas de comercialización y administración en la empresa. La tasa de crecimiento de innovación se refiere a toda idea que se aplica a la creación de una mejora a lo largo de la cadena de actividades de producción y comercialización (de bienes y/o servicios) y de la propia gestión o administración.

En otras palabras, "La mayoría de las grandes mejoras frecuentemente tienen su origen en mejoras incrementales pequeñas y regulares en todas las áreas de un negocio. Es a través del efecto acumulativo de todas estas pequeñas innovaciones que se permite que una tasa favorable de cambio en el desempeño competitivo pueda ser sostenida"[7]. La competitividad en la nueva era del conocimiento, de cambio rápido y continuo, así como la globalización de los mercados que dan lugar a la hipercompetencia global, implican crear y mantener la Ventaja Competitiva Sustentable (VCS), a través de una tasa de crecimiento de la innovación mayor que la competencia, la cual depende a su vez de la capacidad organizacional para crear, acumular y utilizar plena y productivamente el capital intelectual (Ver Gráfica 3.2).

Tasa de Crecimiento de Innovación

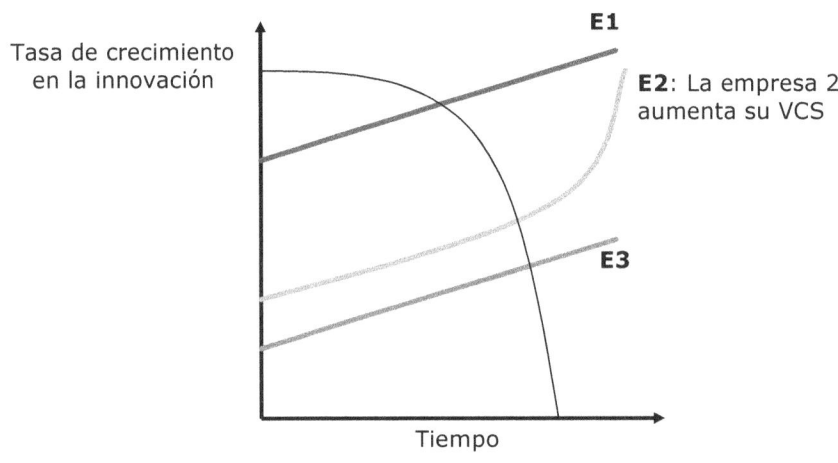

NOTA: La empresa E2 aumenta su competitividad más rápido que las demás (E1 y E3) y aumenta su VCS, pues cierra la brecha de competitividad con el que va adelante (el líder) y la amplía con el que va atrás. La E2 presenta rendimientos crecientes.

Fuente: Elaborado por CECIC
Gráfica 3.2

3.4 El Capital Intelectual como factor estratégico de producción de nuevo conocimiento (Innovación)

El capital intelectual es el eje de las organizaciones en la era del conocimiento y la mentefactura, siendo el capital estratégico para establecer y mantener la ventaja competitiva. Una característica fundamental del capital intelectual, y que a la vez lo diferencia de otros tipos de capital, es que no se puede comprar o trasplantar de otro lugar; sino que se debe cultivar y desarrollar dentro de la organización. Desde la perspectiva contable financiera, hay autores como Leif Edvinsson[8] que consideran el capital intelectual como un activo para la empresa, que puede ser medido e incorporado a los estados financieros, y que finalmente adquiere un valor real cuando se vende la empresa. Sin embargo, en la nueva era del conocimiento y la mentefactura, lo importante es considerar el capital intelectual no sólo como un activo (enfoque de portafolio), sino como el factor estratégico de la competitividad sustentable de la empresa, o sea como un factor de producción, por lo tanto, el reto es como formar, acumular y usar plenamente el capital intelectual.

Como ya mencionamos, el capital intelectual está formado por la intersección entre capital humano del conocimiento, capital informático y capital organizacional (Ver Gráfica 3.3) Estos tres capitales se integran con un nuevo enfoque organizacional, que a su vez es integral y sistémico. El arte, por lo tanto, es desarrollar la visión y capacidad de liderazgo en la gestión administrativa de la empresa, para articular dichos capitales.

Capital Intelectual

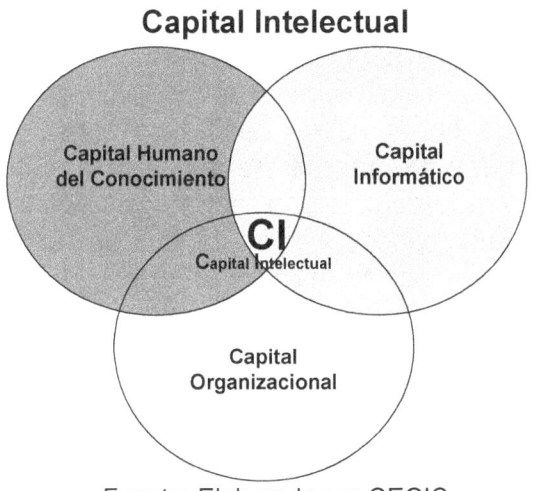

Fuente: Elaborado por CECIC
Gráfica 3.3

Capital humano del conocimiento

El capital humano del conocimiento es la gente, organizada para trabajar, aprender y crear conocimiento productivo, de tal suerte que se llegue a formar el trabajador del conocimiento. Para crear el trabajador del conocimiento hay que establecer una nueva organización a todos los niveles de la empresa, que permita su desarrollo continuo.

Capital informático

El capital informático se forma a través de los sistemas de información y conocimiento compartidos en red a nivel organizacional, se basan en las tecnologías de la información y las comunicaciones (ICT: information and communications technologies) y la manufactura computarizada. Las redes de información y conocimiento compartido se apoyan en las computadoras (Estrategia de codificación) y en la comunicación personalizada, esto es en la comunicación directa y abierta entre las personas. Como dijo Peter Druker[9] "el poder ya no está en ocultar la información, sino en ponerla a disposición de quien la necesite", naturalmente refiriéndose a los miembros, clientes y proveedores de la empresa. Aunque también es cierto que si la información se vuelve accesible a clientes y proveedores, con toda seguridad también lo estará para los competidores.

Capital organizacional

El elemento que da coherencia y congruencia al capital humano del conocimiento y al capital informático, es el capital organizacional, que consiste en sistemas de trabajo integrales e inteligentes y la confianza que actúa como vínculo de comunicación entre las diferentes personas que participan en un proceso. Se entiende por sistemas de trabajo a la arquitectura organizacional que se instrumenta para ejecutar una estrategia específica. Son integrales cuando atienden a todo un proceso y son inteligentes cuando aprenden, esto es que tienen memoria y registran, de manera tal que se mejoran en cada ocasión en que se emplean.

3.4.1 Capital Humano del Conocimiento

En la era del conocimiento y la información, se espera que el trabajador haga algo más que asistir a su sitio de trabajo y ser productivo. El trabajador del conocimiento, término acuñado por Peter Drucker en su libro "La sociedad Post Capitalista", no sólo debe trabajar con eficiencia, sino que debe aprender de manera continua y aplicar el conocimiento al negocio mediante innovación productiva para la obtención de la ventaja competitiva sustentable. Es decir, el trabajador en la nueva era económica se convierte en trabajador del conocimiento. Así mismo, señala que lo más importante no es la cantidad de conocimiento, sino su productividad. Y existen tremendas diferencias en la productividad del conocimiento - entre países, entre industrias, entre organismos individuales. Hacer productivo el conocimiento es una responsabilidad de la administración.

Pero es muy probable que la planificación centralizada haga el conocimiento tan improductivo como han hecho improductivo el capital dinero. La innovación, es decir, la aplicación del conocimiento para producir nuevo conocimiento no es cuestión de inspiración. Requiere esfuerzo sistemático y un alto grado de organización. Pero también requiere tanto descentralización como diversidad. Drucker considera que la productividad del conocimiento va a ser, cada vez más, el factor determinante en la posición competitiva de una país, de una industria, una compañía. Lo único que va a tener importancia en la economía será el rendimiento de la administración en hacer productivo el conocimiento. Es por ello que aquí se platea que el capital humano del conocimiento se forma y se desarrolla en los siguientes niveles (Ver Gráfica 3.4):

1. A nivel individual, con el trabajador del conocimiento.

2. A nivel equipo, con los organismos de aprendizaje colectivo a través de células de aprendizaje, que son las unidades de creación de conocimiento productivo, en áreas estratégicas y básicas de la empresa, formando la base del conocimiento para la innovación productiva. El camino es pasar de los círculos de calidad a las células de aprendizaje e innovación.

3. A nivel organizacional, con centros virtuales de desarrollo del aprendizaje y del conocimiento productivo.

Formación de Capital Humano del Conocimiento a tres niveles

Individual:
Trabajador del
Conocimiento

Equipo:
Células de
Aprendizaje

Capital
Humano del
Conocimiento

Organizacional:
Centros Virtuales

Fuente: Elaborado por CECIC
Gráfica 3.4

Lo anterior implica un cambio fundamental en el enfoque sobre el capital humano:

En primer lugar, en la era industrial de la producción masiva y estandarizada, el ideal era el trabajador robótico, que reflejara a la perfección los tiempos y movimientos, maximizando la eficiencia. Sin embargo, hoy lo que se busca es crear el trabajador del conocimiento, que está enfocado al aprendizaje y creación del conocimiento productivo en una base continua y permanente. En segundo lugar, las células de aprendizaje y creación del conocimiento productivo son los organismos de aprendizaje colectivo que permiten crear la "inteligencia emocional colectiva de la organización" y convertir la empresa en una organización inteligente; esto es, que tiene memoria, aprende y crea conocimiento productivo y lo aplica a los negocios de la empresa. En tercer lugar, para desarrollar el trabajador del conocimiento y las células de aprendizaje, se requiere cerrar los centros de capacitación, adiestramiento y entrenamiento manual de la empresa, que se orientaron a desarrollar las habilidades manuales en la era industrial de la manufactura, y por lo tanto, se necesitan crear los Centros Virtuales de Desarrollo de las Habilidades Intelectuales y del Conocimiento Productivo para desarrollar, en la nueva era de la mentefactura, las habilidades intelectuales y el aprendizaje continuo bajo el método de aprender a aprender y aprender haciendo en todas las actividades de la empresa (es virtual).

En esencia, el capital humano del conocimiento (knowledge human capital) tiene un avance fundamental respecto al viejo paradigma de la era de la manufactura, donde el capital humano eficiente era el que se organizaba para trabajar de manera sistemática con procedimientos, tiempos y movimientos, basados en procesos manuales precisos, y con el menor costo y tiempo posibles. En la nueva era del conocimiento y en la era de la mentefactura el problema fundamental es cómo crear trabajadores del conocimiento que se organicen en equipo para aprender y crear conocimiento productivo. Es cómo se organiza el capital humano para, además de trabajar con organización y sistemas, ahorrar y tener tiempo para aprender y crear con organización y sistemas y aplicarlo al negocio de la empresa. De ahí que señalemos que la fórmula TACA es la capacidad del individuo, el grupo y la organización para trabajar, aprender, crear y aplicar el conocimiento productivo que es lo que conforma el capital humano del conocimiento (Ver Gráfica 3.5).

El Capital Humano del Conocimiento: TACA

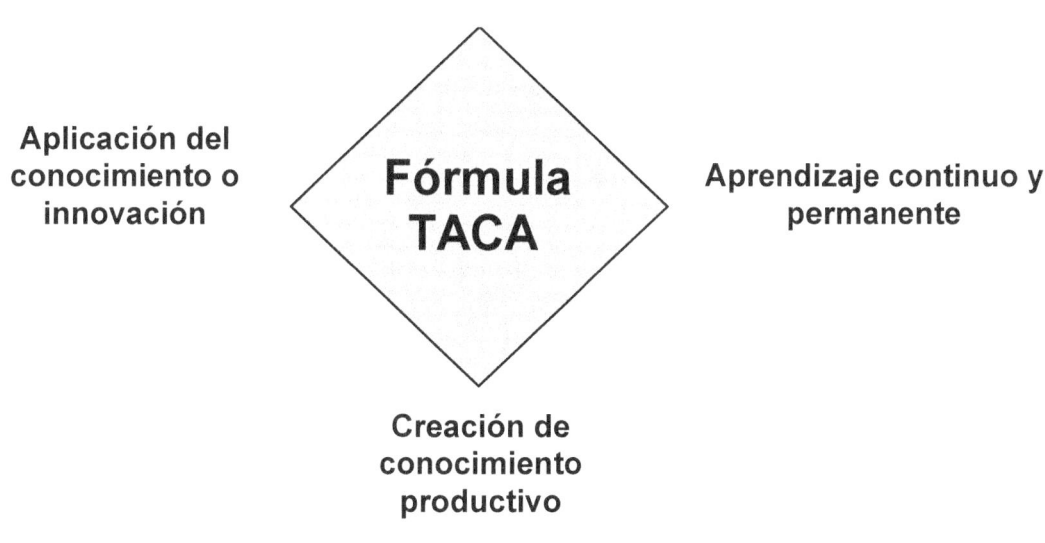

Trabaja de manera organizada con redes de información y conocimientos compartidos

Aplicación del conocimiento o innovación

Fórmula TACA

Aprendizaje continuo y permanente

Creación de conocimiento productivo

Fuente: Elaborado por CECIC
Gráfica 3.5

Bajo el nuevo esquema, en primer lugar los trabajadores tienen el reto, en la era del conocimiento, de hacer lo mismo que antes hacían, pero en menor tiempo. En segundo lugar, se debe cambiar el enfoque de aprendizaje, porque ahora es aprender a desaprender (learn to unlearn) aprender a aprender (learn to learn), y aprender a emprender (learning to be creative) en la misma empresa, dentro de sus áreas estratégicas (desarrollo de nuevos productos, procesos y técnicas de gestión) y básicas (producción, comercialización y administración). Esta idea cambia radicalmente el enfoque tradicional de los centros formales de Investigación y Desarrollo (I+D) generalmente aislados del proceso productivo y formados por "especialistas" pensantes separados de la operación diaria del negocio, porque el proceso de creación del conocimiento e innovación productiva se desarrolla en toda la organización a través del Centro Virtual, células de aprendizaje y creación de conocimiento productivo.

3.4.1.1 El Nuevo Enfoque Integral del Aprendizaje

El Nuevo Enfoque Integran del Aprendizaje implica conjugar en un sólo enfoque tres perspectivas del aprendizaje, cada una de las cuales consiste en lo siguiente.

a) Aprender a Desaprender

El primer paso del aprendizaje es eliminar los viejos paradigmas y modelo mentales, que generan la ceguera paradigmática o conocimiento empobrecedor (creer que se sabe cuando no se sabe o se conoce lo nuevo) que generalmente existe a todos los niveles de la organización y es la principal barrera de aprendizaje. Cuando la gente cree que sabe y se ciega para ver lo nuevo.

b) Aprender a Aprender

Hoy día en la era del trabajador del conocimiento se ha desarrollado diversos métodos y técnicas para desarrollar las habilidades intelectuales del individuo y del aprendizaje grupal y organizacional. Esto permite aprender mejor y de manera más rápida y formar para desarrollar la inteligencia colectiva.

c) Aprende a Emprender

El reto mayor del aprendizaje es aprender a crear (emprender) nuevas ideas, métodos, procesos, productos, etc. Aprender a desarrollar la capacidad creativa del individuo, grupo y organización es lo que al finalmente permitirá la creación del conocimiento productivo o innovación que es la fuente del proceso y competitividad sustentable de la empresa y país.

3.4.1.2 Nuevos Tipos de Aprendizaje

Además del nuevo enfoque tridimensional del aprendizaje se han identificado seis tipos principales de aprendizaje, dependiendo de la fuente o forma de aprendizaje[10].

1. El aprendizaje por la práctica (learning by doing) de Arrow, relacionado con las actividades de la producción;

2. El aprendizaje por el uso (learning by using) de Rosenberg, que introduce la idea de que la empresa puede aprender a mejorar sus productos y procesos si consigue captar los problemas que se generan en la utilización de los bienes que produce;

3. El aprendizaje por la búsqueda (learning by searching) de Nelson, Winter y Dosi, que percibe la investigación y el desarrollo interno de la empresa como un esfuerzo por medio del cual las firmas generan avance técnico acumulativo en direcciones específicas;

4. El aprendizaje por la interacción (learning by interaction) de Lundvall, según el cual los intercambios entre proveedores y usuarios generan nuevo conocimiento tecnológico;

5. El aprendizaje por los avances en ciencia y la tecnología (learning by exploring), relacionado con la absorción de estos avances por la empresa;

6. El aprendizaje por las transferencias ínter industriales (learning from inter-industry spillovers), ligado a la absorción de lo que los competidores o sus compradores y otras formas de la industria están haciendo.

3.4.2 Capital Informático

El capital informático se forma a través de los sistemas de información y conocimiento compartido en red a nivel organizacional que a su vez se basan en las tecnologías de información, las comunicaciones y la manufactura computarizada. En la era del conocimiento, el factor clave de la competitividad es el conocimiento productivo, y la mejor manera de crearlo y utilizarlo eficientemente es compartiéndolo para desarrollar el cerebro e inteligencia colectiva de la organización. Así, sin importar demasiado la dispersión geográfica, el mundo se ha globalizado gracias a las actuales tecnologías de la comunicación, colocando la información y el conocimiento en sistemas que permitan el acceso a diversas bases, creando entonces redes de información y conocimiento compartidas.

Cuando hablamos de capital informático[11] y de la red de información y conocimiento, nos referimos a la red que permite a la organización operar aún cambiando las personas inteligentes que pueda haber en un momento dado en la empresa, porque a los nuevos integrantes se les actualiza sobre el conocimiento y la red de información compartida y la organización sigue operando. De esta forma, el capital informático es cómo se absorbe el conocimiento, manejándolo como un acervo (stock) y posteriormente como un flujo, a través de redes de información compartida.

Por lo tanto, el capital informático es por una parte la capacidad de la empresa y la organización para utilizar tecnologías de información y de comunicación, y por otra, desarrollar sistemas de manufactura integrales, asistidos por computadora, que permiten crear redes de información y conocimiento compartido en la organización, y sistemas flexibles de producción y ágiles en la comercialización, integrales e inteligentes respectivamente, que también deben trabajarse con redes de información y conocimiento compartido (Ver Gráfica 3.6).

Capital informático

Fuente: Elaborado por CECIC
Gráfica 3.6

Sin embargo, es importante que en la administración de desarrollo de conocimiento (Knowledge Development Management) las redes de información compartidas puedan basarse en la comunicación persona, de manera organizada y sistemática. Así, "En algunas compañías, la estrategia se centra en la computadora. El conocimiento se codifica y almacena cuidadosamente en bases de datos, donde puede ser accesado y utilizado por cualquier persona dentro de la compañía. A este enfoque lo llamamos "Estrategia de codificación". En otras compañías, el conocimiento esta directamente relacionado con la persona que lo desarrolló y este es compartido principalmente a través de la comunicación directa persona a persona. El propósito principal de las computadoras en estas compañías es ayudar a las personas a comunicar el conocimiento, no almacenarlo. A este enfoque lo llamamos "Estrategia de personalización ". La opción que la compañía escoja como estrategia no puede ser arbitrario, depende de la forma en que la compañía sirva a sus clientes, la economía del negocio y la gente que contrata". "Creemos que el escoger entre codificación y personalización es un problema que enfrentan virtualmente todas las compañías en el área de la administración del conocimiento."[12]

3.4.2.1 Desarrollo de las redes de información y conocimiento compartido

La base de las redes de información y conocimiento compartido es la relación interpersonal (persona a persona) entre el grupo, que es la célula de aprendizaje y creación de conocimiento, y la organización como centro virtual de desarrollo de aprendizaje y conocimiento productivo. Lo importante es que exista la actitud, la confianza y el enfoque para intercambiar la información y conocimiento entre los grupos o células, finalmente apoyarse en "el libro blanco" del conocimiento de cada célula que permite codificar el conocimiento adquirido en cada una de las áreas. Generalmente en las empresas estas redes se encuentran más desarrolladas como sistemas electrónicos de documentos en donde se codifica la información, sin embargo, este enfoque es solo complementario a las redes personalizadas que fomentan la comunicación dentro de la organización. (Ver Gráfica 3.7)

Redes de Información

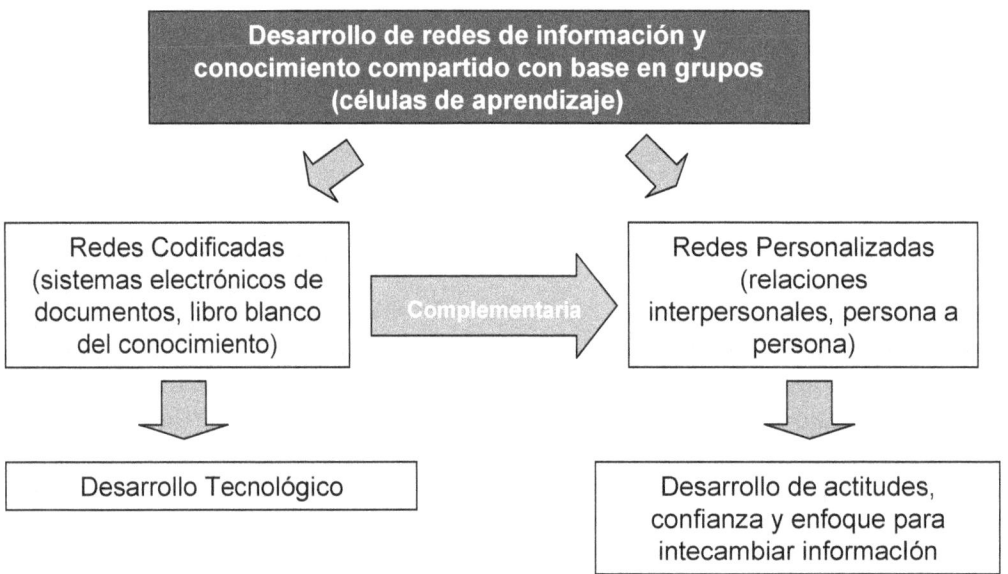

Fuente: Elaborado por CECIC
Gráfica 3.7

3.4.2.2 La Triple Función del Capital informático

El capital informático tiene una triple función y cada una de ellas queda definida de la siguiente manera:

1. Como infraestructura tiene el objetivo de proporcionar los medios para que la comunicación para el trabajo en equipo (groupware) sea rápida y confiable, y que la comunicación con las fuentes externas de información (clientes, proveedores, centros de investigación. etc.) sea posible.

2. Como mecanismo de producción tiene que proporcionar la capacidad y velocidad de proceso, conversión de datos a información, que permita la toma de decisiones correcta y oportuna tanto a nivel operativo, como táctico y estratégico.

3. Como medio de conocimiento e información tiene como meta el servir como depósito de información y conocimiento, y al mismo tiempo permitir el acceso a estos contenidos.

3.4.3 Capital Organizacional

El capital organizacional de la empresa, debe estar basado en dos aspectos fundamentales: uno consiste en el capital social, que es la confianza, respeto y compromiso compartidos en la empresa, y el otro, basado en un nuevo enfoque de trabajo consistente en desarrollar procesos dentro del nuevo enfoque de la economía y los negocios orientados al mercado y hacia una producción y comercialización de bienes y servicios personalizados al cliente, lo que implica trabajar con sistemas de manufactura y mercadeo integrales e inteligentes. Lo anterior significa que el capital organizacional, trae una nueva organización, que se traduce en un capital organizacional inteligente. De esta manera la organización inteligente tiene diferentes dimensiones:

1. Debe estar basada en líderes, no en jefes.
2. Debe estar basada en equipos, no en grupos.
3. Debe estar basada en organización horizontal tipo orquesta, no piramidal.

Esta es la estructura de la organización, la cual se forma de manera dinámica y no estática. La estructura dinámica se logra a través de la fórmula TACA, organizándose para trabajar de manera eficiente y con sistemas; para aprender de manera continua mediante las células de aprendizaje (learning cells); para crear conocimiento productivo y aplicarlo al negocio vía innovación productiva.

De ahí que se diga, que la anterior es una estructura con dinámica organizacional para trabajar, para aprender de manera continua, y para crear y aplicar de manera innovativa. (Véase Gráfica 3.8).

Capital organizacional en la era del conocimiento

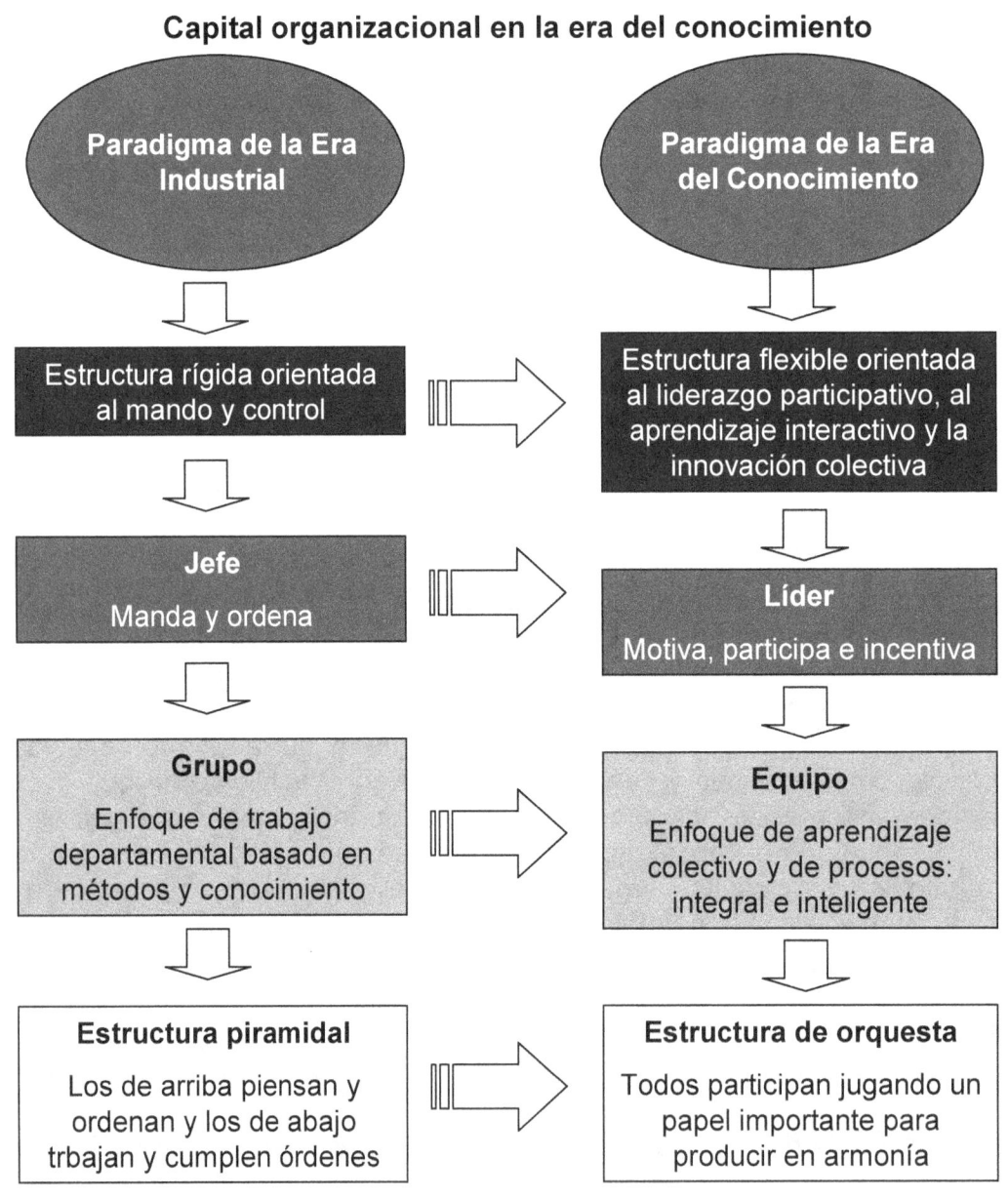

Fuente: Elaborado por CECIC
Gráfica 3.8

3.5 Formación, uso pleno y acumulación del Capital Intelectual

Habiendo definido cuales son los componentes y elementos del capital intelectual (Ver Gráfica 3.9), la pregunta es ¿qué se requiere para formar el capital intelectual? En nuestro enfoque del capital intelectual como el factor estratégico de la competitividad sustentable es importante distinguir tres aspectos fundamentales:

1. La formación del CI, esto es como se constituye dicho capital.

2. Cómo se utiliza plenamente el CI dado que el capital físico (maquinaria y equipo) puede no estar completamente utilizado. Hay plantas que trabajan al 50% de capacidad y el objetivo consiste en que antes de invertir y acumular nuevo capital intelectual, lo primero es utilizarlo plenamente, esto es al 100% de su capacidad productiva.

3. Cómo se acumula el CI, es fundamental para el desarrollo de la competitividad sustentable, enfrentar la hipercompetencia en la globalización, esto obliga a la producción continua de conocimiento productivo o innovación más rápida y mejor que la competencia, lo que implica acumular continuamente capital intelectual y en el propio proceso mejorar la calidad de dicho capital en relación directa con la innovación en las tecnologías de información.

Componentes y elementos del Capital Intelectual

Fuente: Elaborado por CECIC

Gráfica 3.9

Para que exista capital intelectual no basta con tener capital humano, capital informático y capital organizacional, ya que el capital intelectual no es simplemente la existencia de sus factores integrantes, sino la interacción entre ellos, es decir, su grado de integración. Esto significa que el capital humano del conocimiento requiere de una cantidad de capital informático y viceversa. Por ejemplo, podemos tener en la empresa trabajadores muy hábiles, o secretarias o ejecutivas muy eficientes en términos de capacidades intelectuales para aprender y desarrollar, pero trabajan con máquinas de escribir y no en computadoras, por lo que no están apoyados en capital informático y no van a poder crear capital intelectual. De esta forma, si trabajan en un sistema organizacional rígido que no les permite integrarse a los procesos productivos ni comerciales, simplemente tendremos los tres componentes aislados, como se puede observar en la Gráfica 3.10, donde dichos componentes se conectan, y se comunican, pero no forman capital intelectual. El capital intelectual se forma cuando el capital humano del conocimiento, el capital informático de la nueva era de la información, y el capital organizacional se intersectan.

Formación del Capital Intelectual

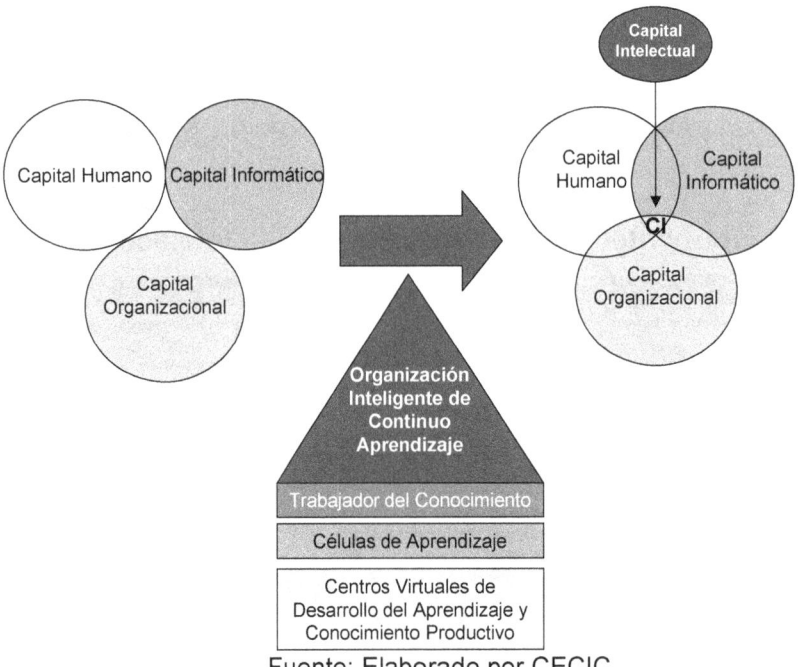

Fuente: Elaborado por CECIC

Gráfica 3.10

En términos matemáticos, la fórmula para representar el capital intelectual es:

$$CI = CHC \cap CIn \cap CO$$

Donde:

CI = Capital Intelectual
CHC = Capital Humano del Conocimiento
CIn = Capital Informático
CO = Capital Organizacional

¿Cómo se pasa de una organización en donde los tres elementos del capital humano se conectan, a una en donde se integren? La clave para pasar de la conexión a la integración es una organización inteligente de innovación y de continuo aprendizaje, es decir, por medio de una OI^2CA.

En este sentido, el reto de la OI^2CA consiste en transformar el capital humano en intelectual o del conocimiento. Esto es formar, acumular y utilizar el CI a nivel operativo de la empresa, para traducirlo en una mejora en su competitividad. La acumulación del CI requiere desarrollar el capital humano del conocimiento (trabajador del conocimiento, células de aprendizaje colectivo al nivel del equipo y a nivel de la organización, los centros virtuales de desarrollo del aprendizaje) pero apoyados en el nuevo capital informático de las tecnologías de la información, comunicación y manufactura computarizada (TICMC), y de un nuevo capital organizacional que permita un enfoque dinámico y flexible de la estructura organizacional, liderazgo y estilos ágiles y abiertos de gestión.

El proceso de uso pleno y acumulación de capital intelectual se muestra en la Gráfica 3.11.

Formación, uso pleno y acumulación de Capital Intelectual

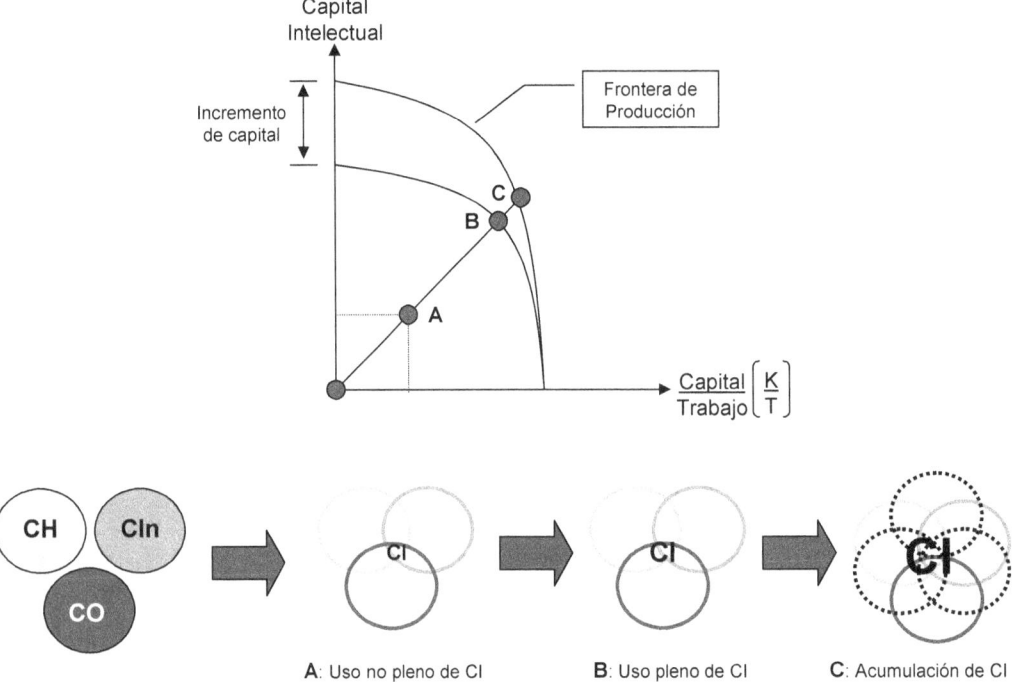

Fuente: Elaborado por CECIC

Gráfica 3.11

En el punto A se tiene un uso incompleto del capital intelectual dado la escasa integración entre sus factores. Un ejemplo de esta situación sería que una empresa tuviera personal bien capacitado en el manejo de paquetes computacionales y con buenas prácticas de trabajo, pero careciera de equipo de cómputo moderno para operar los paquetes computacionales en los que el personal fue capacitado. Éste es el caso en que el capital humano no se encuentra debidamente apoyado con capital informático. Cuando se ha logrado la máxima integración entre los factores del capital intelectual, se está sobre el borde de la frontera de producción, en cuyo caso se ha pasado del punto A al punto B. Ahora bien, como en términos económicos la acumulación significa aumento de capital, para nuestro caso la acumulación de capital intelectual es el incremento de éste, después de haber alcanzado su uso pleno. La acumulación de capital intelectual se logra incrementando los factores que lo integran y al mismo tiempo la interacción entre ellos, como se ilustra en el punto C.

Una consecuencia inmediata de la acumulación del capital intelectual es la ampliación de la frontera de producción. Esto significa poder producir más con la misma relación capital/trabajo, que es, por ejemplo, poder producir más con la misma maquinaria y equipo, logrando vía capital intelectual, la optimización de la capacidad instalada. Así, dada la formación y acumulación del CI como factor de producción estratégico, también es clave utilizarlo plenamente; esto es, aplicando los recursos actuales e incrementando su integración. En la Gráfica 3.12 podemos ver de manera más clara el proceso que va de la formación a la acumulación del Capital Intelectual.

De la formación a la acumulación del Capital Intelectual (CI)

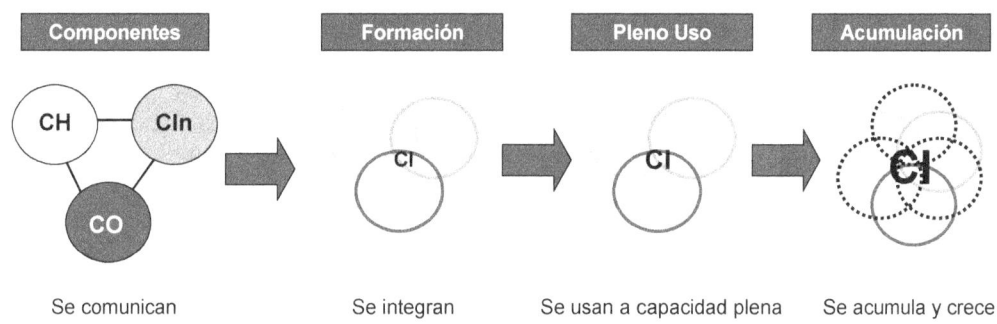

Fuente: Elaborado por CECIC
Gráfica 3.12

El primer paso para enfrentar el nuevo paradigma de la ventaja competitiva sustentable basada en el CI es desechar el viejo modelo que establecía que la ventaja competitiva radica en "explotar la mano de obra barata" (bajos salarios) para los países en desarrollo o tener empresas de gran escala para los países industrializados. El nuevo enfoque es invertir en el capital humano para generar mano de obra productiva, basada en el trabajador del conocimiento (TACA), que tenga capacidad para trabajar, aprender y crear conocimiento productivo y aplicarlo a la empresa. Es decir, ya no hablamos de la relación costo-precio relativo mínimo, sino que más bien se trata de adoptar un enfoque sistémico, por que las empresa compiten y para poder hacerlo se requiere que sean empresas tipo IFA.

Paradójicamente, el reto de los países en desarrollo es el empleo productivo. En la nueva era, referirse al trabajador del conocimiento no implica que sea culto, sino más bien nos referimos a la capacidad de aprendizaje y creatividad del trabajador. Así en México y América Latina la edad promedio del trabajador fluctúa entre los 19 y 25 años y busca más oportunidades para desarrollarse, en tanto que el estadounidense se ubica entre los 40 y 45 y está planeando su retiro. La capacidad de aprendizaje y creatividad del obrero mexicano es muy alta y requiere de un nuevo enfoque y sistema nacional que convierta a la "planta en aula" , esto es, que la propia empresa bajo una nueva organización inteligente, desarrolle trabajadores TACA, mediante células y centros de desarrollo de aprendizaje colectivo y creación de conocimiento. Avanzar y desarrollar éste nuevo enfoque de empresas competitivas sustentables, requiere de dos aspectos fundamentales:

1. Un cambio en el modelo mental o paradigma de la estrategia competitiva: del criterio de la mano de obra barata (de la era industrial y economías cerradas) a la mano de obra productiva (de la era del conocimiento y el CI. Su rentabilidad dependerá de que se conviertan en empresas IFA, para desarrollar una VCS.

2. Cambio hacia un nuevo enfoque integral de la competitividad: la competitividad sistémica Trabajador - Empresa -País.

3.5.1 El Capital Intelectual como factor de producción y el proceso de creación de conocimiento e innovación

La creación de conocimiento productivo o innovación en los negocios, no es un producto de la "generación espontánea", sino de una organización que precisamente se organiza para producir conocimiento a través de una organización inteligente que aprende e innova continuamente. Lo que se busca es desarrollar el "Cerebro Colectivo" o la "inteligencia emocional colectiva" de la empresa a través de un enfoque de trabajo colectivo de Centro – Arriba – Abajo, basado en "células de continuo aprendizaje e innovación".

El reto es diseñar e instrumentar un nuevo modelo organizacional, que tiene como objetivo pasar del conocimiento, al de grupo (células) y al de la organización, bajo un nuevo enfoque que transforme las organizaciones de trabajo en organizaciones inteligentes: con capacidad de aprendizaje continuo, de creación de nuevos conocimientos o innovación y con capacidad de respuesta al cambio de la economía y mercados globales en su realidad local. En otras palabras, el objetivo final es crear una organización que innove y aplique el nuevo conocimiento más rápido que la competencia.

Dado que en la nueva economía del conocimiento como dice Romer, la producción es de ideas más que de bienes y servicios, en nuestro enfoque es importante visualizar como se da el proceso de producción o creación organizacional de conocimiento productivo. El Capital Intelectual es el factor estratégico para la producción o creación del conocimiento productivo y se forma de la integración del capital humano del conocimiento, el sistémico y el organizacional. La materia prima e insumos fundamentales para la creación del conocimiento es la información y conocimiento acumulado en la empresa, tanto tácito como explícito, el cual esta codificado en sus redes de información y conocimiento. Al mismo tiempo los nuevos flujos de información y conocimiento externos; de clientes, proveedores, competidores, universidades, centros de consultoría, que generan "materia prima" para el proceso de producción de nuevo conocimiento.

El proceso de producción del conocimiento se genera fundamentalmente a través del enfoque y método de Centro – Arriba – Abajo, a través de las células de aprendizaje e innovadoras (TACA) que se organizan en las áreas básicas y estratégicas de la cadena de valor de la empresa y se apoya en trabajadores de conocimiento y en el Centro de Desarrollo de Habilidades Intelectuales y Creación de Conocimiento de la propia empresa. Lo que se busca aquí es desarrollar el "cerebro colectivo" o la "inteligencia emocional colectiva" como la fuente pensante y de creatividad de la organización. Las células TACA son los organismos vivos y pensantes que aprenden e innovan en equipo. Son células TACA porque trabajan de manera organizada con redes personalizadas (y codificadas en su caso) de información y conocimiento, aprenden de manera continua, crean conocimiento y lo aplican al negocio y la empresa.

La pregunta que surge es: ¿cómo puede mejorarse la eficiencia de este proceso productivo? La respuesta está en buscar métodos que mejoren el aprendizaje y la creatividad colectiva, esto es, lo que llamamos el aprendizaje y creación del conocimiento.

Podemos decir que el aprendizaje y la creatividad organizacional pueden mejorarse de manera sustantiva observando cuatro aspectos importantes:

1. El Enfoque Tridimensional del Aprendizaje (Triple A): Aprender a Desaprender; Aprender a Aprender, Aprender a Emprender.
2. Tipos de Aprendizaje: El aprendizaje por la práctica (learning by doing). El aprendizaje por el uso (learning by using). El aprendizaje por la búsqueda (learning by searching). El aprendizaje por la interacción (learning by

interaction). El aprendizaje por los avances de la ciencia y la tecnología (learning by exploring).
3. Técnicas de Aceleración del Aprendizaje
4. Educación a Distancia, Programas y Sistemas

Las células de aprendizaje e innovación se constituyen por células estratégicas (de planeación, desarrollo de nuevos productos y procesos) y estructurales, las cuales se dan a lo largo del proceso productivo y distributivo (de bienes o servicios) y de la cadena del valor. Estas células son las encargadas de generar, acumular y adquirir la información y generar el nuevo conocimiento y tenerlo, actualizándolo de manera continua. De aquí que hay que pasar del viejo enfoque de las círculos de calidad (de la teoría de la calidad total) a las células de aprendizaje e innovación de la nueva era de la economía del conocimiento. El Capital Intelectual (factor de producción) es desarrollado a través de las células aprendientes e innovadoras TACA, que son las que procesan la información y conocimiento acumulado en la empresa, así como el adquirido externamente para producir el nuevo conocimiento.

La pregunta que surge desde el punto de vista de la economía y los negocios es: ¿qué es el conocimiento productivo de innovación? Para responder, podemos clasificar el nuevo conocimiento en general y en específico.

El nuevo conocimiento general se refiere a uno o varios tipos de conocimiento: saber cómo (know how), saber qué (know what), saber por qué (know why), saber quién (know whom) y saber cuándo (know when). El nuevo conocimiento específico se concentra principalmente en las áreas de producción del negocio (mejoras y desarrollos de nuevos productos y procesos); en la comercialización del desarrollo de nuevos sistemas de servicio integral al cliente, de marketing; y en la administración, en los nuevos métodos y sistemas de desarrollo organizacional. Finalmente ¿cuál es el resultado esperado en todo el proceso de creación de conocimiento producto e innovación? La respuesta se encuentra en la mejora de la ventaja competitiva de la empresa. La ventaja competitiva básica (VCB): a través de mejora en los costos, precio o calidad del ser producto y/o servicio. Así todo nuevo conocimiento que no se aplica al negocio de la empresa y se traduce en una mejora en la competitividad, decimos que no es conocimiento productivo, sólo conocimiento cultural. De la misma manera la mejora puede implicar mejora en la ventaja competitiva revelada (VCR) y sustentable (VCS).

El Capital Intelectual y el Proceso de Producción o Creación de Conocimiento

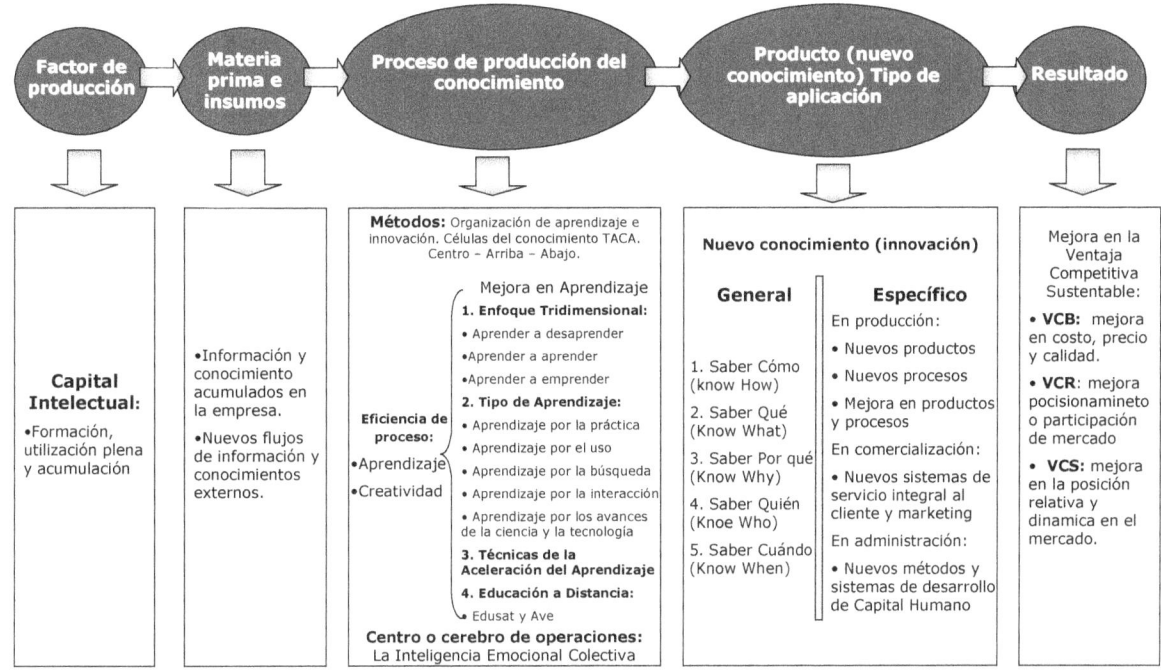

Fuente: Elaborado por CECIC
Gráfica 3.13

3.6 De la Administración de la Calidad Total (TQM) al Desarrollo y Administración del Conocimiento (KDM)

En la era del conocimiento, el trabajo será realizado por especialistas que trabajarán conjunto realizando tareas que superarán las divisiones tradicionales por departamento. En esta nueva etapa, la coordinación y el control, en gran medida dependerán de los empleados.

Detrás de estos cambios, está la tecnología de la información; las computadoras permiten una comunicación más veloz y mejor, por lo tanto, demandan usuarios capaces de aprender de manera rápida y continua que puedan transformar los datos en información.

Todo lo anterior implica que las nuevas organizaciones estarán basadas en la información (organizaciones de la información) y requerirán de:

1. Un conjunto de objetivos claros que se traduzcan en acciones particulares.
2. Una estructura en donde todo el mundo tenga la responsabilidad de la información preguntándose: ¿Quién depende de mí? y ¿De quién dependo yo?

Las organizaciones de la información, poseen su propio *management* con características especiales, pero también con sus propios problemas como motivar y recompensar a los especialistas; crear una visión que unifique los criterios; inventar una estructura que trabaje con grupos que conjuntamente realicen las tareas (*task forces*), etc. Resolver estos problemas será el reto para el management en el próximo siglo.

Otro de los retos de las nuevas organizaciones para ser exitosas, es crear nuevo conocimiento constantemente pero sobre todo diseminarlo amplia y rápidamente en la organización y con ello producir nuevas tecnologías y productos. Estas actividades definen la empresa de "creación del conocimiento" cuyo mayor negocio es la innovación continua. Las empresas exitosas, son aquellas que han sabido **desarrollar y administrar la creación de conocimiento"**.

Pero la creación de conocimiento no se limita únicamente, como se creía en el pasado, a procesar información objetiva sino que implica utilizar la información tácita y a veces altamente subjetiva de manera que esté disponible para ser probada y utilizada por la compañía entera. La clave de este proceso es el compromiso personal y el sentido de identidad de los empleados con la empresa y su misión. Las compañías no son como máquinas, sino más bien como seres vivos por lo que el sentido de identidad juega un papel muy importante; una empresa del conocimiento es tanto de ideas como de ideales.

"La esencia de la innovación es recrear el mundo de acuerdo a una visión o ideal particular." En una compañía de creación de conocimiento, ésta no es una tarea concerniente a un departamento en particular, sino más bien es una actitud una forma de ser en donde todo el mundo es un "trabajador del conocimiento".

Es importante resaltar que el conocimiento no debe ser individual, aunque un individuo lo cree, lo importante es transformarlo en conocimiento para la organización valioso para la compañía como un todo.

A estos aspectos debemos añadir que para que una compañía se convierta realmente en una compañía que aprende (*learning organization*) deben tener la capacidad de realizar cinco actividades principales:

1. Resolver los problemas de manera sistemática.
2. Experimentar con nuevos enfoques.
3. Aprender de experiencias pasadas
4. Aprender de las mejores prácticas de otras compañías
5. Transferir el conocimiento de manera rápida y eficiente a través de la organización.

3.7 Valor y Medición del Capital Intelectual

El capital intelectual, aunque intangible, puede ser cuantificado. Existen fundamentalmente dos maneras de hacerlo:

a) Cuantificarlo mediante una metodología de valoración como el reporte de capital intelectual propuesto por Leif Edvinsson[13].

b) Cuantificarlo como la diferencia entre el valor en libros y el valor en el mercado de la empresa.

La diferencia entre los dos métodos de cuantificación consiste en que el primero se puede ir calculando periódicamente, mientras que el segundo sólo se conoce cuando se vende la empresa, ya que antes, en caso de existir, sólo es una estimación. Sin embargo, sin importar cual de los dos métodos se emplee para cuantificarlo, el capital intelectual es el que hace la diferencia en competitividad, productividad y valor de la empresa en la era del conocimiento y la mentefactura. La parte fundamental de este aspecto es que se tiene que ir más lejos del enfoque tradicional, que es una base importante como lo han hecho Leif Edvinsson y otros sobre capital intelectual, quienes miden el capital intelectual y lo enfocan como un activo (asset) de la empresa que le da valor.

La riqueza de las naciones y de las empresas, está ahora en no medir el activo del capital intelectual, sino cómo se forma y acumula el capital intelectual como el factor estratégico de la competitividad en la nueva era del conocimiento y la información, en un mundo nuevo de mercados globalizados, abiertos e interdependientes, y en un mundo de cambio continuo y complejo, que genera mayor incertidumbre y menor predecibilidad, donde se requiere de empresas con negocios flexibles en la producción y ágiles en la comercialización, pero que solamente se pueden desarrollar si se tienen organizaciones inteligentes que permitan crear el capital intelectual como la nueva base de la competitividad sustentable.

Hemos planteado hasta aquí como se forma y acumula el CI, sin embargo la clave en como utilizarlo como factor de producción precisamente para la producción de conocimiento productivo o innovación. Para ello se requiere de una organización inteligente, aprendiente e innovadora basada en células y centros de aprendizaje y creación de conocimiento productivo (OI^2CA), la cual se desarrolla y explica en el Capítulo 5 del presente libro.

Referencias y Bibliografía

[1] Goran Johan & Roos. *Finding New Words, Intellectual Capital*, 1997, pág. 29

[2] Roos, Johan. *Finding New Words, Intellectual Capital*, 1997, pág. 29

[3] Edvinsson Leif y Malone Michael. *Prólogo, El Capital Intelectual*, 1997, pág. XII

[4] Gates, Hill. *Eleve el CI Corporativo, Los Negocios en la Era Digital*, marzo de 1999, pág. 277, 278 y 279.

[5] Robbins Stephen. *Cambio* y Desarrollo Organizacional, Comportamiento Organizacional: Teoría y Práctica, Séptima Edición, pág. 731

[6] Fukuyama, Francis. *Trust: the social virtues and the creation of prosperity.* Free Press, 1995, EU

[7] Kidd, Paul, *The dynamics of competitiveness Agile Manufacturing: Forging New Frontiers*, 1994, pág. 20

[8] Edvinson, Leif; Malone, M. *Intellectual Capital: Realizing your company's true value by finding its hidden brainpower,* Harper Business, 1997, New York

[9] Drucker F., Meter. *La Sociedad Post Capitalista*, Edit. Norma, México, 1997

[10] Octavio Rodríguez, de la CEPAL, aborda el tema de la revolución tecnológica y de la necesidad de constituir un "espacio de aprendizaje", mediante un conjunto de políticas destinadas a obviar sus desventajas y aprovechar sus beneficios. Ver: Rodríguez, Oavio, *Aprendizaje, acumulación, pleno empleo: las tres clavos del desarrollo*, Desarrollo Económico -Revista de Ciencias Sociales (Buenos Aires), vol. 38, N9 151, octubre-diciembre 1998 (pág, 771-796)

[11] Cabe señalar que aunque el "software" es un producto que todo mundo tiene, se les debe conceptualizar como capital físico o tecnológico, ya que por sí solos no forman una red de información compartida.

[12] Morten T. Hansen, Nitin Nohria. *What's your strategy for managing knowledge*, Harvard Business Review March-April 1999

[13] Edvinson, Leif; Malone, M., *Intellectual Capital: Realizing your company's true value by finding its hidden brainpower.* Harper Business. 1997, Nueva York.

Parte II

La estrategia de competitividad sustentable: La Empresa y el Sistema IFA en la cadena global de valor

"Alcanzar el liderazgo y permanecer ahí es la base de la estrategia: crear una ventaja competitiva. La estrategia es colocarse uno aparte de la competición. No estriba en ser mejor en lo que hace sino en ser diferente en lo que hace"

Crear las Ventajas del Mañana
Michael Porter

Capítulo 4

Estrategia para el desarrollo de la empresa y sistema competitivo sustentable IFA

CAPITULO 4

4.1 La Estrategia en la nueva economía mundial de los negocios: Técnicas operacionales vs. estrategias

La palabra *estrategia*, en la acepción clásica, se refiere al arte de la guerra y de su conducción por parte de los generales. Gradualmente, se ha tomado a este término en su sentido puramente instrumental; como el proceso que describe la relación (más o menos compleja) entre objetivos últimos y medios o instrumentos; entre metas finales y la disposición de los recursos disponibles para alcanzarlas. Tal como veremos adelante, la verdadera estrategia va más allá de esta visión puramente instrumental.

En el mundo de los negocios, el término *estrategia* enmarca la base fundamental a partir de la cual una empresa consigue o no un resultado favorable dentro del mercado. La estrategia es de esta manera el pilar sobre el cual se debe de cimentar la nueva empresa del futuro. Podemos tomar como punto de partida la definición de estrategia que Keinichi Ohmae menciona en su libro *The Mind of the Strategist*: "las acciones que principalmente se dirigen a alterar la fortaleza de la empresa respecto a los competidores"[1]. Esta definición implica un salto cualitativo frente a la concepción instrumental de estrategia como un arreglo simple entre fines y medios, puesto que trascendie las acciones que van a aumentar la efectividad operativa de la empresa, tanto para incrementar la eficiencia en la administración o el mejoramiento productivo como tal.

De esta manera, una estrategia no es sólo de carácter puramente instrumental, sino también de naturaleza eminentemente competitiva. Esto, a su vez, subraya la diferencia en el desempeño relativo de los participantes dentro del mercado. A su vez, este diferencial en el desempeño competitivo se expresa en el posicionamiento de cada uno de los jugadores. No obstante, como también veremos más adelante, esta concepción basada en el posicionamiento relativo es aún parcial, dentro de una apreciación integral sobre lo que es el comportamiento estratégico en el nuevo mundo de los negocios.

Por ello, vale la pena detenerse un poco sobre la acepción ordinaria del término estrategia; aquella que distingue entre fines y medios. Incluso en la actualidad, con frecuencia nos encontramos con una amplia variedad de recursos para mejorar el desempeño de las empresas; uno de estos recursos son las herramientas de efectividad operativa bajo nombres (y sus términos originales en inglés) tales como: Manufactura Esbelta (Lean Manufacture), Administración de la Calidad Total (TQM o Total Quality Management), producción Justo a

Tiempo (JIT o Just in Time Management), por mencionar unos cuantos ejemplos. En numerosos círculos de gestión, se considera que tales herramientas detentan un valor estratégico para la competitividad de la empresa. Sorprende un poco la manera en que se les ha sobrevendido, dado que en realidad no constituyen, ni aisladas ni en conjunto, lo que aquí consideramos como una estrategia de negocios - por no hablar ya de la estrategia competitiva.

Efectivamente, tal como señala Michael Porter, la estrategia se distingue de las herramientas de efectividad operativa principalmente por el hecho de que las herramientas son solamente eso: instrumentos para operar de una manera más eficiente que están disponibles para todas las empresas; su utilización no confiere la ventaja competitiva sustentable, aún cuando aumenten la efectividad operativa de la empresa. La efectividad operativa pretende eliminar lo que está de más en la empresa y hacer las mismas cosas de una manera más efectiva y eficiente. Así, se limita a crear empresas esbeltas. Sin embargo, tal como Keinichi Ohmae (1991) comenta, en términos de estrategia, es muy diferente ir a una guerra que prepararse para una dieta. El núcleo fundamental de la estrategia es buscar aquellos elementos que generan, mantienen y fortalecen la ventaja competitiva sustentable de una empresa respecto de sus competidores. Pese a la diferencia de acentos en sus respectivos trabajos, tanto Keinichi Ohmae como Michael Porter, coinciden en señalar que la estrategia define el camino que la empresa va a seguir dentro del mercado, respondiendo a la siguiente pregunta:

¿Cuáles son las acciones fundamentales (estratégicas) que van a alterar aquellas fortalezas de la empresa que le confieren una ventaja competitiva relativa respecto a sus competidores? (Ohmae). A su vez, esta pregunta nos remite a la cuestión de fondo: ¿Cuáles son mis fortalezas frente a la competencia y de qué manera puedo potenciarlas mejor que nadie? (Porter).[2]

Estrategia: dos alternativas en la visión de Michael Porter

El modelo estratégico del pasado	La Ventaja Competitiva
• Una posición competitiva ideal en la industria	• Posición competitiva única para la compañía.
• Desempeño comparado (benchmarking) de todas las actividades de la empresa, orientado al logro de las mejores practicas.	• Actividades hechas a la medida de su estrategia.
• Outsourcing y alianzas estratégicas para obtener más eficiencia.	• Toma de decisiones clara y bien definida para la diferenciación frente a la competencia.
• Las ventajas de la firma residen en unos cuantos factores de éxito, recursos críticos y 'competencias sustantivas'.	• La Ventaja Competitiva surge de un buen ajuste entre todas las actividades de la empresa.
• Flexibilidad y respuesta rápida a todos los cambios en el mercado, así como en la naturaleza de la competencia.	• La sustentabilidad surge del sistema de actividades y no de sus partes.
	• La eficiencia operativa ya está dada.

Fuente: Michael Porter, *On Competition* (The Harvard Business Review Book Series)

Cuadro 4.1

Tal como se aprecia en la Cuadro 4.1, Porter hace énfasis en la estrategia como posicionamiento competitivo basado en la diferenciación. Por su lado, Ohmae insiste correctamente en el reto que supone articular una estrategia de competitividad dinámica: la estrategia es preparase para la batalla de la hipercompetencia, sobre la base de la competitividad sustentable, en el marco de una economía global.

En el ánimo de contar con una fórmula genérica que distinga lo que constituye una estrategia en el nuevo mundo de los negocios, de lo que no es, se ha producido una abundante literatura sobre administración, con los elementos más dispares. Cabe solamente citar una definición amplia sobre los atributos de la estrategia, como la siguiente:

Atributos de una estrategia

1. Determina y revela el propósito de la organización en términos de sus objetivos de largo plazo, de sus programas de acción y de sus prioridades en la asignación de sus recursos.

2. Refleja la decisión acerca del giro de negocio en que está la organización.

3. Persigue la ventaja sustentable de largo plazo en cada uno de sus negocios al responder apropiadamente a las oportunidades y amenazas en el entorno de la empresa, mediante el manejo adecuado de las fortalezas y debilidades de la organización.

4. Identifica las tareas gerenciales con claridad en los niveles corporativo, de negocios y funcional.

5. Es un patrón de decisiones unificador, coherente e integral.

6. Define la naturaleza de las contribuciones económicas y no-económicas que la empresa hace a su grupo de accionistas.

7. Es la expresión del propósito estratégico de la organización.

8. Está orientada a desarrollar y nutrir las competencias sustantivas de la empresa.

9. Es un medio para invertir selectivamente en recursos tangibles e intangibles para desarrollar las habilidades que contribuyen a asegurar la ventaja competitiva sustentable.

Arnoldo C. Hax y Nicolas S. Majluf, 1996[3]

Fuente: Elaborado por CECIC

Recuadro 4.1

Ciertamente, la estrategia puede contener todos estos elementos. No obstante, consideramos que cualquier elucidación sobre el papel de la estrategia en los negocios debe diferenciar cuatro aspectos fundamentales que, con demasiada frecuencia, tienden a confundirse:

1. La utilización de las herramientas de efectividad operativa.
2. Las tácticas de ataque (dependiente del mercado, producto, etc.)
3. La naturaleza del juego competitivo.
4. La estrategia de ataque para el combate en la hipercompetencia global, a través de una Empresa Competitiva Sustentable (ECS).

4.2 Estrategia para la competitividad sustentable: Guerra de posiciones vs. movimientos

▪ Más allá de las técnicas de efectividad operacional

Primero, es fundamental distinguir la estrategia para el desarrollo de las empresas competitivas sustentables. Es en éste ánimo que presentamos un modelo alternativo de acuerdo con nuestra propia visión, la estrategia de competitividad sustentable es empresas IFA. Esto es, se trata de crear un nuevo tipo de empresa: que sea Inteligente en la organización y cuyo negocio sea Flexible en la producción y Ágil en su comercialización, para que desarrolle velocidad y capacidad de respuesta organizacional para enfrentar las diferentes tácticas especificas en la batalla y utilizar las diferentes herramientas de efectividad organizacional que permiten fortalecer y hacer más esbelta a la empresa y prepararla a la batalla.

Ahora bien, la diferencia en nuestro modelo es que para Porter la organización de aprendizaje (learning organization) es una simple herramienta más de efectividad operacional y no toma en cuenta el valor estratégico del nuevo enfoque del desarrollo y creación del conocimiento, en la nueva era productiva de la mentefactura. Estos elementos no son en nuestra perspectiva una simple herramienta operacional, son en cambio los enfoques que hay que articular para potenciar el Capital Intelectual de la empresa como el factor estratégico de competitividad y poder desarrollar la ventaja competitiva sustentable. Ésta reside finalmente en la capacidad para producir el conocimiento e innovación productivos y aplicarlos al negocio con una mayor velocidad, eficiencia y eficacia que el competidor. Lo que hace falta en el análisis de Porter es un análisis detenido acerca del proceso de innovación, la forma en que el cambio tiene lugar realmente en las empresas. Por ello es que más adelante planteamos cómo es que la estrategia de empresa IFA va más allá en la concepción sobre la ventaja competitiva sustentable.

▪ Las Tácticas de Competitividad

Las tácticas de ataque requieren identificar claramente el terreno competitivo: primero, definiendo adecuadamente el mercado que se quiere conquistar o consolidar, así como la mejor oferta de productos para tal fin. Comúnmente se habla de "estrategias de penetración" o de "segmentación de mercados", de "diferenciación de líneas de producto" e incluso de "canibalización de servicios". Sin embargo, la mayoría de éstas tácticas de ataque solamente son de carácter contingente; enfocadas a las circunstancias específicas de cada mercado que enfrenta la empresa en un momento determinado.

Diferenciamos la estrategia para el desarrollo de empresas IFA, de las herramientas de efectividad operacional; del mismo modo debemos diferenciar la estrategia de las tácticas de competitividad a la medida de batallas específicas de las empresas. Efectivamente, dependiendo de los productos, industrias, mercados y coyunturas macroeconómicas nacionales e internacionales, cada empresa tiene que desarrollar y aplicar en su momento distintas tácticas. En otras palabras, nosotros diferenciamos precisamente entre la perspectiva que busca los elementos fundamentales (habilidades y capacidades clave – las competencias sustantivas) que confieren una ventaja relativa a las empresas con respecto a sus rivales en un juego de competencia continua – la hipercompetencia global –, de lo que son las acciones tácticas. Para nosotros las acciones tácticas ocurren de manera contingente o coyuntural, dadas las presiones competitivas que en algún momento enfrenta la empresa en su negocio, ante las cuales responde al enfocar su innovación o cambio tecnológico, mejorando la tecnología de proceso, la tecnología de producto, perfilando con claridad la diferenciación de producto en el servicio integral al cliente, en las alianzas estratégicas, entre muchas otras. La respuesta particular ya dependerá de cada negocio y del momento o desafío particular que le toque enfrentar.

No obstante, un despliegue de talento táctico no constituye una estrategia, es importante subrayar que toda táctica, lo mismo que toda estrategia responden a las condiciones del entorno en que operan las empresas. En este sentido, las condiciones del entorno son fundamentales para comprender la naturaleza del juego competitivo: de la hipercompetencia.

4.3 El nuevo juego: la hipercompetencia global en el mercado local

El término hipercompetencia es atribuible a Richard A. D'Aveni, probablemente el primer autor que fue mas allá de los conceptos de estrategia competitiva generados por Michael Porter (*Competitive Strategy*) en 1980. En su libro, *Hypercompetition: Managing the Dynamics of Strategic Maneuvering* (1994), D'Aveni describe un nuevo tipo de competencia que difiere mucho del tipo de la competencia estructurada que propone Porter. Se trata de un tipo de competencia que no sigue las reglas establecidas y que podría ser comparado con la guerra de movimientos de la Segunda Guerra Mundial; mientras que el sistema de Porter se parece más a la guerra de posiciones usada en la Primera

Guerra Mundial. Siguiendo con este razonamiento, el juego de la hipercompetencia también se parece a la doctrina militar prevaleciente durante la Segunda Guerra Mundial, particularmente al concepto de guerra de exterminio.

A fin de apreciar mejor las características de la hipercompetencia, es oportuno compararla con la competencia tradicional:

- La competencia tradicional busca crear ventajas competitivas sostenibles. La hipercompetencia remite a un contexto de confrontación en que ninguna ventaja es inmutable y se vuelve obsoleta en poco tiempo.

- La competencia tradicional busca una estrategia estable, basada en el ajuste entre los recursos que se tienen y los objetivos estratégicos. La hipercompetencia cambia muy frecuentemente sus estrategias, basándolas en la velocidad de respuesta, la rapidez, la sorpresa, la búsqueda de una constante innovación, cambio constante de reglas y en ataques simultáneos en varios frentes

- Mientras la estrategia competitiva tradicional (por ejemplo en Porter), se basa en reconocer y crear estructuras que generen competitividad, en la hipercompetencia, la capacidad de crear una disrupción de las estructuras y generar caos son las ventajas competitivas más buscadas

- La estrategia tradicional busca crear ventajas competitivas sostenibles. La hipercompetencia crea ventajas competitivas temporales, no sostenibles a largo plazo, pero las crea constantemente.

- La competencia tradicional busca un estado en que las utilidades sean crecientes o por lo menos estables. En la hipercompetencia se reducen las utilidades por unidad vendida en forma constante, con lo cual se sabe que es incluso posible destruir al contrincante. Una vez que un mercado ya no genera utilidades, se brinca a una nueva manera de competir, a una nueva definición de valor para el producto o negocio.[4]

Hipercompetencia: Lecciones de Destrucción Creativa

Los mejores ejemplos de hipercompetencia se encuentran en los mercados de tecnología moderna orientados al consumidor final. Algunos buenos ejemplos son la electrónica de consumo y las computadoras personales. Hace algunos años, las distintas marcas de computadoras personales estaban muy claramente posicionadas en cuanto a calidad y precio, con algunas marcas consideradas como caras, pero de alta calidad y otras consideradas como baratas, pero de calidad inferior. Algunos años de hipercompetencia han causado una gran mortandad de las marcas menos conocidas, una mejora de las marcas de baja calidad y una baja de precio de las computadoras de mejor calidad. Hoy el resultado es un mercado donde las calidades y precios son muy similares, donde se compite ofreciendo extras como impresoras o software y donde, según dicen los fabricantes, ya no se hacen buenas utilidades. Aún el mercado ha perdido: dado que, para competir y poder ganar, los fabricantes cada vez le agregan más accesorios a sus equipos; con lo que seguramente estamos pagando por máquinas con capacidades muy sobradas para las necesidades de la mayoría de los clientes.

La hipercompetencia se da también en mercados maduros. Por ejemplo, al desregularse la aviación comercial en los EE.UU., se generó una rivalidad en forma de recortes de precios y de servicios extras, que destruyó a las empresas más fuertes del ramo, como PANAM, TWA y otras más.

Fuente: Elaborado por CECIC

Recuadro 4.2

- El último aspecto de la hipercompetencia es el cambio hacia nuevas definiciones de valor para el producto o negocio, éste define uno de los rasgos clave del juego competitivo actual. ¿Cuáles son estas nuevas definiciones de valor para el producto?, ¿Mediante qué proceso es que se organiza el cambio de las definiciones de valor del producto?, ¿Se trata de un proceso caótico, tal como sugiere el concepto de hipercompetencia o existe un patrón establecido?

Las industrias más globalizadas, desde la electrónica hasta la textil, definen su ciclo de valor a escala mundial -desarrollo de productos, abastecimiento de materias primas y componentes, manufactura, distribución logística, comercialización y venta- mediante acuerdos y alianzas estratégicas entre empresas, segmentos de la producción, regiones productoras y países. Es indiscutible que en el desarrollo actual de la industria a nivel global, las empresas más competitivas no se insertan en el mercado global de manera aislada. De ahí la importancia clave de la articulación productiva entre empresas, tanto a nivel global como local, como se observa en el desarrollo de los llamados clusters regionales.

La integración de las empresas dentro de sus clusters a la cadena global de valor sucede bajo estándares cada vez más estrictos y en algunos casos, bajo cánones casi excluyentes. Pese a esto, no participar se traduce en la exclusión de la carrera competitiva; pero en donde la participación también puede ser altamente asimétrica, por lo que toca a quién pierde y quien gana dentro de la propia carrera competitiva: ¿Cómo se comporta la cadena global de valor en la industria automotriz? ¿Cuál es el posicionamiento de los países y de sus regiones en esta cadena global de valor? ¿Quién controla o coordina la cadena? ¿Desde qué posición dentro de la cadena? Son todas estas cuestiones del enfoque de la Cadena Global de Valor que resultan clave dentro del enfoque estratégico que planteamos en esta sección.

4.3.1 La cadena global de valor

En este contexto, el análisis desde la perspectiva de **la cadena global de valor** nos permite comprender de manera, tanto amplia como detallada, los fenómenos de la hipercompetencia global y de las oportunidades o amenazas para los productores locales, de acuerdo con la dinámica variable en la relación que existe entre valor de la producción, costos, eficiencia en procesos e innovación. Todo ello mediante el reconocimiento de la importancia clave que tiene, tanto la dinámica dentro cada eslabón en la cadena, como la interacción que existe entre ellos, de acuerdo con el tipo de inserción del cluster local en la cadena global de valor. El tipo de inserción a la cadena global de valor para un nicho de producto determinado en un mercado particular, como el de Estados Unidos, condicionará por completo el abanico de opciones estratégicas abiertas al cluster local.

En el desarrollo actual de las cadenas globales de valor para diversos sectores económicos, existen al menos cuatro tipos principales de incorporación:

1. Interacción autónoma entre el cliente de la cadena global de valor y sus proveedores, éstos distribuidos por el mundo.

2. Relaciones entrelazadas entre socios dispersos globalmente.

3. Relaciones semijerárquicas en las que existe un líder que gobierna y coordina a toda la cadena.

4. Relaciones entre empresas dentro de una pirámide totalmente integrada, con un líder en el vértice.

Naturalmente, en la realidad no es fácil encontrar alguna de las cuatro modalidades de inserción de forma pura. Así en el primer caso, la relación distante que existe entre los grandes compradores y comercializadores (en mercados de hiperconsumo) de productos poco sofisticados, en el mundo en desarrollo llegan a formar relaciones más o menos estables, con algún grado de coordinación entre sus productores / proveedores a nivel local.

Las cadenas globales de valor pueden asumir la tercera modalidad de inserción; es decir, la de una red cuasi jerárquica en la que las empresas del cluster local pueden o no establecer estrategias de cooperación entre ellas. En la medida en que no lo hagan, con frecuencia se insertan en las cadenas globales de valor, de manera periférica y desarticulada, en el rol de proveedores de segundo o tercer nivel.

Adicionalmente, existe otra distinción clave entre las cadenas globales de valor, de acuerdo al tipo de coordinación que asumen. Existen, en primer lugar, las *cadenas globales de valor impulsadas por la innovación*, en ésta, los eslabones de innovación y diseño son los dirigen la producción en los bienes intensivos en capital tecnológico. Ejemplo de esto es el caso de los productos en las industrias de electrónicos, semiconductores y del software, en empresas como Intel. Por otro lado, las *cadenas globales de valor coordinadas o gobernadas por los productores*, ocurren particularmente en el caso de bienes manufacturados que son intensivos en capital. El mejor ejemplo es el del sector automotriz, donde los productores son quienes coordinan la cadena mundial de abastecimiento. Algo parecido ocurre en el sector de tecnologías de información y aeronáutica.

Finalmente, se encuentra el caso de *las cadenas globales de valor gobernadas por los compradores*, como ocurre en casi todas las industrias de bienes más intensivas en mano de obra y poco intensivos en capital (commodities), como la industria del cuero-calzado. Es aquí donde los clientes son, por lo general, grandes organizaciones de comercialización y con capacidad propia de desarrollo de marca e innovación en diseño de producto.

Principales características de las cadenas de valor impulsadas por la innovación, el comprador y por el vendedor

Características	Cadena de Bienes Impulsada por la Innovación	Cadena de Bienes Impulsada por los Productores	Cadena de Bienes Impulsadas por los Compradores
Impulsores de las cadenas globales de bienes "core competences"	Capital Tecnológico Investigación y Desarrollo; innovación y diseño	Capital Industrial Investigación y Desarrollo; producción	Capital Comercial Diseño; marketing
Barreras a la entrada	Economías de escala	Economías de escala	Economías de alcance
Sectores económicos	Bienes de consumo	Bienes de consumo duraderos, bienes intermedios, bienes de capital	Bienes de consumo no duraderos
Industrias típicas	Electrónicos y software	Automotriz; computadoras y aviación.	Textil; calzado; juguetes
Propiedad de las empresas manufactureras	Empresas trasnacionales	Empresas trasnacionales	Empresas locales predominantemente en países en desarrollo
Principales eslabones de la cadena	Basado en la innovación	Basado en la inversión	Basado en el comercio
Estructura predominante de la cadena	Vertical	Vertical	Horizontal

Fuente: Elaborado por CECIC y con datos de G. Gereffi (2001)

Cuadro 4.2

4.3.1.1 La cadena global de valor impulsada por la innovación

La cadena de valor gobernada por el eslabón de la innovación tecnológica ya sea en nuevos procesos o en productos tiene una estructura similar a aquella impulsada por el productor o el eslabón de la manufactura. Sin embargo, las diferencias clave se presentan en el capital necesario para impulsar la cadena. La industria del software y de los electrónicos son claros ejemplos donde la innovación y el diseño son partes fundamentales para la inserción y sustento de la competitividad de la empresa en la hipercompetencia global. El recuadro siguiente describe el caso de Intel en el que podemos entender de mejor manera este caso.

El Caso de Intel: Sistema internacional de producción impulsado por la innovación tecnológica

En el periodo de 1985 a 2000 los semiconductores fueron el mercado más dinámico en el comercio mundial, el valor de las exportaciones de este producto alcanzaron los 235 mil millones de dólares en 2000, representando así el 5% del comercio mundial y el 20% del comercio en rubro de productos de alta tecnología. El ritmo en la competencia dentro de la industria de los semiconductores ha sido marcada por Intel quien ha pasado del séptimo lugar en 1983 a ser el número uno en el 2001 con un valor en venta de 22.7 mil millones de dólares. Detrás de Intel encontramos a Toshiba, Nec, Texas Instruments, STMicroelectronics, Samsung Electronics, Motorola, Hitachi, Infinedon y Philips en la décima posición (Ver Cuadro). Cabe mencionar que un cuarto del total de las ventas del mercado de semiconductores pertenece a Intel así como un cuarto del total de la inversión hecha en la I+D de la industria. En el 2001, las inversiones de Intel en este departamento alcanzaron los 7.3 mil mdd.

Principales productores en la industria de los semiconductores 2001
(miles de millones de dólares)

Ventas 2001	Ventas 1983	Compañía (País de origen/Región)	Ventas 1983	Ventas 2000	Ventas 2001
1	7	Intel (Estados Unidos)	0.7	29.7	22.7
2	5	Toshiba (Japón)	0.9	11	7.2
3	3	NEC (Japón)	1.3	10.9	7
4	2	Texas Instruments (Estados Unidos)	1.6	10.3	6.7
5	..	STMicroelectronics (Unión Europea)	..	7.8	6.3
6	..	Samsung Electronics (República de Corea)	..	10.6	5.1
7	1	Motorola (Estados Unidos)	1.6	7.9	5
8	4	Hitachi (Japón)	1	7.4	4.7
9	..	Infineon (Unión Europea)	..	6.8	4.6
10	10	Philips (Unión Europea)	0.5	6.3	4.6
Total de las 10 principales			9.4	108.6	73.6
Industria de los semiconductores			17.4	204.4	139

Fuente: Reporte Mundial de Inversión 2002 de la UNCTAD

Intel ha explotado su habilidad en el área de manufactura al integrar su sistema de producción y estableciendo plantas idénticas en distintos lugares para obtener así la mejor configuración global de sus plantas de producción. Este sistema permitió a la compañía ubicar actividades particulares en los lugares que mejor les acomodara. Mantuvo los elementos de alto valor de la estructura de costos de los semiconductores en Estados Unidos y sus actividades intensivas en mano de obra de ensamble y prueba las trasladó a lugares donde le fuera más barato. A pesar de esto, Intel ha mantenido su proceso de producción interno con 13 fábricas y 11 plantas de ensamble y de prueba, todo dentro de 7 países. Hoy en día, dos tercios de la fuerza manufacturera de Intel se encuentra dentro de los Estados Unidos, 11% en Malasia, 8% en Filipinas, 4% en Irlanda, 3% en Israel, 2% en Costa Rica y 1% en China. Por otro lado, en Irlanda, Filipinas y Costa Rica, Intel es el líder nacional exportador, mientras que en China ocupa el lugar número 17 entre los exportadores extranjeros dentro del país.

Como consecuencia del éxito que ha obtenido Intel en su sistema de producción, varios de sus competidores han reorganizado sus propios sistemas internacionales de producción siguiendo el ejemplo de la compañía con base a la división de trabajo intrafirma. En cuanto a la trasnacionalización se refiere, las operaciones de Intel y sus sistemas internacionales de producción están diseñados para diferenciarse de la competencia al proteger sus ventajas tecnológicas dentro sus filiales, estratégicamente localizadas en Estados Unidos, Israel o Irlanda. En el caso de las plantas de ensamble y de prueba, éstas se han expandido internacionalmente para incorporar nuevos sitios

Fuente: Elaborado por CECIC con datos del Reporte Mundial de Inversión 2002 de la UNCTAD

Recuadro 4.3

4.3.1.2 La cadena global de valor impulsada por el productor

Como se mencionó ejemplos de este tipo de cadenas las de empresas pertenecientes a la industria automotriz. Para ejemplificar esto tenemos a continuación el caso de Volkswagen de México y el de Ford en el que ambas compañías tienen como estrategia convertir a México en el centro de producción para la región haciendo un escalamiento productivo en sus plantas y procesos.

Las estrategias de producción de Volkswagen y Ford en México

La estrategia de Volkswagen consistió en convertir la planta de Puebla en el centro de producción para satisfacer la demanda del mercado interno y de la región de Norteamérica, tras tomar la decisión de cerrar la planta localizada en Pennsylvania pues ésta no era capas de satisfacer la demanda. Antes de 1989 ambas plantas trabajaban al 50% de su capacidad dada la debilidad de ambos mercados y fabricaban los mismos tipos de automóviles Golf y Jetta, de ahí la decisión de cerrar una de las dos. Esta decisión trajo como consecuencia la modernización y el upgrade de la planta de Volkswagen en Puebla, de esta manera en 2001, del total de la producción el 60% se exportaba hacia Estado Unidos, y el resto era importado de Alemania. Al entrar en vigor en 1994 el TLCAN se abrieron nuevas áreas de oportunidad por lo que la compañía decidió hacer un upgrade mayor dentro de la planta. Una de las estrategias más importantes consistió en empezar la producción del nuevo modelo del Beetle, ésta garantizaba la alta calidad de los automóviles con costos competitivos. La calidad en la producción así como la experiencia exportadora con la que contaba la planta fueron aspectos decisivos, además de los costos competitivos que la planta ofrecía ya y la proveeduría con la se contaba. Finalmente, el TLCAN fue una de las razones principales pues garantizaba acceso al mercado norteamericano y la eliminación gradual de los requerimientos de exportación hacia este mercado. El abrir las fronteras permitía a la planta mantener la competitividad en sus costos y reducir la complejidad de la red de producción al permitir disminuir el número de líneas de productos. Adicionalmente, con el tratado firmado con la Unión Europea en el 2000, que permitía la importación de vehículos ensamblados de otras regiones, la industria automotriz fue capaz de satisfacer al mercado mexicano con los diferentes modelos de automóviles con plantas de varias partes del mundo y no solo de plantas dentro de la región como lo establecía el TLCAN. El proyecto del nuevo Beetle fue un claro ejemplo de cómo la globalización es determinante en las estrategias de competitividad de la industria automotriz en México. Volkswagen de México ha sido capaz de mejorar su ventaja competitiva ubicándose como la tercera planta más grande de manufactura en América Latina y en el sexto lugar en el rubro de las exportaciones de la región. El éxito de Volkswagen ha sido un gran impulso para alcanzar la competitividad internacional de la industria automotriz mexicana.

En el caso de Ford, en la década de los años éste era la única compañía cuyos centros de producción se localizaba fuera de su lugar de origen, su capacidad de producción estaba ubicada en Europa principalmente. Como consecuencia de la perdida de mercado en la región norteamericana Ford decidió hacer grandes inversiones en plantas de ensamble en México aprovechando los mecanismos de acceso a la participación de mercado y del esquema de maquila de exportación con el que contaba México. A finales de la década, en 1987, la producción en México era de alrededor de 20 000 unidades la cual abarcaba diferentes modelos y sólo era para vender dentro del país. Años más tarde en 2000 la producción había aumentado a 193 204 vehículos y exportaba 181 099 unidades, es decir menos del 10% era para el mercado mexicano. Con la nueva estrategia convirtiendo a México como centro de producción, la planta de Ford en este país logró colocarse en el tercer lugar como centro de manufactura en Latinoamérica y en octavo lugar en el rubro de exportaciones. La respuesta de Ford ante la perdida de mercado con respecto a las firmas japonesas fue integrar a México en su sistema internacional de producción. Las plantas de México enfocaron su producción a solo dos modelos de vehículos y un solo tipo de motor para exportación. EL TLCAN fue de gran ayuda en esta estrategia.

Fuente: Elaborado por CECIC con datos del Reporte Mundial de Inversión 2002 de la UNCTAD
Recuadro 4.4

4.3.1.3 La cadena global de valor impulsada por el marketing: El caso de la industria de la piel / cuero

El desarrollo de la industria global del cuero ha experimentado los efectos del avance tecnológico y la globalización de manera acelerada en la última década.

210

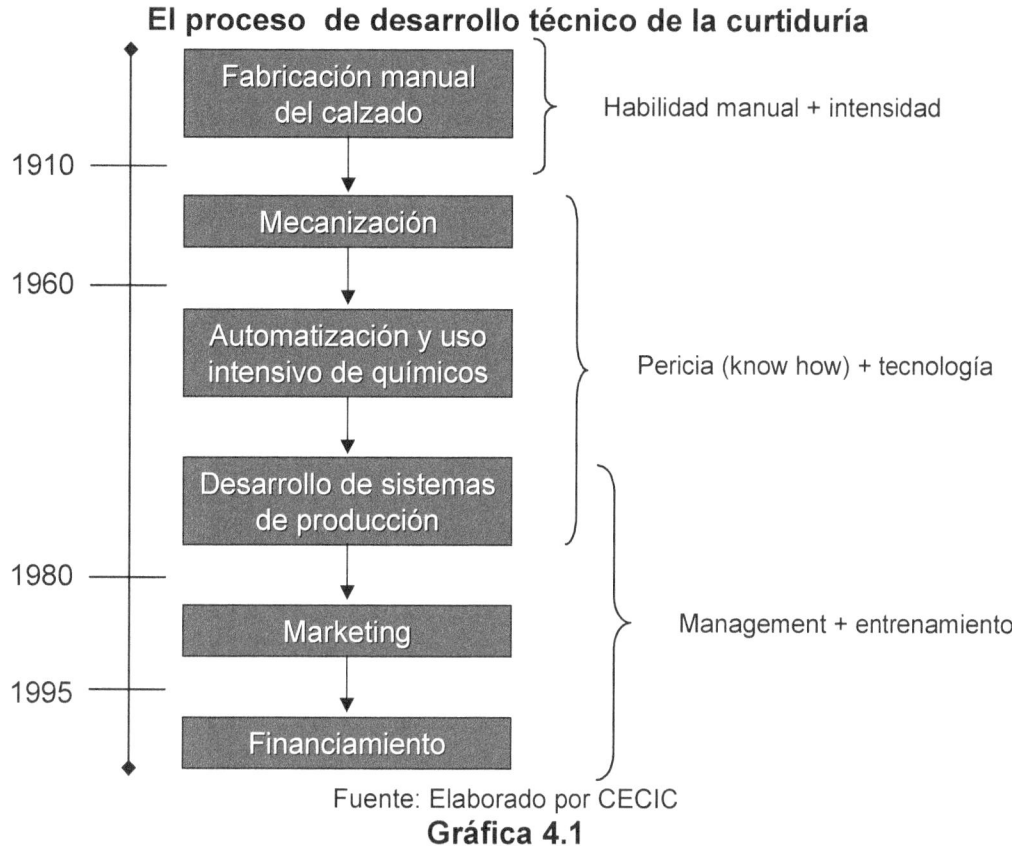

El proceso de desarrollo técnico de la curtiduría

Fabricación manual del calzado — Habilidad manual + intensidad

1910

Mecanización

1960

Automatización y uso intensivo de químicos — Pericia (know how) + tecnología

Desarrollo de sistemas de producción

1980

Marketing — Management + entrenamiento

1995

Financiamiento

Fuente: Elaborado por CECIC
Gráfica 4.1

Tal como se describe en el cuadro anterior, desde mediados de la década pasada, el ritmo del cambio tecnológico se había acelerado debido a la introducción de la automatización y nuevos procesos químicos que respondiesen al cuidado ecológico, además de las técnicas de CAD / CAM; hasta entonces, la ventaja tecnológica se fundaba todavía en el saber estrictamente técnico y su constante perfeccionamiento. Sin embargo, a partir de la segunda mitad de la década, los factores no específicamente tecnológicos o, por lo menos, no particulares a la industria del cuero/piel, ganaron preponderancia: el marketing y la comercialización bajo el modelo global aplicable a los bienes de consumo (commodities). Actualmente, factores como la marca, contactos bien establecidos, la promoción y el poder financiero son estratégicamente más importantes que el conocimiento tecnológico aplicable a la producción.

El proceso de globalización comenzó con la reubicación gradual del procesamiento de la piel y de las actividades manufactureras en torno a este insumo; primero, desde Europa occidental y los Estados Unidos hacia Asia (Pakistán, Corea del Sur, India), para después emigrar aún más lejos en el oriente (China, Indonesia, Vietnam). Aparentemente, esta reubicación sigue en curso al mismo tiempo que las grandes multinacionales se mueven todavía hacia locaciones como Europa oriental y Asia central (Kazajastán, Kyrgyztan, Uzbekistán).

Algunas compañías de renombre incluso han comenzado a abandonar la comercialización mientras surgen nuevos consorcios globales, aquellos fabricantes que no estén listos para transitar agresivamente a la comercialización global enfrentarán serios problemas. Otros más exitosos se concentrarán en actividades de alto rendimiento financiero, sin abandonar a su clientela leal, como la promoción y la cadena de abastecimiento global. Concentrarse en la venta de productos terminados de piel sigue siendo un buen negocio, pero la sola manufactura ha dejado de ser atractiva para los actores dominantes. Claramente, el marketing es ahora el núcleo del negocio de la piel. Los principales jugadores poseen la información sobre comercialización a nivel global, todo ello sobre un amplio poder financiero para conducir campañas monumentales, al mismo tiempo que se nutre la base de capital de trabajo para el desarrollo de sistemas integrados de proveeduría a escala global, donde la piel terminada es como cualquier bien de consumo. En suma, la industria del cuero y piel está ahora tan globalizada como la del calzado y, en ella los principales jugadores han integrado una auténtica cadena global de valor, concentrando las actividades de desarrollo de producto de alto valor tecnológico añadido así como todas las relacionadas con venta y promoción, llegando incluso más adelante, hacia la distribución, comercialización y venta al consumidor final, donde sea que éste se encuentre.

En cuanto a la estandarización del producto, ésta también ha sufrido los efectos de la globalización, en la medida en que el acento más importante ya no es el de la calidad técnica. Mientras que en la década de los sesenta, calidad significaba durabilidad y confort –es decir, cualidades bien definidas de tipo físico, funcional e higiénico- hoy día los productos de piel y la piel misma están sujetos a las normas y ciclos impuestos por la moda, la capacidad de marketing, el retorno sobre inversión y la competitividad medida por el hallazgo de nuevas opciones que maximicen el retorno sobre la inversión. Pero más importante aún, es subrayar el hecho de que la calidad y la estandarización de la piel son ahora una función del ciclo de obsolescencia que caracterizan al calzado en los segmentos de moda o a la propia industria textil.

Por otra parte, existe consenso en la industria de manufactura y la comercialización sobre un nuevo y notable desarrollo en las industrias referidas al fenómeno de la moda: la manipulación mercadotécnica de los gustos del consumidor. En el mundo de la piel, esto significa que el balance de poder está inclinándose a favor de los proveedores de químicos (aplicables a los terminados y la coloración), así como a los proveedores de fibras textiles. Así, las principales características de los productos que llegan a este caprichoso mercado se definen con dos y hasta tres años de anticipación. Estas especificaciones genéricas se pasan entonces a los equipos encargados de la promoción y el mercadeo de lo que debe verse ante los ojos del consumidor como moda. Lo anterior tiene como principal efecto el que los productores de la piel estén ahora liderados por sus proveedores y no por los comercializadores de artículos de piel o ni siquiera de calzado.

En la cima de la globalizada industria de la piel, esto ya no sorprende, si bien implica un cambio sustancial en la estrategia competitiva de los demás actores. Ahora las principales tenerías internacionales saben con anticipación lo que van a ofrecer bajo el concepto de nuevos colores, y hasta las preferencias en cuanto a consistencia, tacto, textura y acabado se refiere con los que preparan los pedidos por ofrecer en el mercado internacional. Algo parecido ocurre en el segmento de proveeduría de componentes como tacones, suelas, y herrajes entre otros, aunque parezca discutible, existe una clara redistribución de poder a nivel global a favor de los principales inversionistas detrás del motor global de las industrias de la piel y textil, para quienes en términos estrictamente financieros la rotación constante de producto es una máxima.

Identificar oportuna y apropiadamente a estos compradores, o empresas líderes de la comercialización de la cadena global de valor, es fundamental para los actores clave del cluster local, puesto que determinan cuestiones cruciales como qué empresas o clusters a nivel mundial han de incorporarse en su cadena global de valor; a qué segmentos de mercado se ha de volcar su cadena global de valor; y qué funciones se asignará a los productores del cluster local dentro de esta cadena global. Finalmente, y de manera determinante para el futuro competitivo de los productores, las empresas líderes en la cadena global de valor tienen a menudo la capacidad o la intención de reservarse el derecho de decidir en qué áreas se puede permitir a los productores escalar sus capacidades y valor añadido.

Bajo este panorama de inserción heterogénea al mercado global, una estrategia de competitividad sustentable para el conjunto de empresas locales basada en un gran esfuerzo para desarrollar el carácter IFA y que además han alcanzado un alto nivel de eficiencia en la integración de la cadena de valor a nivel del cluster, no es suficiente. Para insertarse competitivamente en una Cadena Global de Valor, deben además aspirar siempre a aumentar el valor añadido de su producción, en nuevos nichos de mercado con productos de mejor precio en niveles de calidad cada vez más altos. En este sentido, la forma en que se insertan en la cadena de valor debe siempre obedecer a este objetivo de escalamiento o aumento del valor de su producción. Ahora bien, desde el punto de vista estratégico, existen cuatro posibles rutas de escalamiento del valor añadido de la producción de las empresas que integran el cluster local:

1. **Escalamiento de procesos.** Se debe aumentar la eficiencia de los procesos de tal manera que sean mejores que los de la competencia, tanto al interior de los eslabones de la cadena de valor (por ejemplo, al darle más vueltas al inventario o disminuir el desperdicio de los materiales), como en la articulación entre los eslabones de la cadena de valor (tal como se ve reflejado en la entrega de más pedidos, en menor tiempo, justo a tiempo y en volúmenes más pequeños).
2. **Escalamiento del valor de la producción.** Esto implica introducir nuevos productos o la mejora de productos viejos de manera más rápida que la competencia; lo cual a su vez requiere adaptar o cambiar procesos orientados al desarrollo de productos tanto al interior de cada eslabón de la cadena de valor como en las relaciones entre ellos.
3. **Escalamiento funcional.** Se requiere modificar la combinación de roles o actividades al interior de la empresa con el fin de añadir valor a la producción (por ejemplo al concentrar o subcontratar las responsabilidades referidas a la contabilidad, la logística o el control de calidad), así como el desplazamiento del eje rector de las actividades de la empresa hacia distintos eslabones de la cadena de valor (de la manufactura al diseño, por ejemplo).
4. **Escalamiento completo de la cadena de valor del cluster local.** Esto implica el cambio completo en el eje de actividad del cluster, siempre hacia la producción de bienes de mayor valor añadido: por ejemplo de la producción de transistores para radios hacia la manufactura de aparatos electrónicos complejos como televisores, monitores de computadoras y finalmente receptores telefónicos inalámbricos

4.3.2 El escalamiento de valor como estrategia

La estrategia de competitividad consiste en aumentar el valor agregado en la cadena de valor a través de una estrategia de escalamiento (upgrading) en donde los eslabones de innovación y marketing son estratégicos. El mejor ejemplo de esto es el caso de Motorola que presentamos en el siguiente recuadro.

Caso Motorola en China

Motorola es la compañía electrónica extranjera más grande en China y es líder en la producción y exportación de alta tecnología en el mismo país. Los caminos que ha seguido Motorola para incrementar sus operaciones han sido:

- Inversión y transferencia de tecnología: en 1999 creo un instituto de investigación en Beijing para supervisar sus centros de I+D (con un total de 1000 empleados). Cabe mencionar que algunos de los últimos modelos de teléfonos celulares fueron creados, diseñados y producidos en China combinando tecnología de comunicación inalámbrica y acceso a Internet.
- Proveedores locales: Motorola asiste a los proveedores locales en mejoras en el management, eficiencia y control de calidad, mientras que al mismo tiempo los pone en contacto con compradores extranjeros.
- Motorola también ha formado alianzas estratégicas con universidades, instituciones y empresas en proyectos de I+D de alta tecnología chinas.

En el 2001, Motorola estableció una nueva estrategia de cinco años: "2+3+3". Los dos primeros años se refieren a la construcción de China dentro del mundo manufacturero con una base de I+D. Después, los tres años siguientes se refieren al crecimiento de las tres nuevas áreas: semiconductores, banda ancha y sistemas de conductores en los cuales Motorola ha sido el líder en el mercado mundial. Finalmente, los últimos tres se refieren a la inversión de 10 mil millones de dólares en el 2006 en el país. Motorola planea incrementar sus gastos de I+D y la contratación en el 2006 de 4,000 investigadores. En cuanto a la producción, la base manufacturera de Motorola en Tianjin está programada para ser transformada en dos partes, Primero en un centro de producción de semiconductores el cual producirá principalmente semiconductores avanzados para apoyar la comunicación inalámbrica, automóviles electrónicos y el consumos de electrónicos avanzados; y segundo en la base de producción en comunicaciones asiáticas la cual produce los últimos modelos de teléfonos celulares de alta calidad y de tecnología digital. Motorola ha disfrutado de varios tratos preferenciales, particularmente los incentivos orientados a la exportación y la IED de alta tecnología.

Fuente: Elaborado por CECIC con datos del Reporte Mundial de Inversión 2002 de la UNCTAD

Recuadro 4.5

Ahora bien, la imperiosa necesidad de escalar el valor de la producción requiere de un tipo específico de jugador competitivo. Desde nuestra perspectiva la estrategia de la competitividad sustentable requiere de una empresa con los tres atributos de tipo IFA. El desarrollo de este nuevo tipo de empresa requiere por lo tanto articular tres perspectivas y análisis en el mundo de hoy, las organizaciones de aprendizaje (learning organizations), la gestión del conocimiento (knowledge management), y la ventaja competitiva sustentable en un enfoque integral de la organización y el negocio (nueva empresa).

Volviendo sobre la perspectiva de Ohmae, al definir la estrategia como "las acciones que fortalecen la competitividad relativa de la empresa respecto a sus competidores" (Ohmae, p. 77), planteamos una perspectiva de mayor alcance, pues más que acciones, la estrategia contempla el desarrollo de los atributos que debe tener la empresa del futuro para enfrentar los nuevos impulsores del mundo de la economía y los negocios del siglo XXI (la era del conocimiento, la globalización y el cambio), en el nuevo juego de la hipercompetencia en mercados globales, abiertos e interdependientes basados en el capital intelectual como el factor estratégico de la ventaja competitiva sustentable.

El nuevo juego de la hipercompetencia obliga a las empresas a adoptar una estrategia basada en el establecimiento de una OI^2CA – Organización Inteligente de Innovación y de Continuo Aprendizaje, que forme capital intelectual como la base de la competitividad con capacidad y velocidad de respuesta organizacional, y por el otro lado capaz de crear negocios flexibles en la producción y ágiles en la comercialización, de modo que pueda estar siempre adelante satisfaciendo al cliente con trajes a la medida, no sólo por costo, calidad y servicio. Esto significa también que la empresa tiene que trabajar con sistemas integrales e inteligentes de manufactura y mercado (marketing), es decir bajo un enfoque de proceso y no de actividades. La ventaja competitiva sustentable consiste es integrar los procesos de las diferentes actividades desde que entra un pedido hasta que llega el traje a la medida, al final lo que le interesa es el producto – servicio al cliente – solución de problemas – alianzas.

La fuente de la ventaja competitiva sustentable reside en la capacidad de aprender y crear conocimiento, para traducirlo en innovación productiva aplicado al negocio –tanto en la producción como en la comercialización de bienes y servicios y haciendo esto siempre más rápidamente que los competidores.
Esta capacidad se resume en el concepto de capital intelectual. Éste es el factor estratégico para producir el conocimiento e innovación productivos y puede ser desarrollado, mediante el establecimiento, al interior de la empresa, de células y centros virtuales del aprendizaje y creación de conocimiento productivo. Estos mecanismos además requieren desarrollar los atributos IFA de la empresa: organización Inteligente, con creciente Flexibilidad productiva y Agilidad comercial. Ello, a fin de enfrentar exitosamente los impulsores del cambio en el presente siglo XXI.

4.4 El Diamante Estratégico IFA

Diamante estratégico IFA: Producto- Mercado-Empresa Competitiva Sustentable – Cadena Global de Valor

Empresa Competitiva Sustentable (IFA)

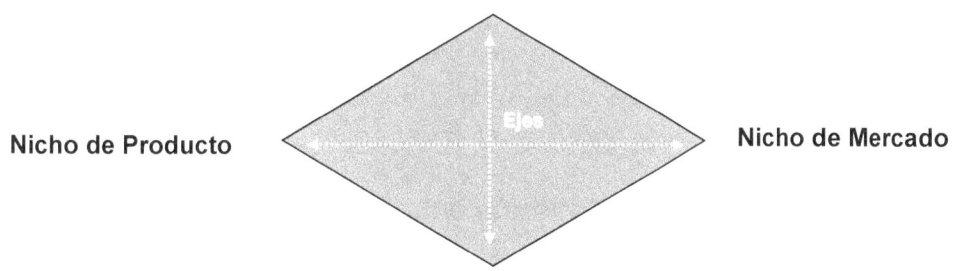

Nicho de Producto   Nicho de Mercado

El Sistema IFA de la Cadena Global de Valor

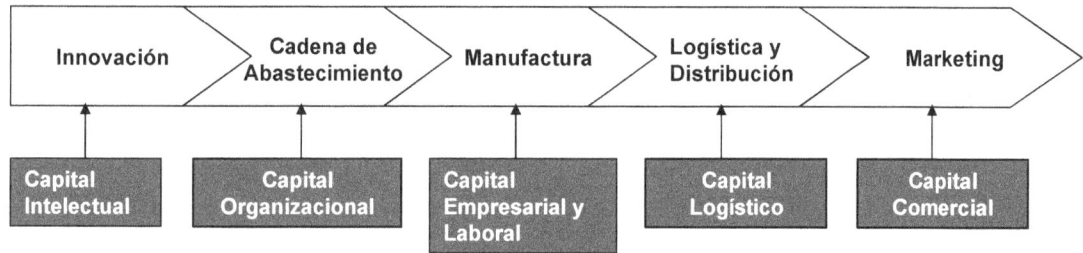

Fuente: Villarreal, René y Rocío. *México Competitivo 2020: Un Modelo de Competitividad Sistémica para el Desarrollo*. Edit. Océano. México, 2001

Gráfica 4.2

De cara al fenómeno de la hipercompetencia global, las empresas deben actuar estratégicamente, si han de desarrollar y mantener una ventaja competitiva sustentable. Es así que planteamos una estrategia basada en el Diamante IFA: producto-mercado-empresa competitiva sustentable-cadena global de valor. Tal como muestra la gráfica anterior, este diamante resume las siguientes consideraciones estratégicas centrales.

En primer lugar se encuentra la estrategia de producto. En este caso y dadas las características del producto, es importante visualizar en qué tipo de producto es en el que debemos de especializarnos. En segundo lugar se encuentra el posicionamiento de mercado. La empresa debe concentrarse en los grandes mercados, tanto en los más sofisticados como en aquellos cuya proximidad implique una ventaja logística adicional.

Veamos ahora con mayor detenimiento dos de los componentes del diamante estratégico IFA: el desarrollo de la empresa competitiva sustentable y el Sistema IFA Integral Inteligente de Innovación, Manufactura y Marketing a lo largo de la cadena de valor.

4.5 La empresa IFA

Una vez que hemos planteado la distinción entre la estrategia y las herramientas de eficiencia operativa; además de subrayar la distinción entre el comportamiento táctico competitivo y el comportamiento estratégico, esbozando la importancia que tiene el desarrollar una estrategia IFA basada en el Diamante estratégico IFA: Producto-Mercado-Empresa Competitiva Sustentable-Cadena Global de Valor, explicaremos con mayor detenimiento –retomando los elementos esbozados anteriormente- el proceso de desarrollo de la empresa competitiva sustentable IFA.

Adoptar una estrategia para el desarrollo competitivo de la empresa no se refiere solamente al desarrollo de las acciones para fortalecerla respecto a sus competidores (como decía Ohmae) o la estrategia de selectividad de sus actividades competitivas (como dice Porter), sino a los atributos que la ECS debe desarrollar. La estrategia para desarrollar una ECS requiere del arte de integrar de manera orgánica y sistémica a la gente (el capital humano del conocimiento), la tecnología (el capital informático) y el capital organizacional para formar una organización inteligente con tres atributos:

1. De aprendizaje continuo
2. Innovadora
3. Con capacidad de respuesta al cambio; capaz de formar, acumular y utilizar plenamente el capital intelectual como factor estratégico de la competitividad en la nueva economía del conocimiento

Sin embargo, tampoco esto es suficiente; se requiere además que la empresa sea flexible en la producción y ágil a la comercialización para enfrentar el mundo del cambio y la hipercompetencia global. Por lo tanto, la estrategia para fortalecer y desarrollar las capacidades de competitividad sustentable de la empresa del siglo XXI, debe de buscar los atributos en la organización y el negocio para enfrentar los tres impulsores del cambio y del nuevo juego de la hipercompetencia basado en el Capital Intelectual como fuente de competitividad sustentable en la era del conocimiento y la mentefactura.

Desde esta perspectiva, el reto es de gran envergadura: hallar la estrategia de competitividad sustentable para una empresa en el nuevo mundo de la economía y los negocios, caracterizados por la era del conocimiento y la información - que ha dado lugar a la mentefactura -, la era de la globalización de los mercados abiertos e interdependientes (en la producción, en el comercio, en las finanzas, en la tecnología y en la información) y definidos además por el cambio continuo, donde la velocidad y la complejidad han hecho que el mundo sea de mayor incertidumbre y menor predictibilidad. ¿Cómo preparar una estrategia para la empresa que pueda enfrentar exitosamente este entorno, que ha generado al mismo tiempo una nueva competencia internacional que le podríamos llamar la "hipercompetencia por la ventaja competitiva sustentable"?

En el mundo de hoy la ventaja competitiva no sólo se obtiene por mínimo costo, calidad total o servicio integral al cliente, ni mediante productos diferenciados; éstas son sólo componentes de la ventaja competitiva básica y representan el 'boleto de entrada' para acceder a los nuevos mercados globalizados e interdependientes. El reto es cómo mejorar la posición relativa dentro de un mercado dinámico en el que el resto de los competidores también buscan defender su posición dentro del mismo; es encontrar cómo se obtiene una ventaja competitiva sustentable en esta nueva era. La respuesta a esto último es, aumentando la capacidad y velocidad para aprender y crear conocimiento e innovación productivos, y aplicarlos al negocio más rápido que los competidores, lo que permite cerrar la brecha de la competitividad con el líder (que va adelante) y ampliarla con el que viene atrás en la hipercompetencia global.

El objetivo ahora ya no es "administrar empresas", sino desarrollar empresas competitivas sustentables que permita "montarse en" más que enfrentar los tres impulsores del nuevo mundo de la economía y los negocios del siglo XXI con los atributos de la ECS dados por la empresa IFA. Tal como hemos dicho, la estrategia IFA se caracteriza por crear una empresa con una Organización Inteligente en su management o gestión, con un Negocio Flexible en la producción y Ágil en la comercialización para enfrentar los tres impulsores del cambio. La organización inteligente, a su vez, desarrolla tres atributos estratégicos para la nueva era del conocimiento y la mentefactura y del cambio continuo, esto es:

1. Forma, utiliza y acumula capital intelectual como el factor estratégico de la competitividad sustentable.
2. La organización inteligente aprende y crea conocimiento e innovación productivos aplicados a la empresa a través de la utilización plena del capital intelectual; y lo hace de una manera continua y permanente a través de una organización de aprendizaje y de creación de conocimiento productivo basado en células de aprendizaje y centros virtuales de desarrollo del aprendizaje y conocimiento productivo.

3. Desarrolla una nueva capacidad y velocidad de respuesta organizacionales para anticipar y enfrentar los cambios en menor tiempo que la competencia lo que requiere visión periférica (ver que pasa alrededor) para determinar que ajustes requiere la estrategia y de flexibilidad organizacional, y hacer los cambios que marca el mercado (competidores) para enfrentar de mejor manera que la competencia a los tres impulsores de la nueva era del conocimiento y los negocios del siglo XXI.

Desde la perspectiva de los atributos del negocio, para desarrollar las empresas competitivas y sustentables en la batalla de la hipercompetencia, se requiere que sean flexibles en la producción y ágiles en la comercialización, basados en sistemas integrales e inteligentes con enfoque en procesos para satisfacer al cliente en un mundo de producción personalizada, más que en la sola eficiencia de las actividades específicas de la cadena de valor.

El sistema flexible de la producción se caracteriza por las 3M's: Multiproducto, Multiproceso y Multihabilidades. Para poder enfrentar un mundo de cambio continuo y permanente, se requiere no solo la planeación bajo escenarios, sino tener la capacidad productiva y comercial para orientar el negocio a los escenarios más viables cuando éste se encuentra en un mundo de turbulencia e impredecibilidad. Por otra parte, para que los nuevos negocios sean flexibles en la producción deben de cumplir con las 3M's; en un mundo de cambio continuo e incierto, la planeación bajo escenarios no es suficiente, la cuestión es la capacidad de la organización para que cuando el piloto esté volando y el escenario cambie de un viento a favor a un viento en contra y con turbulencia, pueda reorientar el avión y tenga la capacidad para cambiar de ruta, y la tripulación, es decir la organización, tenga la flexibilidad, agilidad y capacidad para reorientar también, el avión, hacia otro punto que les sea más favorable. Esto es lo que requiere principalmente en términos de flexibilidad productiva multiproducto, multiproceso y multihabilidades cuando el mercado está cayendo en productos de ciclos cada vez más cortos y con precios más bajos.

Tomemos el ejemplo de una compañía en la industria del papel periódico, la manera de enfrentar la turbulencia de los cambios súbitos en el mercado es poder variar en la producción entre distintas clases de papel como el directorio, papel bond, etc., y tener un sistema flexible. Los cambios son drásticos, la única manera de enfrentarlos son con sistemas flexibles de producción multiproducto. Cuando se producen cambios imprevistos en los mercados de la materia prima, la empresa requerirá procesos diferentes para minimizar el costo, mejorar el producto o poder variar el producto. Finalmente esto requiere tener multihabilidades de los trabajadores, por eso hablamos de que un sistema flexible en la producción requiere de las 3M's, Pero a su vez, también se requiere de un nuevo negocio que sea ágil en la comercialización para que tenga capacidad para llegar primero a ser el traje a la medida al cliente, esto es, poder localizar el nicho – cliente, producto – servicio – solución integral, más rápido que la competencia, esto implica que al cliente de hoy de la nueva era de mass customization (producción personalizada), haya que hacerles trajes a la medida encontrando el nicho del mercado y desarrollando el producto que tenga las características costo – calidad, servicio y alianza estratégica adecuada que lo hace más favorable con respecto a la competencia. De esta manera se tiene lo que es la estrategia para el desarrollo de empresas competitivas en el nuevo mundo, desarrollando las habilidades de una organización y los atributos de una empresa IFA- La táctica operacional es similar a enfrentar en la realidad cual es la prioridad específica para poder ir fortaleciendo y aumentando la innovación y el conocimiento productivo. Por otro lado, la agilidad comercial es estratégica para atender a las necesidades del cliente en la nueva era de productos personalizados (mass customization), en donde lo que se vende es un producto – servicio integral – solución del problema, que es crear un "traje a la medida" del cliente en los mercados globales de hipercompetencia con ciclos de vida de los productos cada vez más cortos. De aquí la necesidad de desarrollar el atributo de agilidad comercial en las empresas.

- Estrategia para el desarrollo de la empresa competitiva sustentable: IFA

Como se puede observar, a diferencia del modelo de Porter, la organización de aprendizaje (learning organization) y la gestión del conocimiento no son, en este caso, simples herramientas de la efectividad operacional de los negocios, sino son parte de la nueva naturaleza de la empresa IFA que permite articular y desarrollar un nuevo concepto integral que es la Organización Inteligente de Innovación y de Continuo Aprendizaje (OI^2CA), orientada a la creación del conocimiento e innovación productivos como la base para la acumulación del capital intelectual, la cual lleva a cabo negocios NEFA, lo que permite finalmente mantener la ventaja competitiva sustentable (Ver Gráfica 4.3).

Por otra parte, en la nueva estrategia resulta fundamental la formación y desarrollo del capital intelectual como factor estratégico de la competitividad en la nueva era del conocimiento y la mentefactura, y la clave del capital intelectual es que no se puede comprar ni asociar, el capital intelectual se cultiva, solamente a través de una OI^{2}CA que es una Organización Inteligente de Innovación y de Continuo Aprendizaje, que organiza e integra el capital humano del conocimiento con el capital informático de las nuevas tecnologías de la información, la comunicación y la manufactura computarizada con un nuevo enfoque organizacional orientado dentro del enfoque TACA para Trabajar, Aprender, Crear y Aplicar el conocimiento productivo. Debemos agregar para desarrollar el conocimiento compartido base de la materia prima para la creación del conocimiento e innovación productivos. De aquí la importancia de entender que la organización de aprendizaje y los enfoques de la gestión del conocimiento no son simples herramientas de eficiencia sino el corazón de la empresa organizado en una OI^{2}CA bajo el enfoque del capital intelectual, el mecanismo y el proceso para crear éste que nos da a su vez la fuente de la competitividad sustentable. Ya que el capital intelectual no se puede comprar o copiar, el efecto de competitividad es más poderoso.

Estrategia para el desarrollo de la ECS

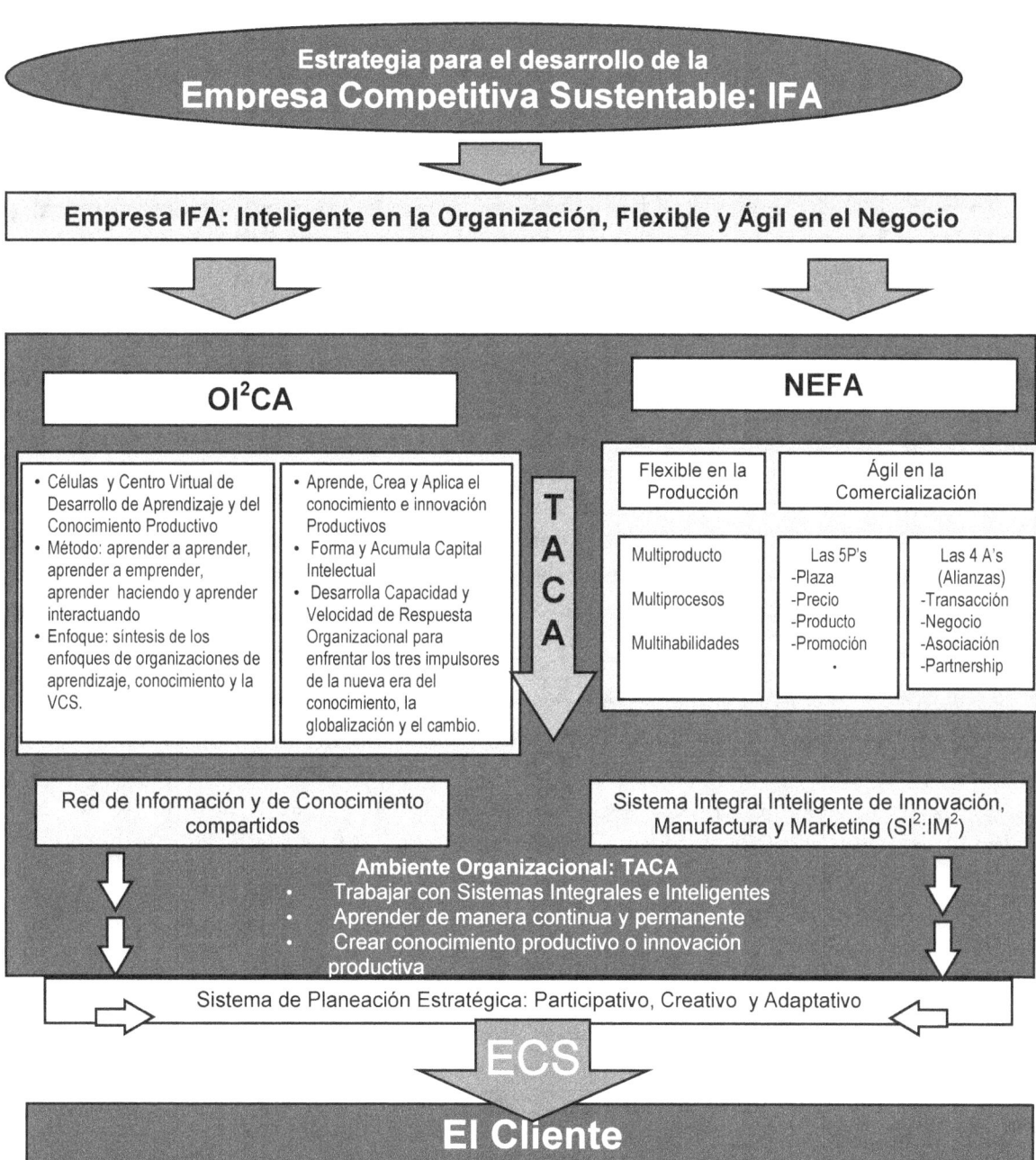

Estrategia para el desarrollo de la Empresa Competitiva Sustentable: IFA

Empresa IFA: Inteligente en la Organización, Flexible y Ágil en el Negocio

OI²CA

- Células y Centro Virtual de Desarrollo de Aprendizaje y del Conocimiento Productivo
- Método: aprender a aprender, aprender a emprender, aprender haciendo y aprender interactuando
- Enfoque: síntesis de los enfoques de organizaciones de aprendizaje, conocimiento y la VCS.

- Aprende, Crea y Aplica el conocimiento e innovación Productivos
- Forma y Acumula Capital Intelectual
- Desarrolla Capacidad y Velocidad de Respuesta Organizacional para enfrentar los tres impulsores de la nueva era del conocimiento, la globalización y el cambio.

TACA

NEFA

Flexible en la Producción	Ágil en la Comercialización

Multiproducto	Las 5P's	Las 4 A's
Multiprocesos	-Plaza	(Alianzas)
	-Precio	-Transacción
Multihabilidades	-Producto	-Negocio
	-Promoción	-Asociación
	.	-Partnership

Red de Información y de Conocimiento compartidos

Sistema Integral Inteligente de Innovación, Manufactura y Marketing (SI²:IM²)

Ambiente Organizacional: TACA
- Trabajar con Sistemas Integrales e Inteligentes
- Aprender de manera continua y permanente
- Crear conocimiento productivo o innovación productiva

Sistema de Planeación Estratégica: Participativo, Creativo y Adaptativo

ECS

El Cliente
Producción Masiva Personalizada al Cliente
(Mass Customization)

Fuente: Elaborado por CECIC
Gráfica 4.3

La OI^{2}CA desarrolla y requiere del capital intelectual como factor estratégico de competitividad, y que a su vez tenga capacidad y velocidad de respuesta organizacional para manejar negocios flexibles en la producción y ágiles en la comercialización. Estos negocios requieren ser manejados bajo el sistema integral inteligente de manufactura y marketing, no se pueden manejar con el enfoque de Porter u Ohmae de separar la actividad del proceso de la que da la competitividad. Aunque se pudiera dividir el sistema de valor, la clave de la competitividad es cómo darle al cliente el producto, servicio, calidad integral y calidad del problema con una perspectiva de "traje a la medida" (tailor made), de una mejor manera que los competidores y en una base a una continua de innovación en el proceso. Esto es entonces la clave de la competitividad.

Cuando hablamos de la estrategia para el desarrollo de empresas competitivas sustentables (ECS), nos referimos a encontrar las fortalezas que le dan a la empresa mayor competitividad relativa frente a sus competidores a una empresa. Esto es lo que definimos como estrategia en nuestro modelo que se caracteriza por crear empresas tipo IFA, que en su organización sean inteligentes, en sus negocios flexibles y ágiles en la comercialización. El que sean inteligentes implica que sean de tipo OI^{2}CA, que son organizaciones que aprenden y crean conocimiento e innovación productivos constantemente en las diferentes áreas de producción y comercialización para siempre hacer los mejores trajes para el cliente, y lo aplican al negocio a través del capital intelectual como el factor estratégico, donde lo enfocan, desarrollan y operan a través de sistemas integrales e inteligentes de manufactura y marketing, crean capital intelectual para la producción del conocimiento e innovación productiva y desarrollan capacidad y velocidad de respuesta organizacional más rápida que el competidor para enfrentar los cambios en el mercado y en la economía global.

- Las Células del Conocimiento

El capital intelectual es la interacción de capital humano del conocimiento, capital informático y capital organizacional. La pregunta es entonces ¿Cómo se acumula este capital? Para su desarrollo se requieren células de aprendizaje y creación del conocimiento productivo; son las células estratégicas en la organización las que desarrollan nuevos productos y nuevos procesos tecnológicos, mientras que las células básicas manejan y se dedican a la maquinaria, equipo y mantenimiento; con el tiempo van acumulando el conocimiento y desarrollando sus capacidades individuales y de grupo.

Las células del conocimiento permiten a la organización aprender e innovar en cada una de las etapas de la cadena del valor, pero adicionalmente enfocarse en los procesos, no son actividades tradicionales de logística y producción. Por ejemplo, cuando estamos hablando de la célula de nuevos productos o del sistema de manufactura y marketing, nos referimos a la célula de manufactura y marketing que está a su vez basado en células de aprendizaje, en un centro virtual de desarrollo del aprendizaje y del conocimiento productivo, bajo el enfoque TACA, por el cual las personas van a:

- **T**rabajar
- **A**prender
- **C**rear conocimiento productivo
- **A**plicar el conocimiento productivo al negocio

Esta es la esencia de la nueva estrategia de competitividad sustentable que se presenta en este libro. La pregunta ahora es ¿cómo se logra esa capacidad para aprender y crear conocimiento e innovación productivos más rápido que el competidor? La clave es el nuevo tipo de empresas IFA, que caracterizan los tres atributos de la nueva empresa del mundo de la economía y los negocios del siglo XXI.

En este sentido no hay que perdernos en la cuestión estratégica, que con sistemas integrales de procesos para dar la flexibilidad y efectividad operativa a la empresa y con ello enfrentar la producción de bienes y servicios personalizados a los clientes, en la nueva era de mass customization. Para enfrentarse, debe encontrar el nicho-cliente proceso-producto integral que es la clave del negocio. Hay que responder al cambio en la competencia, en los gustos del consumidor, innovándose para ello, siempre existen opciones adicionales que ofrecer. El proceso fundamental no sólo es llegar por un momento y posicionarse dentro del mercado, sino sostenerse y mejorar relativamente frente al jugador líder como con el que va atrás, esto es lo que da la ventaja competitiva sustentable.

En el libro "Enfoque Visionario" de Theodore B. Kinni y Al Ries se analiza el éxito de 21 empresas en el siglo XX para identificar cuáles son los componentes esenciales para alcanzar el éxito corporativo en el siglo XXI, en qué compañías pueden verse con mayor claridad dichos componentes y cómo se puede aprender y aprovechar sus ejemplos. Los autores concluyen que una compañía exitosa tiene como base bases son la innovación y el cambio continuo y más rápido que la competencia entre otras cosas. Esto lo podemos ver de manera breve y clara en el siguiente recuadro.

Enfoque Visionario

Theodore B. Kinni y Al Ries se seleccionaron 21 empresas, que según sus criterios rígidos: crecimiento de los ingresos, de las ganancias, del valor de mercado y en la globalización; y flexibles: innovación en el marketing, innovación tecnológica, grado de enfoque y proyección a futuro, fueron las más exitosas en el siglo XX. Entre estas compañías aparecen las siguientes: Bertelsmann, 3Com, Nokia, Intel, Nucor, Microsoft, Nintendo, Heineken, Glaxo, Toyota y Quebecor.

Las compañías que han logrado el éxito, pero sobretodo mantener su posición en el mercado mundial tienen en común las siguientes características:

- Están completamente enfocadas: En un mundo donde los límites geográficos son cada vez menos importantes, donde el ritmo del progreso tecnológico es cada vez más acelerado y donde las expectativas de los clientes son cada vez mayores, no es de sabios distraer la atención ni los recursos en negocios que no tengan nada que ver entre sí.

- Mejoran constantemente su desempeño, cambian su estilo y su estrategia con el paso del tiempo: Ofrecen a sus clientes las mejores opciones para satisfacer sus necesidades.

- Innovan en forma continua: Ya sea en el modelo de negocio; en el proceso operativo y de distribución o a través de productos y servicios, la innovación es una tarea que nunca acaba y que toda compañía exitosa busca con tenacidad y dedican a ella gran parte de sus esfuerzos y recursos.

- Se globalizan: Recurrir a la expansión global como una protección contra los caprichos de los políticos y los altibajos que sufren regularmente las economías de todas las naciones.

En pocas palabras, los autores dicen que una compañía exitosa que se mantiene en el poder reúne las mismas características: está enfocada, es innovadora y proteica, es decir puede adoptar y adaptarse a los cambios inevitables que enfrenta sin perder identidad.

"Una compañía visionaria tiene el cuidado de preservar y proteger su ideología central, aunque todas las manifestaciones específicas de dicha ideología deban mantenerse abiertas al cambio y a la evolución", escribieron Jim Collins y Jerry Porras, en el libro "Built to Last" , como conclusión a un estudio de seis años sobre compañías que han disfrutado el éxito por mucho tiempo.

Fuente: Elaborado por CECIC con datos del libro "Enfoque Visionario" de Theodore B. Kinni y Al Ries

Recuadro 4.6

4.6 El Desarrollo del Sistema IFA a lo largo de la Cadena de Valor: el Sistema Integral e Inteligente de Innovación-Abastecimiento-Manufactura-Logística-Marketing

La estrategia para el desarrollo de la ventaja competitiva sustentable requiere, antes que nada, de contar con empresas competitivas sustentables tipo IFA. No obstante, la competitividad a nivel de la empresa es el punto de partida, pues es la empresa la que finalmente tiene que competir en el mercado global (interno y externo), mediante una estrategia integral de negocios en el nuevo juego dentro de la cadena global de valor. Esto, sin soslayar que además requiere de una competitividad sistémica e integral, es decir, factores positivos en su entorno en los niveles mesoeconómico, macroeconómico, internacional, institucional y político social.

Como resultado del avance del fenómeno de la hipercompetencia global en los mercados locales, tal como se manifiesta en los sectores de manufactura intensivos en mano de obra, como el de la industria maquiladora, en varios lugares se ha deteriorado paulatinamente el valor de la producción, lo mismo que del factor trabajo. Es decir, se ha generado una reducción en los salarios relativos de la mano de obra empleada, como si se tratara de una carrera competitiva entre países, regiones y clusters por pagar cada vez menos a los trabajadores. No obstante, en casi todos los segmentos de producto de las industrias intensivas en mano de obra a nivel mundial, el principal retorno económico dentro de la cadena de valor se encuentra en eslabones adyacentes al de manufactura, tales como los del diseño, el desarrollo de marca y el de marketing. ¿Cuál es la implicación estratégica de este fenómeno?

Como ya se mencionó, que el primer reto estratégico es el de escalar el valor de la producción de nuestra empresa, que debe ser competitiva y sustentable bajo el modelo IFA, a fin de participar en el juego competitivo dentro de la cadena global de valor. Adicionalmente se requiere de la organización IFA en la articulación empresarial a lo largo de la cadena de valor. Es decir, un sistema inteligente en su capacidad para aprender, registrar información con memoria y desarrollar nuevos productos; y dando respuesta al cambio del mercado, con flexibilidad en la producción para adaptar los nuevos productos y procesos en línea y la agilidad comercial (capacidad logística) para poner frente al cliente un servicio basado en la práctica de las 5 C's: el producto correcto, en la cantidad correcta, en el tiempo correcto, en el lugar correcto y al precio correcto. Para que esto sea posible, es indispensable que exista un nivel mínimo de eficiencia en la articulación productiva a lo largo de la cadena de valor, no sólo dentro de cada uno de sus eslabones, compuesto por empresas tipo IFA, sino también en la articulación e interacción entre los eslabones clave.

Cadena global de valor integrada

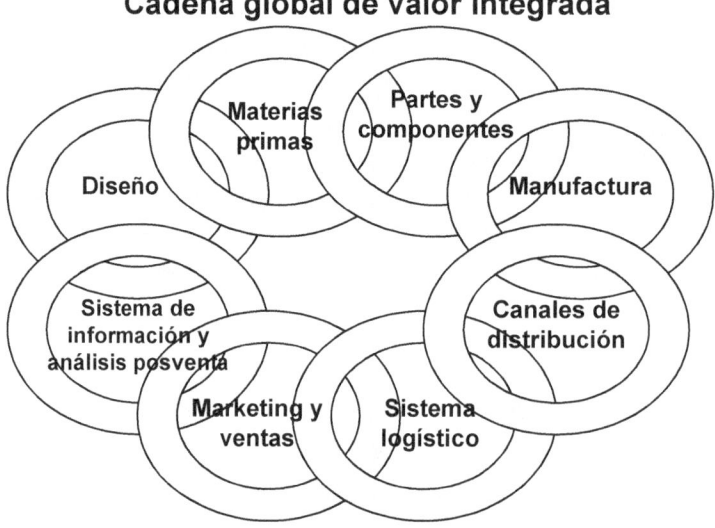

Fuente: Elaborado por CECIC
Gráfica 4.4

Para ser competitivo a lo largo de la cadena de valor se requiere:

- Ser una empresa IFA, para desarrollar los atributos que se necesitan para enfrentar la hipercompetencia global.

- Ser eficiente a lo largo de todos los eslabones de cadena de valor; pero sobre todo, potenciar la competitividad competitiva y sustentada como una estrategia de competitividad diferenciada que no sea fácil de copiar por la competencia.

- Tener un sistema IFA Integral e Inteligente de Innovación, Manufactura y Marketing a lo largo de la cadena de valor, a fin de lograr la eficiencia operativa en cada uno de los eslabones de la cadena y la eficiencia de integración en cada uno de los puntos de interconexión de la cadena de valor, que a su vez permita desarrollar eficientemente el sistema de las 5C's: hacer el producto Correcto, en la cantidad Correcta, entregando en el tiempo Correcto, en el lugar Correcto, y al precio Correcto

- Centrar una estrategia en el enfoque de la cadena de valor resalta cómo es posible, en un periodo de tiempo corto, poner nuevamente los productos mejor vendidos en la tienda del detallista. Sólo se pueden poner aquellos productos que se han manifestado con una preferencia revelada del consumidor, esto implica haber establecido con anterioridad todo un sistema de captación de los productos de mejor venta (best -sellers) al nivel del detallista, en función de las preferencias reveladas de nuestros clientes, cuya información debe llegar de manera automática al departamento de desarrollo de producto para poder establecer el esquema de nuevas órdenes y pedidos.

En otras palabras, partimos del estrecho vínculo entre el último eslabón que es el consumidor final y el detallista, con el primero que es el de diseño del producto y desarrollo de los nuevos productos, el establecimiento de los best -sellers y las reordenes de producto para lograr la eficiencia de la cadena de valor; esto implica ligar lo que denominamos capital comercial y capital intelectual, este es el primer binomio que hay que integrar en la cadena de valor y por supuesto desarrollarlos cada uno con eficiencia operativa.

Concentrarse en la optimización de la cadena de valor nos permite trascender el paradigma de eficiencia instrumental con poco contenido estratégico. Baste considerar la insistencia operativa en las herramientas gerenciales centradas en el mantenimiento de mínimo inventario. En esta perspectiva, tomemos como caso el enfoque táctico de la cadena de abastecimiento, para hacer énfasis en lo que distingue al enfoque de la cadena de valor.

Nuevo Modelo de Competitividad Internacional: de la cadena de abastecimiento a la cadena de valor

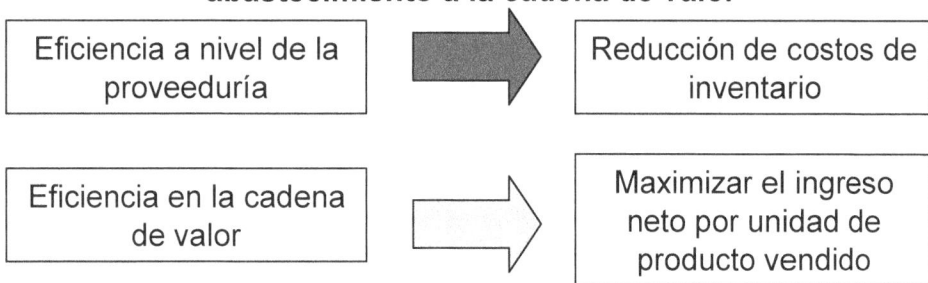

Estrategia: integración eficiente a lo largo d la cadena de valor mediante
el Sistema Integral Inteligente de Innovación-Manufactura-Marketing
Fuente: Elaborado por CECIC
Gráfica 4.5

Tal como hemos insistido acerca de la diferencia entre el pensamiento táctico y el estratégico, el modelo de la cadena de abastecimiento está soportado en herramientas operativas, como la reducción de inventarios para garantizar mínimo costo. Sin embargo, la estrategia orientada a la optimización de la eficiencia a lo largo de la cadena de valor está soportada en una estrategia completa, la del diamante IFA producto-mercado-empresa competitiva sustentable-cadena de valor. Esto está orientado, en principio, a la maximización de nuestro ingreso por unidad vendida en piso, pero sobre todo a la inserción competitiva al nuevo escenario hipercompetitivo global.

Toda empresa que decida participar competitivamente en el mercado, al margen del viejo modelo de producción masiva, estandarizada, à la China, no puede bajo ningún concepto demorar la adopción de una estrategia que combine i) el desarrollo de los productos con mayor aceptación entre los clientes finales, ii) la entrega rápida de la producción, iii) la reducción máxima del riesgo de obsolescencia del producto y iv) la reducción de los costos de mantenimiento de inventarios.

Una vez que la planeación estratégica de la empresa responde a este esquema de respuesta rápida y cobertura contra el riesgo de obsolescencia, debe asegurarse de tener un nivel adecuado de capacidad productiva. Esta capacidad productiva implica tres elementos:

- Un nivel óptimo de eficiencia operativa al interior de la empresa,
- Un nivel hipereficiente en su inserción dentro del eslabón que le toque ocupar en la cadena de valor del cluster.
- Alta eficiencia productiva en la articulación de los eslabones de la Cadena de Valor del cluster, particularmente en los segmentos de materias primas y componentes.

Cómo maximizar los ingresos netos por unidad vendida en tiendas de consumo final

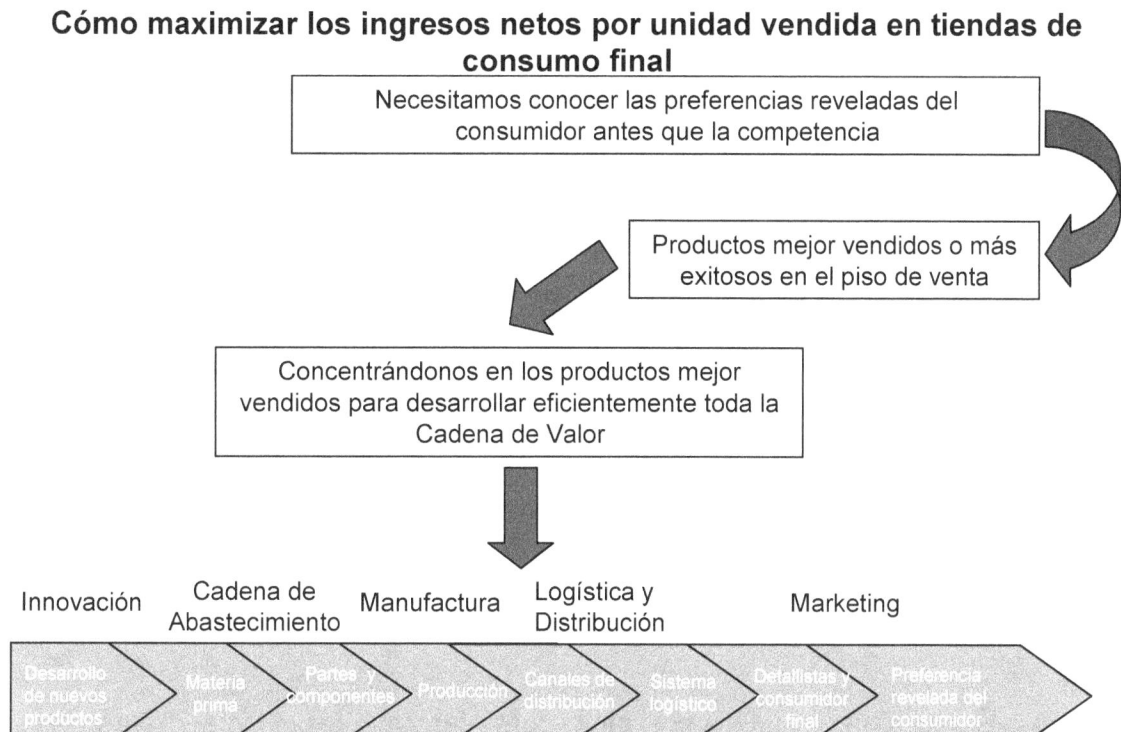

Fuente: Elaborado por CECIC
Gráfica 4.6

Un sistema de innovación, manufactura y marketing integrales e inteligentes tipo IFA, exige concentrar eficiencia a lo largo de la cadena de valor, pero diferenciarlos en el eslabón de lo que tenemos ventaja, al mismo tiempo que se aumenta la eficiencia a lo largo de la cadena. Para ello necesitamos competitividad sistémica. En primer lugar si vemos a lo largo de la cadena de valor se requiere formar capital intelectual, capital organizacional, capital productivo o tecnológico, capital tecnológico (en la parte de maquinaria y equipo) capital logístico y capital comercial).

1. Capital Intelectual: Se requiere un sistema de innovación, de aprendizaje, innovación y desarrollo de productos de primer orden, digamos directamente nuestro mercado trayendo los diseñadores del extranjero aquí, para poder integrarlos al propio mercado que estamos enfrentado.

2. Capital Organizacional: Implica organizar la cadena de materias primas y proveeduría con la manufactura, el marketing y el servicio postventa.

3. Capital Tecnológico: Debe ser productivo con un sistema flexible para mejorar diferentes productos con escalamiento productivo y aumento sostenido del capital humano de las empresas.

4. Capital Logístico: o sea, el que permite generar, desarrollar y sustentar la eficiencia competitiva de integración entre los eslabones de la cadena global de valor. Este capital tiene expresión en dos frentes; el empresarial y el gubernamental. Por lo que toca al empresarial, implica contar con los sistemas de gestión de operaciones a lo largo de toda la cadena de valor – mediante los sistemas de JIT, kan ban, etc— implica también la adopción exitosa del modelo de las 5 C's. En lo que toca al frente gubernamental, implica la existencia de infraestructura adecuada.

5. Capital comercial; que denota el desempeño de la empresa para colocar sus productos en los nichos de mercado con mayor valor, particularmente de exportación. Es el capital comercial el que explica el posicionamiento competitivo de la empresa, tal como refleja su Ventaja Competitiva Revelada (VCR).

De este panorama resulta imperativo formular una estrategia orientada al desarrollo de una Ventaja Competitiva Sustentable (VCS) en nichos bien definidos de mercado y producto. Esta estrategia debe permitir una exitosa integración de la cadena de valor al interior del cluster. Por último, la estrategia competitiva debe potenciar su inserción exitosa y competitiva en la cadena global de valor.

Referencias y Bibliografía

[1] Kenichi Ohmae. *The Mind of The Strategist: The Art of Japanese Business.* McGraw-Hill Professional Publishing. EUA, 1991. Parte I.

[2] Porter ha elaborado esta apreciación sobre la estrategia corporativa en su artículo, "What is Strategy", compilado en el libro *On Competition (The Harvard Business Review book series)*, Boston, Harvard Business School Publishing, 1998. Capítulo 2.

[3] Arnoldo C. Hax and Nicolas S. Majluf. *The Strategy Concept and Process: a Pragmatic Approach.* Prentice Hall. EUA , 1996. Pág. 14.

[4] Richard A. D'Aveni, Robert Gunther. *Hypercompetition: Managing the Dynamics of Strategic Maneuvering.* Free Press. EUA, 1994. Pág. 421.

[5] Reporte Mundial de Inversión 2002. Corporaciones Trasnacionales y Competitividad Exportadora, UNCTAD, Publicado por la ONU, Nueva York y Ginebra, 2002.

[6] Kinni, Theodore B., Al Ries. *Enfoque* Visionario. Editorial Mc Graw Hill. México 2002. 513 páginas.

[7] Gerrefi, Gari. *Beyond the Producer-driven/Buyer-driven Dichotomy: The Evolution of the Global Value Chain in the Internet Era.* IDS Bulletin. July 2001.

Capítulo 5

El Modelo Organizacional Inteligente: La Organización Inteligente de Innovación y Continuo Aprendizaje (OI^{2}CA)

CAPITULO 5

5.1 Introducción: El nuevo enfoque operacional OI^{2}CA

La Organización Inteligente de Innovación y de Continuo Aprendizaje (OI^{2}CA), junto con el Negocio Flexible en la Producción y Ágil en la Comercialización (NEFA) son la respuesta de las empresas tipo IFA al mundo de la economía y los negocios del Siglo XXI.

La Organización Inteligente:

De aprendizaje continuo, innovadora y con capacidad de respuesta

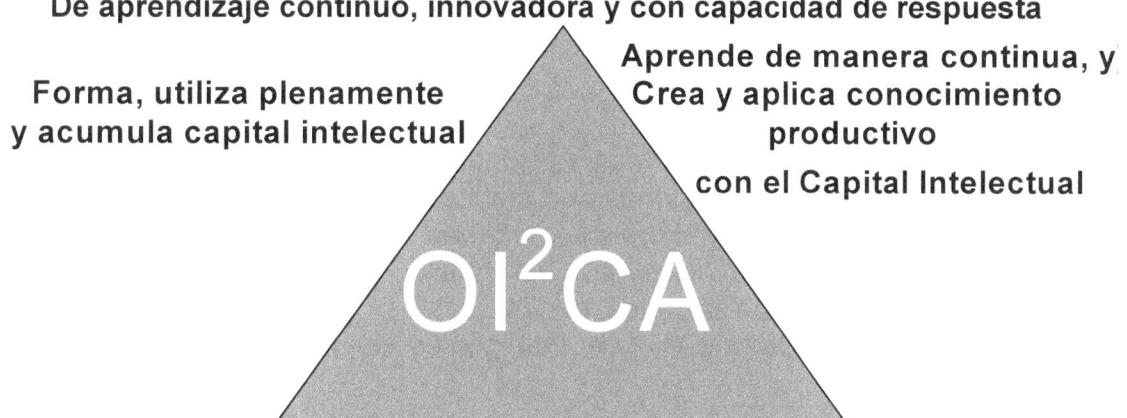

Forma, utiliza plenamente y acumula capital intelectual

Aprende de manera continua, y Crea y aplica conocimiento productivo

con el Capital Intelectual

Desarrolla capacidad, flexibilidad y velocidad de respuesta organizacional al cambio

Fuente: Elaborado por CECIC
Gráfica 5.1

Actualmente, según observamos, dentro de una empresa IFA se identifica al Negocio Flexible y Ágil (NEFA) y a la Organización Inteligente de Innovación y de Continuo Aprendizaje (OI^{2}CA). Sin embargo, esto no siempre ha sido así. La manera de hacer negocios de una empresa y su estructura organizacional ha cambiado a lo largo de la historia reciente. En la era industrial, se buscaba producir grandes cantidades al menor costo posible, sin importar las necesidades o deseos del cliente (producción masiva estandarizada); ahora en la era del conocimiento, del cambio y de la globalización, identificar y satisfacer al cliente antes que la competencia se ha vuelto la prioridad número uno (producción flexible y personalizada). Esto último conlleva a la empresa a lograr una posición en el mercado con estrategias propias y que no pueden ser fácilmente copiadas por su competencia, logrando con ello una ventaja competitiva en el mercado global. Por otro lado, la estructura de la organización ha cambiado de ser estrictamente jerárquica y vertical, donde el trabajo consistía en esfuerzo físico, rutinario y se trabajaba de manera instruida, a organizaciones horizontales y flexibles, donde el trabajo es productivo, participativo, propone cambios y sobre todo es innovador y estratégico.

En la gráfica siguiente podemos observar la evolución de las organizaciones y sus características según la generación a la que pertenecen. Existen cuatro eras identificables a través del tiempo, la era agrícola, la era de la primera y la segunda revolución industrial y finalmente la era del conocimiento o mentefactura. Para la evolución del desarrollo de las organizaciones hemos identificado seis distintas generaciones y cada una se ha nombrado según las características de ese momento, quedando de la siguiente manera:

- Generación 0': Organizaciones tradicionales mecanicistas
- Generación 0'': Organizaciones burocráticas
- Generación 0''': Organizaciones Taylorianas
- 1ª Generación: Organizaciones de aprendizaje
- 2ª Generación: Organizaciones innovadoras
- 3ª Generación: Organizaciones Inteligentes de Innovación y Continuo Aprendizaje

Las primeras dos generaciones, es decir, las organizaciones tradicionalmente mecanicistas y las burocráticas, tienen en común que los trabajadores realizan un trabajo mecánico, supervisado, rutinario y estandarizado, donde no tienen la posibilidad de desarrollarse; se trata sólo de la administración del recurso humano y no del desarrollo del capital humano del conocimiento para transformarlo en capital intelectual. Es con la aparición de las organizaciones Taylorianas cuando comienza el desarrollo organizativo, donde el trabajador es capacitado, aún cuando su trabajo sigue siendo estandarizado y controlado. En esta etapa se aplican las teorías de la contingencia, de sistemas y la teoría neoclásica de la Administración que dan las bases para la siguiente generación; la de las organizaciones de aprendizaje. Bajo este modelo, el trabajador ideal es el trabajador robótico, el cual emplea emplean herramientas como el TQM donde se buscan los mínimos costos y cero defectos. Hasta este punto, las organizaciones tienen una estructura jerárquica y estandarizada.

En las organizaciones de aprendizaje, los recursos humanos se convirtieron en capital humano y el trabajo se volvió comprometido, organizado, donde el trabajador aprende y está conciente. En la primera generación, considerada como generación del conocimiento, donde se desarrolla una ventaja competitiva, el aprendizaje se hace continuo el conocimiento y se acumula. En la segunda generación de la organización innovadora, el conocimiento ya no solo se acumula, también se aplica y se genera nuevo conocimiento. El trabajador es creativo, trabaja en equipo y de manera competitiva. Finalmente, en la tercera generación de la Organización Inteligente: de Continuo Aprendizaje e Innovación, el trabajador ideal para esta generación es inteligente, del conocimiento, y con capacidad de aprender e innovar. Este trabajador ideal, pone en práctica las 3A's:

1. Aprende a aprender
2. Aprende a desaprender
3. Aprenda a emprender

La organización inteligente utiliza herramientas para la administración del conocimiento y el capital intelectual continuamente está aprendiendo e innovando. La organización inteligente, ya no es jerárquica y estandarizada, ahora la organización tiene una estructura más horizontal y flexible, y como su nombre lo dice es de continuo aprendizaje y continua innovación de ahí la OI^2CA (Ver Gráfica 5.2).

La evolución de las organizaciones a través del tiempo, donde el capital intelectual se crea y tiene la capacidad de desarrollarse, es la base para lo que llamamos la Organización Inteligente de Innovación y de Continuo Aprendizaje. Para crear la OI^2CA el conocimiento debe crearse, acumularse y aplicarse para de esta manera, la empresa IFA logre una ventaja competitiva en el nuevo juego de la hipercompetencia global como se mencionara más adelante.

Características de los trabajadores de acuerdo al tipo de generación

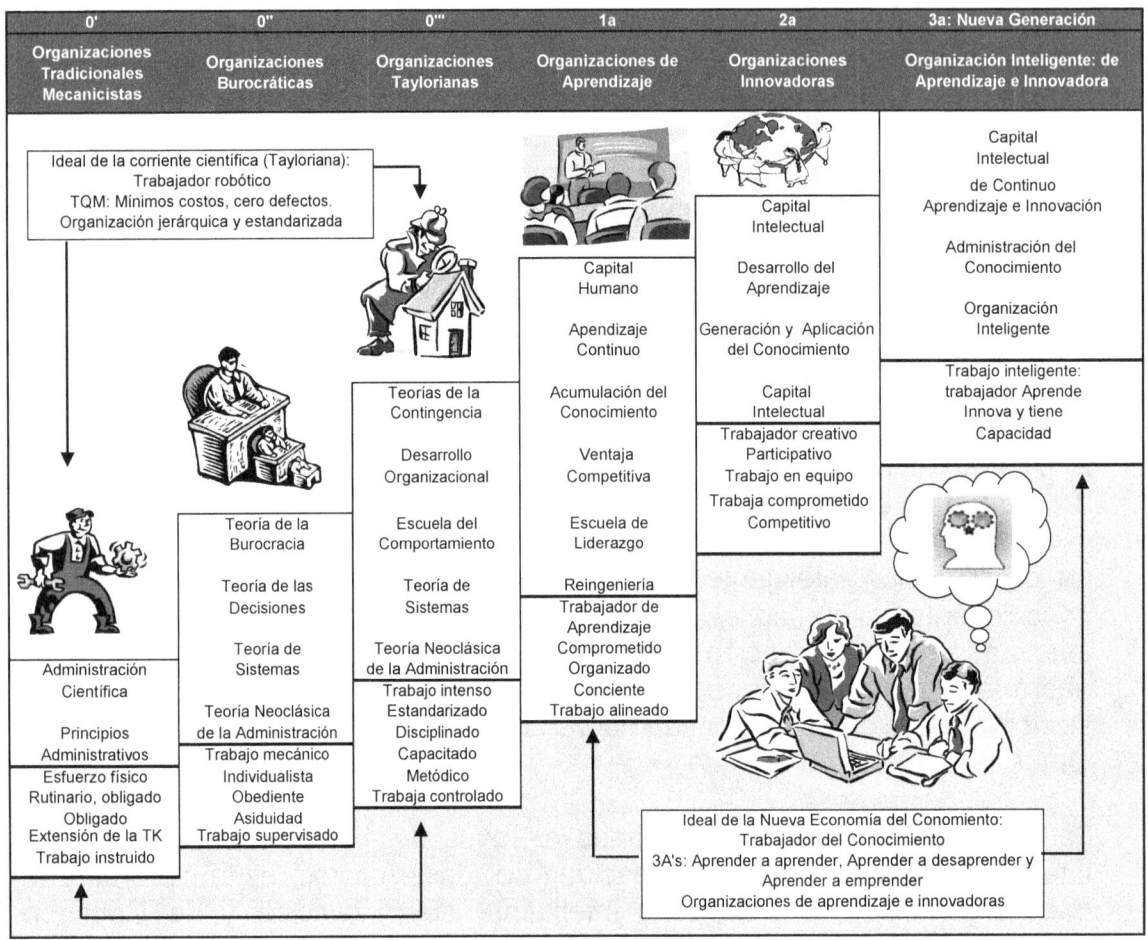

Fuente: Elaborado por CECIC
Gráfica 5.2

Como se ha señalado reiteradamente El factor estratégico de competitividad en la era del conocimiento y la información es el capital intelectual. Éste es el generador del conocimiento productivo o innovación, pero para formarlo, utilizarlo plenamente y acumularlo se requiere de una Organización Inteligente de Continuo Aprendizaje e Innovación, y creación de conocimiento productivo, es decir la OI^2CA.

Capital Intelectual

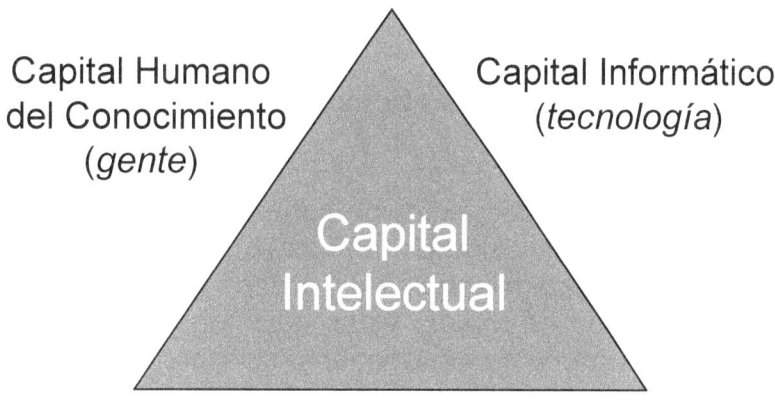

Capital Humano del Conocimiento (*gente*)

Capital Informático (*tecnología*)

Capital Intelectual

Capital Organizacional (*organización*)

Gráfica 5.3

5.2 Definición de la OI²CA

La OI²CA es el modelo organizacional para la creación del CI y del conocimiento productivo (innovación) para la ventaja competitiva sustentable. Al mismo tiempo que es una organización de aprendizaje (learning organization) también aplica la el desarrollo y la administración del conocimiento (knowledge development management); no es una simple herramienta de efectividad operacional, sino un nuevo enfoque de administración (management).

Los objetivos de la OI²CA la convierten en un factor estratégico para el desarrollo de la Ventaja Competitiva Sustentable (VCS). Lo anterior se debe a que realiza las tres actividades siguientes.
1. Forma, utiliza plenamente y acumula capital intelectual como el factor estratégico de la competitividad sustentable.

2. Crea y aplica el conocimiento productivo o innovación con base en el capital intelectual mediante células de aprendizaje y centros virtuales de aprendizaje continuo y creación de conocimiento productivo o innovación.
3. Desarrolla capacidad, flexibilidad y velocidad de respuesta organizacional al cambio RACI para manejar un negocio NEFA y enfrentar con

efectividad y eficiencia los tres impulsores del mundo de la economía y los negocios del Siglo XXI.

5.3 Enfoque de la OI^{2}CA: De los círculos de calidad (TQM) a las células del conocimiento (KDM)

La OI^{2}CA opera por medio de células de aprendizaje (organismos colectivos que aprenden y crean conocimiento productivo) formadas por trabajadores del conocimiento que desarrollan las habilidades intelectuales y los métodos y técnicas para aprender. Además, éstas obtienen y aportan conocimiento individual que se transforma en conocimiento colectivo y crean e innovan en equipo, desarrollando la "Inteligencia Emocional Colectiva" de la organización. Las células a su vez, se interrelacionan constituyendo una red de Centros Virtuales de Desarrollo del Aprendizaje y del Conocimiento Productivo, que forman y trabajan con redes de información y conocimiento compartido.

5.4 Creación de una OI^{2}CA

La creación de la OI^{2}CA no es un proceso espontáneo; planear, detonar y promover deliberadamente a través de un cambio radical en la cultura organizacional. Implica necesariamente el abandono y el paso del viejo paradigma de la administración de recursos humanos al nuevo de desarrollo del capital humano del conocimiento y del CI. El viejo paradigma atrapa y no deja crecer, pues está diseñado para la era industrial, la era de la estabilidad y de los mercados semicerrados. El nuevo paradigma responde a la era del conocimiento y la información, el cambio RACI (rápido, ágil, continuo y incierto) y la globalización de los mercados, es decir a la era de la Hipercompetencia Global.

Cambio de paradigma

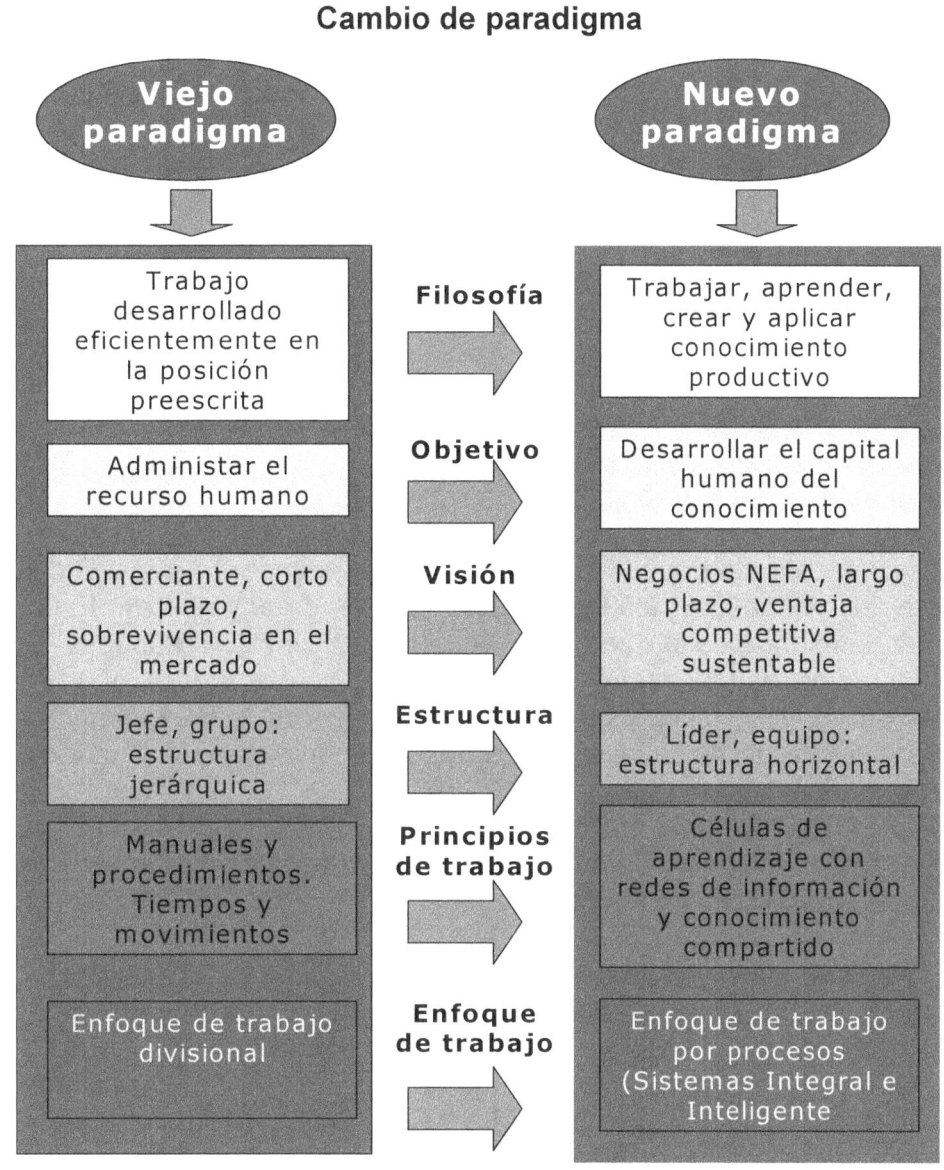

Fuente: Elaborado por CECIC
Gráfica 5.4

El cambio de paradigma implica un cambio profundo en la estructura y los supuestos de la organización. Gibson[1] describe que "... este nuevo vehículo - la organización del Siglo XXI no puede crearse a través de la mejora continua -, sólo puede crearse a través del cambio radical". Hammer, por su parte, equipara a este proceso a una reversión a la revolución industrial. Él considera que la única manera para pasar de estructuras organizacionales rígidas a aquellas que permitan la adaptación, es abandonando enteramente el modelo organizacional del siglo pasado junto con los supuestos en que estaba basado. Peter Drucker anticipó esto hace años cuando escribió "todas las organizaciones deben prepararse para abandonar todo lo que hacen".

5.4.1 Objetivos y Filosofía de la OI^{2}CA

Una organización inteligente tipo OI^{2}CA, para poder cumplir los tres objetivos que le permitan acumular capital intelectual (producir conocimiento productivo, desarrollar capacidad y velocidad organizacional), requiere como primer paso desechar el viejo paradigma organizacional y entrar a uno nuevo. El primer objetivo consiste en redefinir la vieja idea de que a la empresa sólo se va a trabajar. Con el nuevo paradigma, se propone como condición básica y necesaria que el trabajador se desarrolle en la organización con una nueva filosofía en un proceso natural, donde no sólo se requiera de ir a trabajar, sino también a aprender, crear y aplicar. El segundo paso, es definir qué es lo que da la ventaja competitiva, la respuesta es todo aquello que hace una empresa IFA y la OI^{2}CA, que no se puede copiar fácilmente. Cuando se copie un proceso o una actividad, esa misma actividad ya estará rebasada por una organización inteligente que es dinámica en la producción de conocimiento y en la innovación. La ventaja competitiva sustentable surge del conocimiento que pasa a los trabajadores, proveedores, y clientes y llega a los competidores. Por ello la organización tipo OI^{2}CA está por encima del benchmarking.

La OI^{2}CA tiene su etapa de concepción en el cambio de paradigma y en su primera fase de gestación requiere de un cambio organizacional radical que implica diagnosticar y romper con el viejo paradigma que implica un cambio en la cultura organizacional. Es decir, se requiere una nueva manera de ver a la organización, una nueva filosofía. El cambio de paradigma en la administración significa la posibilidad de razonar de manera distinta a lo tradicional y a lo conservador. El viejo paradigma atrapa y aprisiona, esta mentalidad de corta visión, responde a la era industrial, a la era de la estabilidad de los mercados semicerrados. En la nueva era del conocimiento del cambio continuo y complejo y de la globalización de los mercados, con mercados abiertos e interdependientes surge la era de la hipercompetencia global. Para estar en ésta se requiere otro tipo de organización: la OI^{2}CA. Una empresa OI^{2}CA es una nueva organización inteligente que tiene tres objetivos y desarrolla tres funciones, como lo vimos en un principio:

1. Formar, acumular y utilizar plenamente el capital intelectual de la organización.

2. Aprender y producir conocimiento de manera continua con el capital intelectual a través de células y centros virtuales del conocimiento productivo, apoyados en redes de información y conocimiento.

3. Desarrollar la capacidad y velocidad de respuesta organizacionales para manejar negocios NEFA que son flexibles en la comercialización.

5.5 Creación y aplicación del conocimiento productivo a la innovación productiva

El triángulo del capital intelectual (integrado por el capital humano del conocimiento, el capital informático basado en las tecnologías de información y manufactura asistida por computadora además del capital organizacional enfocado a estimular el desarrollo del individuo), permite relacionar y coordinar la creación del conocimiento e innovación productiva. La interacción de los tres capitales aporta a la organización el capital intelectual, componiendo así a la empresa IFA. Para esto, se requieren los tres capitales, si uno deja de desarrollarse provoca restricciones en el desarrollo de los otros dos.

5.5.1 Conocimiento

Existen muy diversas definiciones de conocimiento, dependiendo de si éstas están tratando de explicar su naturaleza, utilidad, aplicación o gestión, por decir solo algunas. El concepto más común es el de conjunto de experiencias vividas o aprendidas en un individuo y que se manifiestan en cada una de sus actividades. Hubert Saint-Onge lo define como "una plataforma validada para la acción". Sin embargo, para este fin (en un ámbito de negocios) la referencia será el conocimiento como "el conjunto de recursos teóricos y prácticos con que cuenta un trabajador". Existen diferentes tipos de conocimiento, según su naturaleza es que se clasifican.

Tipos de conocimiento

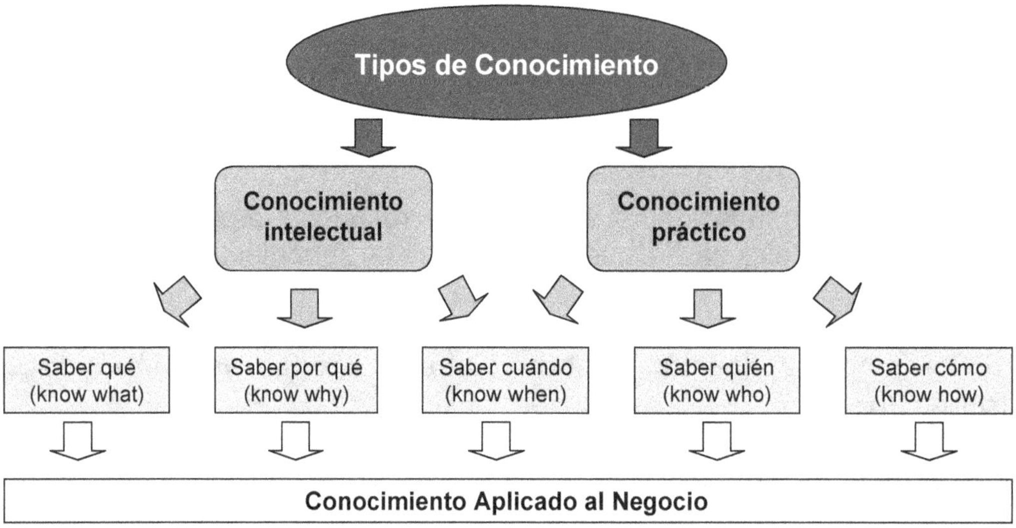

Fuente: Elaborado por CECIC
Gráfica 5.5

Fuentes y canales de conocimiento e información

En la comunicación es importante diferenciar dos elementos: la fuente de donde surge el mensaje y el canal, que es el medio por el que se transmite el mensaje. Esto mismo es aplicable al conocimiento y la información para saber utilizarlos y transmitirlos de la mejor manera.

1. Fuentes de conocimiento e información

   La información y el conocimiento se obtienen de diversas fuentes, las más importantes son las internas (OI^2CA, células y centros virtuales) y las externas (clientes, proveedores, competidores, consultores, universidades y centros de investigación). La información y el conocimiento se generan en cada una de las fuentes y varían en sus características de tipo, tiempo y costo, es por ello que no hay que desestimar una fuente en beneficio de otra.

2. Medios de información y conocimiento

   El medio es el canal por el que nos llega la información y conocimiento. Si bien las fuentes han permanecido más o menos las mismas a lo largo de los años, en cuanto a los medios, se ha suscitado una verdadera revolución, sustentada principalmente en los avances espectaculares de las tecnologías de la información y las comunicaciones (ICT). El más importante de ellos hasta el momento es Internet y los tipos de redes que se han derivado de ella como el intranet y extranet. El Internet es una red mundial que está formada por las redes de los que se van integrando a ella, por ello recibe el nombre de "red de redes". El Internet es importante por varios motivos: su cobertura mundial, su bajo costo en las comunicaciones, pero fundamentalmente por los servicios que ofrece, que van desde correo electrónico hasta el e-commerce y la telemedicina.

La organización de equipos de trabajo en intranet está cobrando cada vez mayor importancia porque permite importantes ganancias en eficiencia: reducción importante en tiempo (no hay papeles, la comunicación es vía correo electrónico) y en complejidad. Por último, la extranet es en esencia, una intranet que emplea a Internet como medio de comunicación. Esto, en términos prácticos, significa que las empresas por medio de las tecnologías de extranet pueden extender su intranet a otras empresas o plantas de su mismo grupo, e incluso a las intranet de sus proveedores y distribuidores, lo que les permite compartir la información en una base de tiempo real, y con ello hacer más eficientes sus operaciones.

Ciclo de información y conocimiento

Otra manera de ver el conocimiento es como "información asimilada". Este concepto tiene cuatro implicaciones importantes:

1. La materia prima del conocimiento es la información.
2. Se necesita un mecanismo de conversión de información a conocimiento.
3. Se requiere capacidad para almacenar y hacer disponible el conocimiento.
4. Se requiere un medio para mantener el conocimiento actualizado.

El conocimiento per se no significa nada si no es aplicado al negocio vía innovación, es decir, cuando se trata de conocimiento productivo. En la siguiente gráfica se muestra el ciclo de información y conocimiento, en donde se diferencian claramente las fuentes y los medios, pero lo más importante es que se destaca el papel que juega el trabajador del conocimiento; éste es quien hace la conversión de información a conocimiento, y en una OI^2CA lo hace en equipo, desde el seno de las células de aprendizaje y creación de conocimiento productivo.

Ciclo información y conocimiento

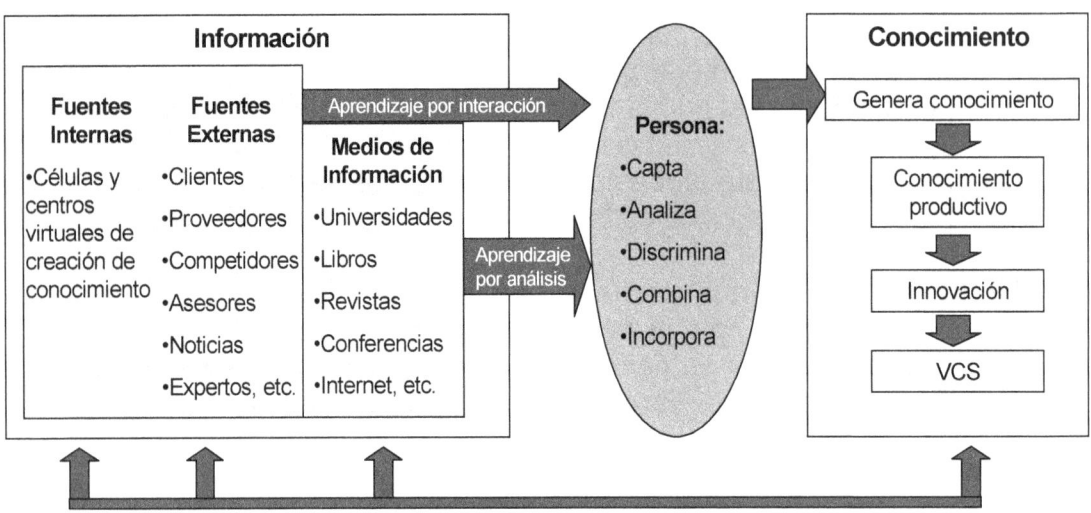

Gráfica 5.6

5.5.2 Aprendizaje

El aprendizaje organizacional está entendido como un proceso que cambia el estado del conocimiento de la organización y, citando a Peter Senge[2] "las organizaciones sólo aprenden a través de individuos que aprenden". El aprendizaje individual no garantiza el aprendizaje organizacional, pero no hay aprendizaje organizacional sin aprendizaje individual. Para que el conocimiento se desarrolle se requiere aprendizaje en los tres niveles de la organización: a nivel individual, de equipo y de organización.

Aprendizaje en los tres niveles de una organización

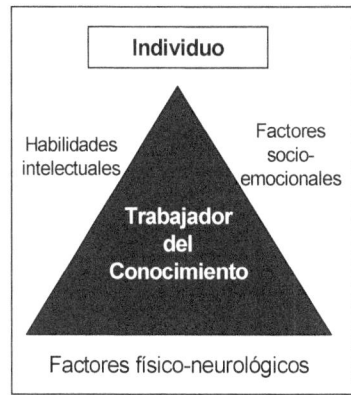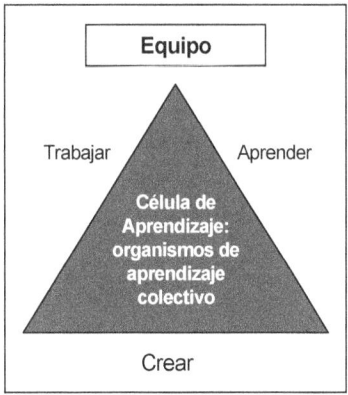

Fuente: Elaborado por CECIC
Gráfica 5.7

El aprendizaje es el proceso mediante el cual la información se convierte en conocimiento o éste se transfiere. En una Organización Inteligente de Innovación y de Continuo Aprendizaje, el aprendizaje se lleva a cabo en las células, que mediante la fórmula TACA están organizadas no sólo para trabajar, sino también para aprender, crear conocimiento y aplicar ese conocimiento en la innovación productiva, de la misma manera que transferirlo entre ellas mismas.

5.5.3 Innovación

Según Paul Plsek,[3] "Innovación es la primera implementación práctica de una idea, de una manera tal, que haya un amplio y patente reconocimiento a un individuo o a una organización". En la era del conocimiento y la información, la ventaja competitiva sustentable se obtiene por medio de innovación en la producción (nuevos productos, nuevos procesos etc.), en la comercialización (nuevos sistemas de distribución, servicio integral al cliente, etc.) y en la gestión (nuevas metas de organización para aprender, crear conocimiento, etc.).

5.5.4 Fórmula TACA: Trabaja, Aprende, Crea y Aplica

El mecanismo empleado por la empresa para trabajar, aprender, crear y aplicar conocimiento productivo es la fórmula TACA, pero como es aplicable a los tres niveles (individuo, equipo y organización) en realidad se convierte en un ambiente, el ambiente de operación TACA. A su vez, cada uno de los factores que la compone tiene un proceso, como se puede observar en siguiente gráfica. La fórmula significa:

- Trabajar de manera eficiente con redes de información y conocimiento compartido.

- Aprendizaje continuo y permanente, basado en las habilidades intelectuales del trabajador del conocimiento, de las células de aprendizaje y el centro virtual de desarrollo del conocimiento.

- Creación de conocimiento productivo.

- Aplicación de conocimiento productivo para la innovación productiva.

Los procesos de la fórmula TACA

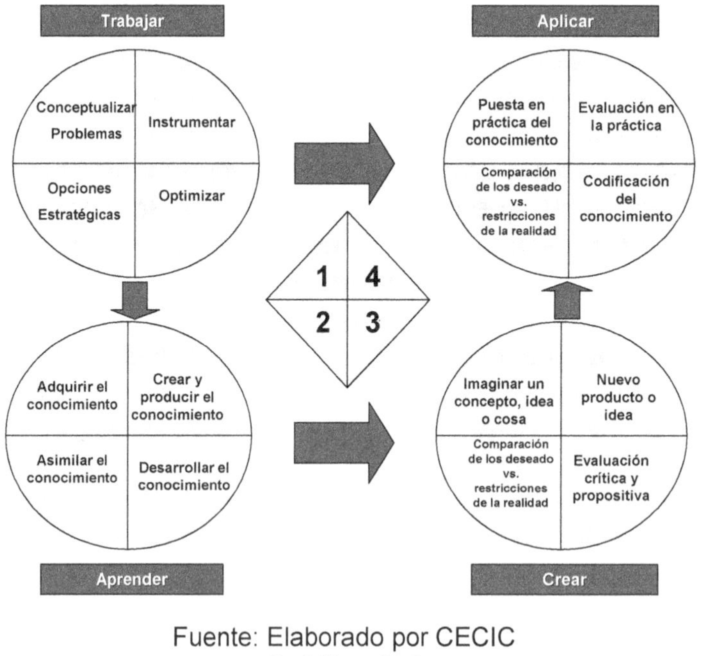

Fuente: Elaborado por CECIC
Gráfica 5.8

5.6 Trabajadores del conocimiento: De los círculos de calidad (TQM) a las células del conocimiento (KDM)

El trabajador del conocimiento es la fuente de información y desarrollo de las células de aprendizaje, su participación inteligente y proactiva es fundamental. El respeto a la persona en un ambiente de confianza genera ideas que son las que gobiernan, el principio de organización para el trabajo colectivo es totalmente horizontal. La creatividad se fomenta y se registra para aplicaciones en las actividades de mejora. Los trabajadores motivados por este ambiente de trabajo aprenden haciendo (learning by doing) y aprenden interactuando (learning by interacting)[4]. La reflexión, el diálogo y la conversación son las herramientas básicas de los trabajadores del conocimiento que forman células de aprendizaje y de conocimiento productivo.

De los círculos de calidad a las células del conocimiento

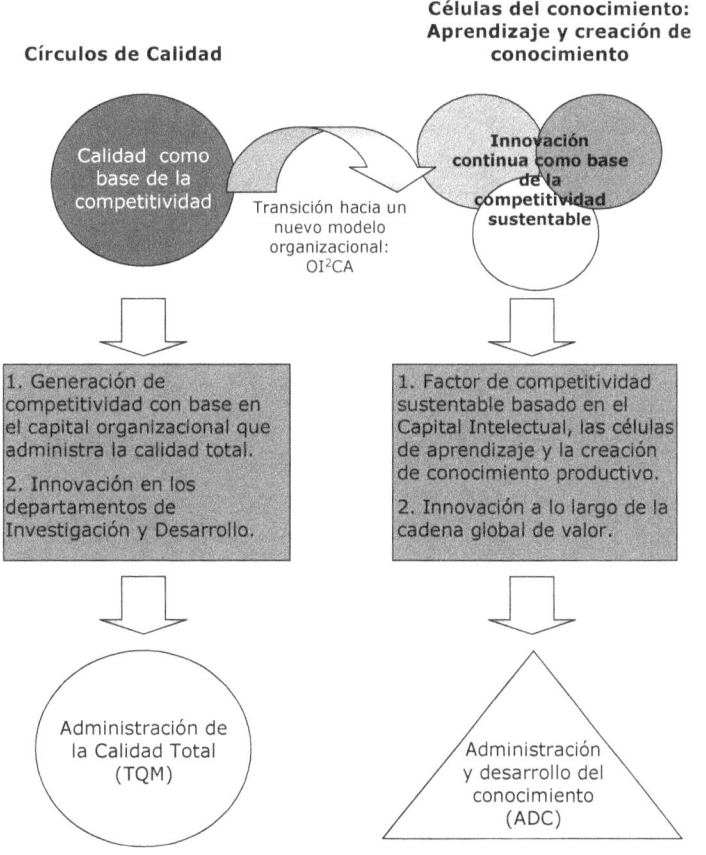

Fuente: Elaborado por CECIC

Gráfica 5.9

5.7 Células de aprendizaje y de conocimiento productivo

Las células de aprendizaje son más que círculos de calidad o equipos de trabajo, son un ente pensante y dinámico, sus miembros se organizan para generar conocimiento productivo explícito y registran las aportaciones de sus integrantes en el libro blanco de memoria para acumular las aportaciones en una memoria técnica. A través de las redes de información y conocimiento esta memoria puede ser compartida con otras células de aprendizaje de diferentes niveles o áreas. Las células son autofuncionales por la naturaleza de sus actividades, sin embargo, no implica que sean excluyentes, sino que son incluyentes en toda la organización. Son autofuncionales, en el sentido que realizan los procesos de autodiagnóstico, autopropuesta, autoevaluación y autoseguimiento.

5.7.1 Integración de las células de aprendizaje

La integración de las células de aprendizaje se efectúa bajo el enfoque de las 3M's a fin de crear la inteligencia emocional colectiva. Se busca que las células constituyan un equipo humano de unidad de conocimiento que tenga tres características: multihabilidades, multidisciplinaria y multigeneracional.

Integración de las células de aprendizaje: las 3 M's

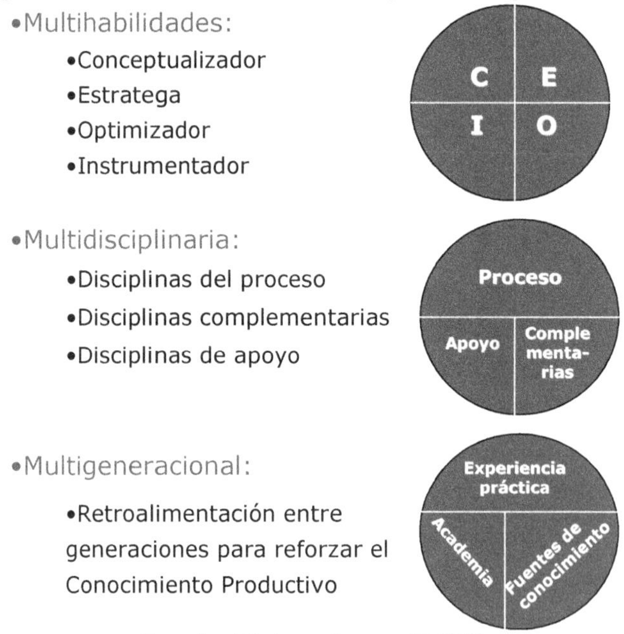

- Multihabilidades:
  - Conceptualizador
  - Estratega
  - Optimizador
  - Instrumentador

- Multidisciplinaria:
  - Disciplinas del proceso
  - Disciplinas complementarias
  - Disciplinas de apoyo

- Multigeneracional:
  - Retroalimentación entre generaciones para reforzar el Conocimiento Productivo

Fuente: Elaborado por CECIC
Gráfica 5.10

- Multihabilidades: Los equipos humanos de las células deben integrarse buscando conjuntar de manera complementaria las habilidades intelectuales y creativas de los individuos. Esto es, se debe lograr la participación correcta de individuos que permitan integrar los cuatro estilos de aprendizaje que conformen el CEOI: conceptualizador, estratega, optimizador e instrumentador.

- Multidisciplinaria: El enfoque debe ser de procesos, las actividades de las áreas deben verse integradoras (servidoras o receptoras de un proceso); de esta manera los beneficios de las células inciden en toda la organización.

- Multigeneracional: Este aspecto es importante porque asegura la continuidad en el conocimiento y experiencia de los integrantes de una organización. La retroalimentación entre generaciones refuerza el conocimiento productivo. Los trabajadores con conocimiento acumulado a través de la experiencia en el trabajo son fundamentales para integrarse con las nuevas generaciones de trabajadores y profesionales; esto permite fundir los nuevos métodos y técnicas con la experiencia de la práctica.

5.7.2 Estructura y funcionamiento de las células de aprendizaje

La estructura de las células de aprendizaje es horizontal, teniendo como meta la comunicación fluida. No hay existe un jefe dentro de la célula, sino un coordinador (CO) que se rota con la frecuencia establecida por la misma célula. El coordinador en turno es auxiliado por un secretario técnico (ST), que a su vez es suplido por un secretario asistente (SA), que se encarga de llevar la agenda y dar seguimiento a los asuntos que se vayan tratando en la célula. Cualquiera de los participantes (P) en su momento puede ser coordinador o secretario de la célula. Además del seguimiento llevado por el secretario técnico de la célula, cada uno de los participantes va registrando el conocimiento productivo generado en la célula en su propio libro blanco de memorias, que es una carpeta en la que anota todo aquello que incremente su acervo de conocimiento.

Estructura de una célula de aprendizaje

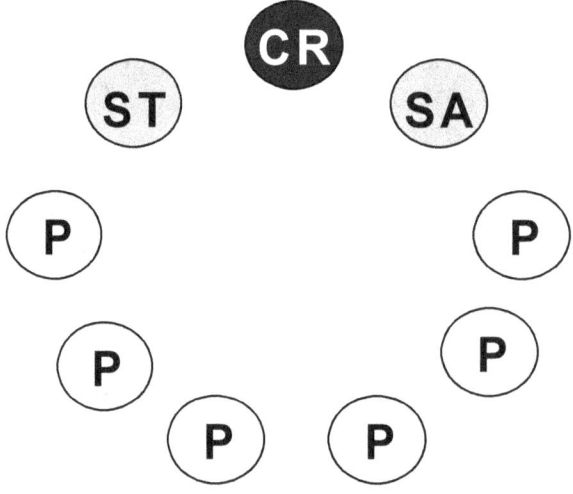

Gráfica 5.11

Para el funcionamiento productivo de las células se requiere crear un ambiente adecuado. Este ambiente está integrado tanto por el sitio en donde se reúnen, que debe ser adecuado para el diálogo y la reflexión, como por las reglas del juego que se deben poner en práctica durante el ejercicio.

El decálogo del comportamiento de las células TACA

1. No existe la jerarquía, sólo las mejores ideas.
2. Compromiso personal con los objetivos de la célula.
3. Honestidad profesional.
4. Apoyo y disponibilidad interpersonal.
5. Diálogo abierto, respetuoso y constructivo.
6. No se juzga a las personas, sólo se discuten las ideas.
7. Suave con las personas, duro con las ideas y los hechos.
8. Respeto, confianza y compromiso mutuo.
9. Reconocimiento y valoración de las aportaciones de todos los participantes.
10. Resolución de conflictos de manera abierta y respetuosa.

Cuadro 5.1

5.7.3 Integración de las células: Del Estratega al Instrumentador

El proceso de innovación circular, de ocho niveles, llamado Simplex y que se desarrolla a través de cuatro fases, en el que cada nivel está ocupado por un modelo pensante y distinto y cada fase desempeña una función muy importante en el proceso de innovación; se nos presenta como una rueda transformadora que necesita seguir girando para que la empresa cuente con "fuerza vital"

Cada integrante del equipo es partidario de una combinación personalísima de las cuatro fases del Simplex, lo que se conoce como perfil creativo de resolución de problemas planteado por Min Basadur. No estamos de que si los integrantes del equipo son buenos o malos, rápido o lentos, sino de la forma especial con la que analizan los problemas y las estrategias que emplean para resolverlos.

- El perfil creativo de resolución de problemas Basadur Simplex®

Cada persona cuenta con un propio estilo creativo. De ahí que sea interesante comprobar dónde se ubican en la rueda de la innovación, y después, comparar dicha ubicación con el rol que desempeñamos en la organización. El sencillo test que se muestra en la figura se puede realizar en pocos minutos, y para interpretar los resultados basta con seguir las instrucciones de la figura y trasladarlos a los ejes de coordenadas de la misma figura.

Es muy probable que cada uno de los integrantes de un equipo tenga un cuadrante o un estilo dominante, y la combinación personal de los cuatro cuadrantes es la que ilustra el perfil creativo de resolución de problemas de cada integrante.

En una empresa es importante que exista un equilibrio entre los cuatro cuadrantes para que la rueda de la innovación no se detenga. En el perfil creativo de resolución de problemas, cada cuadrante se caracteriza por dos actividades:

- Generación: detección de problemas y detección de hechos.
- Conceptualización: definición de problemas y concepción de ideas.
- Optimización: evaluación de ideas y planificación de acciones.
- Implementación: logro de aprobación e implementación.

Cuestionario de perfil creativo de resolución de problemas Basadur

Este cuestionario está diseñado par definir cuál es su método de resolución de problemas. Otorga una puntuación más elevada a aquellos términos que describen mejor su forma de solucionar los problemas y da menos puntos a los menos característicos de su estilo de afrontar las situaciones conflictivas. Es posible que le sea difícil elegir las palabras que se ajustan más a su estilo personal de resolver lo problemas, porque no hay respuestas acertadas o equivocadas, sino que las diferentes características que integran el cuestionario son igualmente buenas. El objetivo del cuestionario es determinar cómo soluciona los problemas, pero no evaluar su capacidad de resolución de problemas.

Instrucciones:
El cuestionario consta de 18 grupos de 4 palabras listados horizontalmente. Puntúe con una 4 a la palabra de cada grupo horizontal que defina mejor su estilo de resolución de problemas, con un 3 a la palabra siguiente en orden descendente, con un 2 a la siguiente, y con un 1 a aquella con la que se identifique menos. No se olvide de asignar un número distinto a cada palabra de cada grupo horizontal. No vale puntuar igual do o más palabras.

Columna 1	Columna 2	Columna 3	Columna 4
1. Alerta	Listo para actuar	A punto	Impaciente
2. Paciente	Diligente	Enérgico	Preparado
3. Activo	Ingenuo	Distante	Realista
4. Experimentar	Diversificar	Objetivo	Eliminar
5. Reservado	Serio	Amante de la diversión	Bromista
6. Probar y errar	Alternativas	Ponderado	Evaluar
7. Acción	Divergencia	Abstracto	Convergencia
8. Directo	Posibilidades	Conceptual	Sentido Práctico
9. Implicado	Cambio de perspectivas	Teórico	Intolerancia
10. Tranquilo	Fidedigno	Irresponsable	Imaginativo
11. Aplicar	Visualizar	Modelizar	Decisivo
12. mano a la obra	Orientado al futuro	Interpretación	Orientado a los detalles
13. Físico	Crear opciones	Reflexionar	Decidir
14. Impersonal	Orgullosos	Esperanzado	Temeroso
15. Practicar	Transformar	Sintetizar	Elegir
16. Manipular	Especular	Comprender	Juzgar
17. Comprensivo	Pragmático	Emocional	Indecisión
18. Contacto	Original	Impersonal	Asegurador

Fuente: Basadur, Min. *The power of innovation*. 1994
Cuadro 5.2

Perfil creativo de resolución de problemas de Basadur

Puntuación:
Para obtener el resultado de cada columna sume todas las cifras excepto la 1, 2, 5, 10, 14 y 17.

Leyenda:
- El resultado de la columna 1 indica la orientación a utilizar los conocimientos para solucionar los problemas a través de la experiencia (implicación personal directa).
- El resultado de la columna 2 indica la orientación al uso de los conocimientos papara solucionar los problemas aplicando la imaginación (generación de ideas sin valorización).
- El resultado de la columna 3 indica la orientación a utilizar los conocimientos para solucionar los problemas mediante la reflexión (distante abstracto teórico).
- El resultado de la columna 4 indica la orientación al uso de los conocimientos para solucionar los problemas por medio de la evaluación (aplicación del juicio a las ideas).

Traslade el resultado de cada columna al eje apropiado de las coordenadas del gráfico siguiente:

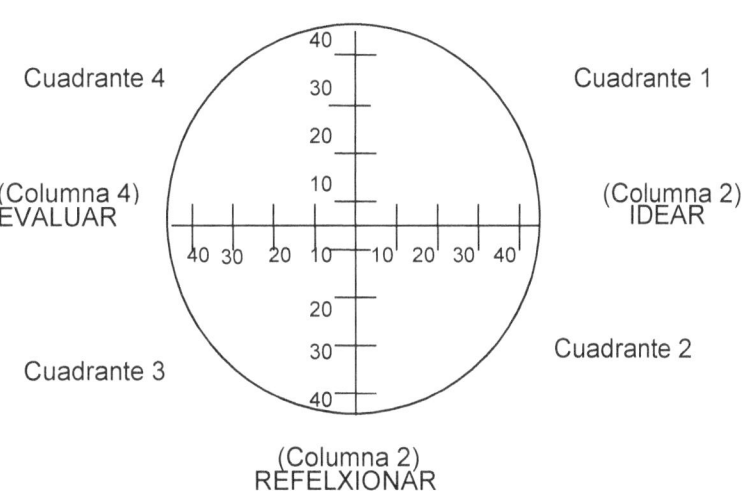

Para desarrollar su perfil creativo de resolución de problemas, una de los puntos 4 con 4 líneas curvas y obtendrá un círculo más o menos deformado. (Si el resultado de las cuatro columnas coincide, conseguirá un círculo perfecto, aunque es poco probable que sea así). El cuadrante en el que su perfil es más dominante indica su orientación más acusada, mientras que los demás cuadrantes representarán los estilos secundarios de resolución de problemas. Su perfil es el fruto de su propia combinación de los 4 cuadrantes.

Fuente: Basadur, Min. *The power of innovation*, 1994
Cuadro 5.3

Para fines de este libro y según el modelo desarrollado por el CECIC el método simplex varía ligeramente, pues nuestro enfoque, bajo el cual las células del conocimiento se desenvuelven, tiene una visión más completa sobre el tema. Nuestro énfasis se hace en la fórmula TACA en donde pasamos del estratega al instumentador. A continuación se explica de manera mas concreta este enfoque.

- Conceptualización del problema

La conceptualización mantiene en marcha el proceso de innovación. Al igual que la generación, implica divergencia, aunque en lugar de llegar a la comprensión por medio de la experiencia directa, lo hace a través del pensamiento abstracto, agrupando ideas nuevas, detectando interioridades que contribuyen a definir los problemas y creando modelos teóricos para explicar las cosas y ayudar a mejorar la situación de la empresa. A los individuos y a las organizaciones con este perfil les gusta recoger la información dispersa y, tras el oportuno análisis, lograr entenderla. Los conceptualizadores sólo actúan cuando tienen una idea muy clara de la situación y cuando el problema o el concepto principal están bien definidos. Les desagrada tener que priorizar, implementar o dar vueltas y más vueltas a alternativas que no acaban de entender. Les gusta jugar con las ideas y nunca se implican totalmente cuando hay que poner en práctica la teoría. En este cuadrante, el proceso intelectivo incluye la definición de problemas y la concepción de ideas.

- Opciones estratégicas

En este punto es importante la percepción de nuevos problemas y oportunidades y la visualización de las situaciones desde perspectivas diferentes. Los individuos y las organizaciones que poseen técnicas generativas sólidas y eficaces prefieren plantearse alternativas, o divergir en lugar de evaluar y seleccionar y convergir. Detectan relaciones entre casi todas las cosas y reflexionan sobre el lado positivo y negativo de la mayoría de los datos o de las cuestiones que analizan. Les desagradan los excesos de organización y delegan todo el problema, aunque siempre están dispuestos a dejar a otros el cuidado de los detalles. Hasta este punto, el proceso intelectivo incluye la detección de problemas y de hechos.

- Optimizar

La optimización se encarga de llevar un poco más lejos el proceso de innovación. Al igual que la conceptualización, prefiere llegar hasta la comprensión mediante el pensamiento abstracto, pero en lugar de divergir, los individuos poseen ese estilo intelectivo optan por convergir, transformando las ideas abstractas y las alternativas en soluciones y planes prácticos. Confían más en las ideas analizadas mentalmente que en la experimentación práctica de las cosas. Las personas con este perfil prefieren concebir soluciones óptimas para problemas o cuestiones de escasa envergadura pero bien definidos, así como centrar su atención en problemas específicos y revisar grandes cantidades de información para detectar las fallas en una situación determinada. Suelen confiar en su capacidad para realizar una evaluación lógica y equilibrada y para seleccionar la mejor alternativa o solución para cada problema. El proceso selectivo incluye la evaluación y selección de ideas, así como la planificación de acciones.

- Instrumentación

La instrumentación contempla el proceso de innovación. Al igual que la optimización, opta por la convergencia, aunque prefiere el aprendizaje a través de la experiencia directa en lugar del pensamiento abstracto. Su objetivo es hacer las cosas. Quienes tienen ese estilo confían más en experimentar las cosas que en analizarlas mentalmente. No necesitan comprender perfectamente las cosas para actuar y adaptarse rápidamente a las circunstancias cambiantes, y cuando una teoría no parece ajustarse a los hechos, la descartan de inmediato. No dudan en probar tantos enfoques como sea necesario y en tomarlos cuando lo creen oportuno para asegurarse de que el nuevo procedimiento quedará definitivamente implantado. El proceso intelectivo incluye el logro de aprobación y la instrumentación.

5.8 Redes de células de aprendizaje

Las células en su operación convierten el conocimiento tácito en explícito, y lo aplican al negocio, pero el conocimiento adquiere mayor valor cuando se comparte. Cada célula se va convirtiendo en un depósito de conocimiento, del cual otras células pueden compartirlo; el inconveniente es que las demás células tienen que saber en dónde está ese conocimiento y tienen que solicitarlo de manera explícita a la célula que lo contiene. En este almacén de conocimiento puedan acceder los trabajadores del conocimiento. Este almacén y la red de información y conocimiento compartido con la tecnología vigente toman la forma de una intranet, según la definición que incluimos anteriormente.

Red de células con un almacén central de conocimiento

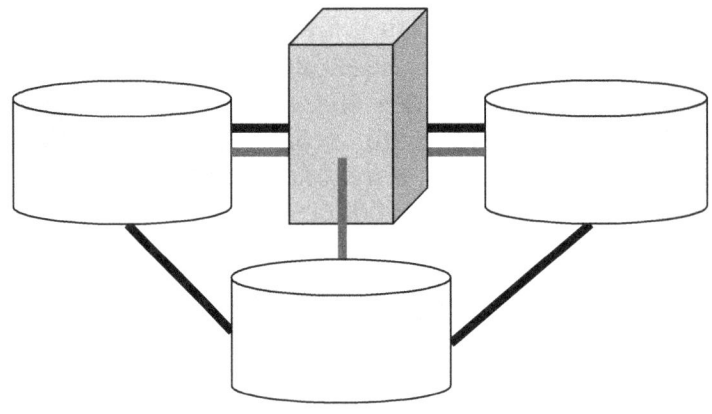

Fuente: Elaborado por CECIC
Gráfica 5.12

5.9 Centros Virtuales de Aprendizaje y de Conocimiento Productivo

Los Centros Virtuales del Aprendizaje y del Conocimiento Productivo (CVDACP) en su denominación indican sus funciones principales: el desarrollo de las habilidades de aprendizaje a los tres niveles y la gestión del conocimiento productivo (administración del conocimiento), es decir, los dos soportes estratégicos de la Organización Inteligente de Innovación y de Continuo Aprendizaje OI^2CA. Las funciones fundamentales de los Centros Virtuales se enmarcan en dos programas: gestión de células y gestión del conocimiento.

Los centros como sustrato de apoyo

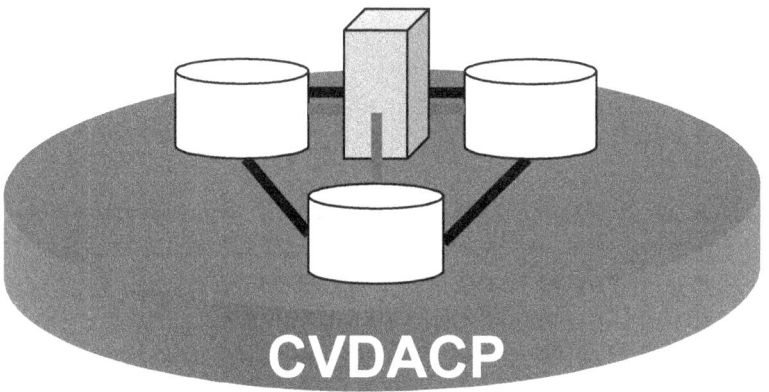

Fuente: Elaborado por CECIC
Gráfica 5.13

- Gestión de las células

Aunque las células son autofuncionales, hay que apoyarlas para su desempeño pleno y articulado. El Centro Virtual apoya a las células en actividades de:

- Integración: Aunque la incorporación a una célula es voluntaria, el Centro Virtual orienta para que la integración de las células cumpla las 3 M's (multihabilidades, multidisciplinarias y multigeneracionales)

- Aprendizaje: A través de los instructores de procesos del pensamiento el Centro Virtual lleva al seno de las células las metodologías de desarrollo de las habilidades de aprendizaje, en función de los estilos de aprendizaje particulares de los integrantes de las células.

- Solución de conflictos: Considerando que los conflictos surgen de diferencias, cuando esto sucede y es requerido, los facilitadores del Centro Virtual participan en la mediación de las diferencias, ya que un ambiente tenso no es adecuado para los procesos del TACA.

- Promoción de creación de células: Cuando las células voluntariamente formadas no constituyen un patrón completo, los Centros promueven la creación de las células que falten para formar un sistema integrado, es decir, una red articulada y completa.

- Apoya la interrelación de las células: La comunicación de las células interfirma e intrafirmas es apoyada por el Centro Virtual ya que éste posee la visión global de las células existentes, de su integración y de las características distintivas de cada una.

- Gestión o administración del conocimiento (Knowledge Management)

El conocimiento productivo como fuente de la innovación productiva es el factor estratégico de la Ventaja Competitiva Sustentable en la era del conocimiento y la información. En este entorno económico y de negocios, la gestión del conocimiento, o sea su adquisición, transferencia y desarrollo, juegan un papel crucial; sin embargo, el conocimiento tiene una naturaleza distintiva y al mismo tiempo compleja que lo torna especial en su manejo. El conocimiento es un activo que entre más se comparte más crece[5]; para ser difundido de manera eficiente debe ser transformado de tácito en explícito; además, el conocimiento tiene un valor que va disminuyendo con el tiempo, es decir el conocimiento sufre un proceso de depreciación por obsolescencia.

El Centro Virtual en su función de gestor del conocimiento desarrolla las siguientes funciones:

- Apoya, por medio de los instructores de procesos del pensamiento en su carácter de oficiales del conocimiento, a las células en el proceso de conversión de conocimiento de tácito en explícito.

- Incorpora, mediante los ingenieros del conocimiento, el conocimiento explícito a la red de conocimiento compartido.

- Comparte el conocimiento a los integrantes de las células, o sea a los practicantes del conocimiento.

Modelo de capas

La interacción entre las células, la red de células y el Centro Virtual de Desarrollo se articula mediante el Modelo de Capas, en el que en una relación de orientación y apoyo, la red de células potencia y enlaza a las células entre si.

Modelo de capas

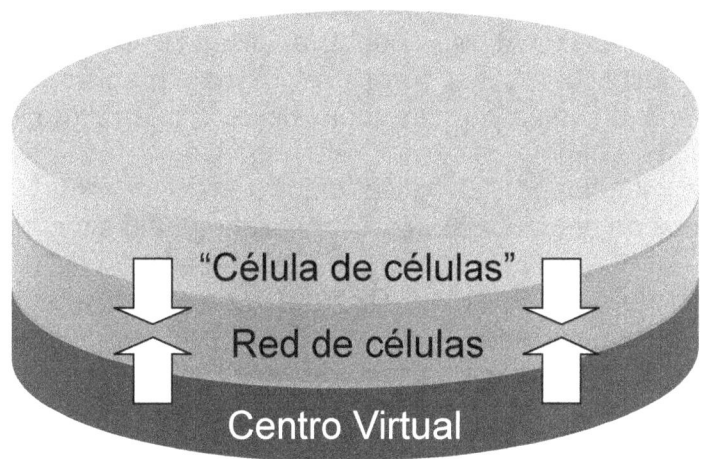

Fuente: Elaborado por CECIC
Gráfica 5.14

En este modelo, el núcleo es la Red de Células, que con la orientación de la "Célula de Células" y con los recursos y apoyo provistos por el Centro Virtual de Desarrollo del Aprendizaje y del Conocimiento Productivo, funciona de manera armónica, suave y eficiente.

5.10 Desarrollo de la capacidad, flexibilidad y velocidad de cambio organizacional

Aunque ya desde el Siglo IV a.C., Aristóteles había dicho que la única constante era el cambio, esta aseveración nunca ha tomado más sentido que ahora en el Siglo XXI. El cambio tiene su propia naturaleza y dinámica. Dado que las organizaciones no pueden evitar al cambio, deben enfrentarlo y aprovecharlo. En un mundo de cambio continuo, rápido y complejo, con mayor incertidumbre y menor certeza, el futuro ya no puede ser pronosticado con base en el pasado, el futuro ahora es discontinuo en su naturaleza. Predecir el cambio en las organizaciones es ahora más importante para enfrentar los retos.

La empresa IFA que cuente con una OI^2CA será capaz de sobrevivir en la hipercompetencia de los negocios. El entorno no depende de lo que la empresa haga, pero si de todo aquello que interactúa con ella, por ello la Organización Inteligente de Innovación y de Continuo Aprendizaje (OI^2CA), responde de manera positiva construyendo su propio escenario a partir de las restricciones que el mismo entorno le impone. No basta con un sistema de planeación tradicional, se necesita diseñar varios escenarios para reaccionar y ajustar el cambio con la velocidad y precisión que se necesite. Si se hace una analogía con el vuelo de avión, el piloto deberá tener al menos tres escenarios posibles: el negativo o pesimista (vuelo con amenazas de mal tiempo), el conservador o previsor (condiciones normales de navegación con precauciones) y el optimista (vuelo sin problemas).

La planeación sustentada en un Sistema de Trabajo Integral e Inteligente (STII) garantiza la flexibilidad y velocidad -sin alterar gravemente el ritmo de la organización- con mecanismos de predicción que requieren de la participación de los trabajadores del conocimiento. Para que estos sistemas de planeación se puedan aplicar en una organización es requisito indispensable contar con Sistemas de Trabajo Integrales e Inteligentes. La OI^2CA desarrolla su STII y le da valor agregado a cada uno de sus procesos en un proceso dinámico que le da la capacidad, la flexibilidad y la velocidad para ajustarse a las exigencias del entorno y poder enfrentar así, a los tres cambios de la nueva era de la información, de la globalización de los mercados y del cambio continuo y complejo en el Siglo XXI.

El Sistema de Trabajo Integral e Inteligente rebasa el concepto tradicional de sistema y su significado en griego de "mantenerse juntos". En la OI^2CA, el trabajo inteligente y sistematizado produce conocimiento en la interacción de sus elementos; son los trabajadores del conocimiento quienes con sus aportaciones mejoran los procesos y se aplican en las actividades, maximizan su productividad y se hacen emprendedores e innovadores. Aprenden a emprender por la convivencia dirigida en células de aprendizaje y bajo la gestión del arte del management, que con un estilo diferente motiva y provoca el conocimiento productivo. La innovación es el resultado recurrente del STII que se manifiesta como conocimiento productivo aplicado al negocio, se comparte en la organización y se registra en una base de datos para memoria y consulta de todas las áreas de la OI^2CA.

Kant define sistema como lo opuesto al caos, sin embargo el STII en la OI^2CA (además de evitar el desorden al incorporar de manera integral a los trabajadores de todas las áreas de la organización), genera conocimiento a partir de sus propios trabajadores, con sus propios recursos y experiencias. Sus restricciones son fuentes de información para eliminarlas y este proceso le da capacidad de respuesta cuando se presenten nuevas restricciones. Es Bertalanffy quien define sistema como un proceso dinámico que genera conocimiento, sin embargo no establece cómo. En la OI^2CA el concepto de sistema se define como el trabajo inteligente que de manera integral crea y fomenta el ambiente organizacional donde la interacción de los elementos del sistema inteligente le da la ventaja competitiva que no se puede transferir o comprar, se desarrolla y se cultiva para beneficio de la OI^2CA. La dinámica del cambio es un proceso que requiere de visión para anticiparlo, percepción para detectarlo, velocidad de respuesta al cambio y administración del cambio

5.10.1 Visión

Al ya no ser posible pronosticar el futuro con base en el pasado, se requieren nuevas herramientas para su tratamiento, es decir se requieren nuevos métodos para predecir el futuro. Uno de ellos es la planeación por escenarios que es una de las 25 herramientas administrativas más populares en los países desarrollados[6]. Su popularidad se debe justamente a la imposibilidad de pronosticar el futuro con suficiente exactitud, con las herramientas de pronóstico convencionales como lo son las regresiones simples, suavizamiento exponencial o incluso el método Box–Jenkins. Estas se han convertido en herramientas de soporte metodológico de mayor alcance, como sucede en el desarrollo de escenarios mismo.

Un escenario es una situación futura posible. El desarrollo de escenarios es la parte medular de la planeación bajo escenarios. Un buen ejercicio de planeación por escenarios debe incorporar mucho más que el mejor caso, el peor caso y la simple extrapolación del pasado; de hecho. entre mayor sea el número de escenarios a considerar y lo innovador de ellos. se tendrá un espectro de escenarios más probable y a partir de ellos estar preparados para afrontar el que suceda. El proceso de desarrollo de escenarios no sólo debe ser creativo e innovador, sino que además debe tomar en cuenta el entorno externo y las condiciones internas de la organización (cultura, valores, capacidades, etc.). Este proceso es arduo y exhaustivo, además de que debe ser sistemático y seguir un protocolo que dé rigor al producto. Paul J. H. Schoemaker[7] y Peter Schwartz[8], otros de los grandes autores sobre el tema, proponen la identificación de los principales factores para poder desarrollar los escenarios más adecuados. En cualquiera de los casos e independientemente de la metodología de desarrollo de escenarios que se emplee, lo que se debe mantener en la mente es que el desarrollo de escenarios es una herramienta de visión del cambio mediante la anticipación del futuro.

Otra herramienta de planeación por escenarios es el Presupuesto Base Cero[9], (PBC). Este proceso ha sido incomprendido por su complejidad; sin embargo, en Japón se menciona en la Teoría Z y las compañías Texas Instruments y Dupont la utilizan con mucho éxito. El Presupuesto Base Cero consiste en elaborar unidades de decisión en cuatro niveles que se delimitan por la capacidad de uso de los recursos. Cada actividad común se denomina variable de decisión y forma un módulo que contiene las cuatro unidades posibles de realizar para seleccionar una decisión de cada módulo y armar un paquete de decisión que se modifica o se ajusta de acuerdo a las restricciones del entorno. Lo más importante y de mayor valor de la técnica del PBC son las unidades de decisión que están prediseñadas y a la mano para aplicarlas en el momento que se requieran. La flexibilidad del paquete de decisión le permite a la empresa tener la velocidad de respuesta y el uso de la capacidad que le convenga a la organización. En los siguientes cuadros se ejemplifica el uso de escenarios con el proceso de PBC, que no se limita a presupuestar sino invita a procesos de planeación complejos pero estructurados, que orientan el uso de la capacidad de la empresa, que le dan la flexibilidad en la toma de decisiones y velocidad en la respuesta a las amenazas y oportunidades del entorno.

En la OI^{2}CA, el STII incorpora el diseño de escenarios, por lo que la metodología puede ser desarrollada con éxito retomando el proceso de planeación. Se cuenta con lo más valioso: el trabajador del conocimiento que aporta y produce conocimiento productivo aplicado al negocio. Cabe mencionar que el PBC no resuelve el cómo, pues no considera la participación de los trabajadores. En la OI^{2}CA es posible generar escenarios por su STII basado en el trabajador del conocimiento que genera la energía y la información en la elaboración del "plan de vuelo" orientados por el "vigía" del entorno.

La OI^{2}CA cuenta con trabajadores del conocimiento que hacen factible el desarrollo de escenarios; cada periodo requiere de las aportaciones de cada trabajador y en cada periodo se aprenden nuevas formas de enfrentar los cambios. Es entonces donde la OI^{2}CA se reproduce con su propio conocimiento y desarrolla sus propias tácticas en un proceso de reorientación y ajuste para optimizar sus recursos.

5.10.2 Percepción

El efecto de no percibir el cambio resulta paralizante para las empresas. En un entorno siempre cambiante, en donde las ventanas de oportunidad se abren y se cierran a la velocidad de las comunicaciones electrónicas, resulta fatal no percibir el cambio. De nada resulta útil establecer los escenarios posibles si no se da un mecanismo de percepción del cambio. Por ello, resulta fundamental el que las organizaciones que basan su ventaja competitiva en el factor tiempo, tengan una unidad dedicada especialmente a monitorear el entorno competitivo, es decir esta unidad debe convertirse en el faro y en el vigía de la empresa, que identifique de dónde vienen los riesgos y en dónde se vislumbran las oportunidades.

El faro y vigía de percepción o captación del cambio

Fuente: Elaborado por CECIC
Gráfica 5.15

5.10.3 Respuesta

No basta con desarrollar los escenarios y percibirlos, hay que reaccionar a ellos. Para que la empresa tenga respuesta al cambio requiere los siguientes elementos en su organización: capacidad, flexibilidad y velocidad. El desarrollo de estos atributos se logra con una base estructural, organizativa y cultural renovada, basada en los tres elementos del capital intelectual: capital humano del conocimiento, capital sistémico y capital organizacional. Es importante considerar que en la dinámica del cambio la respuesta a él no necesariamente implica la posibilidad de afrontar mayor volumen de operaciones, sino incluso menor o diferente; por eso resulta fundamental que la organización tenga capacidad de crecer, pero también de hacerse pequeña, o incluso de ser diferente, manteniendo sólo como constante su núcleo de negocios (core business).

Capacidad

La capacidad de cambio es el potencial organizacional para que una vez revelado un escenario, la organización se adecue para operar en él. La capacidad de cambio organizacional está dada por la cantidad de capital intelectual con que cuente la empresa, por eso la dinámica de formación y acumulación de capacidad de cambio es la misma que la del capital intelectual. Una característica fundamental de la capacidad de cambio es que sus componentes deben ser escalables, o sea deben estar diseñados e instrumentados para que tengan la posibilidad tanto de crecer como de reducirse.

En términos del capital intelectual, el capital humano del conocimiento debe tener capacidad de incrementar su desempeño vía el programa TACA, o bien debe existir la capacidad de agregar trabajadores con curvas de aprendizaje muy cortas, lo que se logra manteniendo bolsas de trabajo con elementos con experiencia. Los sistemas de información y comunicaciones deben tener la capacidad de ser escalables, ya sea mediante la adición de periféricos, la adición de procesadores o incluso mediante un cambio transparente de servidores o una adición de equipos en cluster. En cuanto al capital organizacional, los procesos de trabajo deben estar diseñados de tal manera que no se tornen en cuellos de botella, una vez que alcancen un alto o un muy bajo nivel de operaciones. La optimización de la capacidad de cambio organizacional se logra a través de un ejercicio riguroso de identificación y eliminación de restricciones, tanto administrativas, como productivas y comerciales. Las restricciones imponen cuellos de botella en el flujo productivo, por lo que su eliminación libera el potencial pleno de la organización.

Flexibilidad

La flexibilidad organizacional es la capacidad de una empresa de reorientar sus esfuerzos, ya sea con fines proactivos o reactivos. Las estructuras organizacionales estáticas impiden la flexibilidad, por ello en la operación se requiere el empleo de estructuras funcionales dinámicas apoyadas en sistemas de información y comunicaciones modernos. Las estructuras funcionales dinámicas pueden tomar una variedad de formas de acuerdo con el sector industrial o económico al que corresponda la empresa; así los equipos de trabajo pueden ser autodirigidos, de alto rendimiento, fuerzas de tarea o células de aprendizaje. Es importante considerar que las estructuras funcionales deben tener vigencia en tanto exista la razón de su conformación, por lo que una vez logrados sus objetivos se deben disolver para no convertirse en un ente burocrático más.

Velocidad

El factor fundamental de la velocidad de respuesta al cambio es el tiempo. En la actualidad se observa que la ventaja competitiva en muchos sectores de negocios, como el de la alta tecnología y el de los servicios, se basa en el tiempo[10]. La velocidad de respuesta de una empresa al cambio organizacional descansa en su capacidad y flexibilidad, pero está determinada por el grado de desarrollo e interacción de los atributos de una empresa tipo IFA: inteligente en la gestión, flexible en la producción y ágil en la organización. Así, la velocidad de respuesta de una organización, para aprovechar o generar oportunidades y para contrarrestar las amenazas, está determinada por el desempeño y capacidad de aprendizaje de sus trabajadores, la eficiencia de sus sistemas de información y comunicaciones y por la pertinencia de sus sistemas de trabajo, es decir de sus procesos.

5.10.4 Administración del cambio

Adecuarse al cambio y aprovecharlo requiere que dentro de la empresa se practique la gestión o administración del cambio, esto es controlar la transición de la empresa de la posición organizacional en que se encuentra, a la nueva posición determinada por la ventaja competitiva sustentable. En términos sencillos, si no controlamos el cambio, el cambio nos controlará a nosotros, con resultados impredecibles.

Igor Ansoff[11] define la administración estratégica como el proceso que incorpora planeación estratégica, capacidad de planeación y administración del cambio. El cambio requiere de un liderazgo que comprenda que los trabajadores de la organización son el capital humano, que al combinarse con el capital sistémico y el capital organizacional, generan beneficios intangibles para la empresa. Los trabajadores no asisten a la empresa a trabajar, van a aprender y compartir el conocimiento, el líder motiva y orienta, la gestión de los directivos en manos de líderes debe integrar, acumular y utilizar a la gente con los sistemas dentro de una estructura organizacional formal que desarrolla y se apoya en un sistema de redes "informales" para compartir experiencias y conocimiento que se aplica al negocio.

- La gestión del cambio se encarga de hacer un diagnóstico de la cultura organizacional y de las subculturas que existen en la empresa. Dado que el trabajador es uno de los factores (junto con el equipo y la estructura) clave dentro del proceso de cambio, es necesario clasificarlo para medir su grado de autonomía individual, su capacidad de trabajo en equipo y de aprendizaje, su nivel de capacidad de aprendizaje y de aplicación. No se debe aceptar que no son capaces de desarrollar las habilidades citadas; se debe preparar un programa intensivo para que los trabajadores desarrollen las capacidades de trabajar en equipo, de aprender, crear y de aplicar los conocimientos

La cultura organizacional se puede orientar con estos hábitos promovidos por la alta dirección. La actitud requerida en el capital humano es indispensable para modificar la cultura. El cambio debe darse también en la gestión misma y cambiar:

- De Dirección por Control a Liderazgo por Compromiso.
- De Decisiones por Mandato a Decisiones por Consenso.
- De Trabajo Individual a Trabajo en Equipo.
- De Especialización a Procesos Integrales.
- De Control con Amenazas a Reforzamiento Positivo.
- De Estructura Vertical a Estructura Horizontal.
- De Medidas Correctivas a Medidas Preventivas.

Referencias y Bibliografía

[1] *Rethinking the future*. GBC. EUA, 1996.

[2] Senge, Peter. *The Fifth Discipline: the art and practice of the Learning Organizations.* Doubleday Currency. Nueva York, EUA, 1990.

[3] Plsek, Paul. *Creativity, Innovation and Quality*. ASQC Quality Press EUA, 1997.

[4] *Employment and Growth in the Knowledge-based Economy*. OECD. París, Francia, 1996. Pág. 13

[5] Quinn, James Brian. *Intelligent Enterprise*. Free Press. EUA, 1992.

[6] *Management Tools and Techniques*. Bain & Company. EUA, 1997.

[7] Schoemaker, Paul. *Scenario Planning: a tool for strategic thinking*. Sloan Management Review. Winter . EUA, 1995. Pág. 25-40.

[8] Schwartz, Peter. *The Art of the Long View*. Doubleday Currency. EUA 1991, 1996.

[9] Phyr, Peter A. *PBC*. EUA 1996.

[10] Stalk, George Jr. *STRATEGY. Time: The Next Source Of Competitive Advantage*. Harvard Business Review. EUA, 1995.

[11] Ansoff, Igor. *Strategic Management*. Ed. Prentice-Hall. EUA, 1988.

[12] Basadur, Min. *The power of innovation*. 1994.

[13] Brooking, Annie. *El Capital Intelectual*. 2000.

[14] Gibson, Rowan. *Repensando el futuro: Repensando los negocios, los principios, los mercados, la competencia, el liderazgo y el mundo*. Grupo Editorial Norma. México 1997. 319 páginas.

Capítulo 6

El Modelo de Negocio Flexible en la Producción y Ágil en la Comercialización (NEFA): El Sistema IFA de Innovación-Manufactura-Marketing de la cadena global de valor

CAPITULO 6

6.1 La importancia e inserción del Sistema IFA en la nueva economía de los negocios

Estos tres impulsores que caracterizan y conducen el nuevo sistema mundial: el conocimiento, el cambio y la globalización (CCG) que reorientan el mundo de la economía y los negocios, han tenido un gran alcance gracias a la revolución tecnológica en las telecomunicaciones, que permiten e intensifican la comunicación a grandes distancias; las tecnologías de información, que manejan en tiempo real grandes volúmenes de información; y las tecnologías de diseño y manufactura asistidas por computadoras (CAD & CIM), que permiten la flexibilidad productiva con precisión y rapidez; todas ellas se han apoyado en el espectacular desarrollo continuo de la microelectrónica (integración de millones de componentes electrónicos en espacios milimétricos).

Por otro lado, estos nuevos impulsores (CCG) hacen que la economía y los negocios funcionen en los mercados globales de manera diferente al pasado, implicando nuevos tiempos y retos para las organizaciones, dando origen a "un nuevo nombre del juego" para las naciones y las empresas: la hipercompetencia global basada en el capital intelectual como factor estratégico y fuente de la ventaja competitiva sustentable (VCS). La hipercompetencia global se caracteriza por la velocidad del cambio a nuevos productos, clientes, mercados, tecnologías, alianzas estratégicas, etc.; con jugadores de todas partes del mundo a quienes no sólo hay que enfrentar en los mercados internacionales, sino también, dada la apertura de las economías, en los mercados locales.

En este contexto, la pregunta fundamental que surge es: ¿Qué características o atributos debe tener la empresa del futuro para enfrentar con éxito dichos impulsores y entrar al nuevo juego? En otras palabras, ¿Qué tipo de nuevos jugadores se requiere para tener éxito en el juego de la hipercompetencia global?

Recapitulando un poco, la respuesta es crear la **Empresa Competitiva Sustentable (ECS) tipo IFA;** Inteligente en la Organización, Flexible en la Producción y Ágil en la Comercialización**:**

- **Organización Inteligente (I) en su management o gestión**

1. Forma y acumula capital intelectual, que se convierte en el factor de competitividad sustentable.

2. La organización inteligente aprende y crea conocimiento e innovación productiva aplicada al negocio a través de la utilización plena de capital intelectual.

3. Desarrolla una nueva capacidad y velocidad de respuesta organizacional capaz de enfrentar en menor tiempo que la competencia, los cambios del mercado (competidores).

- **Negocio Flexible (F) en la producción**

Se caracteriza por lo que hemos dado en llamar las tres M's, Multiproducto, Multiproceso y Multihabilidades. Los cambios son drásticos. La manera de enfrentarlos es con sistemas flexibles de producción, que permitan producir diferentes productos de acuerdo con las especificaciones y demandas del cliente (tailor made), y que facilité el cambio de la materia prima a utilizar, para mantener los costos dentro de los parámetros internacionales, sin alterar la calidad del producto final (multiproceso). Adicionalmente los trabajadores deben estar capacitados para asimilar estos cambios, en el menor tiempo y costo (multihabilidades). El ejemplo más claro en este punto son las muñecas Barbie las cuales, como veremos en el recuadro siguiente, pueden hacerse a la medida del cliente en cualquier momento (Ver Recuadro 6.1).

- **Ágil (A) en la comercialización**

Un negocio que sea ágil en la comercialización necesita tener capacidad para ser el primero en hacerle el traje a la medida al cliente, esto es, poder localizar el nicho-cliente, producto-servicio-solución integral más rápido que la competencia. Esto implica que el productor de hoy, desarrolle un producto que tenga las características costo-calidad, servicio y alianza estratégica adecuadas que lo hagan más favorable con respecto a la competencia.

El Caso Barbie

En 1959 **Ruth Handler** creó la muñeca más vendida del mundo: *Barbie*. Desde 1959 han vendido más de un billón de muñecas en el mundo entero. Hoy se distribuye en 140 países y se vende a un ritmo de dos ejemplares por segundo, la visten más de 120 diseñadores, con más de mil millones de vestidos y de pares de zapatos y cada año salen al mercado 150 nuevos modelos.

Barbie ha logrado algo de lo que muy pocos juguetes o productos pueden jactarse: conquistar al menos a tres generaciones. Esto sin duda se ha debido a que ha sabido evolucionar y adaptarse a los nuevos tiempos. La compañía Mattel con acertada visión comercial, con el tiempo ha añadido cambios tanto estéticos como técnicos que alejan su imagen del prototipo original y la van adaptando a cada época y su moda. El objetivo permanente de Mattel siempre ha sido renovar esta muñeca para convertirla en modelo deseable y vendible, en un fenómeno comercial, por lo que ha creado muñecas que representan diferentes etnias y culturas tradicionales, hasta llegar a hacer el prototipo del producto "hecho a la medida" con una muñeca con las características particulares de cada niña. Esto es posible debido a que los eslabones de la cadena están perfectamente integrados y tienen no sólo el marketing, sino la capacidad de producirlas, además de un contacto directo y permanente con sus clientes que le permite saber cuales son sus gustos y preferencias; y esta retroalimentación les permite innovar y crear nuevos productos.

Como ejemplo de esta comunicación con sus clientes, podemos decir que el sitio de Internet Barbie.com, que fue lanzado en 1998, se encuentra entre los diez destinos más visitados por niñas entre los 2 y 11 años de edad, y genera un promedio de 5 millones de visitas al mes. El sitio se ha convertido en una importante herramienta de branding con actividades en línea que Mattel ha estructurado para que su público se mantenga en el sitio por largos períodos de tiempo.

Fuente: Elaborado por CECIC
Recuadro 6.1

Así, la fuente de la ventaja competitiva sustentable en la nueva era del conocimiento y la mentefactura proviene del CI como factor estratégico de competitividad, generando conocimiento productivo o innovación, a través de una organización tipo **IFA**. Retomando por tanto lo mencionado en el primer capítulo, podemos observar el nuevo paradigma de los negocios en el siglo XXI donde el cambio en la producción, en el marketing y la manera de competir en la nueva economía de los negocios, han dado un gran giro (Ver Gráfica 6.1).

Nuevo paradigma de los negocios en el siglo XXI

Vieja economía		Nueva economía
Producción masiva (mass production) estandarizada, economía de escala y mínimo costo	Paradigma de manufactura y marketing	Producción flexible y (mass customizing) personalizada de variedad y producto – servicio – solución integral al cliente
Mercado local y físico. Red de distribución física	Naturaleza de mercadeo	Mercado global y en red (network) Comercio electrónico
Producto uniforme y estandarizado. Ciclo de vida del producto largo. Precio = costo por unidad + margen de utilidad	Marketing	Variable y personalizado. Vida corta del producto. Precio + valor del cliente
Competencia Darwinista. Competencia tradicionalmente empresa vía precio – calidad. Maximizar participación en el mercado	Competencia de mercado	Competencia cooperativa vía alianzas estratégicas (competidor, cliente y proveedor).Se busca la participación en el mercado y los clientes más rentables (customer share)
Enfoque divisional, departamento de manufactura y ventas. Fabricación y producción por pronóstico	Enfoque operacional: sistema de innovación, manufactura y marketing	Enfoque de proceso: Sistema Integral Inteligente de Manufactura y Marketing. Producción por orden: tailor made con sistemas de manufactura de especialización flexible
Dotación de factores: mano de obra barata.	Fuente de ventaja competitiva	Innovación y aprendizaje vía capital intelectual: mano de obra productiva
Organización con calidad (TQM): Centros de calidad	Tipo de organización	Organización inteligente (KDM): Centros de innovación

Fuente: Elaborado por CECIC

Gráfica 6.1

6.2 Sistema Integral e Inteligente de Innovación, Manufactura y Marketing ($SI^2:IM^2$)

En el pasado, los diferentes eslabones de la cadena global de valor de una empresa, Innovación – Proveeduría – Manufactura – Distribución – Marketing, trabajaban y se desarrollaban de manera aislada e independiente a los demás eslabones, sin tomar en cuenta la fuerte interdependencia e interrelación que existe entre cada uno de ellos. Es decir, el Departamento de Innovación trabajaba, sin tomar en cuenta las necesidades y requerimientos de los demás eslabones. En el mundo de hoy, cualquier empresa que aspire a ser competitiva deberá de contar con una cadena de valor totalmente integrada, a lo largo de sus diferentes eslabones, característica esencial de la empresa tipo IFA. Ningún eslabón podrá actuar sin retroalimentarse de las necesidades, condiciones, requerimientos y exigencias de los demás.

El Sistema Integral Inteligente de Innovación, Manufactura y Marketing ($SI^2:IM^2$) completa la estrategia de posicionamiento a lo largo de la cadena global de valor, en donde la integración funcional de los cinco eslabones que la componen resulta fundamental para el correcto funcionamiento competitivo de la empresa y donde la inteligencia del sistema, apoyado en la nueva economía digital y sistemas de información, requiere tener la capacidad de acumular conocimientos (memoria) y saber utilizar estos para el mejoramiento global de la cadena de valor. La comunicación e integración de los eslabones de innovación, manufactura y marketing resulta fundamental en el correcto funcionamiento de la empresa. El contacto que tiene la empresa con el cliente se realiza a través del eslabón del marketing; éste es el que conoce las necesidades y deseos del cliente y, por lo tanto, debe de mantener estrecha comunicación con los eslabones de innovación y manufactura; éste eslabón debe de comunicar al eslabón de innovación cuales son las características que esta buscando el cliente en un producto y/o servicio determinado, de igual manera el eslabón de marketing al conocer qué tanto se demanda un bien, éste inmediatamente debe de comunicar al eslabón de manufactura aumentar o disminuir la producción según sea el caso.

De no existir esta comunicación, el eslabón de manufactura puede seguir produciendo un bien para el cual ya no existe demanda. El eslabón de innovación puede estar desarrollando nuevas características del producto que para el cliente resultan innecesarias. En el modelo $SI^2:IM^2$ los eslabones de cadena de abastecimiento y distribución juegan el papel de soporte básico a la cadena, ya que a pesar de ser fundamentales para el funcionamiento de la cadena, la interdependencia con los demás no es tan importante, ya que el abastecimiento de materias primas y la distribución del producto no modifica la decisiones, dirección y accionar de los otros eslabones; situación que no ocurre entre estos tres, ya que las acciones a seguir por cada uno, está fuertemente relacionada a la información intercambiada entre ellos. De igual forma los eslabones de soporte afectan el funcionamiento de la empresa, ya que si no cuente con sistemas de entrega de Justo a Tiempo con sus proveedores (cadena de abastecimiento) puede provocar retrasos en la producción y de manera opuesta, si una empresa no cuenta con los canales de distribución adecuados puede provocar que el producto no llegue a las manos del consumidor en el tiempo correcto, aunque la producción haya sido terminada a tiempo.

Cadena global de valor de la vieja economía

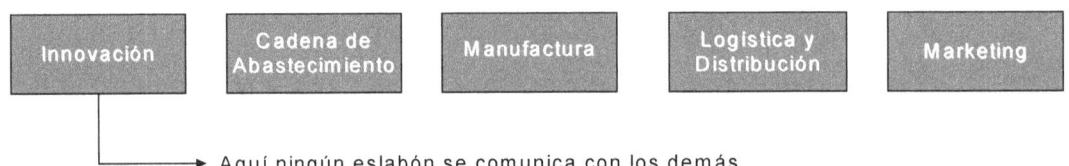

Aquí ningún eslabón se comunica con los demás

Fuente: Elaborado por CECIC
Gráfica 6.2

Sistema IFA de Cadena de Valor

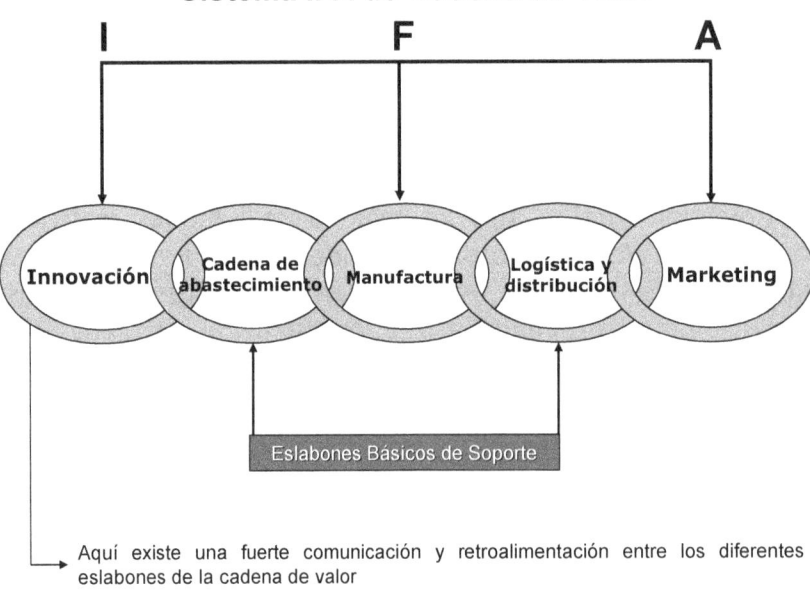

Aquí existe una fuerte comunicación y retroalimentación entre los diferentes eslabones de la cadena de valor

Fuente: Elaborado por CECIC
Gráfica 6.3

Es importante proponer por tanto, en base al análisis tanto de lo que constituye a una empresa IFA a lo largo de la Cadena Global de Valor, como al análisis de la competitividad comercial e internacional en los segmentos más rentables de cualquier empresa. El Sistema IFA de Innovación, Manufactura y Marketing en la cadena global de valor es un sistema integral e inteligente en donde los eslabones se relacionan y se complementan mutuamente, donde la producción es flexible (eslabón de manufactura) y donde la comercialización es ágil (eslabón de marketing). El siguiente Diamante de la Estrategia de Competitividad Internacional nos deja una idea más clara del Sistema IFA dentro de la cadena global de valor. Como se observa los cuatro ejes principales del diamante son:

1. La empresa IFA
2. El ciclo IFA a lo largo de la Cadena Global de Valor
3. La especialización productiva por nicho de mercado y por
4. Nicho de producto.

El Diamante de la Estrategia de Competitividad Internacional

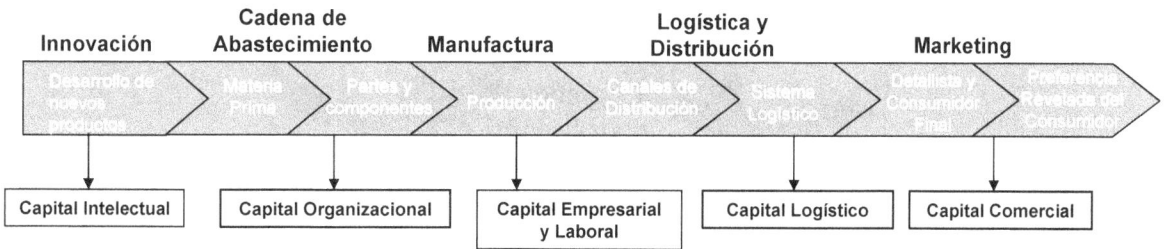

Fuente: Elaborado por CECIC
Gráfica 6.4

El Sistema IFA de la cadena global de valor debe ser inteligente, flexible y ágil tal y como lo hemos mencionado. Inteligente, pues debe de aprender continuamente, tener la capacidad de crear e innovar y dar respuesta más rápida que la competencia, además debe tener memoria para poder ofrecer siempre el mejor servicio tailor made a los clientes. Flexible significa ser multiprocesos, multiproductos y multihabilidades, es decir tener la capacidad de cambiar la línea de producción según los requerimientos del mercado. Finalmente debe ser ágil para poder comercializar rápidamente en los mercados globalizados e inciertos; debe de atacar e identificar adecuadamente su nicho de producto, su nicho de mercado y de cliente buscando ampliar su participación (customer share).

Por otro lado, el Sistema es integral pues abarca los tres eslabones clave (innovación, manufactura y marketing) de la cadena global de valor y se soporta en los otros dos (cadena de abastecimiento y distribución y logística) integrando de esta manera a los cinco eslabones, dando un enfoque de procesos y no de partes.

Sistema Integral IFA en la cadena global de valor

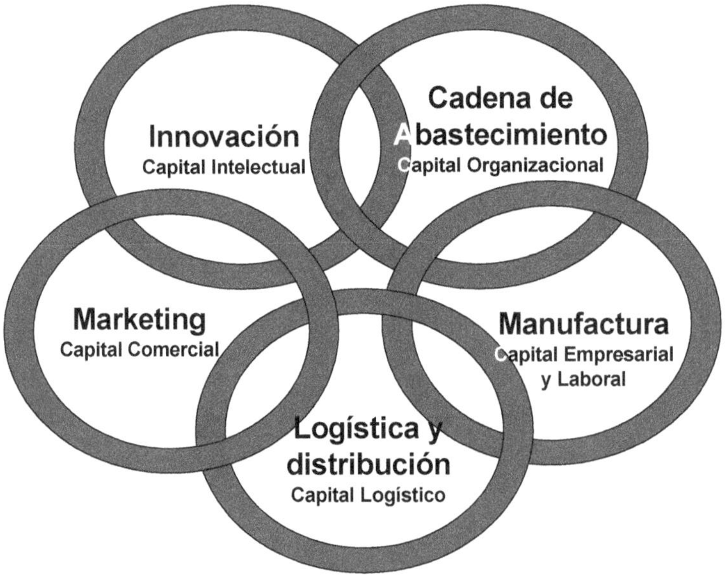

Fuente: Elaborado por CECIC
Gráfica 6.5

Con el Sistema IFA de cadena de valor se busca lograr:

1. La eficiencia operacional, mediante el uso de técnicas y herramientas que ayuda a la correcta administración y organización

2. La eficiencia estratégica, al cumplir con los cuatro ejes del diamante de la estrategia de competitividad, así como con la eficiencia a lo largo de la cadena global de valor

3. La eficiencia funcional, que es la manera de llevar a cabo la gestión de procesos. Esto implica trabajar en células de aprendizaje para cada eslabón, interrelacionadas e intercomunicadas entre sí para el correcto desempeño, logrando la eficiencia y la eficacia necesaria para completar el Sistema IFA integral e inteligente.

La eficiencia se logra por medio del uso, acumulación y creación de los capitales que mejor se identifiquen en cada eslabón, a saber: el capital intelectual para el eslabón de innovación, el capital organizacional para la cadena de abastecimiento, el capital productivo (empresarial y laboral) para el eslabón de la manufactura, el capital logístico para la distribución y la logística y finalmente el capital comercial para el eslabón del marketing.

Por todo esto, para que una empresa pueda competir exitosamente en el nuevo juego de la hipercomepetencia global en el mercado local, debe tener una estrategia de competitividad que abarque no solamente un modelo de empresa sino un modelo de negocio, de producto; pero sobretodo un modelo IFA de cadena de valor, pues los atributos que mencionamos anteriormente son indispensables para competir con éxito.

Estrategia de Competitividad Internacional

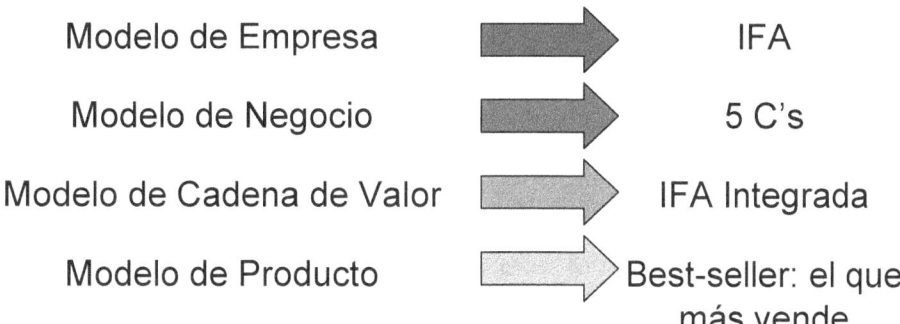

Fuente: Elaborado por CECIC
Gráfica 6.6

Como se puede observar es muy importante que las empresas cuenten con una cadena global de valor perfectamente bien integrada y comunicada entre sí; sin embargo, es importante señalar que existen diferentes estrategias de posicionamiento a lo largo de la cadena. A continuación se presentan algunas, pero antes de esto señalamos las características que deben de poseer las empresas IFA en cada uno de los diferentes eslabones de la cadena y las herramientas, técnicas y estrategias disponibles al alcance de las empresas para lograr la correcta comunicación de éstos.

6.3 Características de las empresas IFA y las herramientas, técnicas y estrategias disponibles para lograr la correcta comunicación de los eslabones de la cadena global de valor

6.3.1 Innovación

* Integración tecnológica dentro de las empresas IFA

La integración tecnológica es la clave para lograr una productividad mayor en el área de Investigación y Desarrollo (I+D). La integración tecnológica es el enfoque utilizado para escoger y redefinir las tecnologías empleadas en un nuevo producto, proceso o servicio. El acceso a la investigación es de gran importancia, pero si no se selecciona de manera correcta la tecnología, esto puede resultar en un producto difícil de manufacturar, que entra de manera tardía en el mercado y que no satisface el propósito para el que fue diseñado. La cantidad de tecnologías a las cuales las empresas tienen acceso aumenta cada vez más, debido a los avances en la química, la información tecnológica, electrónica y ciencias naturales. De la misma manera que él número de tecnologías ha aumentado, también lo han hecho las fuentes de éstas. Los egresados de las universidades más reconocidas han poblado las áreas de I+D de compañías como IBM, Kodak y Procter & Gamble, entre muchas otras. El conocimiento de los egresados en ciencia y tecnología ha servido como catalizador en el crecimiento de una gran variedad de proveedores alrededor el mundo pues están familiarizados con los últimos avances.

En la nueva economía el ciclo de vida de los productos es menor, presionando a las empresas a desarrollar y comercializar nuevas tecnologías más rápido que antes. Como resultado de esto, la ventaja competitiva de las empresas no necesariamente se basa en la capacidad de producir nuevas tecnologías, sino en la capacidad para escoger la mejor para desarrollar su producto, proceso o servicio. En cada caso, la habilidad de la compañía para escoger sabiamente la tecnología a utilizar, tiene un gran impacto en el desempeño del área de I+D en términos de mercado, productividad y calidad del producto. El criterio utilizado para elegir la tecnología debe converger con las capacidades de la empresa y las condiciones locales y culturales del entorno que la rodea.

Un proceso de integración tecnológica eficiente empieza en las primeras etapas del proyecto de I+D y provee de un mapa para las actividades de diseño, ingeniería y manufactura. El proceso define la interacción entre el mundo de la investigación y el mundo de la manufactura y de la aplicación en el producto. La necesidad de la integración tecnológica ocurrió cuando grupos de investigación aislados exploraban nuevas tecnologías y determinaban cuales deberían de utilizar las empresas, ésta las redefiniría y el nuevo producto o proceso sería llevado a las organizaciones de manufactura, donde se perfeccionaría. Como era de esperarse el resultado era pobre, pues la mayoría de las veces no se empleaba la tecnología correcta. A partir de esto, las organizaciones le dieron un mayor énfasis a los esfuerzos para la investigación de las ciencias aplicadas, como resultado se crearon nuevas fuentes y alianzas con universidades, y consorcios con otras compañías, ayudando a generar distintas posibilidades tecnológicas. Además de esto, se formaron grupos de expertos integradores, gente con experiencia en investigación, desarrollo y manufactura, para desarrollar nuevas generaciones de productos y procesos. Estos integradores recibieron distintos nombres, según la empresa, como por ejemplo integradores de procesos en el caso de Intel o administradores de programas en Microsoft; pero la función era similar. Las compañías encargaron a los equipos integradores la tarea de visualizar todo el sistema y les dieron la libertad de conceptualizar las nuevas generaciones de productos y procesos, escogiendo las tecnologías que ellos, según su experiencia y conocimiento, consideraran adecuadas. El objetivo es entonces crear conceptos del producto futuro que cumpla con los requisitos del cliente y que se pueda producir de manera rápida y eficiente.

- El Departamento de Investigación y Desarrollo en la empresa IFA

La habilidad y la rapidez con que la empresa transforma sus esfuerzos de I+D en productos que satisfacen las necesidades y demandas del mercado, además de la cantidad de recursos destinada a este departamento, sirven de indicadores para medir la competitividad de una empresa. Las empresas IFA, deben contar con un departamento de investigación y desarrollo que les permita hacer innovaciones continuas a sus productos y procesos. Este departamento no debe de estar aislado de las demás áreas, dentro de la cadena global de valor;

el departamento de I+D localizado en el eslabón de innovación debe estar directamente relacionado con los eslabones de manufactura y marketing para conformar de esta manera el Sistema Integral Inteligente de Innovación Manufactura y Marketing.

Ya que el establecimiento de departamentos de investigación y desarrollo requieren de fuertes inversiones, estos suelen estar poco desarrollados. Solo las grandes empresas, multinacionales y trasnacionales en la mayoría de los casos como Ford y Procter & Gamble, tienen la capacidad para solventar estos gastos. Sin embargo, esto no constituye un impedimento del todo; las empresas pueden formar redes con otras empresas e instituciones de investigación y educación para llevar a cabo las actividades de investigación y desarrollo. De la misma manera, estas redes pueden convertirse en alianzas para desarrollar un centro de innovación, lo cual en la actualidad es la mejor manera para desarrollar nueva tecnología y conocimiento, que les permita hacerse más competitivos dentro del mercado en que se desenvuelven.

Como se mencionó anteriormente, un indicador para medir la competitividad de las empresas es identificar cuantos recursos como porcentaje de ventas es destinado al departamento de I+D. Por ejemplo, la industria farmacéutica comparada con otras industrias, es la que mayor porcentaje gasta en los departamentos de I+D. A finales de la década de los años ochenta, el porcentaje de la industria farmacéutica a nivel internacional, estaba arriba del 15%. En 1997, éste aumentó a 19.4%, por arriba del nivel destinado por otras industrias, como la de telecomunicaciones (5%) y la electrónica (4.9%)[1]. En cambio, en la industria automotriz, las empresas mexicanas de este sector en 1991 sólo destinaban el 0.4% de sus ventas[2]; las empresas se concentraban más en mejorar sus procesos de producción que en desarrollar nuevos productos. Muchas veces las empresas se ven limitadas no tanto por la situación económica del país, sino por las decisiones tomadas en la casa matriz de estas empresas, no permitiendo a las subsidiarias destinar los recursos necesarios para la investigación y el desarrollo de los servicios y productos que estos manufacturan.

Por otro lado, para que las empresas puedan destinar una cantidad significativa a los departamentos de I+D, deben estar seguras de las leyes que protegen la propiedad intelectual, de manera que se les garantice que sus esfuerzos en I+D están protegidos. Las investigaciones, innovaciones y nuevos productos que se desarrollan en el departamento de I+D de la empresa, deberán estar protegidos de la competencia para que no sean copiados y la empresa en cuestión pueda tomar ventaja competitiva y logre posicionarse en el mercado. El derecho a la propiedad intelectual es parte fundamental en el rubro de la I+D.

- La tecnología de información y de comunicación en la empresa IFA

La tecnología de información y comunicación ha cambiado de manera radical el paradigma de los negocios; al ser aplicada a lo largo de todo el negocio ha logrado mejorar los diferentes procesos productivos. Una de las principales tendencias a nivel mundial es la subcontratación de productos o servicios (outsourcing), la cual no sería posible si no se contara con la tecnología de hoy. Subcontratar un servicio requiere de información en tiempo real y de gran comunicación entre empresas; de lo contrario, no se tiene ningún control sobre el servicio subcontratado y que es de vital importancia para el negocio y los procesos productivos. La certeza y seguridad que nos ofrece el uso de la tecnología de información, permite delegar tareas y subcontratar los productos o servicios en donde la empresa no presente ventajas competitivas. En su forma más básica y conocida, un ejemplo de esto resulta el uso de internet, el cual nos permite acceder a un sin número de información en tan solo unos segundos y comunicarnos de manera inmediata a distintos lugares del mundo. Una empresa IFA debe de aprovechar los avances hechos en materia de informática y comunicaciones que están a su alcance y aprovechar sus grandes ventajas.

El EDI (Electronic Data Interchange) es uno de los avances en informática y comunicaciones más utilizados por las empresas hoy en día; éste permite el intercambio de información de una empresa con otra a través de una computadora. En el EDI, la información está organizada de acuerdo a un formato previamente establecido por las partes involucradas, permitiendo la transacción entre computadores sin la necesidad de la intervención humana. Toda la información contenida en las transacciones del EDI es equivalente a aquella de los documentos impresos. Las organizaciones han adoptado el EDI por los beneficios que ofrece en la reducción de tiempos, mejoras en la administración de inventarios, aumento de la productividad, reducción de costos, mayor precisión, mejoras en las relaciones de negocios y en los servicios al cliente, aumento en las ventas, minimización del uso de papel, y aumento del flujo de efectivo. Los servicios que el EDI ofrece ayuda a las grandes compañías a llegar más cerca de sus socios comerciales a través de la red; también ayudan a los pequeños negocios a tomar ventaja de las oportunidades que el comercio electrónico del B2B (Business to Business ofrece.

La tecnología de comunicación y el internet han jugado un papel fundamental en la era digital, en la que compradores y vendedores operan dentro del mercado las 24 horas del día y los 365 días del año. El comercio electrónico o e-commerce se ha convertido en la principal herramienta de las empresas en la era digital para desarrollar gran parte de sus áreas, tales como ventas, marketing, e incluso inventarios. Gracias a éste, las empresas se han visto beneficiadas en varios aspectos, dentro de los que destaca la reducción de costos (reducción de gastos en larga distancia), nuevos nichos de mercado (e-commerce) y la reducción de tiempos de espera y de respuesta. En el comercio electrónico no se necesitan personas que tomen y autoricen los pedidos; las páginas electrónicas de las empresas cuentan ya con sistemas en donde una puede hacer pedidos y saber si los productos deseados se tienen o no en existencia; en caso de que el producto no se halle en existencia, la orden puede quedar en espera (back order) para que en el momento que haya existencias, ésta se realice inmediatamente. Para realizar el pago basta introducir el número de tarjeta de crédito y automáticamente se efectúa la transacción; finalmente, solo queda esperar la entrega del producto por mensajería. En estos casos las empresas dan al cliente el número de orden con el que pueden saber el estado de su pedido: si sigue en espera, si ya ha sido enviado, etc. Las compañías de paquetería como Federal Express tienen un sistema en donde solo basta con introducir el número de orden en la página web para saber en donde se encuentra la orden (aduana, carretera, etc) y a que hora se entregara, y si ya fue entregada. Como ya se señaló, el e-commerce reduce de manera significativa el tiempo de espera y respuesta, y el uso de papel, reduciendo así los costos.

Otra característica importante del e-commerce es que todo se lleva a cabo en tiempo real. El e-commerce tiene diferente modalidades, algunas de estas son negocio a negocio (bussiness to bussiness (B2B)), negocio a consumidor (bussiness to consumer (B2C)) y negocio a gobierno (bussiness to government (B2G)). El B2B y el B2C han sido los más sobresalientes, sobre todo por las plataformas electrónicas diseñadas para llevarlas a cabo, y que permiten hacer negocios de manera más segura, en menos tiempo y ofreciendo todo tipo de herramientas y soluciones para ello. Los sistemas B2B llevan a cabo intercambios de documentos, tales como órdenes de compra y facturas entre las partes de las cadenas de abastecimiento. Implementan un mercado virtual (e-marketplace) en donde una sola empresa de manufactura puede cerrar la compra de los bienes necesarios para el proceso de manufactura de muchas empresas pequeñas. Este mercado permite a los grandes vendedores comprar los productos que ofrecen en sus tiendas. Además, el mercado virtual puede convertirse en un lugar para comercializar e intercambiar bienes particulares de un segmento o industria. Los sistemas de B2B también permiten automatizar la compra de bienes, dando apoyo al mantenimiento, reparación y operación de los mismos.

Una de las compañías más importantes en este rubro es IBM con e-bussiness y Bussiness Solutions; éste último le ha dado a IBM una ventaja competitiva que nadie más ha podido igualar en el mercado. E-bussiness de IBM utiliza la tecnología de internet para mejorar los procesos de negocios. IBM ofrece nuevas opciones para la administración de los clientes y mejorar las relaciones con los empleados, además ayuda a unificar la cadena de abastecimiento y a llevar a cabo el comercio. E-bussiness, ayuda a los empresarios a establecer una visión y un plan de negocios para luego diseñarlo, integrarlo e implementar las soluciones que los llevarán a donde quieren llegar.

Existe una gran cantidad de tecnologías que ofrecen distintas soluciones para problemas diferentes y diversas situaciones. La tecnología se ha convertido en una de las herramientas claves para el desarrollo de ventajas competitivas en el mundo de los negocios. Existen tecnologías que permiten registrar la producción en inventario, utilizando solo el código de barras. En las tiendas por ejemplo, cada vez que se registra en las cajas el producto, mediante la lectura del código de barras se la salida del inventario. Esto permite saber cuanto se tiene en almacén, evitando así, acumulaciones innecesarias del producto en cuestión. En algunos casos las nuevas tecnologías permiten tener un sistema de cero inventarios, en donde solo se cuenta con las cantidades demandadas por los clientes, y en donde cada vez que se hace un pedido, éste se genera de manera inmediata, reduciendo costos y espacio.

▪ Las empresas IFA y las relaciones con Universidades y Centros de Investigación

Una empresa IFA debe estar consciente que el trabajo conjunto con instituciones de educación y de investigación es importarte para el desarrollo de nuevos productos y procesos. Los centros de investigación, públicos y privados, así como las universidades, deben desarrollar relaciones más estrechas y de cooperación con las empresas. Al obtenerse nuevos conocimientos en los distintos campos de la investigación, con la ayuda financiera y dirección de las empresas, éstas a cambio tendrán los conocimientos más recientes para el desarrollo de nuevos productos y procesos. En la relación con las universidades y centros de investigación deben de estar involucradas todas las áreas de la empresa: el departamento de I+D, las encargadas de la cadena de abastecimiento, de manufactura, de distribución y de marketing, para que de esta manera los investigadores y académicos de las universidades sepan hacia donde dirigir sus investigaciones, convirtiéndose de esta manera en investigación aplicada y no solo básica. Esto está directamente relacionado con la integración tecnológica de la que hablábamos en párrafos anteriores.

La existencia de los llamados parques científicos facilita en gran medida esta actividad. "Un parque científico es un espacio en donde operan universidades, instituciones de educación superior o de investigación, que está diseñado para promover la formación y el crecimiento del conocimiento basado en los negocios y en otras organizaciones, y que tiene la función administrativa comprometida con la transferencia de tecnología y de las habilidades de negocios hacia las empresas establecidas en esta área"[3]. Actualmente se está desarrollando la tendencia de empresas que utilizan tecnologías similares a concentrarse en este tipo de parques, debido a los beneficios que obtienen al diversificar los costos de I+D y aprovechar los conocimientos y experiencias de otras empresas

- Diversificación de costos en I+D mediante la cooperación entre empresas

Al igual que debe existir una relación de la empresa con las instituciones de educación y de investigación para el desarrollo de nuevos productos y procesos, debe también existir relación con otras empresas. Las alianzas permiten reducir los costos en sus departamentos de I+D mediante la diversificación, ya sea para la contratación de investigadores, creación de centros de investigación o desarrollo de nuevos productos o procesos. Con las alianzas, la posibilidad de un Centro de Innovación se vuelve más factible; esta asociación también permite y estimula la generación de nuevas ideas, tácticas y estrategias para atacar el mercado objetivo de cada una de ellas. Al mismo tiempo se crea y se difunde el conocimiento generado en la unión de los eslabones de la cadena de valor de cada una de las empresas haciéndolas más fuertes y competitivas. Una empresa IFA requiere, para su completa y adecuada evolución, de un Centro de Innovación que le permita desarrollar al máximo su área de investigación y desarrollo en conjunto con los de manufactura y marketing. El impedimento de muchas empresas para lograr esto, son las grandes inversiones monetarias que deben hacer; sólo las grandes empresas como Cemex tienen la capacidad de contar con un Centro de Innovación propio.

La asociación entre las empresas debe ser equitativa en términos de cooperación, siempre tratando de ofrecer su mayor esfuerzo y dentro de una relación ganar – ganar. En la mayoría de las situaciones, las grandes empresas suelen establecer relaciones estrechas con sus empresas proveedoras, para mantener y asegurar de una manera u otra, el abastecimiento y calidad de sus insumos. En el caso de las pequeñas y medianas empresas, éstas suelen establecer un contacto directo con los departamentos correspondientes en empresas similares para crear e innovar al unir esfuerzos y conocimientos. En este caso, los parques industriales hacen las veces de los parques científicos. Los parques industriales concentran empresas dentro del mismo ramo o que estén relacionadas entre sí; lo cual facilita la logística e infraestructura que estas empresas requieren, al mismo tiempo que reducen sus costos y se benefician mutuamente.

En el siguiente recuadro podemos observar la importancia de la innovación como parte de los procesos de creación y producción. El proceso de innovación debe de darse desde el momento en que nace la idea y a lo largo de toda la cadena de valor hasta el marketing y la retroalimentación de la posventa. Todos los eslabones, y las áreas que éstos abarcan, de la cadena deben de estar integrados y tener conocimiento de los nuevos procesos, de ahí que surja la administración de la innovación y la importancia que ésta da a la producción mediante la colaboración de todos sus participantes.

Administración de la Innovación

Para un gran número de empresas, el éxito o el fracaso reside en su habilidad para crear nuevos productos diferenciados en un campo cada vez más competitivo, personalizado para cubrir las necesidades de los clientes y donde es necesario ingresar al mercado más rápido que la competencia. A través del desarrollo de productos por medio de la colaboración (collaborative development) como lo son la creación conjunta de proyectos con socios internos y externos o a través de trabajos entre los departamentos de dos o más empresas (cross-enterprise), las empresas han logrado desarrollar de manera simultánea aquellos productos innovadores que el consumidor requiere. Algunas empresas han logrado llevar a cabo una administración de la innovación eficiente así como del desarrollo de productos. Al utilizar nuevas tecnologías para trabajar de manera más unida han reducido sus costos y sus restricciones de capacidad. Los tres pasos para llevar a cabo el proceso de innovación: 1. Enfocar la innovación en las prioridades de la empresa y en las del consumidor. 2. Involucrar a las partes más importantes desde el comienzo del proceso de innovación. 3. Utilizar la tecnología y los nuevos procesos disponibles para facilitar la colaboración.

La innovación es más efectiva en la medida en que se convierte en una prioridad para la empresa. Los líderes en la innovación deben entender que es lo que su marca ofrece, qué necesidades cubre y hacia que nichos se dirige. Establecer las prioridades debe ser una tarea de todos los departamentos involucrados dentro y fuera de la empresa (cross-functional task). Se necesita de una cadena de valor totalmente integrada. El conocimiento necesario para dar prioridad a los procesos puede encontrarse también fuera de la empresa. Tal es el caso de Iomega quien enfocó el desarrollo de productos en lo que el consumidor quería y no en lo que sus ingenieros estaban diseñando. Boeing Corporation es un caso práctico del desarrollo y diseño en conjunto en su avión 777. Las tres metas de la compañía son satisfacer las necesidades del consumidor, reducir el tiempo de desarrollo de productos y eliminar el costo por

---

modificaciones. En este caso, más de 75 equipos conformados por clientes, personal interno y proveedores clave, trabajan sobre un prototipo electrónico donde cada uno puede sugerir y hacer modificaciones según sea necesario disminuyendo así de manera significativa el tiempo de desarrollo del producto y sus costos.

Las soluciones tecnológicas para la colaboración permiten a las personas compartir sus ideas de manera global e inmediata en sus diferentes plantas de producción en distintos lugares permitiendo de esta manera la prueba simultánea de los nuevos conceptos de sus productos. Una herramienta básica es la colaboración en el diseño basado en una red, mediante ella se pueden llevar a cabo discusiones en línea y en un grado más avanzado permiten la visualización del producto así como espacios de trabajo virtuales, permite automatizar los flujos de trabajo, simplificar y acelerar la administración de programas. Existen otras herramientas que permiten la visualización del producto en dos y tres dimensiones dando lugar la flexibilidad en el diseño por otro lado, los cambios pueden hacerse de manera más rápida, exacta y eficiente. Capturar la información adecuada en el momento correcto reduce el tiempo de desarrollo del producto. La habilidad para utilizar correctamente y decidir entre la información y el conocimiento juega un importante papel en la ventaja competitiva de la empresa en el futuro. General Motors, por ejemplo, cuenta con un proceso (repetable digital validation) que permite a los equipos de diseño el acceso a una plataforma que contiene todos los datos e información de último momento que permite la retroalimentación en tiempo real.
Las compañías más importantes han introducido desde el principio una red global de investigación y desarrollo, ingeniería, manufactura, ventas y mercadotecnia y de proveedores clave. En conclusión, para que el proceso de innovación tenga éxito se necesita involucrar a toda la gente necesaria en la toma de decisiones, se debe tomar en cuenta a los departamentos internos, los clientes y proveedores.

Fuente: Elaborado por CECIC con datos de A.T. Kearney
Recuadro 6.2

6.3.2 Cadena de abastecimiento

- Cadena de abastecimiento de la empresa IFA

Una efectiva administración de la cadena de abastecimiento abarca la coordinación y la optimización de la información operativa, táctica y estratégica, y de los procesos hacia dentro de las empresas y entre éstas. La administración de la cadena de abastecimiento trata sobre la optimización de los procesos y del valor de los negocios a lo largo de toda la empresa, desde el proveedor del proveedor hasta el cliente del cliente. Su estratégico enfoque une a las etapas dentro del ciclo de negocios, desde el diseño inicial del producto y el abastecimiento de materias primas, pasando por la producción, envío, distribución y almacenamiento, hasta el producto terminado y su entrega al consumidor. La falta de esta correcta administración en una empresa no permite cumplir con las características que la convierten en empresa IFA, sobre todo en los rubros de inteligencia en la organización y flexibilidad en la producción.

La percepción del consumidor sobre el valor del producto ha cambiado: ya no se basa tanto en los precios como ahora lo hace en la personalización del producto y la conveniencia de éste. El cambio de paradigma deja al consumidor con el control y fuerza a la compañía a redefinir la respuesta de la cadena de abastecimiento ante esta situación. Esto hace que se cambie el enfoque en la eficiencia intraempresarial, hacia un punto de vista interempresarial. Introduce además, la idea de la alineación de los procesos, las personas y los programas a través de los socios comerciales que comprometen la cadena de abastecimiento. Los factores clave son la colaboración y la optimización.

El primer indicador para conocer el desempeño de la cadena de abastecimiento es la visibilidad o saber qué está pasando dentro de la cadena. Mientras más amplia sea la visibilidad de los bienes y sus estatus dentro de la cadena, mejor será el servicio que se pueda ofrecer a los clientes. El segundo indicador para medir el desempeño, es la velocidad de la cadena, es decir, la velocidad con la que accede a la información, planea los ciclos y los ejecuta. Finalmente, la administración de la cadena de abastecimiento esta guiada por la variabilidad, o la habilidad para cambiar. Las empresas más avanzadas, entienden que el cambio es inevitable, y mientras continuamente tratan de predecirlo, cambian la manera de hacer negocios y la administración de la cadena de abastecimiento para ser más ágiles y adaptarse de mejor manera al cambio.

Existen soluciones que permiten a los productores y a los vendedores participar en las predicciones de ventas, manejar los inventarios, programar el trabajo, optimizar las entregas y mejorar la productividad. Algunos de estos procesos incluidos dentro de la administración de la cadena de abastecimiento son: la administración de inventarios, la predicción, el almacenamiento y la logística. Para implementar y conducir una cadena de abastecimiento se necesita la unión de distintos elementos de una manera invisible y eficiente. El primer elemento es el conocimiento o capital intelectual. Las compañías necesitan entender el concepto y tener una visión de cómo llegar y formar éste. Una vez que el "qué" es respondido, se requerirá entonces de herramientas específicas para implementar la visión. Las soluciones de la cadena de abastecimiento son complejas y heterogéneas y requieren de una integración tecnológica y de procesos para que la compañía obtenga beneficios. Por último, el enfoque de la cadena de abastecimiento dirigida al mercado está basado en las soluciones de una industria específica, direccionando los aspectos de la cadena de abastecimiento dentro y a través de las industrias individuales.

Cabe mencionar que en la administración de la cadena de abastecimiento, al igual que en la innovación y en el marketing, se puede utilizar aplicaciones del comercio electrónico y de las tecnologías montadas sobre la plataforma de Internet para manejar a la organización hacia arriba y hacia abajo. Las compañías que utilizan redes de proveeduría, vendedores y distribuidores, necesitan una manera rápida y eficiente para diseminar la información y desarrollar una comunicación de doble sentido. Para llevar esto a cabo, se utilizan sitios de extranet personalizados, servidores de red y un software de colaboración en el que los correos electrónicos de los usuarios se integran en uno solo. El sistema de red provee a la empresa la visibilidad para seleccionar socios, proveedores y clientes, además de integrar a la cadena de abastecimiento dentro de los otros procesos de la empresa. Al utilizar las soluciones que ofrece una cadena de abastecimiento integrada con comercio electrónico, las empresas IFA pueden reducir sus costos de operación a través de un inventario reducido, mejorar el nivel de satisfacción del consumidor manteniendo un stock adecuado (esto permitirá ofrecer productos según las tendencias y cambios en el mercado) y mejorar la productividad mediante una mejor integración de la información, además de menores errores al momento de hacer las requisiciones y comunicaciones más rápidas. Todo lo anterior ayuda a posicionar a la empresa IFA dentro del mercado competitivo, ofreciéndole una rápida capacidad de respuesta ante los cambios en la demanda y mejorando el nivel de satisfacción del consumidor, y de manera interna, mejorando los procesos de requisiciones y control de inventarios con sus proveedores.

- Herramientas utilizadas para mejorar la cadena de abastecimiento de la empresa IFA

La empresa IFA debe de llevar a cabo programas o estrategias para el desarrollo de sus proveedores y de sus distribuidores, para lograr una integración eficiente, tanto en los eslabones de la cadena de abastecimiento, como entre los de la cadena de valor (innovación, cadena de abastecimiento, manufactura, logística y marketing). Las herramientas más utilizadas son cero inventarios, justo a tiempo, kanban y kaizen, entre muchas otras. Todas siempre buscando hacer una diferenciación entre la empresa IFA y el resto de las empresas.

El sistema de producción flexible de la empresa IFA se entiende como el sistema con la habilidad para adaptarse a los cambios en la demanda de productos dentro de un ambiente competitivo, a la vez que se reducen los costos y se aumenta la diversidad de producto o la habilidad para ajustar el volumen de la producción de acuerdo a las fluctuaciones de la demanda. El sistema de producción flexible incorpora los cambios en los productos y en los procesos de diseño, además de incorporar nuevas tecnologías, generando una tendencia a subcontratar servicios de producción de otras empresas. El propósito del sistema de producción flexible es el de eliminar el exceso de inventarios, reservas en stock y uso de espacio, mediante prácticas de control de inventarios como el kanban, el JIT, control total de calidad y sistemas de mejoramiento continuo o kaizen.

El sistema de kanban es un sistema de control interno en la producción de la compañía y también suele ser implementado a los proveedores que sólo producen componentes, según se necesite, eliminando los inventarios innecesarios que como sabemos generan costos y ocupan espacio. El kaizen o sistema de mejoramiento continuo, está basado en el principio de que siempre es posible mejorar cualquier proceso dentro de la producción. El concepto de kaizen requiere de una estructura de trabajadores disciplinados que trabajen en lo que se llaman células o equipos de trabajo para poder establecer sistemas de control total de calidad que requieren de controles estadísticos de procesos (SPC) y sirven a su vez para mantener el trabajo eficiente dentro de la cadena global de valor.

El sistema justo a tiempo o JIT es una manera de organizar las relaciones comprador – vendedor entre las empresas; en este sistema la parte proveedora debe de entregar dentro de un tiempo determinado y con cero defectos el producto estipulado, permitiendo con esto, al igual que el kanban, tener un mínimo de inventario, o cero. Sin embargo, la configuración espacial de la proveeduría basada en el sistema JIT, afecta la manera en que los proveedores y las compañías manufactureras están distribuidas en lo que se llaman complejos flexibles o complejos JIT. Esta configuración espacial, también afecta la formación de las cadenas de abastecimiento en donde los proveedores tienden a ubicarse en un área geográfica cercana a las empresas manufactureras y demás proveedores de los diferentes eslabones de la cadena. El uso de estas herramientas por la empresa IFA establece las bases para que ésta se ocupe en otras cuestiones estratégicas que le otorguen una mayor ventaja competitiva y la posicionen mejor en el mercado; estás solo son herramientas y todo el mundo puede utilizarlas.

6.3.3 Manufactura

6.3.3.1 La producción flexible

La nueva empresa del siglo XXI debe tener la capacidad de cambiar la producción de un producto a otro, o introducir pequeñas modificaciones sobre el producto para tener una mayor cobertura de mercado. Esta capacidad de cambio debe realizarse dentro del ciclo normal de producción, sin contratiempos ni desperdicios. La producción flexible es una de las respuestas a la era de cambio continuo, rápido y complejo, en que la producción masiva ("mass production") ha sido sustituida por la producción personalizada ("customized production").

En esta nueva era del conocimiento, la economía está orientada al mercado, mientras que los negocios están orientados al consumidor. Los mercados han dejado de ser uniformes, por efecto de la globalización, y se han convertido en mercados fragmentados y especializados, con diferentes exigencias y posibilidades en cada segmento o nicho, ya sea regional, local o incluso para cada cliente en forma individual. Esto es posible por la tecnología de la información que permite tener grandes cantidades de datos en tiempo real.

La satisfacción del mercado no está ya en los altos volúmenes de productos uniformes, de mínimo costo y de calidad estándar. Ahora se debe buscar ser rentable con lotes de fabricación de tamaño intermedio o pequeño, inclusive por unidad de producción, algo impensable en la era industrial; hoy se tiene un mercado más orientado a pagar por el valor percibido, que por el valor intrínseco del bien o servicio.

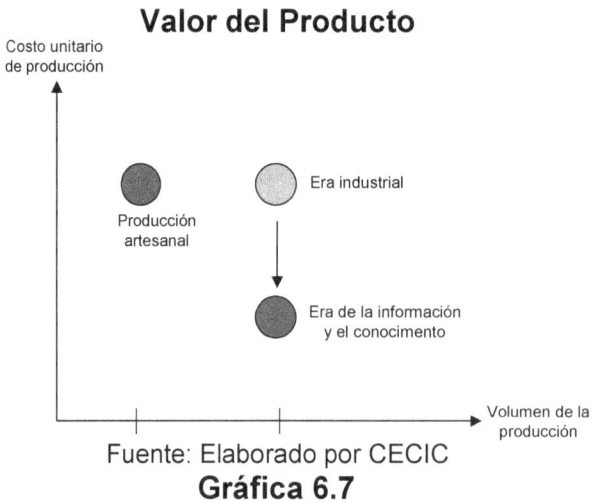

Valor del Producto

Fuente: Elaborado por CECIC
Gráfica 6.7

296

Se ha pasado de la producción en masa de productos estandarizados, basados en economías de escala, a la producción selectiva de productos personalizados y variados que da lugar a las economías flexibles. La economía de la era industrial se basaba en economías de escala, con características de monoproducto, monoproceso y monohabilidades en un sistema rígido de producción. Las industrias optimizaban sus procesos reduciendo el costo unitario de un producto fabricándolo con un proceso unitario, con baja exigencia de habilidades del trabajador que desarrollaba siempre una labor repetitiva.

Ahora el negocio es desarrollar economías multidimensionales donde hay que pasar de las economías de escala, a las economías de flexibilidad, donde se requieren nuevas dimensiones de los sistemas de producción que podemos definir como las 3M's: multiproducto, multiproceso y multihabilidades. Esto implica toda una visión de manufactura ligada a las necesidades del mercado y del cliente, basada en las nuevas tecnologías de información, para que podamos tener la variedad en productos y en proceso con una calidad uniforme, cero defectos y a un mínimo costo.

Los sistemas de producción flexible basados en las tres "M's": Multiproducto, Multiproceso y Multihabilidades del trabajador, se manifiestan a través de dos tipos de flexibilidad: la flexibilidad operativa y la flexibilidad del personal.

La flexibilidad operativa tiene que ver con las dos primeras M 's (multiproducto y multiproceso), en tanto que la flexibilidad del personal tiene relación con la tercera M. Es importante señalar que una flexibilidad sin la otra, inhibe la producción flexible, por lo que se debe trabajar para desarrollarlas de manera simultánea. Los sistemas de producción flexible apoyan a las técnicas y herramientas de administración para así poder simplificar y facilitar la implementación de la estrategia de producción.

Flexibilidad Operativa y Flexibilidad del Personal

Fuente: Elaborado por CECIC
Gráfica 6.8

La Importancia de la Manufactura Flexible

La nueva generación de compañías de hoy, compite con la manufactura flexible y los sistemas rápidos de respuesta, ampliando la variedad y aumentando la innovación. Una compañía que construye su estrategia en este ciclo es un competidor más poderoso que uno con una estrategia tradicional basada en salarios bajos, escala, o concentración. Estas viejas estrategias basadas en los costos obligan a los administradores a hacer lo que sea para bajarlos; mover la producción hacia un país con salarios bajos, construir nuevas instalaciones o consolidar las viejas plantas para conseguir economías de escala; o concentrar sus operaciones en las actividades económicas secundarias más bajas. Estas tácticas reducen costos, pero a costa de la capacidad de respuesta. En contraste, las estrategias basadas en el ciclo de fabricación flexible, respuesta rápida, amplia variedad, y aumento de la innovación están basadas en el tiempo. Las fábricas están cerca de los clientes a los que sirven. Las estructuras de la organización flexible permiten una respuesta rápida en vez de costos bajos y control. Las compañías se concentran en reducir o eliminar los retrasos y utilizar sus ventajas de respuesta para atrapar a los clientes más rentables.

Muchos —pero ciertamente no todos— de los competidores basados en el tiempo, hoy, son japoneses. Algunos de ellos son Sony, Matsushita, Sharp, Toyota, Hitachi, NEC, Toshiba, Honda e Hino; las compañías occidentales basadas en el tiempo incluyen a Benetton, The Limited, Federal Express, Domino's Pizza, Wilson Art y McDonald's. Para estos competidores líderes, el tiempo se ha convertido en la medida de su desempeño

Tiempo — La Siguiente Fuente de Ventaja Competitiva
George Stalk, Jr., Harvard Business Review

Recuadro 6.3

▪ **Flexibilidad Operativa**

La flexibilidad operativa es la cualidad de los equipos, tecnologías y procesos para adaptarse a los cambios de los programas de producción, que de ser trimestrales, mensuales o semanales, han pasado a ser diarios, por horas o incluso por unidad de producción, lo que exige moverse rápidamente y asertivamente para que ese cambio no altere el ritmo de producción.

Dicha flexibilidad se manifiesta mediante las dimensiones de Multiproceso y Multiproducto:

a) Multiproceso

La dimensión de multiproceso involucra dos conceptos: sistemas de manufactura flexibles y tecnologías convergentes. En términos generales, los sistemas de manufactura se clasifican por los elementos que se emplean y la manera en que se organizan para operar, de tal forma que existen tres niveles de sistemas de producción.

Clasificación de Sistemas de Manufactura

SISTEMAS DE MANUFACTURA PRIMARIOS

SISTEMAS DE MANUFACTURA PROGRAMABLES

SISTEMAS DE MANUFACTURA FLEXIBLES

Fuente: Elaborado por CECIC
Gráfica 6.9

- Sistema de manufactura primaria, que sólo involucra materia prima, equipo y producto. Es un sistema muy mecánico que toma los elementos mínimos para producir.

- Sistema de manufactura programable, que tiene una mayor adaptabilidad en relación a los costos de producción e implica una mayor complejidad al involucrar un mayor conjunto de elementos como: materia primas, materiales intermedios, equipos, tecnología y productos.

- Sistema de manufactura flexible, es más complejo que el anterior, por lo tanto, requiere apoyarse en los sistemas de información que operan en tiempo real a lo largo del proceso para programar, administrar, controlar y producir con precisión. El sistema integra a todos los elementos del mismo: personal, tecnología, equipo, materia prima y otros, por lo que el componente más importante de este sistema flexible de manufactura es la información. Una de la técnicas de más amplia difusión en este tipo de sistemas es el denominado CIM (*"Computer Integrated Manufacturing"*), que es el sistema neuronal-nervioso de producción que a través de sensores, accionadores, integradores, procesadores, redes de comunicación y sistemas dinámicos, programan, administran, ejecutan y controlan la producción.

De esta clasificación resulta evidente que en la era del conocimiento y la mentefactura, los sistemas más adecuados para la producción masiva personalizada son los sistemas flexibles de manufactura, que permiten cambios sin alterar el ciclo de producción. Así los sistemas de producción flexible están soportados mediante el CIM (ya comentado anteriormente) y el "Lean-Manufacturing"

Manufactura esbelta (*"Lean Manufacturing"*) basada en tres técnicas para el logro de tres objetivos:

1. TQM (Total Quality Management): *cero defectos*
2. JIT (Just In Time): *cero retrasos y excesos*
3. TPM (Total Productive Maintenance): *cero paros*

Por otra parte, las tecnologías convergentes permiten el desarrollo de productos para una misma aplicación, basados en diferentes tecnologías; por ejemplo impresoras para computadora de diversos tipos: impresoras de matriz de punto, láser, inyección de tinta, de sublimación de cera, permitiendo muchas alternativas para la impresión en varias calidades y tipos de papel. Este desarrollo tecnológico se ha acelerado en las últimas décadas y ha permitido tecnologías alternativas en casi todas las industrias.

b) Multiproducto

La dimensión de Multiproducto es la capacidad de fabricar una gama de productos con un sistema flexible de producción. La capacidad multiproducto tiene dos vertientes: la solución producto-servicio y la diversidad en productos.

La solución producto-servicio son los trajes hechos a la medida, donde el objetivo es satisfacer al cliente, desde antes de la compra hasta después de la misma, involucrándose con los problemas del consumidor y resolviéndolos, haciendo equipo con él, manteniendo una estrecha relación ("customer intimacy") y entendiendo su negocio, para así poder brindar alternativas y entregar la mejor solución disponible. El producto no es un mero objeto sino una solución a una necesidad específica del cliente.

La diversidad de productos es la posibilidad de ofrecer una variedad de productos-servicios (customer group coverage) para que el cliente escoja, con el apoyo del proveedor, el que más se adapte a sus necesidades. A pesar de que dos clientes pueden parecer iguales en sus necesidades, tienen pequeñas diferencias que deben tomarse en cuenta en la solución producto-servicio para tener un mejor acoplamiento con las necesidades particulares de cada uno de los clientes. De aquí que la diversidad de productos, es interpretada como una gran variedad de modelos, o sea: tamaños, formas, colores y propiedades específicas, la que implica desarrollar sistemas de producción flexibles para productos personalizados.

- **Flexibilidad del personal**

La flexibilidad del personal es la flexibilidad más difícil, pero de mayor alcance para el desarrollo de los sistemas de producción flexible, ya que involucra modificar los mapas mentales del personal sobre:
1. Las nuevas formas de trabajar y relacionarse.
2. Los nuevos sistemas de aprendizaje.
3. Las nuevas actitudes para entender, cooperar y crecer como personas, equipos y organizaciones, que es lo más importante.

c) Multihabilidades del trabajador: hacia el trabajador del conocimiento

En la nueva era del conocimiento, la información y la mentefactura, las personas deben entender que al tener mayores y mejores capacidades y habilidades tendrán las mayores oportunidades de emplearse en el mercado de trabajo, por lo tanto, es necesario concientizar al personal para que se automotive y demande el incremento de sus conocimientos y habilidades, los cuales se desarrollan dentro de "Organismos de Creación de Conocimiento Productivo" que son células de aprendizaje.

El objetivo principal es propiciar en cada uno de los individuos el deseo de aprender, de ser mejores personas para ellos mismos y para sus familias, para su organización y su comunidad. Por lo que a diferencia de la era industrial, en la cual únicamente se desarrollaban las habilidades manuales, sin preocuparse por el entorno, ahora en la era de la mentefactura y la información se busca desarrollar las habilidades intelectuales, físicas-neurológicas y socio-emocionales.

- Las habilidades intelectuales tienen que ver con el aprendizaje de métodos, procesos y herramientas de administración y de producción, así como otras herramientas de apoyo.
- Las habilidades físicas-neurológicas son las que permiten tener un cuerpo y mente sanos para poder potenciar otras habilidades. Aquí el enfoque es la promoción del deporte.
- Las habilidades socio-emocionales permiten el crecimiento de la madurez individual y la madurez grupal dentro de células de aprendizaje, donde el enfoque radica en desarrollar: el liderazgo, las técnicas para la solución de problemas, los métodos para el manejo de conflictos y los procesos para la integración de grupos.

Al existir la necesidad de que la producción tenga la flexibilidad suficiente para cambiar de un producto a otro, y de un proceso a otro, según la demanda de los consumidores, se requiere que el personal tenga habilidades y capacidades diversas que se pongan en juego, según lo que demande la producción sin restricciones laborales o sindicales. Entonces, para ser flexible se vuelve requisito, contar con una nueva relación laboral con los sindicatos, la cual permita diálogo abierto, comprensión, así como el establecimiento de nuevas formas de medir la productividad y la eficiencia. Por lo tanto, es necesario cambiar el enfoque patrón-obrero a líder-equipo, es decir, cambiar la relación de adversarios, en donde lo que gana la empresa es a costa de los beneficios del empleado, y, lo que ganan los empleados es a costa de pérdida de competitividad de la empresa, es decir un juego de suma cero. El nuevo enfoque es una relación cooperativa donde las dos partes ganan porque tienen un objetivo común, una visión y un compromiso compartido. De esta manera, sindicatos y empresas reconocen que el objetivo es el mismo, para colaborar ambos y puedan hacer crecer el beneficio de ambos, siendo este un juego de suma positiva. En el siguiente recuadro se expone la aplicación práctica de los conceptos arriba descritos para el caso de la industria del papel.

Las 3M's en la producción de papel

Los sistemas de producción flexibles (las 3 M's) multiproducto, multiproceso y multihabilidades son la característica de la actual revolución tecnológica y de la hipercompetencia global y del cambio continuo que vienen a sustituir a los viejos sistemas fordistas de producción en masa, bajo líneas de fabricación homogéneas y continuas; estas realidades exigen a su vez nuevos sistemas de gestión de las empresas y laborales flexibles que significa pasar de la producción rígida y el trabajo fijo de la administración taylorista a una producción flexible y empleo multivalente o de múltiples habilidades. Actualmente, en la industria del papel se puede producir una tonelada con pasta reciclada, de madera y/o de bagazo de caña bajo un sistema flexible que los combina y optimiza a través del tiempo dado el costo-rendimiento de los insumos y tecnologías. Al mismo tiempo se produce papel periódico y/o libro y/o especiales (multiproducto) dependiendo de la demanda y rentabilidad de mercado. De aquí que el empleo multivalente implica que ante la circunstancia actual de que el trabajador tiene por contrato que cumplir únicamente con las especificaciones reseñadas en su puesto o categoría, se capacite y reentrene en planta para que en la misma línea de fabricación pueda producir de manera flexible diversos productos con diferentes procesos o combinaciones de insumos.

En otras palabras, el promover la modernización de nuestras empresas requiere de una mayor productividad tanto del capital como del trabajo. El empresario debe buscar los modelos de producción y gestión más adecuados que permitan sistemas de producción flexibles, multiproducto, multiproceso y multihabilidades; por el lado del trabajo se requiere de una legislación laboral más "flexible" y de programas continuos de capacitación y reentrenamiento en planta (el aula en la fábrica) que promuevan el empleo multivalente del trabajador y el desarrollo de habilidades múltiples.

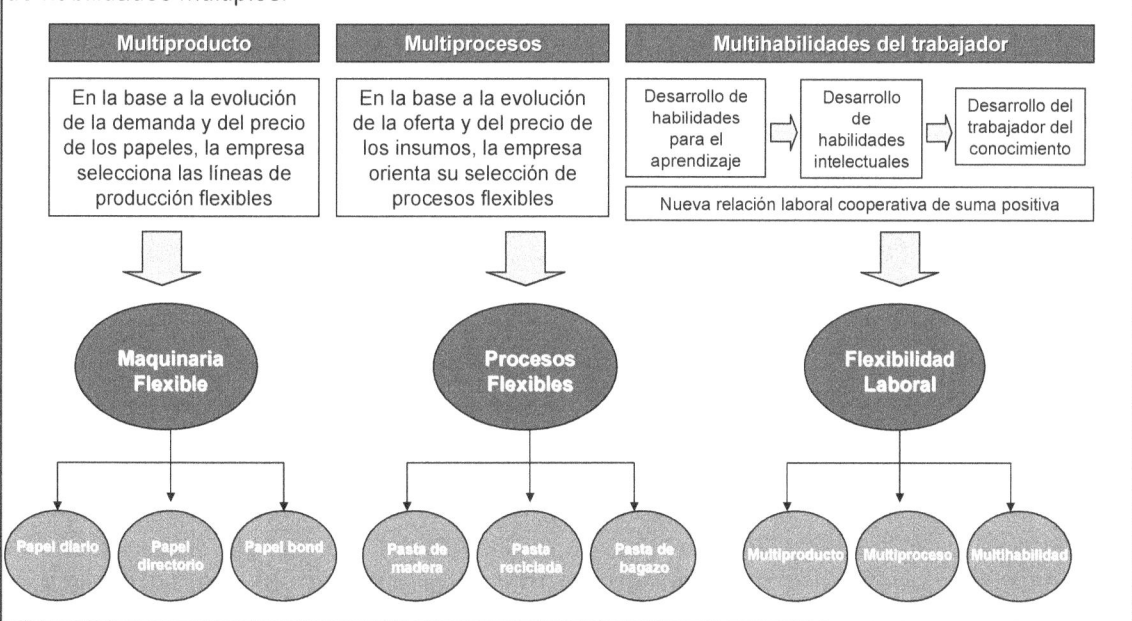

Fuente: Villarreal, René. "La Reforma Laboral: Asignatura Pendiente". Revista Siempre. Julio, 1999

Recuadro 6.4

6.3.3.2 Producción masiva personalizada

customization: Hacer el producto a la orden individual del cliente.

mass customization: Personalizar en órdenes individuales los servicios y productos en cantidades masivas, pero con eficiencia en costos de producción.

El poder real del sistema de "mass customization" es que liga el comportamiento de la empresa con las necesidades específicas del consumidor, permitiéndole crear una **Relación de Aprendizaje** (Learning Relationship) con el cliente. El proceso de mass customization ha sido posible gracias a la tecnología de información utilizada en los sistemas administrativos y comerciales de las empresas, y a los sistemas de manufactura integrados y asistidos por computadora, que permiten dar velocidad y precisión en el diseño, flexibilidad en la producción y agilidad comercial, pero reduciendo los costos de producción personalizada.

6.3.4 Distribución

El desarrollo del eslabón de logística y distribución de la cadena global de valor de una empresa IFA, es muy similar al desarrollo del eslabón de abastecimiento; las acciones que una empresa IFA realice para administrar su cadena de abastecimiento, las realizará en sentido contrario, es decir hacia adelante, para proveer a sus distribuidores, o en su caso, proveer a aquellas empresas donde sea parte de la cadena de abastecimiento de la primera. Es importante, que el proveedor surta cumpliendo con las 5C's, esto es que le surta el producto correcto, en la cantidad correcta, al precio correcto, en el lugar correcto y en el tiempo correcto.

Al igual que en la cadena de abastecimiento, la empresa IFA utiliza las herramientas de administración disponibles a su alcance. Para reducir sus costos en inventarios y aumentar la eficiencia de la administración de estos, requiere de sistemas Justo a Tiempo. En este caso, al emplear el sistema JIT la empresa adquiere la responsabilidad de entregar sus productos en la cantidad y en el tiempo que le sean requeridos, de esta manera la empresa sólo producirá el volumen que le fue demandado y no más, evitando así la acumulación innecesaria de inventarios que solo generan costos y ocupan espacio, además de que según el tipo de producto se corre el riesgo de que éste se vuelva obsoleto con el tiempo o sufran daños. Otra herramienta que permite lograr una posición competitiva dentro del mercado es la implementación del Kaizen o mejoramiento continuo, donde se establece que todo proceso se puede mejorar. Es con estas herramientas, con las que la empresa puede diferenciarse de las demás estableciendo nuevos y mejores objetivos continuamente, añadiendo un mayor valor a sus productos, servicios o procesos.

6.3.5 Marketing

Tal como ya hemos esbozado, la agilidad comercial es una característica de la empresa IFA que se desarrolla en el eslabón de marketing de la cadena global de valor. La agilidad comercial implica practicar el Sistema de las 5 C's: entregar el producto correcto, en la cantidad correcta, al precio correcto, en el lugar correcto y en el tiempo correcto. Esto significa establecer un posicionamiento distintivo y claro del producto, manejar la relación con los consumidores mediante el marketing integrado a la base de datos, construyendo la marca a partir del desempeño y no en base a promoción y especializarse de acuerdo al nicho de mercado y producto que se busque explotar. Éste último resulta de vital importancia, ya que establece el mercado objetivo de la empresa y determina el bien y/o servicio a producir.

El desempeño del marketing es medido a través de su eficiencia y efectividad. La empresa IFA para mejorar la eficiencia debe buscar disminuir los gastos excesivos en comunicación y transportes, cerrar oficinas de ventas improductivas, comprar insumos de forma más eficiente y condicionar el pago de los servicios a las agencias de publicidad en base a los resultados obtenidos. Para mejorar la efectividad del marketing se debe reemplazar los canales de costo alto por otros de costo bajo, transferir el dinero utilizado en publicidad hacia las relaciones públicas, aumentar o quitar características del producto, y/o aumentar la tecnología que mejore la respuesta de la empresa hacia los consumidores. Tradicionalmente las habilidades de marketing se han concentrado en la investigación de mercado, publicidad, promoción de ventas y manejo de la fuerza de ventas; sin embargo a medida que el mercado exige cada vez más, las habilidades de competencia necesarias para los mercadólogos actuales deben abarcar un campo más extenso, como es el manejo de la relación con el consumidor (CRM), el manejo de la relación con los socios (PRM), el marketing de base de datos, el telemarketing, el marketing de relaciones públicas (incluyendo eventos y patrocinios), la construcción de marcas, las comunicaciones integradas de marketing y el análisis de productividad por segmento, consumidor y canal.

Las actividades de marketing de una empresa comienzan y terminan con la identificación del producto y/o servicio a producir (nicho de producto) y el mercado a donde será destinado (nicho de mercado). Las estrategias de posicionamiento, la construcción de la marca y todas las funciones del marketing requieren de la previa identificación de estos nichos, ya que la estrategia a seguir por los mercadólogos dependerá en su totalidad de los nichos a explotar por la empresa.

6.3.5.1 Especialización de producto por nicho de mercado

El tercer elemento de nuestro diamante estratégico de la competitividad requiere definir un nicho de mercado en el que se pueda desarrollar una ventaja competitiva sustentable, para ello, se deben considerar los siguientes factores:

- El tamaño del nicho de mercado

El nicho de mercado de la empresa debe de ser único, pero lo suficientemente grande para lograr obtener ganancias.

- Que el nicho de mercado sea alcanzable

Deben de existir publicaciones, organizaciones y eventos específicos del nicho de mercado de la empresa, que permitan al consumidor potencial enterarse de la existencia de la misma.

- Que el nicho de mercado sea autocontenido

El consumidor potencial debe de tener o creer tener necesidades únicas, de ahí que la empresa haya decidido satisfacer su demanda, especializándose en un nicho de mercado determinado.

- Que el nicho de mercado sea sustentable

Seleccionar un nicho de mercado que ofrezca posibilidades a largo plazo, en donde los clientes potenciales no se agoten rápidamente.

¿Cómo encontrar el nicho de mercado de la empresa?

- Tipo de negocio e industria

Seleccionar un nicho de mercado en el cual la empresa o su personal cuente con experiencia previa en un área similar. Haber servido a clientes similares con anterioridad da gran credibilidad a la empresa. Ejemplo: Haber sido una empresa destacada en el área de la biotecnología y decidir incursionar en la industria farmacéutica.

- Tipo de trabajo

Seleccionar un aspecto específico del trabajo que realiza la empresa y enfatizarlo. Ejemplo: Empresa de diseño gráfico especializada en preparar reportes anuales para empresas públicas.

- Conocimientos únicos

Enfatizar las áreas en que la empresa cuenta con gran acumulación de conocimiento. Ejemplo: Consultor en asuntos políticos del Municipio de Ramos Arizpe.

- Grupo demográfico

Seleccionar un segmento de población específico brinda instantáneamente a la empresa la oportunidad de atraer clientes y hacerlos sentir bienvenidos. Ejemplos: Peluquerías para niños y clases de computación para personas de la tercera edad.

- Estilo

Seleccionar un estilo específico de producto o servicio. Además de que empresas con productos o servicios de estilo único suelen poder cobrar más por sus servicios. Ejemplos: Empresas productoras de muebles únicamente de madera o restaurantes de comida orgánica exclusivamente.

6.3.5.2 Especialización de producto por nicho de producto

Finalmente, dentro de nuestro diamante estratégico, la especialización productiva por nicho de producto se refiere a seleccionar los productos o servicios a producir por la empresa. El nicho de producto de una empresa parte de encontrar una necesidad y satisfacer está. Existen dos factores muy importantes a considerar al momento de seleccionar el nicho de producto de la empresa, primero diferenciar entre deseo y necesidad, y segundo no solo buscar satisfacer la necesidad expresada por el consumidor, sino tratar de anticipar posibles necesidades futuras del cliente.

1. La diferencia entre un deseo y una necesidad radica en que el cliente puede prescindir del primero, mas no de la segunda. De tal manera que una empresa debe de buscar primero satisfacer la necesidad del cliente y a manera de complemento y de diferenciación, también satisfacer en la medida de lo posible los deseos del cliente.

2. No solo satisfacer la necesidad inmediata del cliente, sino ir más allá de esta y anticipar sus posibles necesidades, permite a la empresa sorprenderlo y dejarle una impresión muy positiva.

En el siguiente caso se pueden apreciar estos dos puntos de manera más clara:

Servicio y Management, Estilo Disney

Cuando Walt Disney y su hermano Roy O. Disney fundaron su estudio de animación en 1923, ellos tenían poco experiencia en el manejo de un negocio. Lo que sí tenían era el sueño de Walt de crear felicidad a través de experiencias de entretenimiento y la perspectiva de Roy para los negocios. Esa combinación de talentos fue el fundamento del estilo de management Disney. Las filosofías y prácticas del management de Disney han evolucionado con los años para mantener el ritmo de crecimiento de la Compañía. Su sueño de experiencias "limpias, amigables, divertidas" vive en las caras de todos sus empleados y la felicidad que ellos crean cada día. La esencia de la marca Disney debe permear a todo lo que la Compañía hace.

Uno de los grandes éxitos de Disney es haber sido capaz de detectar el producto que requiere el consumidor, esto a través de la diferenciación de cuatro aspectos fundamentales sobre el cliente. Primero, el cliente tiene necesidades que debe de satisfacer mediante la compra de algún producto o servicio; segundo, el cliente tiene deseos; tercero, el cliente guarda ciertos estereotipos sobre un producto o servicio y, por último, el cliente experimenta emociones que lo hacen decidirse por un servicio o producto.

▪ Necesidades

Hay dos tipos de necesidades:

1. Básicas (agua, alimento, abrigo)

---

2. Situacional (requerir un producto o servicio) El enfoque del programa de Disney son principalmente las necesidades situacionales.

- Deseos

Dado que las necesidades son conocidas por un servicio o producto existente, se puede definir la necesidad para exceder las expectativas del cliente. Es de resaltar que hasta las necesidades básicas tienen sus contrapartes. El agua es una necesidad básica, pero embotellada puede ser un deseo. Un techo es una necesidad básica, pero una vacación cara es un deseo.

- Estereotipos

Por "estereotipo", se refiere a la imagen que mucha gente tiene de una industria en particular y sus empleados. Dichos estereotipos fueron la fuerza motivadora que llevo a Walt Disney a crear un nuevo concepto en parques temáticos, basado en el elenco de Disney, mediante el uso de disfraces, nombres de personajes, orden de presentación, y capacitación en el servicio.

- Emociones

Mucho menos tangibles que las necesidades o estereotipos, las emociones son la clave para medir el éxito del servicio al cliente. No solamente se considera al visitante en cada estado emocional, sino que también se canalizan cuidadosamente las emociones en la dirección correcta.

Como se puede observar, el éxito de Disney ha radicado en que ha sabido diferenciar necesidades y deseos y ha ido más allá de la satisfacción de estos.

Jones, Bruce. Expo Management, Ciudad de México, Junio 2002

Recuadro 6.5

6.4 Modelos de competitividad sustentable a lo largo de la cadena global de valor

Como veremos a continuación, existen diferentes modelos de posicionamiento a lo largo de la cadena global de valor; el modelo a seguir por una empresa dependerá en gran medida del "expertise" de la firma en los eslabones en que es competitiva y por ende, especializarse en estos y subcontratar en los que no lo es. En el desarrollo actual de las Cadenas Globales de Valor para diversos sectores económicos, existen al menos cuatro tipos principales de incorporación:

Formas de incorporación en la economía global y la clave de los agentes intermediarios

Formas de incorporación de productores dentro de los mercados globales	Actores Principales
1. Relaciones de largo alcance entre agentes autónomos, describe un mundo donde los productores y clientes se enfrentan uno al otro. Operan en un mundo de relaciones transitorias e impersonales, la mayoría como se describe en los libros de texto de economía sobre la competencia perfecta. La exportación de muchas materias primas (como el café) es un ejemplo de esta forma de incorporación en los mercados globales.	Compradores y productores independientes
2. Relaciones en red, ocurre cuando los diferentes productores tienen capacitación complementaria, la cual necesitan para compartir y poder prosperar. El aspecto a definir de esta capacitación complementaria es que definen un mundo de cooperación entre iguales, a menudo enlazados en la cooperación tecnológica (por ejemplo en la industria electrónica, o en automóviles donde la mayoría de las ensambladores producen conjuntamente motores)	Grupo de Productores que penetran conjuntamente a los mercados globales
3. Relaciones Cuasi-Jerárquicas entre compradores y productores, describe un mundo en el que dos partes no están unidas por una relación de propiedad sino por una relación de compromiso a largo plazo. Una de las partes tiende a ser la dominante –a asumir la posición de "gobernante"- y a definir quien se incorpora en la cadena y que estándares tiene que cumplir.	Empresas clave "gobiernan" la producción global: ❑ Determinando qué empresas se incluyen en la cadena global; ❑ Determinando qué estándares necesitan cumplir; ❑ Asistiendo a los productores para que alcancen estos estándares; ❑ Auditando la actuación de los productores.
4. Relaciones Jerárquicas se refieren a la incorporación de productores en una cadena integrada verticalmente, conectada por fuertes vínculos de propiedad. Describe una cadena de valor de oficinas ejecutivas y subsidiarias, que es un mundo de inversión extranjera directa.	Las empresas multinacionales producen en cadenas globales integradas verticalmente.

Fuente: Gari Gereffi, 2001

Cuadro 6.2

6.4.1 Modelo de Empresa Integrada: Zara

El Modelo de la empresa integrada se refiere a las empresas que se encuentran verticalmente integradas a lo largo de los eslabones de la cadena global de valor, es decir las empresas se encargan desde el desarrollo del producto hasta la comercialización del mismo. A continuación se presenta el caso de Zara, la cual es una empresa totalmente integrada a lo largo de los eslabones de la cadena global de valor.

El Modelo de Empresa Competitiva Sustentable IFA: La Integración Vertical de la Cadena de Valor
El Caso de Zara en la Industria Textil y de la Confección

Con una tienda local llamada ZARA abierta en 1975 en España, Amancio Ortega Gaona sentó los cimientos del emporio de Inditex, la tercera cadena de ropa más grande del mundo –748 tiendas-, por detrás de Gap y H&M. Cuenta con dos docenas de plantas manufactureras en España y tiendas en 34 países desde Estados Unidos hasta Japón. Desde que comenzó a trabajar a la edad de trece años como mensajero para una fabrica de camisas en su región natal de La Coruña, Amancio Ortega notaba que podrían disminuirse costos controlando el proceso de principio a fin comenzando desde el diseño, pasando por la manufactura y la distribución hasta llegar al aparador. Tiempo después como empresario logró realizar todo esto obteniendo grandes ganancias gracias a la velocidad y flexibilidad.

Tal éxito no tiene secretos, simplemente se logra rompiendo el paradigma de la vieja economía donde la empresa más grande acababa con la pequeña, ahora en la nueva economía la empresa más flexible y veloz acaba con sus competidores: por ejemplo, a ZARA le toma solo un par de semanas el que una falda pase por su diseño en La Coruña hasta su venta en una tienda en Qatar, Paris o Tokio (doce veces más rápido que la competencia). Con esta disminución en los tiempos, Zara puede vender pocas piezas de una gran variedad de diseños más frecuentemente. De esta manera es posible cancelar rápidamente líneas que no tienen gran demanda disminuyendo inventarios y aumentando sus ganancias, lo cual es invaluable incluso en tiempos de baja demanda. Tal estructura les otorga grandes ventajas sobre sus competidores.

Dicho Imperio, para el que trabajan 12 mil personas en cooperativas, ha roto muchos estereotipos de la industria de la confección: en un mundo en el que todos descentralizan lo más posible sus operaciones, Zara produce la mitad de su ropa desde el polígono industrial de Sabón. En una industria de bajos salarios, Zara paga sueldos dignos; en un modelo de negocios que apuesta por cobrar lo menos posible a cada mercado y ser discreta en cuanto a los precios de sus productos, la cadena produce grandes etiquetas donde la equivalencia de los precios es igual de Madrid a Riyadh.

Su mayor éxito, la realización efectiva de lo que llamamos la cadena de valor IFA, es su modelo de integración vertical a lo lardo de la cadena global de valor que abarca diseño, producción, mercadeo y ventas bajo el esquema de entrega justo a tiempo (JIT, o *Just in Time)*. En una industria donde la producción aprovecha las ventajas de la mano de obra barata en Perú,

---

Indonesia o China, el grupo confía en personal español bastante productivo y paga buenos sueldos a las cooperativas de la región gallega. Los diseñadores mantienen comunicación diaria con los gerentes de tiendas, para estar al tanto de los artículos de mayor demanda y la planta de producción actúa en consecuencia. Esto rebaja el costo de almacén e inventario, y convierte a un negocio de bajos márgenes en altamente rentable. La innovación constante de sus diseños garantiza al mismo tiempo lealtad e ingreso de nuevos clientes. Y todo esto a bajo costo.

Harvard Business Review on Managing the Value Chain

Recuadro 6.6

6.4.2 Modelo de Empresa Integradora: Ikea, Andrea y Nike

La empresa integradora es aquella que tiene sub contratado varios de los procesos (eslabones) de la cadena global de valor, y ésta únicamente se encarga de coordinar los diferentes eslabones. A continuación se presenta el caso de la Empresa IKEA, la cual utiliza el modelo de empresa integradora.

El Modelo de Empresa Integradora IFA en la Cadena Global de Valor:
El Caso de IKEA en la Industria del Mueble:

IKEA es una empresa que nace en Suecia como una pequeña compañía de adquisición de muebles por correo, que actualmente ha creado una red mundial de más de 100 tiendas generando en 1992 ingresos por 4.3 billones de dólares. Los elementos clave de la fórmula del negocio exitoso de IKEA son muy conocidos: sencillez, alta calidad, diseño escandinavo; adquisición de componentes en todo el mundo; muebles desarmables que los clientes pueden transportar y ensamblar ellos mismos. Una parte de lo que esta empresa ahorra es gracias a que utiliza componentes de bajo costo, tiene inventarios eficientes y mantiene precios de 25 a 50% por debajo de sus competidores.

IKEA ha revolucionado a la industria mobiliaria, ya que los clientes acceden a tomar ciertas actividades claves que tradicionalmente eran hechas por los manufactureros y detallistas – el ensamble de los productos y su entrega al domicilio de los clientes: Entonces IKEA crea productos bien diseñados y a precios sustancialmente menores. Evolucionó la industria de otra manera, ya que IKEA pretende que sus clientes entiendan que su papel no es sólo consumir valor, sino crearlo. Ofrece a las familias más que mobiliario co-producido; ofrece desde diseño de interiores hasta información de seguridad y seguro de equipo y hacer de las compras una manera de entretenimiento. La meta de IKEA no es relevar a los clientes de hacer ciertas tareas, sino movilizarlos para hacer fácilmente ciertas tareas que no habían hecho nunca antes.
Para movilizar a sus clientes a crear valor, IKEA debe movilizar a sus 1, 800 proveedores, localizados en más de 50 países alrededor del mundo y debe encontrar que los proveedores puedan ofrecer tanto bajos costos como buena calidad. Se requiere un enorme cuidado encontrar y evaluar proveedores potenciales y prepararlos para jugar su papel en el sistema de negocios IKEA.

Una parte del sistema IKEA son los proveedores a largo plazo, los cuales no solo ganan acceso a los mercados globales sino también reciben asistencia técnica, contrato de equipo, y asesoría sobre cómo llevar su producción a los estándares mundiales de calidad. Este esfuerzo comenzó en la década de los 60's, cuando IKEA comenzó a adquirir componentes de manufactureras polacas. Hoy IKEA trabaja con 500 proveedores en Europa del Este. Ahí como en todos lados, la compañía juega un papel importante en mejorar la infraestructura de negocios y estándares de manufactura de sus socios. La insistencia de la compañía sobre los bajos costos de sus proveedores tiene dos importantes implicaciones. Primeramente, la fuente de sus proveedores esta altamente dispersada. El respaldo y el asiento de una silla puede ser hecho en Polonia, las patas en Francia y los tornillos que la sostienen hechos completamente en España. En segundo lugar, la compañía debe ordenar las piezas en altos volúmenes. Ambos factores vuelven imperativo para IKEA tener un sistema eficiente para ordenar las piezas, integrarlas a los productos y entregarlas a las tiendas. IKEA es más que un eslabón en la cadena de valor. Es el centro de una constelación de servicios, bienes y diseño.

En el trabajo compartido y los acuerdos de co-producción, la compañía ofrece a sus clientes y proveedores por igual ver al valor de una manera distinta – una en la cual los clientes también son proveedores (de tiempo, trabajo, información y transportación), los proveedores son también clientes (del negocio de IKEA y servicios técnicos), e IKEA por si mismo, no es tanto un minorista como la estrella central en una constelación de servicios, bienes, diseño, administración e incluso entretenimiento.

Harvard Business Review on Managing the Value Chain

Recuadro 6.7

- **Modelo Innovación - Distribución**

De la misma manera, la zapatera Andrea en México es otro ejemplo de empresa integradora debido a su organización como lo veremos en el siguiente recuadro.

Sistema IFA de integración de la Cadena de Valor en el calzado: la experiencia de Andrea

Andrea es una empresa de León fabricante de calzado que ha revelado un gran dinamismo en los últimos años. Actualmente, es la empresa con la tasa de crecimiento en participación de mercado más alta del país, pese a que tampoco se trata de una de las empresas más grandes del cluster del calzado de Guanajuato. El mérito de Andrea es el de haber implantado exitosamente un modelo de negocios basado en la integración de una red de subcontratación a lo largo de la cadena de valor, centrando su intervención directa en los eslabones de innovación y de marketing. Los eslabones de materias primas, proveeduría de partes y componentes, así como de logística son coordinados por la empresa y por lo tanto integrados a la cadena en su conjunto, pero atendidos directamente por la red de empresas de manufactura subcontratadas por Andrea como la venta al consumidor final a través de vendedoras directas al menudeo por catálogo. De este modo, Andrea mantiene una operación 'esbelta' pero al mismo tiempo inteligente en la organización, flexible en la producción y ágil en la comercialización. Es por ello que puede considerarse que ha llevado a cabo una estrategia tipo IFA.

La empresa cuenta con un departamento propio de diseño e innovación de producto, el cual analiza permanentemente el comportamiento de las ventas, a fin de lanzar siempre nuevos modelos que respondan a la demanda real del mercado. Una vez determinados los nuevos modelos y diseños, Andrea subcontrata la manufactura con empresas con quienes ha desarrollado una relación de confianza mutua y disciplina en la aplicación de altos estándares de calidad. Esto permite a Andrea mantener suficiente flexibilidad como para responder rápidamente los requerimientos de nuevos modelos. La distribución de la producción está a cargo de la propia empresa en la medida en que ésta concentra su producción en almacenes en los que se surte a una amplia red de vendedores directos al menudeo, quienes completan el ciclo de distribución del producto. Frecuentemente, se trata de amas de casa o empleadas de oficina. Ante la dimensión de su éxito en el mercado nacional, Andrea ha incursionado en el mercado de Estados Unidos, concentrando su producción en un centro de acopio en California, desde donde contempla desarrollar un modelo similar al vigente en México.

Fuente: Elaborado por CECIC
Recuadro 6.8

- **Modelo de Innovación – Marketing**

En este modelo la empresa únicamente se encarga de la innovación requerida para el desarrollo del producto y el marketing para la comercialización del mismo. La empresa sub contrata los procesos de cadena de abastecimiento: la manufactura, y la logística y la distribución del producto. Nike es una empresa que ha utilizado este modelo y a continuación se pueden observar los logros alcanzados por ésta.

Debido a la importancia de este modelo de negocios, nos extenderemos un poco más en cómo se fue dando su desarrollo[5]

El Caso Nike en la Industria del Calzado

En los años setenta, Nike Inc. ayudó a la creación del boom del acondicionamiento físico y tomó ventaja de ello para convertirse en el líder del mercado de zapatos deportivos en la década de los ochenta. En 1990, vendió aproximadamente 70 millones de pares de zapatos, obteniendo una ganancia de 243 millones de dólares sobre ingresos netos de 2.2 billones de dólares. La tasa de crecimiento anual en periodos compuestos de 5 años, ha sido del 20% con una tasa de retorno en la acción del 31%.

Nike es básicamente una empresa de investigación, diseño y marketing, para la manufactura de sus zapatos deportivos, utilizando el Outsourcing de múltiples socios productivos. Hasta 1990, la empresa no contaba con infraestructura para la producción a gran escala; un año más tarde, en 1991, adquirió Tetra Plastics, uno de sus principales proveedores de material prefabricado. El éxito de Nike ha dependido de su habilidad para manejar a sus múltiples socios productivos, situación que muchas veces no ha sido fácil.

Las prácticas que Nike aplica, están diseñadas para dar la mayor flexibilidad con la mayor seguridad para sus clientes y sus proveedores. Adicionalmente, a las prácticas mencionadas anteriormente, Nike ha desarrollado: un "programa de reservaciones" para dar descuentos y garantizar las entregas a sus distribuidores que hagan las requisiciones de manera adelantada, y ha automatizado los centros de distribución para reducir costos y facilitar la respuesta a las órdenes de manera más rápida y precisa. Además, ha diseñado un sistema mundial de logística para coordinar sus mercados de información y de proveedores de información; y finalmente, ha establecido relaciones de largo plazo con sus proveedores para anticipar y manejar sus necesidades conjuntamente. Estas políticas han ayudado a proyectar a Nike en la posición número uno dentro del mercado mundial del calzado deportivo.

Brian Q., James. *Intelligent Enterprises*. Ed. Free Press. EUA, 1992. Pág. 60 - 64

Recuadro 6.9

Nike fue formada en 1964 por Phillip Knight y Bill Bowerman bajo el nombre de Blue Ribbon Sports Company (BRS). La idea se basó en el concepto desarrollado por Knight mientras asistía a la Escuela de Negocios de Stanford. En un principio BRS importaba los zapatos deportivos desde Japón, producidos por Onitsuka Tiger Company. Knight era el encargado de las ventas, las cuales se hacían en las pistas para correr de la escuela, y Bowerman trabajaba en el diseño utilizando la retroalimentación obtenida en dichas ventas.

Cuando las ventas de BRS alcanzaron 2 millones de dólares, Tiger ofreció comprar el 51% de la compañía; en caso de rechazar la oferta, Tiger amenazó con retirar su parte de la producción. Finalmente BRS lo rechazó y empezó una nueva sociedad con Nissho – Iwai, una gran compañía comercializadora japonesa, con la que acordó contratar fuentes independientes de manufactura localizadas en Japón para producir los zapatos que serían comercializados bajo la marca de Nike. Nissho también proporcionó a BRS servicios financieros y para la importación – exportación de los productos. Hasta el colapso del petróleo en 1973, todos los zapatos eran manufacturados en Japón, después de esto, Nissho decidió trasladar la producción a Taiwán. BRS sentía que tenía poco control sobre la producción y como consecuencia abrió una planta manufacturera en Exeter, New Hampshire, tiempo atrás un centro zapatero de los Estados Unidos; su intención fue aprender más sobre el proceso productivo del calzado. Con este nuevo conocimiento BRS empezó a dirigir la producción en Taiwán y Corea del Sur a finales de los años setenta. Esto dio lugar a una serie de prácticas productivas que hasta el día de hoy Nike lleva a cabo.

Prácticas de Manufactura en Nike

La primera práctica fue la de un Outsourcing amplio y flexible. El mercado de zapatos deportivo a finales de los años setenta y a principios de los ochenta era sumamente volátil. Constantemente eran introducidos nuevos diseños, nuevos jugadores entraban al mercado, una fuerte estrategia de publicidad servía de base para el lanzamiento de nuevos conceptos y el rápido crecimiento de los mercados provocó la segmentación para cada tipo de zapato deportivo, desde el utilizado en el fútbol hasta el del ciclismo. Los zapatos deportivos también se convirtieron en zapatos que podían utilizar las personas mayores y los oficinistas. El número de modelos de Nike aumentó de 50 en 1977 a 350 para 1988; el diseño de los zapatos se hizo más técnico, así como orientado a la moda de la época. Los productores europeos como Adidas y Puma empezaron a perder mercado ante marcas como Reebok, Nike y L.A Gear, cuya producción se centraba en el sureste de Asia. La participación de mercado de las marcas y los estilos fluctuaba de manera violenta. Las tarifas y precios de los componentes de los zapatos y de los zapatos mismos, cambiaban rápidamente ocasionando fuertes impactos en los costos. Nike sabia que no podía arriesgarse solo y se enfrentó a esta situación creando tres tipos de socios. En vez del término de "proveedores" o "contratistas", Nike prefirió llamarlos "socios productivos", de esta manera el término implicaba un mayor compromiso con la compañía.

Los socios para el desarrollo, manufacturan los productos más nuevos y más costosos de Nike, y tienen la capacidad de absorber mayores costos de producción. Estos socios tendían a ubicarse en los nuevos países industrializados como Corea y Taiwán, donde tenían la posibilidad de subcontratar de manera local empresas independientes que les suministraran componentes y materiales. También suelen producir bajos volúmenes, ayudan en el desarrollo de productos y co-invierten en nuevas tecnologías. Los productores en volumen, son más grandes que el tamaño promedio, producen de 70,000 a 85,000 unidades al día contra 20,000 a 25,000 unidades producidas por los socios para el desarrollo. Estos productores por lo general producen solo un tipo específico de calzado y están integrados verticalmente. Dentro de estos, no se lleva a cabo ningún trabajo de desarrollo, los productores en volumen, para mantener su nivel de producción, también manufacturan para otras siete u ocho empresas más. A pesar de que Nike realiza grandes esfuerzos para fijar el volumen de sus socios para el desarrollo, se espera que los socios en volumen concentren la mayor parte de la producción. El tercer socio productivo de Nike son las fuentes de desarrollo, lo que hace atractivas a estas fuentes son sus bajos costos de mano de obra y su capacidad para diversificar la ubicación de las ensambladoras; éstas se encuentran ubicadas principalmente en Tailandia, Indonesia y China. Todas producen exclusivamente para Nike, quien ha desarrollado un programa tutelar para desarrollar mayores niveles de proveeduría. Nike trata de unir las fuentes de desarrollo con los socios para el desarrollo mediante Joint Ventures en Taiwán y Corea, para ayudar a ambas partes. Los socios para el desarrollo asesoran a las fuentes en el entrenamiento necesario, financiando algunas operaciones para después trasladar parte de sus actividades intensivas en mano de obra a estos lugares.

Estructura de manufactura de Nike

Socios para el desarrollo	Productores en volumen	Fuentes de desarrollo
Manufactura exclusiva de calzado Nike	Manufactura de otras marcas de calzado deportivo	Manufactura exclusiva de calzado Nike
Manufactura de alta calidad y de alta tecnología	Productores de gran volumen	Métodos primitivos de producción
Productos con tecnología avanzada	Productos de valor añadido medio a bajo	Productos de bajo valor añadido
Productos con una menor sensibilidad al precio	Sensibles al precio, producción de bajo costo	Productos sensibles al precio, mano de obra barata
Las órdenes mensuales varían menos del 20% (se producen de 20 a 25 mil zapatos diarios)	Las órdenes mensuales varían más del 50% (se producen de 70 a 85 mil zapatos diarios)	Las órdenes dependen de la demanda
Desintegradas verticalmente, subcontrataciones	Integración vertical, se cuenta con fuentes internas.	Baja capacidad, fuentes en todos lados
Cooperación para el desarrollo y la inversión	Independiente, absorbe los cambios en el volumen	Apoyo para los grupos de primer nivel

Fuente: Brian Q., James. *Intelligent Enterprises*. Ed. Free Press. EUA, 1992
Cuadro 6.3

Además de las unidades de ensamble de primer nivel, Nike cuenta con una compleja red de proveedores para materiales, componentes y subensambles de segundo nivel. Algunos de los componentes más técnicos y especializados están hechos por compañías proveedoras controladas en su totalidad por Nike, como es el caso de Airsole® (suelas con bolsas de aire). Cuando no existen proveedores sofisticados, las fuentes de desarrollo deben de importar de otros países los componentes. El segundo nivel de proveeduría asegura a Nike el control sobre sus tecnologías y la calidad de sus componentes.

Coordinación de Servicio

Nike se desempeña principalmente en el área de servicios como centro de diseño, coordinador de producción y como interfase de mercado para su propio sistema. Sus estrategias clave son la diferenciación de producto, la innovación, la flexibilidad y la coordinación de los mejores proveedores disponibles (definidos en términos de sus costos y su calidad) para sus distintas actividades. Nike halló en Weiden & Kennedy (W&K) el mejor talento creativo en publicidad, llevándolo a la cima del reconocimiento. Buscando no solo un nombre sino también el reconocimiento por su desempeño, Nike creó una alianza con Athletics West, el primer patrocinador exclusivo para el equipo olímpico de los Estados Unidos y sus contendientes. El diseño de Athletics West estaba basado en el sistema europeo, Athletics West proveía de redes de financiamiento y de entrenamiento (incluyendo entrenadores, equipo y apoyo médico) para los atletas de Estados Unidos, además de que servía de plataforma para que Nike mostrara sus productos.

Nike desarrolló un número importante de políticas especiales para apoyar el Outsourcing y los programas de sociedades. Los cuatro principales de entre todos fueron:

1. Tratar a los socios como verdaderos socios. La fortaleza del programa de sociedad para la producción de Nike se basaba en: "programas expatriados" los cuales mantienen a todo el personal en una misma área dentro de sus instalaciones para la manufactura; sus políticas de confiabilidad en la orden, las cuales tratan de asegurar el flujo adecuado de la orden planeada hacia los socios para con esto minimizar el riesgo y los costos; una situación financiera estable, pagando sus cuentas a tiempo; programas de cooperación para el desarrollo que incluían el intercambio de información y visitas a las plantas entre los socios para el desarrollo; y mantener la credibilidad y la honestidad en los tratos y negocios realizados.

2. Participación en el proceso de manufactura. Los "expatriados" de Nike se convertían en personal permanente de cada una de sus fábricas productoras de calzado. Este personal tendía a permanecer en la fábrica durante varios años para conocer a su gente y los procesos de la mejor manera posible. Su función era la de servir de enlace entre el departamento de investigación y desarrollo del corporativo, ubicado en Beaverton, Oregon, las oficinas principales, y entre los esfuerzos mundiales para asegurar la calidad y el desarrollo de productos. El grupo de investigación y desarrollo de Nike participaba en el diseño, adicionalmente las fábricas, propiedad del

corporativo, daban a Nike una segunda ventana para la producción, mientras que sus oficinas corporativas constantemente buscaban nuevos proveedores para mejorar las técnicas utilizadas. El programa para asegurar la calidad de Nike, verifica que cada fábrica tenga y a su vez impulse el uso de las herramientas de administración de la calidad más actuales.

3. Añadiendo un mayor valor agregado. Nike da un mayor valor agregado en sus actividades de preproducción (I+D y desarrollo de producto), en la información de mercado y en la capacidad para crear una imagen, y en sus actividades de postproducción (publicidad, ventas, marketing, distribución y garantías). Su conocimiento en cada una de estas áreas, crea un bloque efectivo entre los proveedores y el mercado de la compañía. Nike otorga un mayor valor al coordinar la logística y la información entre sus socios y entre sus proveedores, creando una barrera estratégica para los socios que tratan de moverse hacia abajo de la cadena que integra a Nike.

4. Desarrollo e inversión conjunta. La investigación más básica es llevada a cabo en las oficinas de Beaverton y en las instalaciones de proveedores especializados de materiales clave para la producción, mientras que el desarrollo de los nuevos productos y estilos se comparte con los socios para el desarrollo. Representantes de estos últimos, acuden a las oficinas de Beaverton para compartir la información sobre los nuevos mercados y tecnologías. Estas prácticas de cooperación han reducido el tiempo en el ciclo de desarrollo, los costos, mejorado las comunicaciones y han unido más y de manera más directa a Nike con sus socios.

6.4.4 Modelo de Cluster Integrado: Cluster Cuero-Calzado de León

Bajo este modelo, las empresas se ubican cerca una de las otras con la intención de beneficiarse de las economías de aglomeración provenientes de la integración de un cluster y derivadas de la potenciación de las ventajas territoriales de los polos regionales, de la articulación de empresas competitivas con alta eficiencia en la integración de las cadenas productivas y del desarrollo de empresas competitivas tipo IFA, siendo la estrategia del cluster lograr el posicionamiento competitivo en su respectiva cadena global de valor. Las ventajas de desarrollar clusters son: aumentar la productividad de las empresas establecidas en la misma área, dictar la dirección y ritmo de la innovación, la cual en el largo plazo determina el crecimiento de la productividad y estimular la formación de nuevas empresas de apoyo y complemento al cluster. Empresas de algún modo interrelacionadas se ubican en una misma región geográfica reduciendo costos de transacción, diversificando un sin número de costos, aprovechándose de las experiencias de otros y utilizando el conocimiento de centros educativos. El Modelo de Cluster Integrado reúne a empresas afines con el objetivo de que cada una se especialice en aquellos eslabones de la cadena en donde es más competitivo y donde se detecta que se esta generando valor. Clusters como el de la electrónica en Jalisco y del vino en Italia son claros ejemplos del posicionamiento competitivo de los clusters a lo largo de la cadena de valor. Destaca el cluster del cuero-calzado de León, Guanajuato en México que promueve la eficiencia de integración de la cadena de valor a través de un nuevo programa de competitividad internacional PROCIC.

Cluster del cuero-calzado de León, Guanajuato

Encontramos que el conglomerado productivo de cuero-proveeduría-calzado de Guanajuato tiene todas las características físicas e institucionales de un distrito industrial o cluster, pero no opera con la eficiencia interna para generar las economías de aglomeración y así enfrentar la competencia internacional en el mercado global, por lo que requiere generar las capacidades competitivas. El Distrito Industrial de Guanajuato presenta la existencia de empresas del calzado (más de 1,300), curtidurías (alrededor de 600) y proveeduría, localizadas principalmente en León que presentan una estructura de empresas grandes, medianas y pequeñas, capaces de articular y desarrollar las ventajas competitivas y convertirlo en un verdadero Cluster o Distrito Industrial. Guanajuato cuenta con instituciones empresariales (CICEG), de fomento al comercio exterior (COFOCE) y de desarrollo tecnológico (CIATEC) que son de nivel internacional.

En otras palabras, tenemos las características físicas, institucionales y aún sociales de un Distrito Industrial o Cluster de Cuero-Calzado en Guanajuato, pero no opera con la eficiencia de integración y utilización de capital institucional que existe en otros Clusters (como Italia) y se desaprovechan las economías de aglomeración, que ahora son fundamentales para enfrentar, bajo alianzas estratégicas, la hipercompetencia global. Si analizamos la cadena global de valor, podemos ejemplificar el caso del cluster de León:

1. León como cluster físico:

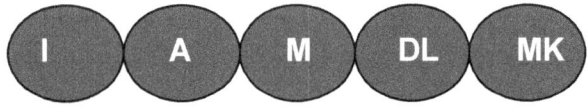

I: Innovación
A: Abastecimiento
M: Manufactura
DL: Distribución Logística
Mk: Mercadotecnia

En el eslabón de innovación, León tiene diversas instituciones como es el Centro de Investigación Tecnológica (CIATEC), el Centro de Innovación para la Exportación (CIEX) y una gran cantidad de universidades y tecnológicos con ; en el eslabón de abastecimiento tenemos a 600 empresas de proveeduría; en manufactura, el distrito industrial, León, San Fco. Del Rincón, Purísima del Rincón tienen más de 1000 empresas fabricantes de calzado (800 en la Cámara de la Industria del Calzado de Guanajuato, CICEG); existe una gran infraestructura logística al ubicarse en la región centro del país, cuentan con aeropuerto (próximamente aduana interior) y cuentan con el esfuerzo logístico de grandes empresas como Flexi, Emyco, Andrea, Tres hermanos (como cadena detallista), ha contribuido a su desarrollo; en el eslabón del marketing y la comercialización tienen a una de las mejores instituciones de comercio exterior en México, la

Coordinadora de Fomento al Comercio Exterior (COFOCE) y la feria del calzado (SAPICA). Es así que, si bien León cuenta con todas las instituciones y la infraestructura física, no ha desarrollado una adecuada integración ni eficiencia operacional entre las mismas.

2. León como cluster integrado.

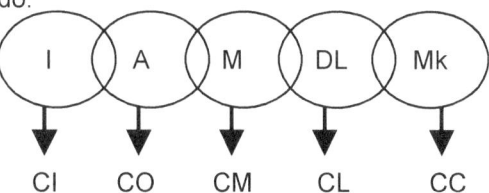

El reto de la industria del cuero-calzado de Guanajuato es lograr la integración de la cadena global de valor y tener economías de aglomeración que nos da la eficiencia operacional de cada eslabón y la eficiencia de integración de la cadena de valor del cluster. Se requiere la articulación de políticas para desarrollar los 5 capitales básicos mediante diversos programas, por ejemplo; desarrollo del capital intelectual que consiste en el desarrollo y administración del conocimiento; capital organizacional con desarrollo de proveedores; capital manufactura flexible con un programa de manufactura esbelta; capital logístico mediante proyectos estratégicos de infraestructura multimodal y capital comercial con esquema de preferencias reveladas y consolidación de la oferta exportable.

Fuente: Elaborado por CECIC con datos del PROCIC[3]

Recuadro 6.10

Desde otra perspectiva los conglomerados o chaebols coreanos pueden considerarse como un cluster integrado así las empresas como Samsung tienen sus propios centros de innovación y compañías comercializadoras (trading companies) que integran en su consorcio global las economías de aglomeración. En este sentido van más allá de la empresa integrada y es por ello que decimos que podría parecerse a cluster conglomerado integrado.

6.5 Evaluación de los modelos de la estrategia de competitividad a lo largo de la cadena global de valor

La evaluación de los modelos de la estrategia de competitividad a lo largo de la cadena global de valor, implica, conocer qué eslabones de la cadena desarrollar internamente y cuales conviene delegar a terceros (outsourcing), debe de provenir de un análisis tanto cuantitativo como cualitativo. La evaluación cuantitativa que nos permita saber en qué parte de la cadena se crea valor toma en cuenta, principalmente, los datos financieros de una empresa, tales como sus costos, ingresos y activos tangibles e intangibles (maquinaria y equipo, capital humano e intelectual). Estos elementos nos permiten conocer en términos monetarios los eslabones de la cadena global de valor de una empresa que están generando valor y conviene su desarrollo interno.

Por otro lado, la evaluación cualitativa, es decir, la estimación de valor estratégico de la cadena global de valor considera cinco factores clave para la determinación de cuáles eslabones generan valor para la empresa, estos son: la ventaja competitiva sustentable (VCS), la capacidad y velocidad de respuesta al cambio tecnológico (innovación), la disponibilidad de los proveedores, la importancia del cliente y por último la especificidad de los factores y/o insumos requeridos para la producción. Para llevar a cabo la evaluación cualitativa se necesita identificar qué eslabón dentro de la cadena global genera el mayor valor para de esta manera desarrollarlo y crear una ventaja competitiva a partir de éste.

La **ventaja competitiva sustentable** es la capacidad que tiene la empresa para mantener su ventaja competitiva revelada ante sus competidores y hacerla sustentable, ampliando la brecha que existe con el competidor que viene detrás y disminuyéndola con el competidor que se encuentra delante de ella. Por otro lado, a menores costos mayor es la ventaja competitiva de manera que aquellos eslabones de la cadena en donde se muestra ya esta ventaja serán en los que se tengan que invertir para hacer su competitividad sustentable.

Los elementos y eslabones de la cadena global de valor más propensos a experimentar los cambios tecnológicos y con ello su **capacidad y velocidad de respuesta** (innovación) más rápido que la competencia, son aquellos en los que se requerirá una mayor inversión para generar un mayor valor; al identificar los eslabones que requieren enfrentar constantemente los cambios se podrá evaluar entonces su capacidad para generar un valor estratégico mayor. En las industrias donde los cambios tecnológicos son rápidos y constantes se debe identificar en que eslabón de la cadena se llevan a cabo estos cambios (manufactura, innovación y diseño, etc.) y entonces tomar la decisión de desarrollar de manera interna dichos eslabones, sin delegar a terceros la responsabilidad de responder rápidamente al cambio. Si la empresa decidiera delegar la responsabilidad a terceros cometería un grave error, pues si en un futuro decidiera cambiar y producir internamente la tecnología, ésta estaría ya muy avanzada para poder alcanzarla inmediatamente. Ejemplo de esto fue IBM, quien decidió encargar su producción de microprocesadores a Intel, volviéndose dependiente de la capacidad de Intel para responder ante los cambios. Cuando IBM trató de independizar su producción de la de Intel no pudo, ya que el ritmo y la cantidad de cambios en la tecnología para producir microprocesadores estaba ya muy avanzada y no contaba con el conocimiento y la experiencia de Intel para hacerlo, quedando siempre un paso atrás. Lo que en un principio IBM consideró como ventaja competitiva, ahora se volvía un obstáculo para por lo menos poder obtener una mínima ventaja ante compañías como Compaq o Dell, que optaron por desarrollar su tecnología de manera interna y sabían como responder antes los cambios tecnológicos.

La **disponibilidad de los proveedores** de una empresa es la base de la cadena de abastecimiento. Cuando se cuenta con una amplia disponibilidad de proveedores significa que el factor en cuestión no genera valor agregado y que la empresa tiene una variedad de opciones de donde elegir; por lo que es conveniente delegar la producción de este factor a terceros e invertir en otros factores. Por otro lado, cuando la disponibilidad de proveedores es limitada puede ser que ese factor en particular es fuente de valor para empresa por lo que conviene producirlo internamente y mantener el control sobre su desarrollo. Por ejemplo, una compañía como Ikea delegará a terceros la producción de tornillos para sus muebles, sin embargo no lo hará cuando se trate del diseño y la innovación de estos pues lo hará de manera interna.

La satisfacción y **la importancia que se le de al cliente** es un factor clave para el éxito de una empresa. El comportamiento del cliente al comprar sirve de base para que la empresa sepa qué debe producir y cómo debe de hacerlo; es decir, cuales deben ser las características que el producto debe contar de manera que se diferencie de la competencia y gane una mayor participación dentro del mercado. La producción a la medida o *mass customization* es fuente de ventaja competitiva para la empresa y su desarrollo depende de la importancia que se le den a los gustos y preferencias del cliente. El eslabón de marketing está relacionado directamente con la importancia que se le da al cliente, por ello cuando se trate de elevar el valor de este factor la inversión así como la atención se deberán concentrar en el departamento de marketing. Este departamento vincula y facilita la comunicación entre la empresa y el cliente, pues es el encargado de llevar a cabo la investigación de mercado necesaria para mejorar y desarrollar nuevos productos o procesos con los atributos que los clientes demanden.

Finalmente, **la especificidad de los factores** utilizados en la producción determinará la especialización y la cantidad a invertir, según el eslabón en donde este aspecto sea parte fundamental para el desarrollo y generación de valor. Existen dos opciones de producción según la especificidad e importancia de los insumos y la ventaja con que cuente la empresa: que los produzca internamente o que delegue la responsabilidad a terceros. La empresa optará por el primer caso si se trata de un factor de alto valor estratégico que genera ventaja competitiva y posiciona a la empresa dentro del mercado. Sin embargo, aquellas empresas que requieren de insumos específicos para su producción y opten por delegar, enfrentarán el problema de que debido a la especificidad no habrá variedad de proveedores y dependerán de los existentes para su producción, además que de si en algún momento decidieran cambiar de proveedor esto no sería fácil; por eso en este caso la mejor opción es el desarrollo interno. Por otro lado, cuando se trate de un factor no específico y cuyo valor estratégico sea bajo, que no importa si se produce dentro o fuera de la empresa, la responsabilidad se delegará a terceros, con la garantía de que en cualquier momento se puede cambiar de proveedor debido a la gran variedad que existe y produce el factor en cuestión. Ejemplo de la especificidad de factores es el sistema operativo utilizado en las computadoras Macintosh de Apple. El sistema operativo es específico para las Macintosh (MacOS), por lo que constantemente se desarrolla y se innova dentro de la misma compañía. En este caso, los proveedores de sistemas operativos como Windows, Linux o Unix no son compatibles, por lo que no pueden ofrecer sus servicios y por lo tanto el delegar el desarrollo del MacOS no es una opción conveniente desde la perspectiva estratégica de la empresa.

Evaluación de los modelos de estrategia de competitividad a lo largo de la cadena global de valor

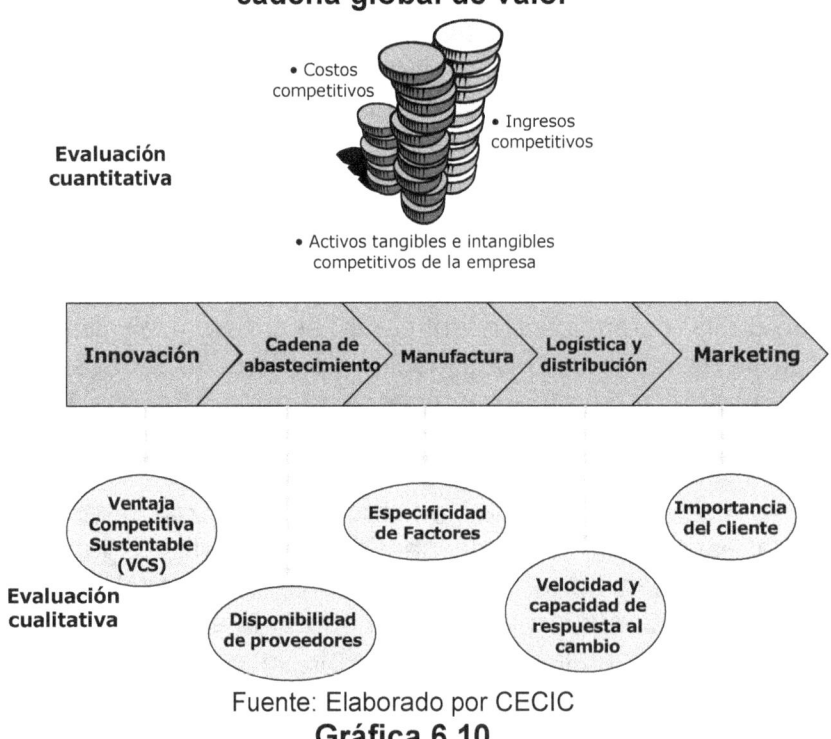

Fuente: Elaborado por CECIC
Gráfica 6.10

Tomando en cuenta los aspectos anteriores, la empresa puede hacer una evaluación integral cuantitativa (económica) y cualitativa a lo largo de la cadena global de valor. Esto ayuda a identificar aquellos eslabones, procesos o productos en donde se tiene una ventaja y la posibilidad de generar un valor agregado estratégico y económico mayor que con el que ya se cuenta y tomar la decisión de invertir en estos eslabones o delegar la responsabilidad de la producción correspondiente a cada uno de ellos a terceras partes, vía subcontratación o la alianza estratégica con otras empresas.

6.6 Herramientas y técnicas de administración para mejorar la eficiencia operacional de la empresa IFA

A partir de la década pasada, los ejecutivos han sido testigos del surgimiento de un gran número de herramientas y técnicas de administración, como el One- to-One marketing, TQM (Total Quality Control) y el Benchmarking. El término de herramientas de administración (*management tools*) envuelve un conjunto de conceptos, procesos, ejercicios y marcos analíticos de cada uno de los activos tangibles e intangibles de una empresa. Además, incluye todo un grupo de distintos enfoques de la administración, desde la simple planeación hasta la compleja organización de diseños y las distintas filosofías del mundo de los negocios. La empresa tipo IFA debe de utilizar todos los recursos a su alcance que le permita cumplir con sus objetivos (Inteligente en la Organización, Flexible en la Producción y Ágil en la Comercialización). Sin embargo, en ocasiones, los consejos que ofrecen estas herramientas chocan entre si, mientras unas tratan de hacer que el usuario conserve a todos sus clientes, otras tratan de disuadir al usuario para que sólo mantenga a aquellos que le sean más rentables y otorguen más beneficios. A pesar de ello, todas las herramientas tienen en común la promesa de hacer a sus usuarios más exitosos en el manejo de su negocio. Como consecuencia de lo anterior, los administradores modernos, demostrando que pueden adaptarse al cambio rápidamente en un mundo competitivo, han desarrollado un sinnúmero de herramientas para la administración.

Es importante resaltar que estas herramientas cumplen con la función de mejorar la eficiencia operativa de las empresas, mas éstas no representan estrategias de administración per se como ya se ha argumentado. A continuación se presentan algunas de las herramientas actuales utilizadas por los administradores y la descripción de algunas de estas; más adelante las clasificamos de acuerdo al propósito persiguen dentro de la organización y por último se presentan las herramientas y técnicas más utilizadas según una encuesta realizada por la empresa consultora Bain & Company.

Herramientas y Técnicas de Administración

▪ ABC	▪ Portfolio Analysis	▪ 4-Ps
▪ MBO	▪ Experience Curves	▪ 3-Cs
▪ TQM	▪ Mission and Vision Stmts.	▪ 2x2 Matrices
▪ JIT	▪ Cycle Time Reduction	▪ 1-Minute Managing
▪ OVA	▪ Pay-for-Performance	▪ 0-Defects
▪ SVA	▪ Customer Satisfaction Meas.	▪ CRM
▪ CPR	▪ Visioning	▪ Strategic Alliances
▪ SPC	▪ Core Competencies	▪ Corporate Venturing
▪ Virtual Teams	▪ Baldridge Award	▪ Self-Directed Teams
▪ Reengineering	▪ Micro-Marketing	▪ Strategic Planning
▪ Mass Customization	▪ MRPI and MRPII	▪ Merger Integration Teams
▪ System Dynamics	▪ Technology S-Curves	▪ Balanced Scorecard
▪ Creative Destruction	▪ Delphi Technique	▪ Benchmarking
▪ Concurrent Engineering	▪ Gung Ho!	▪ Life Cycle Analysis
▪ Zero-Based Budgets	▪ ISO 9000	▪ Permission Marketing
▪ PIMS Analysis	▪ 7-Ss	▪ Scenario Planning
▪ Quality Circles	▪ 6-Sigma	▪ Growth Strategies
▪ Market Disruption Analysis	▪ 5-Forces	▪ One-to-One Marketing
▪ Learning Organizations	▪ Nominal Group Technique	▪ Groupware
▪ Data Mining	▪ Conjoint Analysis	▪ Psychographics
▪ Continuous Improvement	▪ Competitive Gaming	▪ Loyalty Management
▪ Value Chain Analysis	▪ Customer Retention	▪ Service Guarantees

Fuente: Elaborado por CECIC con datos de la encuesta realizada por Bain & Company

Cuadro 6.4

▪ Activity-Based Management: monitorea los costos por actividad y los rastrea a productos y clientes específicos, permitiendo una asignación de los costos y una toma de decisiones más precisa. Se relaciona con las herramientas Activity-Based Costing (ABC), Análisis de la Rentabilidad del Cliente (Customer Profitability Análisis) y Rentabilidad de la Línea de Producto.

- Balanced Scorecard: traduce los estatutos de la visión y de la misión en medidas cuantificables y determina si la administración está obteniendo los resultados esperados. Se relaciona con las herramientas de Management by Objectives (MBO), Pay-for-Performance, y Hoja de Balance Estratégico.

- Benchmarking: compara los procesos y el desempeño de bechmarks internos y externos. Las compañías incorporan las mejores prácticas (Best Practices) para lograr los objetivos de mejoramiento. Se relaciona con las herramientas de Relative Cost Position y Perfiles de la Competencia.

- Core Competencies (Competencias de Base): identifica e invierte en las habilidades especiales o tecnologías que pueden crear un valor del cliente único. Se relaciona con las herramientas de Capacidades de Base (Core Capabilities) y Factores Clave en el Éxito (Key Success Factors).

- Corporate Venturing: crea inversionistas para financiar nuevos negocios o tecnologías dentro y fuera de la compañía. Se relaciona con las herramientas de Business Incubation, Capacidades de Base, Corporate Entrepreneurship e Inversiones Directas.

- Customer Relationship Management: recolecta información sobre los consumidores para optimizar las ventas, la mercadotecnia, y los procesos de servicio para aumentar el valor del cliente. Se relaciona con las herramientas de Collaborative Commerce, Customer Retention, Segmentación del Mercado y Administración Basada en la Lealtad (Loyalty Based Management).

- Customer Satisfaction Measurement: recolecta información a partir de la medición de la satisfacción de los clientes, le da prioridad a las necesidades y determina los requerimientos claves del cliente. Se relaciona con las herramientas de Análisis Conjunto, Customer Retention y Entrevistas al Consumidor o Cliente.

- Segmentación del Consumidor (Customer Segmentation): subdivide los mercados en grupos de clientes que comparten características similares para poder desarrollar productos hechos a la medida y programas de mercadotecnia. Se relaciona con las herramientas de segmentación de mercado, One-to-One Marketing, y Análisis de Clusters.

- Reducción en el Ciclo de Tiempo (Cycle Time Reduction): disminuye el total del tiempo desde la concepción del producto hasta el tiempo que lleva entregar el producto al consumidor final. Se relaciona con las herramientas de Time – to – Market Analysis, Inventarios Justo a Tiempo (JIT) y Planeación de los Recursos de Manufactura (MRP).

- Estrategias de Crecimiento (Growth Strategies): identifica y direcciona los recursos hacia las oportunidades más rentables de crecimiento. Se relaciona con las herramientas de Planeación Estratégica, Innovación Administrativa (Managing Innovation) y Análisis de Migración de Mercado (Market Migration Analysis).

- Administración del Conocimiento (Knowledge Management): desarrolla sistemas y procesos para capturar y compartir el capital intelectual de la compañía. Se relaciona con las herramientas de Groupware, Administración del Capital Intelectual (Intellectual Capital Management), Organizaciones de Aprendizaje (Learning Organization) e Innovación Administrativa.

- Análisis de Cambio en los Mercados (Market Disruption Analysis): detecta las nuevas tecnologías y las tendencias que pueden modificar las dinámicas en el mercado actual. Se relaciona con las herramientas de Tecnologías Quebrantadoras (Disruptive Technologies) y Migración del Valor (Value Migration).
- Merger Integration Teams: son grupos de senior managers de dos compañías fusionadas encargados de las ventas y de las sinergias de operación identificadas durante los acuerdos. Se relaciona con las herramientas de Fusiones y Adquisiciones (Mergers and Acquisitions) y Alianzas Estratégicas.

- Declaración de la Misión y la Visión (Mission and Vision Statements): son las definiciones del negocio de la compañía, sus objetivos, enfoques y la posición que busca lograr en el mercado. Se relaciona con las herramientas de Transformación Cultural (Cultural Transformation), Planeación Estratégica y la Declaración de Valores (Values Statement).

- One – to – One Marketing: crea una extensa y repetida comunicación con el consumidor individual para establecer un diálogo personalizado para proveerlo de productos y servicios hechos a la medida. Se relaciona con las herramientas de Data Mining y Producción Masiva Personalizada (Mass Customization).

- Outsourcing: utiliza a terceras partes para realizar actividades que no involucran directamente a las actividades base del negocio. Se relaciona con las herramientas de Capacidades de Base (Core Capabilities), Alianzas Estratégicas y Análisis de la Cadena de Valor.

- Pay-for-Performance: son compensaciones que se hacen con base a objetivos de desempeño medibles y controlables. Se relaciona con las herramientas de Hoja de Balance (Balanced Scorecard), Gain Sharing, Administración por Objetivos (Management by Objectives), Valoración del Desempeño (Performance Appraisals) y Proveedor de Liderazgo (Leadership Supply).

- Análisis de Opciones Reales (Real Options Analysis): analiza e invierte en activos reales (facilidades, productos y personas) como opciones, de la misma manera en que los administradores financieros analizan e invierten en opciones de stock. Se relaciona con las herramientas de Flujos de Efectivo Descontado (Discounted Cash Flows), Planeación de Escenarios y Análisis del Valor de los Accionistas.

- Reingeniería (reengineering): es el rediseño para lograr dramáticas mejoras en la productividad, ciclos de tiempo y calidad. Se relaciona con las herramientas de rediseño de proceso (Process Redesign), Down-Sizing, Reducción en el Ciclo de Tiempo, y Organizaciones Horizontales.

- Planeación de Escenarios (Scenario Planning): define y proyecta futuros alternativos para ayudar en la toma de decisiones. Se relaciona con las herramientas de Planeación de Contingencias (Contingency Planning), Análisis de Opciones Reales, Modelos de Simulación y Planeación Estratégica.

- Análisis del Valor del Accionista (Shareholder Value Analysis): mide la habilidad de la compañía para lograr un valor mayor que aquel del total del costo de su capital. Provee de un marco de alternativas de activos para aumentar el valor de los accionistas. Se relaciona con las herramientas de Análisis de Flujos de Efectivo Descontado, Análisis de Flujos de Efectivo Libres, Valor Agregado, y las Técnicas de ROA, ROI y RONA.

- Alianzas Estratégicas (Strategic Alliances): son los acuerdos entre las empresas en los cuales cada una compromete sus recursos para lograr los objetivos finales. Se relaciona con las herramientas de Joint Venture, Redes

(Networks), Relaciones de Administración del Valor (Value – Managed Relationships) y Organizaciones Virtuales.

- Planeación Estratégica (Strategic Planning): es un proceso para determinar en que se debe de convertir el negocio y como asignar los recursos escasos para lograr este objetivo. Se relaciona con las herramientas de Competencias Case, Misión y Visión, Planeación de Escenarios y Estrategias de Crecimiento.

- Integración de la Cadena de Abastecimiento (Supply Chain Integration): sincroniza los esfuerzos de las partes: proveedores, manufactureros, distribuidores, vendedores y clientes, para el intercambio de información, bienes y servicios, a través de los límites organizacionales. Se relaciona con las herramientas de Análisis de la Cadena de Valor, Corporaciones sin Límites y Comercio Electrónico.

Utilizar estas técnicas y decidir cuales usar, se ha vuelto una actividad esencial dentro de las responsabilidades de los ejecutivos. Los administradores deben determinar si estos apoyos serán o no efectivos en mejorar el desempeño de la empresa. Desafortunadamente, los resultados sobre la efectividad de cada una de las herramientas y sobre los resultados, dependiendo del periodo de tiempo utilizada, varían según el usuario. Hasta el momento, no se ha hecho ningún reporte oficial en donde los usuarios las evalúen de manera objetiva, por lo que en ausencia de esta información, el uso excesivo e inadecuado de las herramientas puede resultar en un juego de azar muy peligroso. La lista de las herramientas y técnicas de administración es confusa y muy extensa.

El propósito de estas herramientas es mejorar el desempeño, para esto también se requiere que las compañías descubran nuevas oportunidades para el consumidor, que tengan capacidades que las diferencien de las demás, que exploten las vulnerabilidades de sus competidores y finalmente que integren de manera efectiva las tres anteriores. Según el objetivo de la empresa será la herramienta que se utilizará; en el siguiente cuadro podemos entender mejor lo anterior.

Tipo de resultados obtenidos según la herramienta utilizada

Herramientas y Objetivos	Resultados financieros	Participación del cliente	Capacidades de desempeño	Posición competitiva	Integración organizacional
Reducción en el ciclo de tiempo	X	X	X		
Pay - for - performance	X				
Planeación estratégica	X		X	X	X
Administración de la relación con el consumidor		X			
Medición de la satisfacción del cliente		X			X
Segmentación del cliente		X			X
One - to - one marketing		X			
TQM Total Quality Management		X			X
Core competencies			X		
Estrategias de crecimiento				X	
Alianzas estratégicas				X	
Balance scorecard (hoja de balance)					X
Declaración de misión y visión					X

Fuente: Elaborado por CECIC con datos de Bain & Company
Cuadro 6.5

En este contexto, podemos analizar cuál es la estrategia de competitividad Global para mantener la ventaja competitiva revelada en un mercado doméstico, ante la entrada de formidables competidores en países como China. De este panorama resulta imperativo formular una estrategia, como hacemos en nuestro diamante, orientada al desarrollo de una Ventaja Competitiva Sustentable (VCS) en nichos bien definidos de a) mercado y b) producto. Esa estrategia debe permitir una exitosa integración de la cadena de valor al interior de las cadenas industriales locales. Por último, la estrategia competitiva debe potenciar su inserción exitosa y competitiva en la cadena global de valor.

Sin embargo, la pregunta es: si existe una cadena industrial con infraestructura física e institucional que caracterizan a cualquier cadena industrial internacional ¿por qué no funcionan con la eficiencia operativa y de integración de un cluster?

Porque falta un sistema IFA a lo largo de la cadena de valor, esto es, un sistema inteligente en su capacidad para aprender, registrar información con memoria y desarrollar nuevos productos; que dé repuesta al cambio del mercado, con flexibilidad en la producción para adaptar los nuevos productos y procesos en línea y la agilidad comercial (capacidad logística) para poner frente al cliente un **servicio basado en la práctica de las 5 C's**: el producto correcto, en la cantidad correcta, en el tiempo correcto, en el lugar correcto al precio correcto.

Para que esto sea posible, es indispensable que exista un nivel mínimo de eficiencia en la articulación productiva a lo largo de la Cadena de Valor, no sólo dentro de cada uno de sus eslabones, compuesto por empresas tipo IFA, sino también a nivel de la articulación e interacción entre los eslabones clave.

6.6.1 Clasificación de las técnicas y herramientas de administración según el área de la empresa que buscan desarrollar

Técnicas y herramientas para la producción

Las técnicas y herramientas que hemos reseñado son un apoyo importante para los sistemas de producción flexible. Las técnicas son principios y disciplinas que dan una guía y un orden de cómo desempeñar las actividades de producción, ya que apoyan la eficiencia y la productividad de la planta, permiten una mejora continua de la misma. Cabe señalar que no importa con cual de estas disciplinas se empiece el proceso, ya que tarde o temprano se verán involucradas con las demás disciplinas; en cambio, las herramientas están diseñadas para resolver un problema en especifico.

Las herramientas para la producción son muy útiles para la eficiencia y la productividad de la planta; sin embargo, éstas por si mismas no son la solución de la producción flexible, ya que ésta requiere un enfoque más amplio de carácter estratégico que le dan las 3 M's. Las herramientas para la producción son formidables para ayudar a alcanzar los objetivos que la producción requiere.

Las herramientas son utilizadas en dos formas de administración de la manufactura. La primera forma es dividir al sistema de producción en subsistemas, optimizando a cada uno de ellos; la segunda forma es ver al sistema de producción como una "caja negra", optimizando las entradas y las salidas. En ambos casos se busca que al optimizar cada una de las partes, no se rompa el equilibrio interno y externo de todo el sistema de producción, o en caso de que este se rompa, el intervalo sea lo más corto posible y el reestablecimiento del sistema esté planeado y preparado con anticipación para alcanzar el equilibrio lo más rápido posible.

Herramientas Específicas para los Subsistemas de Producción

Los subsistemas de producción son las partes operativas que componen la administración de la misma. Cabe señalar que, aunque a continuación se plantea una relación de las herramientas más populares para cada subsistema, éstas pueden ser utilizadas por otros subsistemas.

- Subsistemas de desarrollo de productos (QDF despliegue de la función calidad)

  - Análisis de Brechas
  - CAD
  - Sistemas de Simulación
  - Planta Piloto
  - Grupo Piloto

- Subsistemas de control de la producción

  - MRP II (Material Requirement Planning)
  - Análisis del ciclo de vida
  - Inventarios tipo ABC
  - Análisis de flujos
  - Kanban

- Subsistemas de aseguramiento de la calidad

  - 7 Herramientas de calidad
  - Benchmarking
  - ISO 9000
  - SPC (Control estadístico de procesos)
  - CSM (Medida de la satisfacción del cliente)

- Subsistemas de control de procesos

  - CIM (Computer Integrated Manufacturing)
  - LB (Balance of Lines: Line Balancing)
  - Reingeniería
  - Ingeniería Concurrente
  - Reducción del ciclo de producción

- Subsistemas de involucramiento del personal

- Grupos autodirigidos
- Células de aprendizaje y creación de conocimiento productivo

- Subsistemas de programa de mejora continua (Kaizen)

- JIT (Just In Time: Justo a Tiempo)
- TPM (Total Productive Maintenance)
- Curva de Experiencia
- Análisis del Ciclo de Vida
- Las 5 S's (Seiri, Seiton, Seiso, Seiketsu y Shitsuke: organización, orden, limpieza, estandarización y disciplina)

Herramientas Específicas para el Apoyo a las Entradas y Salidas del Sistema de Producción

Cuando la producción es vista como una "caja negra", con entradas y salidas, el arte de manejar el sistema consiste en obtener lo mejor posible de cada salida con el mínimo en cada entrada, sin alterar el equilibrio del sistema de producción.

Entradas y salidas del sistema de producción

Fuente: Elaborado por CECIC
Gráfica 6.11

6.6.2 Herramientas y técnicas de administración más utilizadas

Según el ya referido estudio realizado por Bain & Company en 1999, las herramientas administrativas más utilizadas por los ejecutivos eran Planeación Estratégica utilizada por el 88.8% de los encuestados, seguido por la Declaración de Misión y Visión con el 85% y el tercer lugar lo ocupó el Benchmarking con un 76.2%. A estas herramientas le siguieron la Medición de la Satisfacción del Cliente (74.3%), las Estrategias de Crecimiento (64.5%), el Pay – for – Performance (62.6%), y el Outsourcing (6.12). Las últimas tres posiciones dentro de las primeras diez herramientas utilizadas fueron ocupadas por las Alianzas Estratégicas con 57% en el octavo lugar, Segmentación de Clientes con 53.7% en noveno y Competencias de Base (Core Competencies) con una tasa de utilización de 52.8%, colocándose así en el décimo lugar. El resto de las herramientas obtuvo valores menores al 50% de utilización. Cabe mencionar, que la herramienta de Administración del Aprendizaje ocupó la posición número 19 con tan sólo el 28.5% de utilización dentro del cien por ciento de los encuestados. Esto es importante, ya que dentro de todas las técnicas y herramientas, ésta última es la única herramienta relacionada con el aprendizaje y el conocimiento del personal, por lo que resalta que las empresas no buscan mejorar su competitividad a través de ella, siendo el principal reto en la economía mundial de los negocios.

Porcentaje de utilización de las principales herramientas y técnicas de administración 1999

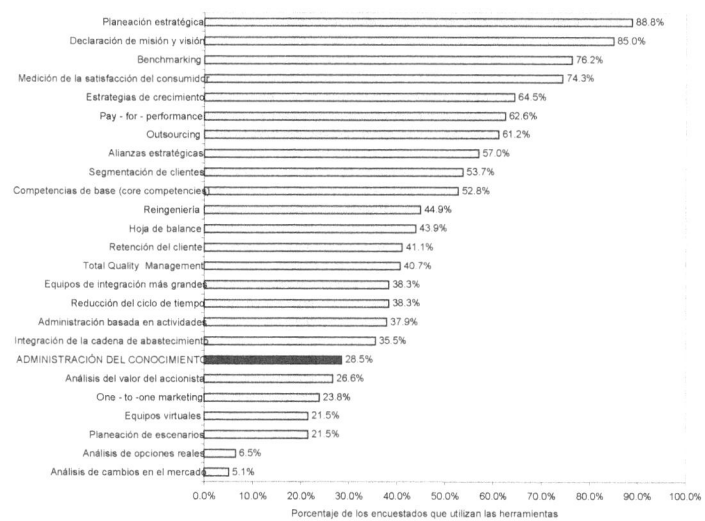

Fuente: Elaborado por CECIC

Gráfica 6.12

335

Cada herramienta tiene sus fortalezas y debilidades, el éxito de cada una de ellas requiere como primer paso del entendimiento de cada uno de sus efectos y consecuencias, y después de ello, de la adecuada implementación en el momento adecuado. Para hacer la mejor elección, se debe de hacer una investigación a fondo, además de hablar con aquellos usuarios que ya las han aplicado antes. Los administradores necesitan utilizar un sistema racional de selección, implementación e integración de las herramientas y técnicas que más se adecuen a sus compañías. Las herramientas de administración sólo mejorarán los resultados si se descubren nuevas necesidades de los consumidores nunca antes previstas, si construyen capacidades que la diferencien de la competencia y exploten las vulnerabilidades de ésta. Por ultimo si desarrolla nuevas estrategias con los logros anteriores. La empresa tiene que adaptar sus herramientas a su sistema de negocios y no viceversa.

La implementación de las nuevas herramientas de administración es por lo general, una propuesta que requiere de mucho dinero, pues requiere de entrenamiento y desarrollo, cuotas de consultoría y otros costos relacionados a su implementación. Aún así, las compañías las siguen utilizando en un promedio de once herramientas al año. Las herramientas más utilizadas son Planeación Estratégica, Definición de Misión y Visión y el Benchmarking. A pesar de que para muchos administradores las herramientas prometen más de lo que son capaces de dar, las estadísticas indican que los niveles de satisfacción en el uso de éstas, están por arriba del promedio. Los bajos niveles de satisfacción se dan usualmente cuando una compañía ha dejado de utilizar las herramientas en su totalidad o las ha aplicado de la manera incorrecta.

La relación entre el uso de herramientas y la actividad financiera de una compañía, no se muestra claramente. Sin embargo, es un hecho que las la mayoría de las compañías que emplean las herramientas suelen tener un buen desempeño financiero. Finalmente, se ha de mencionar que para implementar una herramienta de manera exitosa, las empresas deben de tener el apoyo de la dirección, además de que la implementación de ésta debe ser considerada como una oportunidad y no como una limitación. Las herramientas y técnicas de administración pueden ser de gran ayuda a los administradores, evitándoles pérdidas de tiempo y dinero si son utilizadas adecuadamente.

De la misma manera cabe resalta que todo el punto anterior ha sido solo en cuanto a la eficiencia operacional se refiere, por lo tanto esto no debe ser confundido con la estrategia que la organización debe seguir para convertirse en una empresa competitiva sustentable con sus atributos IFA.

Referencias y Bibliografía

[1] Cimoli, M. *Developing Innovation Systems: Mexico in a Global Context*. Ed. Continuum. Gran Bretaña, 2000. Pág. 209.

[2] *Op. cit.* Pág. 250.

[3] Bargh, Mike. *Innovation and Technology: Science Parks*. Noviembre 2000.

[4] Harvard Business Review on Knowledge Development. Harvard Business School Press. Estados Unidos, 1998.

[5] Gerrefi, Gari. *Beyond the Producer-driven/Buyer-driven Dichotomy: The Evolution of the Global Value Chain in the Internet Era*. IDS Bulletin. July 2001.

[6] Brian Q., James. *Intelligent Enterprises*. Ed. Free Press. EUA, 1992. Pág. 60 – 64.

[7] Villarreal, René. "La Reforma Laboral: Asignatura Pendiente". Revista Siempre. Julio, 1999.

[8] Reporte Mundial de Inversión 2002. Corporaciones Trasnacionales y Competitividad Exportadora, UNCTAD, Publicado por la ONU, Nueva York y Ginebra, 2002.

[9] Sullivan H. Patrick, *Rentabilizar el Capital Intelectual: técnicas para optimizar el valor de la innovación*, Piados Empresa, Barcelona, España 1998. 501 páginas.

[10] Programa de Competitividad Internacional del Cluster Cuero Calzado (PROCIC[3]) de León 2001.

Parte III

La Competitividad Sistémica y la Empresa Competitiva Sustentable

"La habilidad de extraer una ventaja de la mano de obra barata o de economías de escala forma parte de los viejos paradigmas y estos paradigmas ya están siendo superados. Hoy día la única manera de tener una ventaja competitiva es mediante la innovación y la actualización…Pero esta innovación, este progreso, debe llevar una dirección de estrategia coherente. Debe haber una visión estratégica dentro de la cual se proceda a innovar."

Crear las Ventajas del Mañana
Michael Porter

"El concepto tradicional de administración está llegando al final del camino. La noción de administración como idea significativa en sí, y como una parte importante de la organización, es obsoleta".
Más Allá del Fin de la Administración
Michael Hammer

Capítulo 7

El Modelo de Competitividad Sistémica para el Desarrollo

CAPITULO 7

7.1 Introducción

En este capítulo se desarrolla un análisis comparativo de la situación de la competitividad, tanto a nivel país como de empresas, de las economías latinoamericanas. Se parte de un breve planteamiento del Modelo de Competitividad Sistémica del Desarrollo, el cual se desarrolla de manera amplia en un libro anterior que realiza un estudio de la situación competitiva de México.[1] Posteriormente se analizan los principales hallazgos de la cuantificación del Índice de Competitividad Sistémica, desarrollado por el Centro de Capital Intelectual y Competitividad.

7.2 El Modelo de Competitividad Sistémica del Desarrollo

Como se platea a lo largo de esta obra, el nuevo paradigma es la Competitividad Sistémica Sustentable; de tal suerte que, ante los retos que imponen la globalización y la hipercompetencia, para promover un crecimiento pleno y sostenido del PIB per cápita debemos formar y desarrollar el capital sistémico. Esta tarea implica promover la eficiencia y modernización de las empresas –como actores fundamentales del juego de la hipercompetencia global–, así como su entorno mesoeconómico, macroeconómico, externo, institucional y político–social.

En esta perspectiva, es necesario instrumentar un modelo de competitividad que vaya más allá de la apertura y macro-estabilización –condiciones necesarias más no suficientes–, que claramente no son estrategias autocontenidas para lograr el desarrollo y el crecimiento. Un modelo soportado por tres pilares: 1) una estrategia de crecimiento equilibrado que considere los motores externo e interno; 2) una estrategia de industrialización tridimensional, apoyada en los pivotes exportador, de sustitución competitiva de importaciones y endógeno de crecimiento; y 3) una política de competitividad sistémica que desarrolle los seis niveles y diez capitales de la competitividad.

7.2.1 Modelo Sistémico, Estratégico, Operativo y Participativo

El Modelo de Competitividad Sistémica que proponemos como nuevo paradigma del desarrollo sustentable tiene un enfoque que llamamos SEOP:
▪ Es una representación de la realidad, que parte de la globalización como un hecho y no como una ideología (aunque hay ideólogos de la globalización,

globalifóbicos y "globalovers"), y reconoce que el mercado y la apertura por ellos solos, no llevan a las empresas, clusters y países a un desarrollo sustentable con competitividad.

- Es un enfoque sistémico por que es integral a los seis niveles del sistema económico y político–social y mantienen una perspectiva holística, que parte de la empresa e integra su entorno.

- Es un enfoque estratégico con visión de largo plazo y acción.

- Es un enfoque operativo-instrumental con orientación de políticas públicas.

Es claro que el problema de la creciente incertidumbre a que nos vemos expuestos no se resuelve con un modelo econométrico o estadístico más complejo. En un mundo caracterizado por el *Mutatis-Mutandis* el conocimiento multidisciplinario requiere de un enfoque sistémico en donde el cambio ya no es lineal, ahora es discontinuo y multidimensional. En ello reside la importancia trascendental que tiene la creciente incertidumbre para la economía y los negocios. Bajo el nuevo paradigma, la competitividad adquiere carácter sistémico al involucrar el cambio y la incertidumbre en distintos niveles y la toma de decisiones de múltiples actores en cada uno de éstos: desde el nivel micro, de la empresa, hasta el nivel país y mercado global. Al final del camino, son las empresas quienes deben ser competitivas. El nuevo reto demanda empresas y países competitivos con ventajas sustentables, lo que ha dado lugar al **nuevo enfoque de competitividad sistémica**.

Ante estas circunstancias complejas, adquiere singular importancia la necesidad de instrumentar una política integral y coherente que posibilite la eficiencia operativa en el uso de recursos escasos y desarrolle las ventajas competitivas, pilares del desarrollo. Es así que, por un lado, las empresas tienen que enfrentar el nuevo reto de la hipercompetencia en los mercados locales a través de una organización adecuada a las nuevas condiciones, mientras que por el otro, los países deben de brindar las condiciones adecuadas para que estas empresas sean capaces de salir a competir. De aquí la necesidad de generar un Nuevo Modelo de Competitividad Sistémica para el Desarrollo que vaya desde el nivel microeconómico de la empresa al nivel político-social del país.

7.2.2 Los seis círculos y los diez capitales de la competitividad

El Modelo de Competitividad Sistémica plantea la estrategia de desarrollar seis niveles o círculos de competitividad (Ver Gráfica 7.1):

1. Microeconómico (empresa).
2. Mesoeconómico (organización entre empresas, capacidad de innovación y desarrollo de infraestructura).
3. Macroeconómico (estabilidad para el crecimiento).
4. Internacional (comercio internacional y competencia).
5. Institucional (marco jurídico, de regulación y gubernamental, favorables a la inversión).
6. Político-social (estabilidad social y jurídica).

El modelo de competitividad sistémica empresa – gobierno – país
Los seis círculos de la competitividad

❶ Microeconómica

Modelo Empresarial: Capital Empresarial y Laboral
•Empresa competitiva sustentable tipo IFA
•Flexibilidad laboral y productividad

❷ Mesoeconómico

Modelo Industrial: Capital Organizacional Logístico e Intelectual
•Capital Organizacional: cadenas empresariales conglomerados productivos y polos regionales.
•Capital Logístico: infraestructura física y tecnológica
•Capital Intelectual: Sistema Nacional de Innovación y Educación

❸ Macroeconómico

Modelo Macro de crecimiento: Capital Macroeconómico
•Competitividad cambiaria, financiera y fiscal, en un marco de equilibrio macroeconómico interno y externo

Políticas Públicas

❹ Internacional

Modelo de Apertura: Capital Comercial
•Programa de fomento de exportaciones e IED
•Programa activo y preventivo ante prácticas de competencia desleal y contrabando

❺ Institucional

Modelo Gubernamental y Estado de Derecho: Capital Institucional y Gubernamental
•Gobierno con calidad e inteligente; desregulación y fomento de la actividad económica: mercado financiero, mercado laboral y mercado de bienes y servicios
•Economía institucional de mercado: Estado de Derecho

❻ Político-Social

La formación de Capital Social: La confianza
•Desarrollo social integral y estabilidad política
•Base de la sustentabilidad del desarrollo
•Programa de seguridad pública

Fuente: Elaborado por CECIC
Gráfica 7.1

La Competitividad Microeconómica o a nivel de empresa es el punto de partida de la competitividad sistémica. Dos son lo capitales base de este nivel:

El Capital Empresarial.- Deben desarrollarlo las empresas que inicial y finalmente tienen que enfrentar la hipercompetencia global en sus mercados locales. Esto requiere de un nuevo modelo de gestión empresarial basado en empresas competitivas sustentables, que sean inteligentes en la organización, flexibles en la producción y ágiles en la comercialización, atributos indispensables para enfrentar los tres impulsores de la nueva economía del siglo XXI: La era del conocimiento, el cambio continuo y la globalización de los mercados.

El Capital Laboral.- Además de empresas flexibles con capacidad y velocidad de respuesta al cambio, éstas deben estar apoyadas por trabajadores del conocimiento multivalente o con multihabilidades, que permitan formar el capital intelectual de aprendizaje e innovación continua de la empresa.

La Competitividad Mesoeconómica o en el ámbito sectorial, que requiere de un nuevo modelo industrial y productivo soportado por tres capitales fundamentales:

El Capital Organizacional.- Permite generar las economías de aglomeración (a diferencia de las economías de escala de la era de la producción masiva), basada en la articulación productiva entre empresas a través de cadenas empresariales; entre empresas de diferentes sectores que forman los conglomerados productivos o clusters; y entre comunidades y ciudades que forman los polos regionales de desarrollo.

El Capital Logístico.- Permite el desarrollo de la competitividad a través de la integración de ejes de infraestructura integrales en sus tres dimensiones: transporte multimodal, telecomunicaciones y energía.

El Capital Intelectual.- Es el nuevo factor de competitividad en la era del conocimiento y requiere ir más allá del concepto tradicional de desarrollo científico y tecnológico, para enfocarlo en la capacidad creativa sistémica, para promover la innovación, en los diferentes campos, a través de un Sistema Nacional de Innovación apoyado en nuevos enfoques de educación (tanto formal como en la empresa) que enfaticen el "aprender a aprender", el "aprender a emprender" y el "aprender haciendo" en los procesos del trabajo productivo.

La Competitividad Macroeconómica va más allá de la estabilización de precios y se manifiesta en dos vertientes fundamentales para la formación de **capital macroeconómico**: La dinámica macroeconómica, esto es, las variables que determinan el crecimiento pleno y sostenido a mediano plazo y, la eficiencia macroeconómica caracterizada por las variables determinantes en los costos-precios al nivel de las empresas. Por otra parte, se requiere un sistema financiero y fiscal competitivos que permitan disponibilidad de financiamiento, plazos y tasas de interés competitivos en el ámbito internacional, así como regímenes fiscales que den certidumbre y confianza a los inversionistas al tiempo que establecen tasas impositivas similares a la de los socios comerciales y costos de transacción bajos en la operación fiscal. Finalmente, un crecimiento sostenido y estable de la demanda agregada es fundamental para mantener la utilización aceptable de la capacidad de producción de las plantas productivas. En este contexto, la competitividad macroeconómica va más allá del tradicional y todavía presente enfoque en México y América Latina de una política macroeconómica de estabilización, que descuida las otras variables estratégicas de competitividad, en especial el tipo de cambio real y la tasa de interés activa real.

La Competitividad Internacional o externa se refiere al modelo de apertura y la formación del **capital comercial**. La Competitividad Internacional implica no solamente acuerdos de libre comercio, sino programas preventivos ante prácticas de competencia desleal, muy comunes en el mundo actual, y del contrabando que es un fenómeno de *auto-dumping* que puede cancelar el crecimiento competitivo de la industria.

La Competitividad Institucional implica desarrollar los capitales **institucional y gubernamental** que se refieren al modelo que captura la gestión de las instituciones públicas de carácter gubernamental y del estado de derecho, que son determinantes del entorno de la competitividad de las empresas. Un gobierno con calidad e inteligente, que provea los servicios públicos y el fomento económico y social a través de políticas públicas eficaces y eficientes, en un esquema desburocratizado, transparente y que opere con simplificación administrativa, es lo que forma el capital gubernamental de una sociedad moderna. El estado de derecho se sustenta en la formación y desarrollo del capital institucional de una sociedad y se caracteriza por tres elementos fundamentales: reglas del juego claras (leyes y reglamentos), organizaciones transparentes (instituciones) y un sistema de vigilancia que valide los derechos de propiedad con transparencia, eficacia y con costos mínimos de transacción.

La Competitividad a nivel Político-Social se sustenta en la formación del **capital social,** que es la confianza. Un crecimiento económico insuficiente, con baja capacidad de generación de empleos productivos y bien remunerados genera finalmente marginación social, inestabilidad política y problemas de gobernabilidad. Estos factores nos envuelven finalmente en un círculo vicioso, pues la falta de inversión y la conformación de nuevas empresas es fundamental para crear empleos productivos; sin embargo, la actividad empresarial no puede realizarse en un entorno de elevada delincuencia e inseguridad pública, factores e índices que determinan la movilidad de las empresas en la nueva economía de la hipercompetencia global, de aquí la importancia de formar el **capital social** en nuestros países.

El reto es pues fomentar la competitividad dentro de un modelo sistémico en seis niveles, que a su vez contienen diez capitales por desarrollar de manera simultánea, es decir sistémica. Los diez capitales de la competitividad sistémica son:

El Capital Empresarial.   El Capital Macroeconómico.
El Capital Laboral.   El Capital Internacional
El Capital Organizacional.   El Capital Institucional.
El Capital Logístico.   El Capital Gubernamental
El Capital Intelectual.   El Capital Social.

El decálogo de la competitividad y el desarrollo
Empresa – Industria – Gobierno - País

Fuente: Elaborado por CECIC
Gráfica 7.2

348

7.2.3 Enfoque instrumental del Modelo de Competitividad

Es posible y hasta necesario agrupar los diez capitales de la competitividad en dos frentes, de acuerdo con los desafíos que supone el desarrollo de ventajas competitivas sustentables. El primero de estos frentes –a lo largo del eje microeconomía-empresa-industria– atañe directamente a las empresas y a los sectores económicos en que éstas son susceptibles de agruparse. El otro frente –a lo largo del eje macroeconomía-gobierno–, pertenece de manera inmediata al ámbito de acción de las políticas públicas que moldean el entorno en que operan los agentes económicos, trátese de empresas en lo particular, o de sectores productivos en su conjunto.

División de los capitales de la competitividad de acuerdo al frente de acción que buscan desarrollar

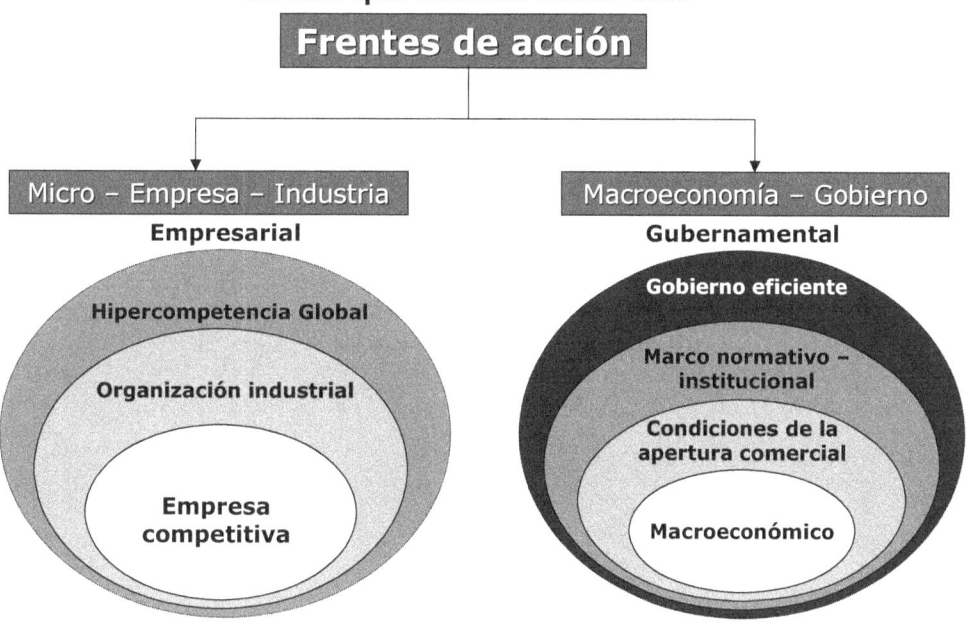

Fuente: Elaborado por CECIC
Gráfica 7.3

El Modelo de Competitividad Sistémica a su vez, se basa en un nuevo enfoque que hemos denominado ICOP, en donde el objetivo no es sólo medir la posición competitiva, sino identificar los obstáculos y diseñar las políticas para desarrollar esta competitividad. Se debe realizar, en los distintos niveles, un diagnóstico sobre la competitividad, así como de los obstáculos o factores que la afectan negativamente, para entonces plantear políticas públicas en lo que toca al nivel macro, o líneas de acción gerencial estratégicas, a nivel micro (de la empresa o

349

del sector económico) para superarlos. De esta forma el Enfoque implica tres instancias:

Construcción y análisis de índices de competitividad (IC).

El análisis de los obstáculos para la competitividad de las empresas (ICO).

La identificación de las políticas públicas necesarias para superarlos (ICOP).

El modelo de competitividad sistémica para el desarrollo implica integrar los 6 círculos de la competitividad con los 10 capitales bajo el enfoque ICOP:

Integración de los 10 capitales bajo el enfoque ICOP

Fuente: Elaborado por CECIC
Gráfica 7.4

El Enfoque ICOP, analiza el Índice de Competitividad para cada uno de los seis niveles y diez capitales, sin embargo va más allá de los enfoques tradicionales, al definir y analizar los obstáculos de la competitividad y las políticas públicas para mejorar la competitividad. Como se expuso anteriormente, la finalidad de éste capitulo es analizar la situación competitiva de las economías latinoamericanas, con especial énfasis en el desempeño de sus empresas en el marco del desarrollo de características IFA. Las siguientes secciones se abocan a este análisis.

7.3 La Competitividad Sistémica de México y América Latina

La competitividad en los mercados internacionales de los distintos sectores empresarial e industrial de un país, es un concepto cuya cuantificación no siempre se define con claridad, ya que convergen para su análisis diversos factores que generan una red de causalidades en la que se ensamblan variables propias de la teoría económica de la firma, con otras del management. Lo que sí es claro, es que los factores que se deben considerar para cuantificar la posición competitiva de un país están estrechamente relacionados y afectan de manera conjunta tal posición. Los costos del capital, la ineficiencia del gobierno, el proteccionismo externo y los bajos niveles educativos, son los principales obstáculos para la competitividad en América Latina. Cuatro factores impiden el mejoramiento de la competitividad:

1. El costo del capital, en especial para las empresas medianas y pequeñas.
2. Un ineficiente sistema tributario con cargas fiscales inequitativas "pocos pagan mucho", lo que conduce a la evasión y la injusta competencia del creciente sector informal.
3. La ineficiencia del sector público.
4. La inestabilidad macroeconómica.

El medio ambiente dentro del cual las economías –pero sobre todo las empresas– latinoamericanas operan, se encuentra en transición. El más importante factor condicionante de tal transformación es la globalización. Los mercados mundiales se están volviendo altamente integrados y las empresas están enfrentando grandes presiones para elevar sus estándares a los niveles de sus nuevos competidores: las empresas internacionales.

El panorama competitivo latinoamericano también está siendo transformando por otros factores:

- El tránsito de la estructura industrial de actividades intensivas en mano de obra hacia la producción intensiva en capital.
- La confección de productos y servicios intensivos en conocimiento (la mentefactura).

- La creciente importancia de las economías emergentes como exportadoras y receptoras de inversión extranjera directa.

De igual forma resultan relevantes en el ambiente de los negocios en términos de competitividad, el impacto de la innovación, la rápida difusión de la tecnología de la información, el amplio uso del comercio electrónico y la creciente atención a los aspectos relacionados con la sustentabilidad del medio ambiente.

Podemos enumerar los siguientes objetivos al conducir el análisis de los indicadores de competitividad:

- Identificar las fuentes de las fortalezas y debilidades competitivas y entender los retos a enfrentar, pero también las oportunidades.
- Evaluar las vías mediante las cuales las empresas pueden alcanzar o sostener sus niveles de competitividad.
- Identificar los planes de acción y las iniciativas que las empresas y el gobierno, en conjunto, pueden instrumentar para mejorar la competitividad.

De tal suerte que para evaluar el desempeño y la situación de las ventajas competitivas de una economía se requiere construir un método que sea genérico y objetivo. Así, planteamos la construcción del Índice de Competitividad Sistémica, que pondera indicadores apropiados a la naturaleza de cada uno de los diez capitales de la competitividad sistémica.

7.3.1 El Índice de Competitividad Sistémica

Para construir el Índice Global de Competitividad Sistémica ICS, establecemos los indicadores más acordes a cada capital. En el Recuadro 7.1 se expone la metodología aplicada en la construcción del Índice.

En el ámbito microeconómico se evalúa la sofisticación de operaciones y estrategias empresariales para construir el capital empresarial; la cooperación en la relación trabajador-patrón y las contribuciones a la productividad en el capital laboral. Para el nivel mesoeconómico, los indicadores para capital organizacional son: el desempeño de cluster y el funcionamiento de la cadena de valor. En el capital logístico se considera indicadores de infraestructura, lo que permite tener una amplia visión sobre transporte multimodal, telecomunicaciones, agua para la industria, entre otros. El capital intelectual mide la capacidad de innovación tecnológica de cada país.

Por su parte, para el capital macroeconómico se tomó el indicador de ambiente macroeconómico que evalúa la estabilidad de la economía, el acceso al crédito y el desempeño fiscal. La competitividad internacional se mide a través de la calificación del capital comercial en los indicadores: tarifa arancelaria, tipo de cambio real (sobrevaluación o subvaluación) y la presencia en los mercados internacionales. El nivel institucional se analiza con el desempeño de las instituciones públicas con respecto a su influencia sobre el ambiente de los negocios; y el capital gubernamental que utiliza los indicadores: grado de trámites burocráticos y eficiencia y confianza en servidores públicos. Finalmente, el capital social indica la situación de la competitividad político-social, que se mide a partir del indicador crimen organizado e independencia judicial. El Cuadro 7.1 presenta el acomodo de los 75 países para los que se calculó el Índice de Competitividad Sistémica.

Construcción del Índice de Competitividad Sistémica

Primero se estandarizan los indicadores considerados, dando calificaciones de 1 a 10, indicando el valor más alto a la mejor posición competitiva. De esta forma, para cada capital se construye un índice mediante una suma ponderada homogénea de las puntuaciones obtenidas por cada país en cada indicador. Así la formula general para cada capital es:

$$\text{Capital } X_j = \sum P_i \, I_i$$

Donde:
Capital X_j es el capital X del país j
Pi es el ponderador de cada indicador I para cada variable i

La ponderación en este primer acercamiento al cálculo del índice es homogénea, de tal suerte que la suma de los $P_i = 1$, ello en virtud de que se consideran de igual importancia todos los indicadores utilizados. Resulta claro que un ejercicio estadístico podría dar ponderaciones más acordes a la importancia relativa de cada variable, éste es el siguiente paso en el perfeccionamiento del índice.

Para construir el Índice de Competitividad Sistémica ICS se sigue el mismo método, es decir, una suma ponderada de los valores obtenidos para los 10 capitales; en este caso los ponderadores serán 1/10 por ser 10 capitales.

$$\text{ICSj} = \sum 1/10 \text{ Capital } X_j$$

Donde ISC$_j$ es el Índice de Competitividad Sistémica del país j

Capital X_j es el valor del capital X en el país j.

Con base en el Modelo de Competitividad Sistémica del CECIC se construyen los diez capitales para cada uno de los 75 países del Reporte Global de Competitividad 2001-2002[2]. Una vez realizados los cálculos se listan los países en orden descendente, según el índice obtenido, y se clasifican de 1 a 75; el país 1 tiene por consecuencia el más alto Índice de Competitividad Sistémica.

Fuente: Elaborado con base en el Modelo de Competitividad Sistémica del CECIC

Recuadro 7.1
Índice de Competitividad Sistémica

País	Valor	Lugar	País	Valor	Lugar	País	Valor	Lugar
Finlandia	8.6	1	Chile	6.5	26	Argentina	5.3	51
Suiza	8.3	2	Estonia	6.5	27	Filipinas	5.2	52
Holanda	8.2	3	Portugal	6.4	28	Rep. Eslovaca	5.2	53
Singapur	8.1	4	Eslovenia	6.3	29	Rumania	5.1	54
						Rep.		
Suecia	8.0	5	Hungría	6.3	30	Dominicana	5.1	55
Alemania	7.9	6	Malasia	6.2	31	Turquía	5.1	56
Estados			Trinidad y					
Unidos	7.9	7	Tob.	6.2	32	Vietnam	5.0	57
Dinamarca	7.8	8	Sudáfrica	6.1	33	Indonesia	4.9	58
			Rep.					
Japón	7.7	9	Checa	6.0	34	Perú	4.9	59
Reino								
Unido	7.6	10	Tailandia	6.0	35	Rusia	4.8	60
Austria	7.6	11	Mauricio	5.9	36	Sri Lanka	4.8	61
Islandia	7.5	12	Costa Rica	5.9	37	El Salvador	4.7	62
Noruega	7.4	13	Brasil	5.8	38	Ucrania	4.7	63
Canadá	7.4	14	China	5.8	39	Colombia	4.6	64
Hong								
Kong	7.3	15	Polonia	5.7	40	Bulgaria	4.5	65
Francia	7.3	16	Grecia	5.7	41	Venezuela	4.5	66
Bélgica	7.2	17	Letonia	5.6	42	Ecuador	4.4	67
Nva.								
Zelanda	7.1	18	Uruguay	5.6	43	Guatemala	4.4	68
Irlanda	7.1	19	Jordania	5.6	44	Nigeria	4.3	69
Australia	7.0	20	Lituania	5.5	45	Bolivia	4.2	70
España	6.9	21	Egipto	5.5	46	Paraguay	4.1	71
Taiwán	6.8	22	Panamá	5.4	47	Bangladesh	4.1	72
Italia	6.7	23	**MÉXICO**	**5.4**	**48**	Nicaragua	3.9	73
Israel	6.7	24	Jamaica	5.4	49	Zimbabwe	3.8	74
Corea	6.6	25	India	5.3	50	Honduras	3.5	75

Fuente: Elaborado con base en el Modelo de Competitividad Sistémica del CECIC

Cuadro 7.1

7.3.2 La Competitividad Sistémica de América Latina

Como es de esperarse, los países más competitivos son las economías llamadas del primer mundo. En el caso de México y América Latina, en general, sus posiciones competitivas son muy bajas, con las honrosas excepciones de Chile (lugar 26) y Brasil (lugar 38) y Costa Rica (lugar 37). La gráfica 7.5 muestra un comparativo del ICS para los 17 países latinoamericanos (se excluye a las economías caribeñas), contra Finlandia, el número uno en la muestra, y Estados Unidos (lugar 7), el principal mercado de las economías de la región. Es evidente que es más importante el posicionamiento del país que el valor del ICS, aun así, las distancias en posición son enormes, incluso intraregionalmente: Honduras el último lugar de la muestra, tiene un índice de 3.5, mientras que Chile el mejor posicionado de los latinoamericanos (lugar 26) tiene un valor de 6.5; está a sólo tres puntos de diferencia en el ICS, pero a 50 lugares de Honduras.

La Competitividad Sistémica de América Latina
(Índice de Competitividad Sistémica)

El número entre paréntesis indica la posición entre los 75 países

Fuente: Elaborado con base en el Modelo de Competitividad Sistémica del CECIC

Gráfica 7.5

Para el caso de nuestro país, observamos la baja posición competitiva en todos los niveles y sus capitales Gráfica 7.6. México obtuvo una calificación de 5.4 en el Índice de Competitividad Sistémica, ocupando el lugar número 48. Aun cuando se encuentra entre los mejores latinoamericanos (Ver Gráfica 7.5), podemos observar que se encuentra alejado de los primeros lugares, incluso si nos centramos en compararlo con sus principales socios comerciales; encontramos que México participa en el Tratado de Libre Comercio de América del Norte, con serias desventajas competitivas (Gráfica 7.7), pues Estados Unidos ocupa el lugar 7, con una calificación de 7.9 y Canadá el lugar 14, con una calificación de 7.4. El resultado es preocupante, ya que aunque hay evidencia de que el TLCAN ha permitido a nuestro país incrementar sus volúmenes de exportación, la baja competitividad refleja que no podrá aprovechar de manera sustentable las ventajas que el tratado le otorga.

Competitividad Sistémica de México
ICS= 5.4 Lugar 48

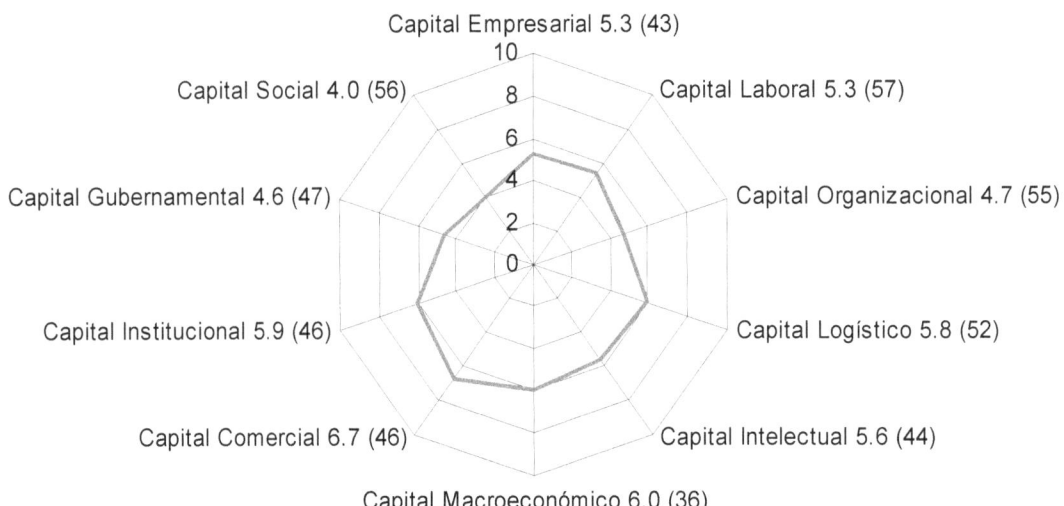

El número entre paréntesis indica la posición entre los 75 países
Fuente: Elaborado con base en el Modelo de Competitividad Sistémica del CECIC
Gráfica 7.6

Comparativo de la Competitividad Sistémica (TLCAN)

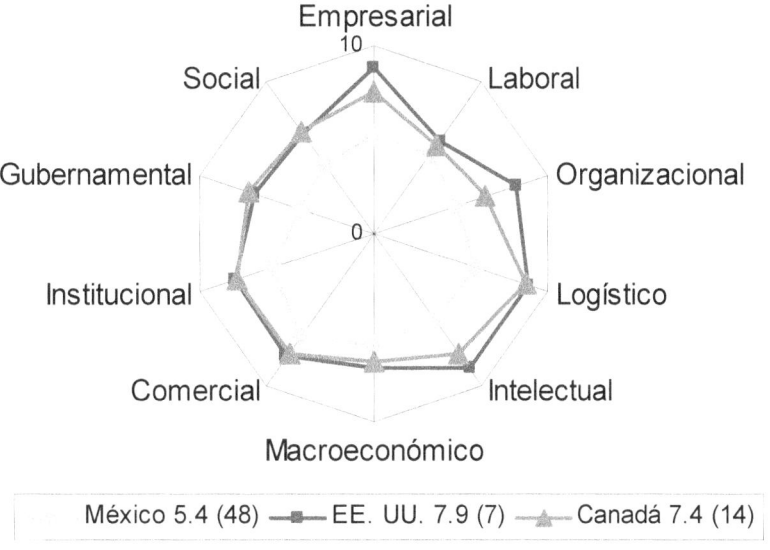

México 5.4 (48) ━■━ EE. UU. 7.9 (7) ━▲━ Canadá 7.4 (14)

El número entre paréntesis indica la posición entre los 75 países
Fuente: Elaborado con base en el Modelo de Competitividad Sistémica del CECIC
Gráfica 7.7

Analizando la situación competitiva por capital del conjunto de los países latinoamericanos considerados en el estudio (17 economías excluyendo las caribeñas), encontramos que las mejores calificaciones en promedio se dan en el nivel internacional. El capital comercial tiene una calificación promedio de 6.4, ello gracias al proceso de liberalización comercial que ha tenido la región. Sin embargo como se puede ver en el último renglón del Cuadro 7.2, la mediana de las posiciones de los 17 países es el lugar 54, lo que refleja la baja competitividad de la región. Por su parte la peor calificación del bloque latinoamericano se da en el capital gubernamental (2.9), reflejo de la ineficiencia de los servidores públicos y la falta de confianza de la ciudadanía en ellos, la posición mediana del bloque fue de 60. En general al calcular el promedio de calificación y la mediana de las posiciones de los países latinoamericanos dentro de la muestra de 75 países, se hace evidente, primero que es más importante dónde se ubica el resultado del cálculo de cada índice entre los 75 países que la calificación en si misma, pero sobre todo la significativa falta de competitividad de la región: los promedios de los capitales se ubican alrededor de los 5 puntos (recuérdese que la escala es de 1 a 10) , pero sus medianas se ubican en lugares por arriba del lugar 50.

Índice de Capital Sistémico: Calificaciones por capital de los países latinoamericanos

Capital	Empresarial	Laboral	Organizacional	Logístico	Intelectual	Macroeconómico	Comercial	Institucional	Gubernamental	Social
Argentina	4.7	5.1	4.5	6.8	5.1	5.7	6.3	5.6	4.4	4.7
Bolivia	3.3	4.9	3.8	4.4	4.4	4.4	6.1	5.8	2.9	3.8
Brasil	6.2	5.5	5.5	6.1	5.7	6.1	7.1	5.6	4.6	4.6
Colombia	4.5	5.1	4.7	5.4	5.3	4.7	6.2	5.3	4.2	2.9
Costa Rica	5.8	5.7	4.7	5.0	7.1	5.6	6.6	6.6	5.2	5.8
Chile	6.2	5.9	5.0	6.8	5.8	6.5	7.4	7.7	6.1	5.9
Ecuador	3.8	4.9	4.0	4.6	4.6	4.9	6.8	4.9	3.1	3.2
El Salvador	4.3	5.3	4.3	5.4	4.5	5.5	6.0	6.1	3.7	3.8
Guatemala	3.5	4.5	4.5	4.6	4.5	5.3	6.2	5.0	3.0	2.8
Honduras	3.6	4.9	4.2	4.2	3.9	4.3	5.7	4.5	3.4	3.3
México	5.3	5.3	4.7	5.8	5.6	6.0	6.7	5.9	4.6	4.0
Nicaragua	3.3	5.4	4.0	4.0	4.0	3.5	6.3	4.7	3.4	3.8
Panamá	5.6	5.4	5.5	6.2	5.2	5.6	6.6	6.1	3.4	4.5
Paraguay	3.8	4.9	4.3	4.3	4.6	4.7	6.4	4.0	3.3	3.0
Perú	4.1	6.1	4.5	5.3	4.6	5.2	6.4	5.9	4.4	3.6
Uruguay	4.9	4.6	4.8	6.6	5.6	4.8	6.5	6.9	5.3	6.0
Venezuela	3.8	4.6	4.1	5.8	4.9	5.3	5.0	4.6	3.5	3.1
Promedio	4.5	5.2	4.5	5.4	5.0	5.2	6.4	5.6	4.0	4.0
Mediana	59	58	60	63	60	53	54	53	60	60

Fuente: Elaborado con base en el Modelo de Competitividad Sistémica del CECIC
Cuadro 7.2

7.3.3 Comparativo de la competitividad por bloques de países

Un análisis más útil de la situación competitiva de México y América Latina es comparar a la región con otras, particularmente las economías emergentes localizadas en Asia y Europa Oriental. Sin duda que son de destacar los significativos avances que en materia de crecimiento experimentan los llamados "tigres asiáticos", con tasas por arriba del promedio mundial, creciente industrialización y atractivos a la inversión, también lo son sus niveles de competitividad sistémica, en la que destacan Singapur, Corea, Taiwán y Hong Kong. Por su parte, la zona de Europa Oriental –donde se ubican los países que formaban parte del extinto bloque socialista– es sin duda una región hacia la que los grandes capitales se están dirigiendo, ello en virtud del proceso de transición que ha permitido aprovechar la mano de obra barata y la privatización de empresas estatales, lo que genera grandes oportunidades de negocio; la zona claramente es un competidor directo de las economías latinoamericanas. La Gráfica 7.8 muestra que la región de América Latina y el Caribe (20 países en la muestra) es la que tiene la menor competitividad con un ICS promedio de 5.1 y una mediana de los rangos o lugares de 60, incluso se ve superada por los países africanos.

Índice de Competitividad Sistémica por Región

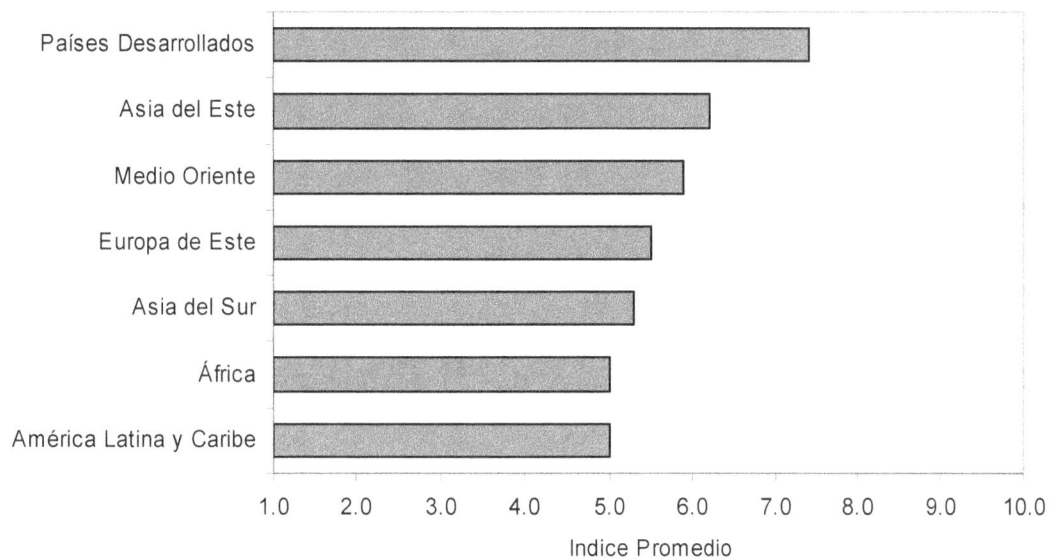

Fuente: Elaborado con base en el Modelo de Competitividad Sistémica del CECIC
Gráfica 7.8

Índice de Competitividad Sistémica

Posiciones por grupos de países					
	Valor	Lugar		Valor	Lugar
América Latina y el Caribe					
Argentina	5.3	51	**México**	**5.4**	**48**
Bolivia	4.2	70	Nicaragua	3.9	73
Brasil	5.8	38	Panamá	5.4	47
Chile	6.5	26	Paraguay	4.1	71
Colombia	4.6	64	Perú	4.9	59
Costa Rica	5.9	37	Uruguay	5.6	43
Ecuador	4.4	67	Venezuela	4.5	66
El Salvador	4.7	62	Dominicana	5.1	55
Guatemala	4.4	68	Jamaica	5.4	48
Honduras	3.5	75	Trinidad y Tobago	6.2	32
Asia del Este					
Corea	6.6	25	Malasia	6.2	31
China	5.8	39	Singapur	8.1	4
Filipinas	5.2	52	Taiwán	6.8	22
Hong Kong	7.3	15	Tailandia	6.0	35
Indonesia	4.9	58	Vietnam	5.0	57
Europa del Este					
Bulgaria	4.5	65	Rep. Eslovaca	5.2	53
Eslovenia	6.3	29	Rep. Checa	6.0	34
Estonia	6.5	27	Rusia	4.8	60
Hungría	6.3	30	Rumania	5.1	54
Letonia	5.6	42	Turquía	5.1	56
Lituania	5.5	45	Ucrania	4.7	63
Polonia	5.7	40			
Países Desarrollados					
Alemania	7.9	6	Holanda	8.2	3
Austria	7.6	11	Irlanda	7.1	19
Australia	7.0	20	Islandia	7.5	12
Bélgica	7.2	17	Italia	6.7	23
Canadá	7.4	14	Japón	7.7	9
Dinamarca	7.8	8	Noruega	7.4	13
España	6.9	21	Portugal	6.4	28
EE. UU.	7.9	7	Reino Unido	7.6	10
Finlandia	8.6	1	Suecia	8.0	5
Francia	7.3	16	Suiza	8.3	2
Grecia	5.7	41			
Medio Oriente y Norte de África					
Egipto	5.5	46	Jordania	5.6	44
Israel	6.7	24			
Asia del Sur y Pacifico					
Bangladesh	4.1	72	Nueva Zelanda	7.1	18
India	5.3	50	Sri Lanka	4.8	61
África Sub Sahara					
Mauricio	5.9	36	Sudáfrica	6.1	33
Nigeria	4.3	69	Zimbabwe	3.8	74

Fuente: Elaborado con base en el Modelo de Competitividad Sistémica del CECIC

Cuadro 7.3

7.4 La Competitividad Sistémica de las empresas en América Latina

Como se explica a lo largo de esta obra, las características o atributos que debe tener la empresa del futuro para enfrentar de manera exitosa a los tres impulsores –conocimiento, cambio y globalización (CCG)– que reorientan el mundo de la economía y los negocios, y a su vez, entrar al nuevo juego de la hipercompetencia global son los que conforman a la empresa IFA: Inteligencia en la organización, Flexibilidad en la producción y Agilidad en la comercialización. De tal suerte que para que las empresas mantengan ventajas competitivas deben acumular habilidades empresariales y capital intelectual que produzcan conocimiento productivo e innovación. Así, a la luz de nuestro modelo de competitividad sistémica, es la competitividad de las empresas la piedra basal del desarrollo. Por ello el nivel microeconómico se encuentra al centro del sistema y esta íntimamente correlacionado con los demás niveles.

El desarrollo de una empresa IFA se puede medir, en el contexto del modelo de competitividad sistémica, a través de la formación y acumulación de capital empresarial (nivel microeconómico), y de capital intelectual (nivel mesoeconómico). Ambos capitales implican crear la ventaja competitiva de la empresa para producir eficientemente pero, sobre todo, para innovar productivamente. Así, en esta sección analizaremos la formación de empresas IFA en la región latinoamericana identificando, en base a la construcción de nuestro índice de competitividad sistémica, las fortalezas y debilidades en el ámbito empresarial y de innovación productiva.

7.4.1 El Capital Empresarial

Siguiendo con nuestra metodología de análisis, la Gráfica 7.9 presenta un comparativo de la situación del capital empresarial de las economías latinoamericanas con respecto al primer lugar de la muestra (Finlandia) y al segundo lugar (los Estados Unidos). Como se puede observar, en general la acumulación de este capital en las economías de la región se encuentra muy atrasada, la mayoría en posiciones por debajo del lugar 50 (la mediana de las posiciones de los 17 países analizados es 59) y el promedio del ICS es 4.5 lo que refleja la falta de competitividad empresarial. Sin embargo, como ya explicamos resulta más útil analizar la situación latinoamericana en relación a otras regiones (Asia y Europa Oriental). La Gráfica 7.10 presenta el comparativo de algunas economías asiáticas con respecto a Finlandia y Estados Unidos; se observa que los países asiáticos tienen mejores posiciones competitivas (mediana de 25) y un promedio general de 6.5. Por su parte Europa Oriental (Gráfica 7.11) tiene ligeramente mejor posición (mediana de 50) con un ICS promedio de 4.9, reflejo claro de que el proceso de transición hacia economías de mercado basadas en desarrollo empresarial no se ha completado eficientemente.

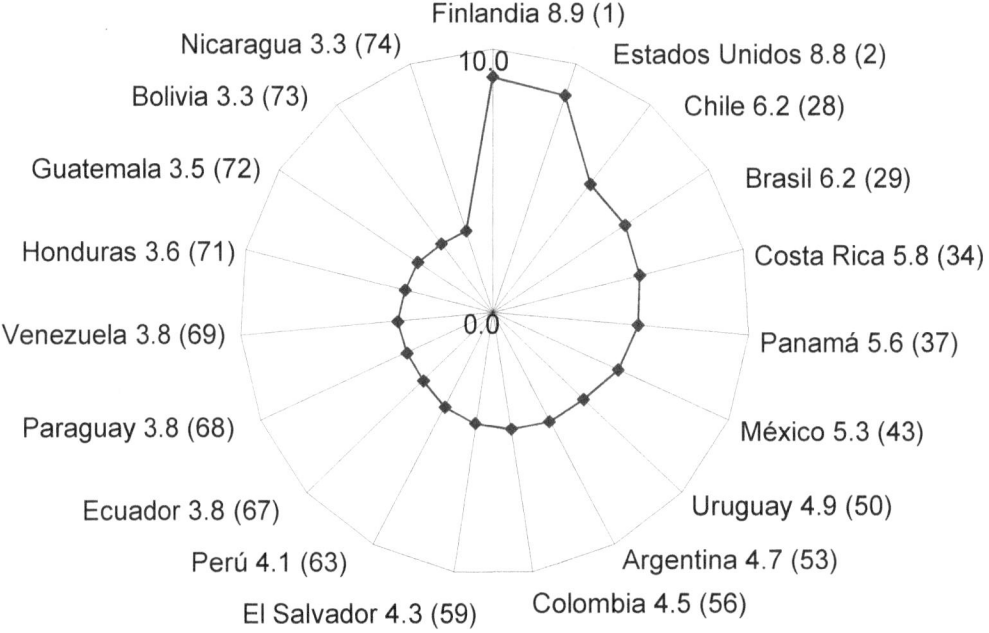

Comparativo Capital Empresarial (Latinoamérica)

El número entre paréntesis indica posición entre 75 países

Fuente: Elaborado con base en el Modelo de Competitividad Sistémica del CECIC

Gráfica 7.9

Comparativo Capital Empresarial (Países Asiáticos)

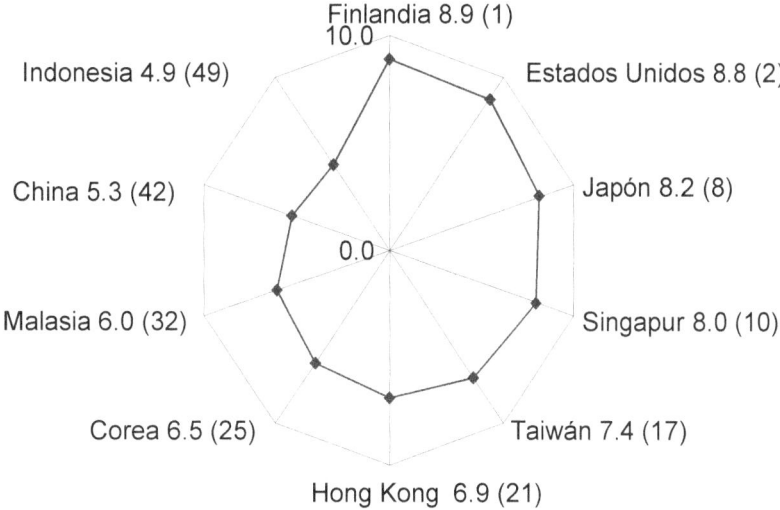

El número entre paréntesis indica posición entre 75 países

Fuente: Elaborado con base en el Modelo de Competitividad Sistémica del CECIC
Gráfica 7.10

Comparativo de Capital Empresarial (Europa Oriental)

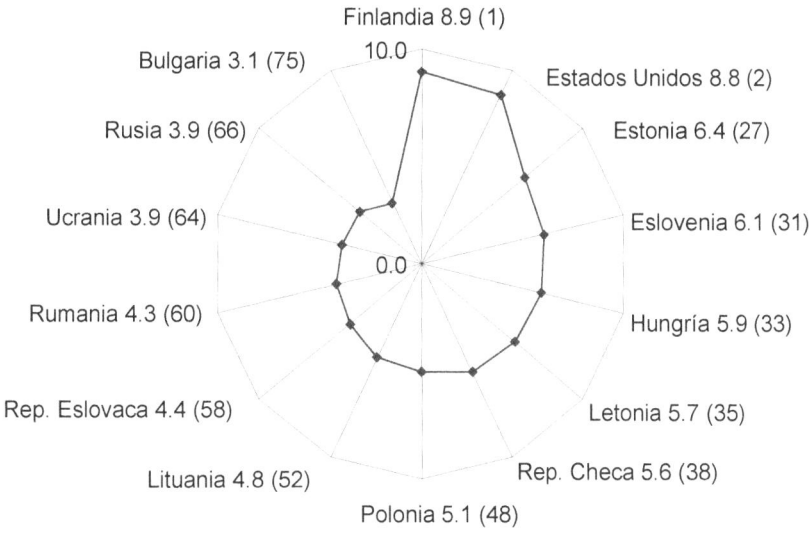

El número entre paréntesis indica posición entre 75 países

Fuente: Elaborado con base en el Modelo de Competitividad Sistémica del CECIC
Gráfica 7.11

Pero, ¿por qué la deficiente acumulación de capital empresarial en América Latina? Para responder debemos analizar los componentes del ICS utilizados para este capital; los cuatro indicadores tomados del Reporte Global de Competitividad son: Estrategias y Operaciones empresariales, el cual incluye aspectos relacionados con la operación interna de las empresas; Sofisticación de procesos de producción; Entrenamiento de mandos gerenciales; y Mejoras en la empresa debidas al uso de Internet. En la Gráfica 7.12 presentamos un comparativo del índice promedio de los dos primeros indicadores, entre América Latina, Asia y Europa Oriental. Como se puede observar, las empresas latinoamericanas no han podido desarrollar las habilidades empresariales básicas de una empresa IFA, reflejo de que todavía no asimilan los nuevos paradigmas empresariales, lo cual se ha dado con éxito en los países asiáticos y sobre todo en los del primer mundo.

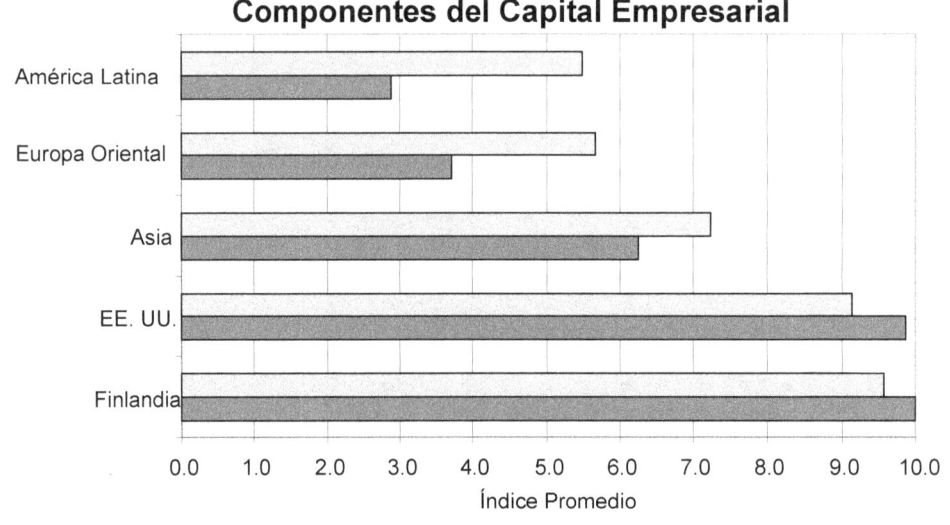

Componentes del Capital Empresarial

Índice Promedio

☐ Estrategias y Operaciones de las Empresas
☐ Sofisticación de Procesos de Producción

Fuente: Elaborado con base en el Modelo de Competitividad Sistémica del CECIC
Gráfica 7.12

7.4.2 El Capital Intelectual

Analicemos la situación de las empresas latinoamericanas en su camino hacia la Empresa IFA en lo que respecta a la formación de capital Intelectual. Ahora las Gráficas 7.13, 7.14, 7.15 presentan las posiciones competitivas de los bloques latinoamericano, asiático y de Europa Oriental con respecto al primer lugar de la muestra (Finlandia) y los Estados Unidos. En este aspecto nuevamente las economías latinoamericanas se encuentran en desventaja competitiva frente a las demás economías emergentes, tienen un índice promedio de 5.0 con una mediana de 60, mientras que estos datos para los asiáticos son 6.4 y 31 respectivamente, y el bloque ex -socialista de 6.0 y 35; como se ve, no muy alejadas estas dos últimas regiones una de la otra.

Comparativo Capital Intelectual (Latinoamérica)

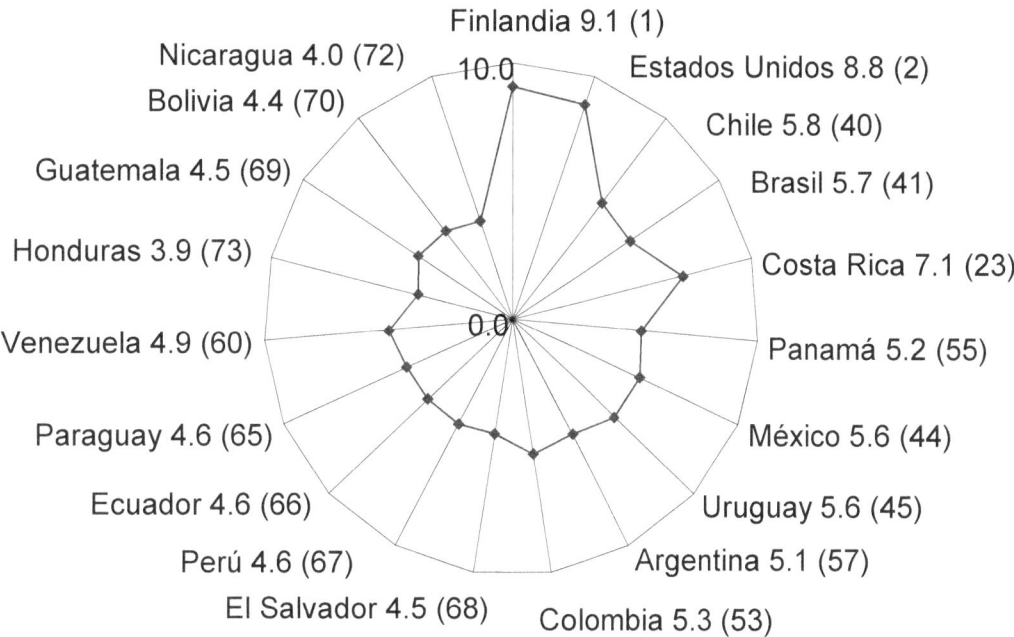

El número entre paréntesis indica posición entre 75 países

Fuente: Elaborado con base en el Modelo de Competitividad Sistémica del CECIC
Gráfica 7.13

Comparativo Capital Intelectual (países asiáticos)

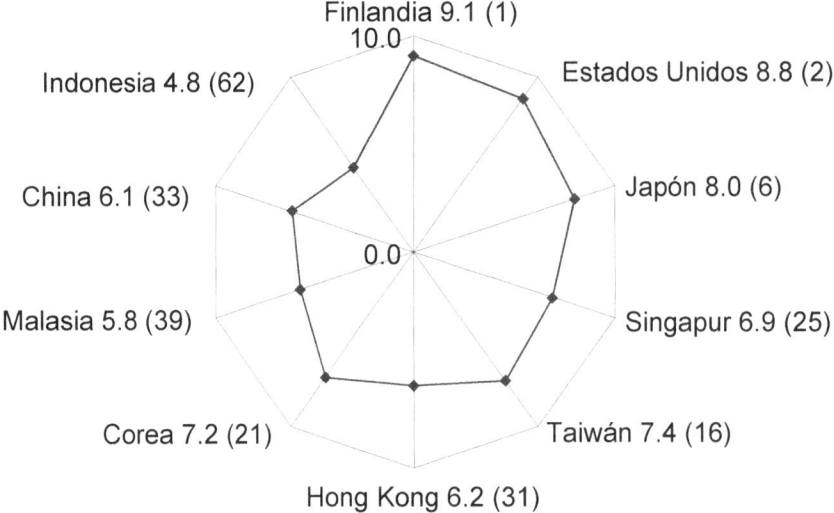

El número entre paréntesis indica posición entre 75 países

Fuente: Elaborado con base en el Modelo de Competitividad Sistémica del CECIC

Gráfica 7.14

Comparativo Capital Intelectual (Europa Oriental)

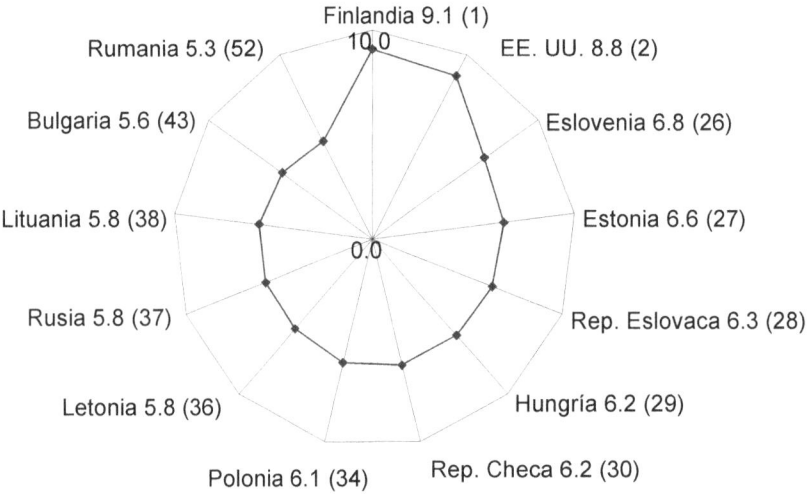

El número entre paréntesis indica posición entre 75 países

Fuente: Elaborado con base en el Modelo de Competitividad Sistémica del CECIC

Gráfica 7.15

Al interior del Índice de Capital Intelectual, ponderamos dos indicadores tomados del Reporte Global de Competitividad: La capacidad de Innovación, y un índice de tecnología que captura innovación, uso de tecnología de información y comunicaciones, así como transferencia tecnológica. La Gráfica 7.16 presenta el índice promedio de estos indicadores, comparado entre las tres regiones de países emergentes. Se observa que las empresas latinoamericanas tienen baja capacidad de innovación y los aspectos de uso y transferencia de tecnología también muestran índices bajos. Un caso a destacar es el de Costa Rica con un índice de Capital Intelectual de 7.1 que lo ubica en el lugar 23, un índice de capacidad de innovación de 7.0 (lugar 14) y de tecnología de 7.1 (lugar 32), producto de la instalación de empresas de alta tecnología.

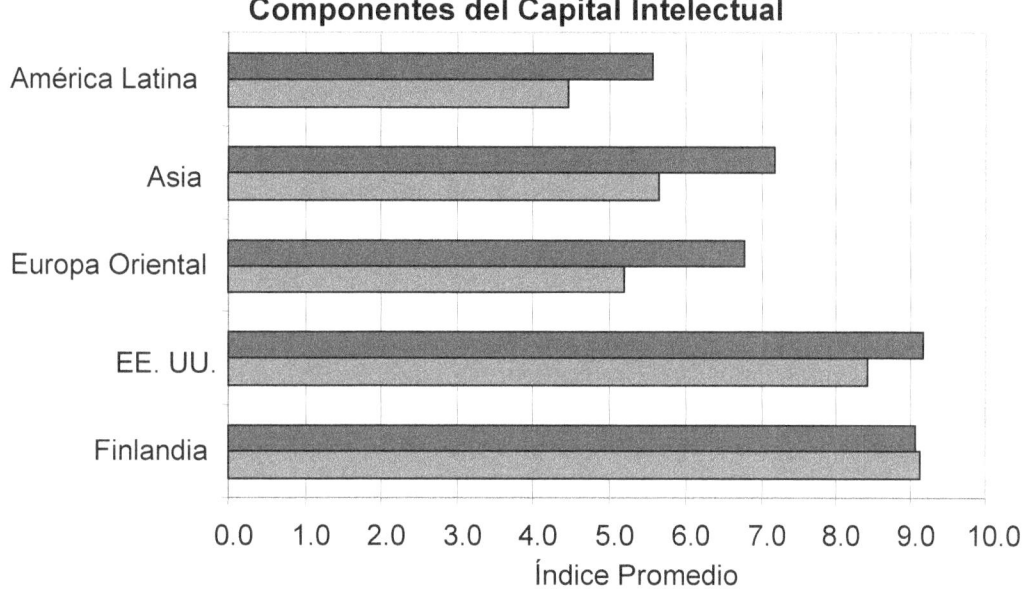

Componentes del Capital Intelectual

Capacidad de Innovación

Índice de Tecnología

Fuente: Elaborado con base en el Modelo de Competitividad Sistémica del CECIC
Gráfica 7.16

Como se mencionó anteriormente, la medición de los atributos IFA de una empresa sirve para medir su nivel de competitividad. Cabe recordar que la empresa IFA es solo el inicio del largo camino que se debe recorrer para lograr la competitividad sistémica; ésta debe de darse en los seis niveles y en cada uno de los diez capitales que la componen. En el siguiente apartado haremos un breve análisis de la competitividad sistémica de las empresas, midiendo su capacidad IFA así como su capital empresarial, laboral e intelectual.

7.5 La Competitividad Sistémica de las empresas: Medición de la Empresa IFA

La competitividad posee un carácter sistémico que involucra un cambio en distintos niveles y, en forma importante, la toma de decisiones de múltiples actores, cuya coherencia define las condiciones favorables para la competitividad que requiere el tejido de una red de interconexiones en la cadena productiva de las empresas. De ahí que sea necesario para el diagnóstico un enfoque integral, que abarque los distintos niveles de la competitividad: microeconómico, mesoeconómico, macroeconómico, internacional, institucional y político-social.

La Competitividad Microeconómica o a nivel de empresa es el punto de partida de la competitividad sistémica. Son las empresas que inicial y finalmente tienen que enfrentar la hipercompetencia global en los mercados locales. Esto requiere de un nuevo modelo de gestión empresarial basado en empresas (IFA), atributos que actualmente son indispensables para enfrentar los retos presentados por la nueva economía, y cuyas características y variables que los componen sirve para medir la competitividad de las empresas. Por otro lado, las empresas necesitan tener la capacidad de respuesta al cambio apoyado con trabajadores del conocimiento multivalente o multihabilidades, que permitan formar el capital intelectual de aprendizaje e innovación continuos de la empresa. La competitividad microeconómica requiere así de la formación de los capitales: empresarial y laboral.

Como mencionábamos, la competitividad en las empresas se mide mediante sus atributos IFA. La empresa IFA debe saber aprovechar las herramientas, técnicas y estrategias disponibles para alcanzar la correcta integración de los eslabones de la cadena global de valor y lograr procesos productivos que agreguen valor a sus productos y procesos, y otorgue ventaja competitiva a la empresa respecto a sus competidores.

En estudios realizados anteriormente por el CECIC en el Estado de Coahuila[3], se llevó a cabo un análisis de encuesta aplicada a las empresas de la región con el propósito de medir su nivel de competitividad. El cuestionario fue diseñado para detectar el grado en que cada capital está presente en las empresas.

A nivel microeconómico, nivel que interesa en este libro, inquirimos sobre la autoevaluación del esfuerzo que realiza la empresa para enriquecer su inteligencia organizacional, su flexibilidad productiva y su agilidad comercial, todo lo cual constituye el capital empresarial. En forma similar se examinaron las características de la fuerza laboral y el enfoque hacia la capacitación, lo que contribuye a elevar el acervo de capital laboral. Para el análisis de la encuesta aplicada se tomó una muestra significativa de las regiones, proveniente de agrupamientos previamente detectados. La muestra abarcó empresas de distintas características por tamaño de empresa, sector, régimen de maquila, región y orientación de mercado. Con el fin de obtener información más precisa sobre las empresas se entrevistó a los dueños o gerentes o, en su caso, a una persona designada por éstos.

Las variables utilizadas para medir los atributos IFA de las empresas fueron los siguientes:
La Inteligencia Organizacional se midió a través de:

- Contar con un área propia de diseño
- Llevar la documentación de los productos y procesos de la empresa
- Colaboración entre el departamento de ventas y de producción
- Contar con un management moderno
- Experiencia del dueño manejando negocios
- Desarrollo organizacional
- Contar con programas de desarrollo para la empresa

La Flexibilidad Productiva (Flexibilidad Laboral, Maquinaria Flexible y Procesos Flexibles) se midió a través de:

- La adquisición de maquinaria y equipo nuevo, el cual facilita la flexibilidad productiva de la empresa, al contar con los requerimientos necesarios para adecuarse a diferentes cambios, característica inexistente en maquinaria y equipo viejo y por tanto obsoleto.
- Contar con tecnología de producción programable (Control Numérico Computarizado)
- Contar con tecnología de diseño por computadora (CAD y CAM)
- Llevar a cabo procesos de reingeniería para hacer más eficiente la producción
- Contar con inventarios JIT (Just in Time)

La **A**gilidad Comercial se midió a través de:

- Departamento propio de desarrollo de producto
- Contratar diseñadores profesionales
- Utilizar patrones y diseños del extranjero
- Contar con Sistemas de Calidad Total
- Velocidad o tiempo de entrega no mayor a 15 días
- Capacidad y velocidad para preparar muestras en no más de 48 horas
- Capacidad y velocidad para cambiar sus estrategias de acuerdo a las necesidades de su mercado de exportación
- Llevar a cabo comercio electrónico con clientes y/o proveedores
- Apertura a alianzas estratégicas

Por otro lado, en el nivel mesoeconómico se ubica el capital organizacional, el logístico y el intelectual; éste ultimo importante dentro de la formación de la empresa competitiva sustentable. En este caso, para medir el capital intelectual se utilizaron los siguientes criterios:

- Disponibilidad de Centros Tecnológicos
- Evaluación de los Centros Tecnológicos propios
- Capacidad de crear tecnología propia
- Evaluación del Departamento de Desarrollo

La encuesta se aplicó a una muestra significativa de más de 184 empresas de las distintas regiones del Estado de Coahuila. Los índices o promedios de cada capital generados como resultado de la encuesta se evaluaron de la siguiente manera: para cada bloque de preguntas relacionadas con un aspecto específico se calculó la puntuación máxima. De este manera, los índices de cada capital representan la relación entre la puntuación obtenida por las empresas respecto al máximo posible (10). La idea de obtener un promedio es obtener un parámetro que permita medir los avances de un grupo y no de empresas aisladas. A continuación observamos los resultados.

Capital Empresarial

- Inteligencia Organizacional

Para hacer un diagnóstico de las empresas respecto a las necesidades de la competencia global los entrevistados se autoevaluaron con los rangos de bien, regular y mal. Las gráficas siguientes muestran la distribución de estas evaluaciones entre las empresas. Los aspectos en los cuales un mayor número de empresas se autoevaluaron en el rango de "bien" son la experiencia del dueño (83%), introducción de sistemas modernos de administración (66%) y la documentación de procesos y nuevos productos (55%). En contraste, las empresas reconocieron mayores insuficiencias en cuanto a la falta de inversión en un área propia para el desarrollo de nuevos productos y en la ausencia de un sistema integral de colaboración entre los departamentos de producción y marketing.

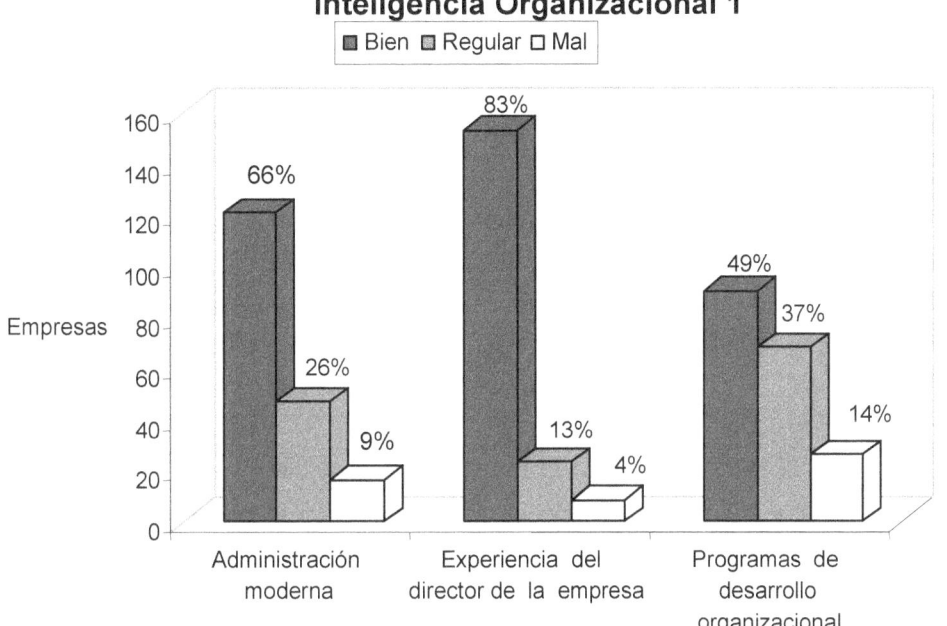

Inteligencia Organizacional 1

Fuente: Elaborado por CECIC con datos del análisis de encuesta bajo un enfoque microempresarial

Gráfica 7.17

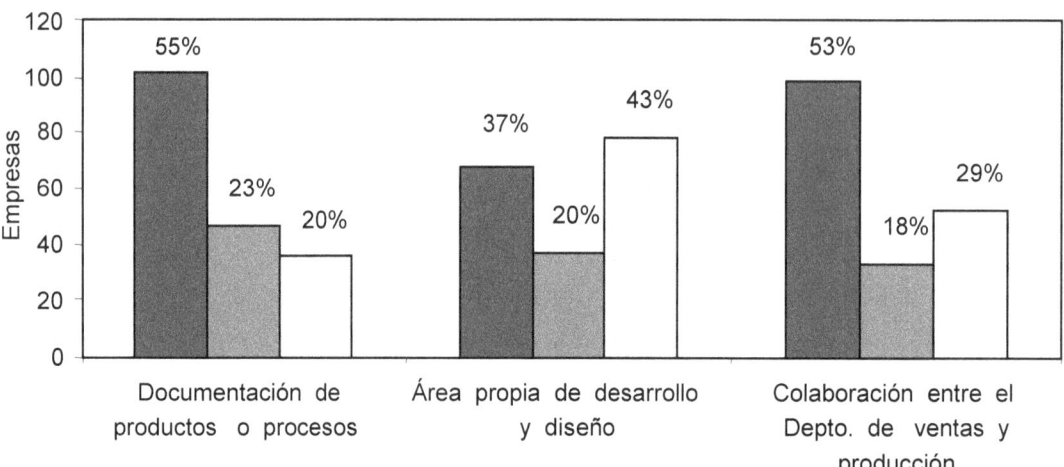

Inteligencia Organizacional 2

■ Bien ■ Regular □ Mal

Fuente: Elaborado por CECIC con datos del análisis de encuesta bajo un enfoque microempresarial

Gráfica 7.18

Los resultados de la encuesta mostraron un promedio de 7 puntos en la inteligencia organizacional en el conjunto de empresas de la entidad, esto se puede ver en la siguiente gráfica. La experiencia del director es un primer requisito para la inteligencia organizacional en este rubro las empresas se evalúan con 8.9; pero por más importante que sea este factor, una empresa no puede descansar sólo en éste, requiere una administración moderna, tema en el que la muestra tiene 8 de promedio. Así mismo deben estar desarrollados los mecanismos de transmisión de conocimiento, monitoreo, aprendizaje e innovación dentro de la empresa. En este caso, las evaluaciones fueron más bajas: actividades de investigación y desarrollo y área propia de diseño obtuvieron evaluaciones cercanas al 5; los programas de desarrollo organizacional, de aprendizaje en planta y la documentación del desarrollo de nuevos procesos y productos obtuvieron 7 puntos. Finalmente, los sistemas integrales de manufactura y marketing, en los que producción trabaja estrechamente con el cliente recibieron 6.7 puntos.

Podemos observar, en términos de inteligencia organizacional, que las empresas del Estado de Coahuila tienen promedios relativamente altos, a excepción de los puntos de investigación y desarrollo y área de diseño. Lo anterior se debe principalmente a que las casas matriz de las empresas establecidas en el estado prefieren realizar estas actividades en otros lugares donde se cuente con más recursos, además de que muchas de las empresas se caracterizan por copiar y adecuar la tecnología ya existente a sus condiciones, y no considera innovarlas o mejor aún crear nuevas tecnologías.

Inteligencia Organizacional en el total de la muestra (calificación promedio)

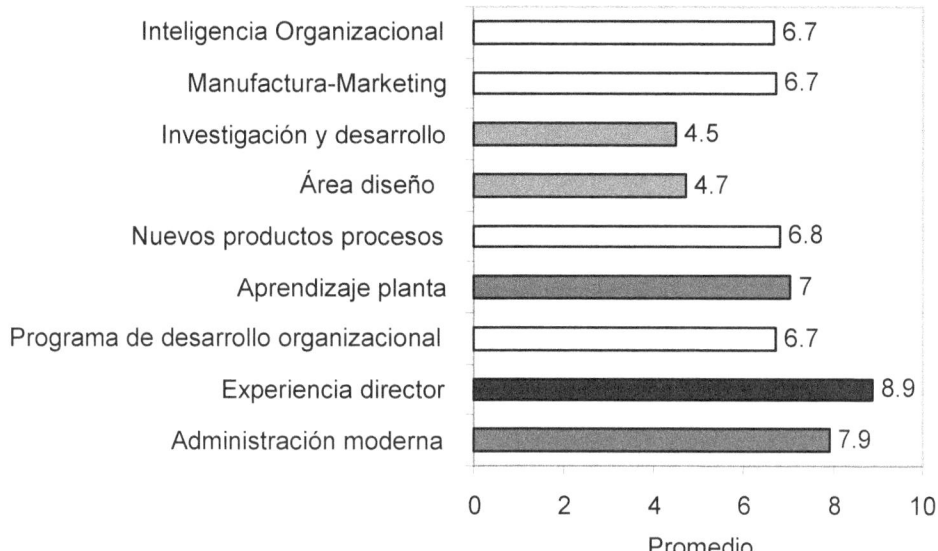

Fuente: Elaborado por CECIC con datos del análisis de encuesta bajo un enfoque microempresarial

Gráfica 7.19

En el grupo de las empresas de capital nacional, dentro de las cuales el 80% se ubican en el rango de las PYMES, los promedios son menores. El promedio de inteligencia organizacional es de 6.2. Las diferencias entre estas empresas son pequeñas.

Inteligencia Organizacional de las empresas nacionales (calificación promedio)

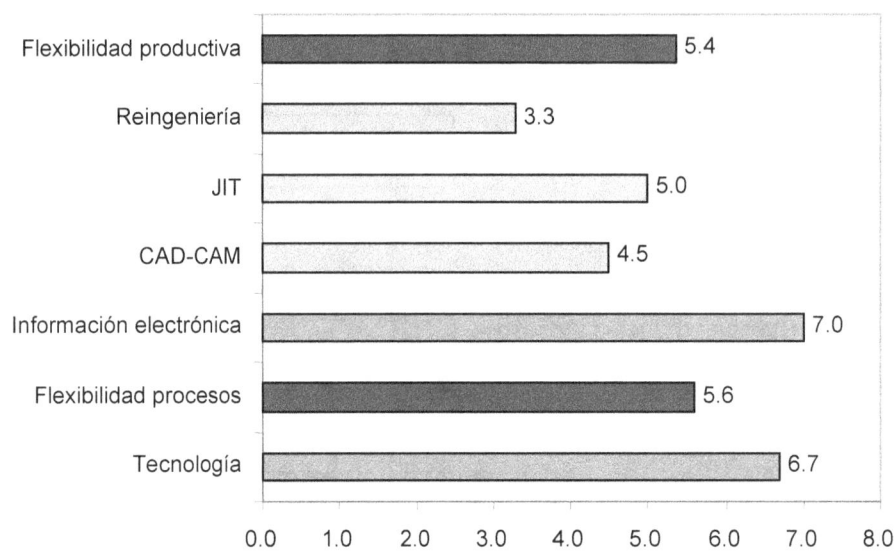

Flexibilidad productiva	5.4
Reingeniería	3.3
JIT	5.0
CAD-CAM	4.5
Información electrónica	7.0
Flexibilidad procesos	5.6
Tecnología	6.7

Fuente: Elaborado por CECIC con datos del análisis de encuesta bajo un enfoque microempresarial

Gráfica 7.20

- Flexibilidad Productiva

Ser un negocio flexible es hoy por hoy, una condición indispensable para responder velozmente a los cambios en la demanda. Ello implica ser una empresa multiproceso, multiproducto y multihabilidades. Uno de los medios para enfrentar los retos de la competencia es la introducción adecuada de tecnologías de producto y de procesos con controles computarizados. Éstas se adaptan a cambios con menores costos y a la vez, ofrecen la ventaja de producir con mayor calidad, uniformidad y regularidad, menor capital de trabajo y tiempo de ciclo de producción. Es necesario señalar que la posesión de tecnologías flexibles no debe interpretarse en el sentido de una automatización o robotización completa. Si bien la industria mexicana está enclavada en una economía de salarios relativamente bajos, la tecnología programable ha probado tener eficacia en tareas específicas que pueden ser útiles en este contexto. Más que reducir los costos laborales, estas tecnologías permiten potenciar las habilidades del trabajador, haciendo la producción más predecible. Por otro lado, también ahorran retrabajos y reducen las mermas. Adicionalmente, existen sistemas de organización de la producción que aumentan la rotación de inventarios y un mejor uso de la maquinaria. Por último, el diseño por computadora permite el desarrollo de nuevos productos y modelos con mayor eficiencia y velocidad.

Sistemas de Producción Flexible

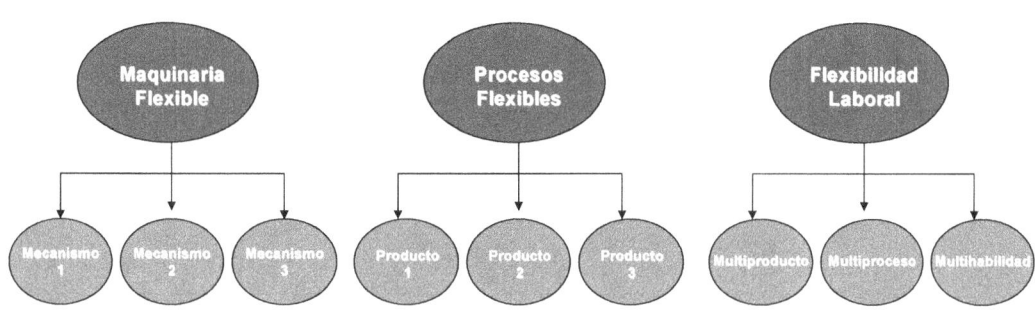

Fuente: Elaborado por CECIC
Gráfica 7.21

Dentro del atributo de flexibilidad productiva es importante evaluar el grado de modernización de la maquinaria y el equipo. De acuerdo con la encuesta, 38% por ciento de las empresas han efectuado grandes inversiones en la modernización de su maquinaria y equipo, 32% lo ha hecho en parte, mientras que 16% no lo ha hecho. Por otro lado, cerca de la mitad de las empresas tienen una tecnología adecuada de diseño asistida por computadora (CAD-CAM) y el 60% cuenta con sistemas de información electrónicos en la empresa.

Grado de mecanización de la producción

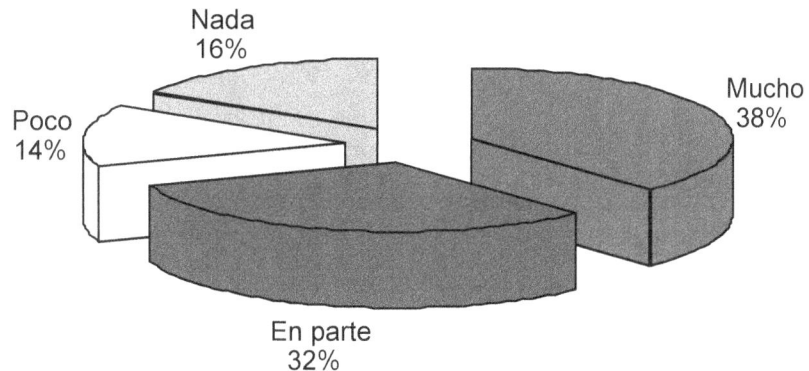

Fuente: Elaborado por CECIC con datos del análisis de encuesta bajo un enfoque microempresarial
Gráfica 7.22

Flexibilidad Productiva tecnológica

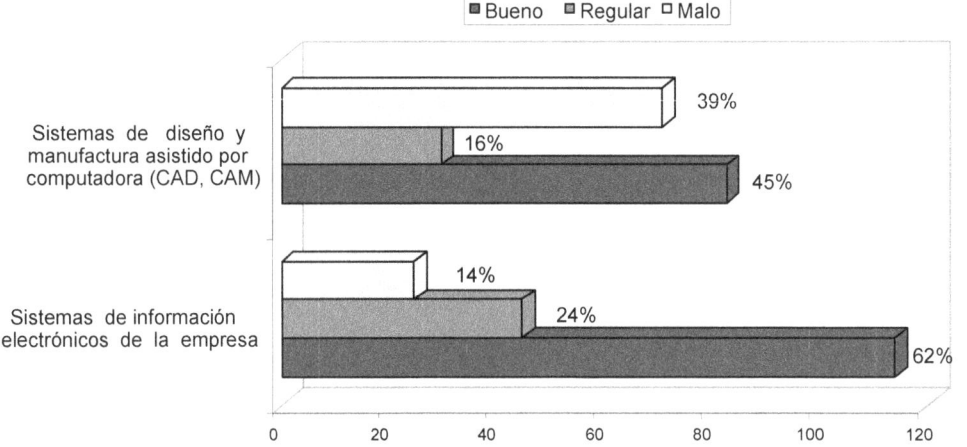

Fuente: Elaborado por CECIC con datos del análisis de encuesta bajo un enfoque microempresarial

Gráfica 7.23

El cambio tecnológico no debe ser asociado sólo con la modernización del equipo; es necesario además considerar la eficiencia de uso, que depende del comportamiento integral de la empresa. Existen algunas situaciones no relacionadas directamente con el equipo, sino con la organización de la producción (management de manufactura) y que influyen en la eficiencia: los altos inventarios de materia prima y producto no terminado, materia prima no utilizada eficientemente, mermas, largos ciclos de producción, entre otros. De ahí que la modernización se relaciona también con los procesos de reingeniería de producción y sistemas de producción que garanticen la minimización de inventarios. De las empresas entrevistadas, el 42% cuenta con buenos sistemas de entrega justo a tiempo. En relación a los procesos de reingeniería para hacer más eficiente la producción, el 40% de las empresas no los han realizado apropiadamente.

Flexibilidad Productiva en la manufactura

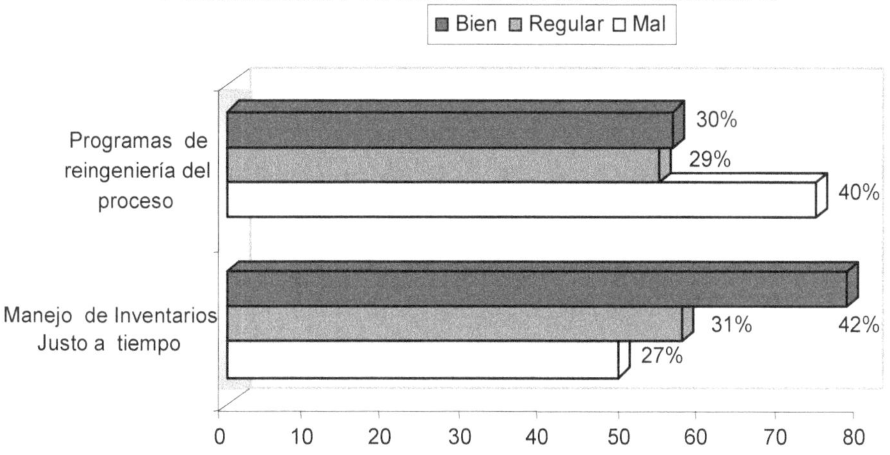

■ Bien ■ Regular □ Mal

Programas de reingeniería del proceso
- 30%
- 29%
- 40%

Manejo de Inventarios Justo a tiempo
- 42%
- 31%
- 27%

0 10 20 30 40 50 60 70 80

Fuente: Elaborado por CECIC con datos del análisis de encuesta bajo un enfoque microempresarial

Gráfica 7.24

Los indicadores anteriores permiten un diagnóstico de cada una de las empresas de la muestra en términos de la flexibilidad productiva para adoptar una estrategia IFA. El promedio de toda la muestra fue de 6.1. Los más altos promedios correspondieron a la presencia de sistemas de información electrónica de procesos y al nivel de la tecnología ambos con 7.4. En cambio, los sistemas justo a tiempo tienen un promedio menor de seis. Los aspectos más débiles son el diseño por computadora y sistemas integrados de manufactura, con 5.3 y la reingeniería de procesos, con 4.5.

Flexibilidad Productiva en el total de la muestra (calificación promedio)

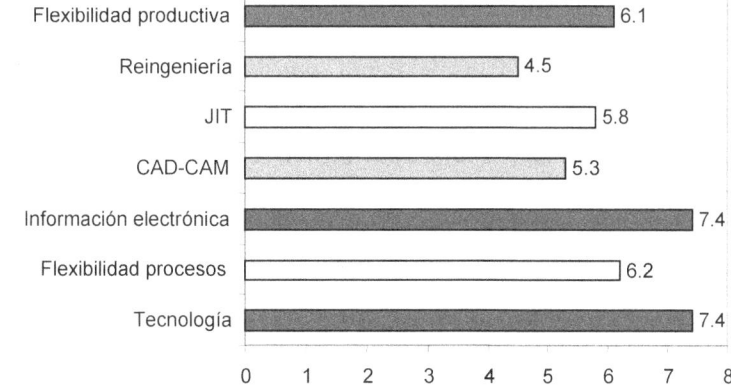

Flexibilidad productiva — 6.1
Reingeniería — 4.5
JIT — 5.8
CAD-CAM — 5.3
Información electrónica — 7.4
Flexibilidad procesos — 6.2
Tecnología — 7.4

0 1 2 3 4 5 6 7 8

Fuente: Elaborado por CECIC con datos del análisis de encuesta bajo un enfoque microempresarial

Gráfica 7.25

El promedio de la flexibilidad productiva en las empresas de capital nacional fue de 5.4, debajo del promedio de la muestra. Esta situación desventajosa se repite en todos los aspectos en la comparación entre todas las empresas y las de capital nacional.

Flexibilidad Productiva de las empresas nacionales (promedio)

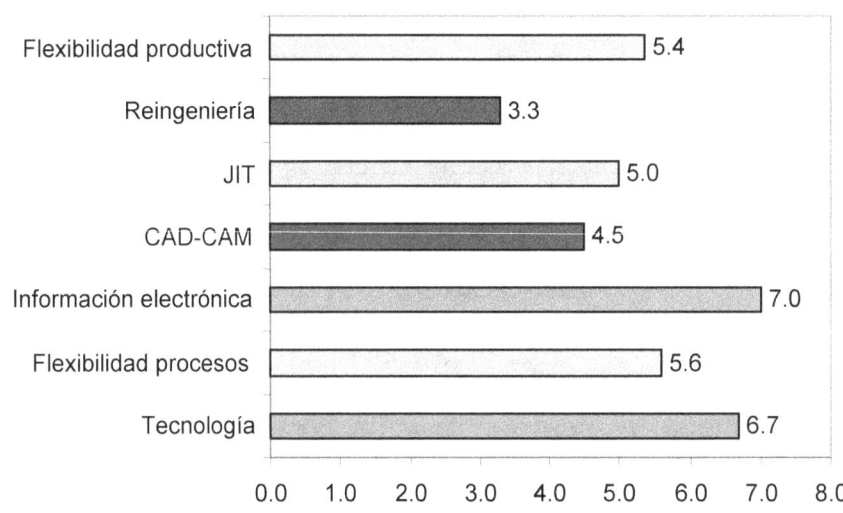

Fuente: Elaborado por CECIC con datos del análisis de encuesta bajo un enfoque microempresarial
Gráfica 7.26

- Agilidad Comercial

Es frecuente que dentro de los aspectos de la reestructuración industrial se haga énfasis en el management y en el cambio técnico de los procesos productivos, descuidando su liga con el mercado. Cuando el proceso de modernización ocurre en la empresa sólo en el terreno de la gestión y el proceso productivo, la alternativa en el mercado mundial puede ser la subcontratación o la maquila, pero difícilmente podrá la empresa realizar y mejorar el desarrollo de producto e incrementar su valor agregado. Para lograrlo debe dedicar considerable esfuerzo en el campo del diseño, la calidad, el marketing y los canales de distribución con contacto directo con el cliente en el piso de venta.

En particular, la acumulación de capacidades de diseño y desarrollo de productos es esencial en la estrategia IFA. Las modalidades en que se basan las empresas para su diseño de producto determinan los alcances que pueden tener los mismos. Ya hemos señalado las insuficiencias de las empresas que carecen de un área propia para realizarlo. Ante el número de empresas que cuentan con su departamento de desarrollo de producto se aprecia que ha habido avances en este terreno, sin embargo persiste la modalidad de copiar o comprar patrones en el extranjero.

La comercialización ágil depende de la velocidad; velocidad para presentar muestras en un plazo no mayor de cuarenta y ocho horas y velocidad de entrega del producto en plazos de no más de quince días, con las diferencias propias de cada actividad. Existen deficiencias en un número importante de empresas en estos aspectos. Sólo el 15% de las empresas consideran que la velocidad o tiempo de entrega es la adecuada; de igual manera, solamente el 24% evaluaron como convenientes su velocidad para preparar muestras. Estos resultados sugieren la necesidad de mejorar estas deficiencias en el interior de las empresas

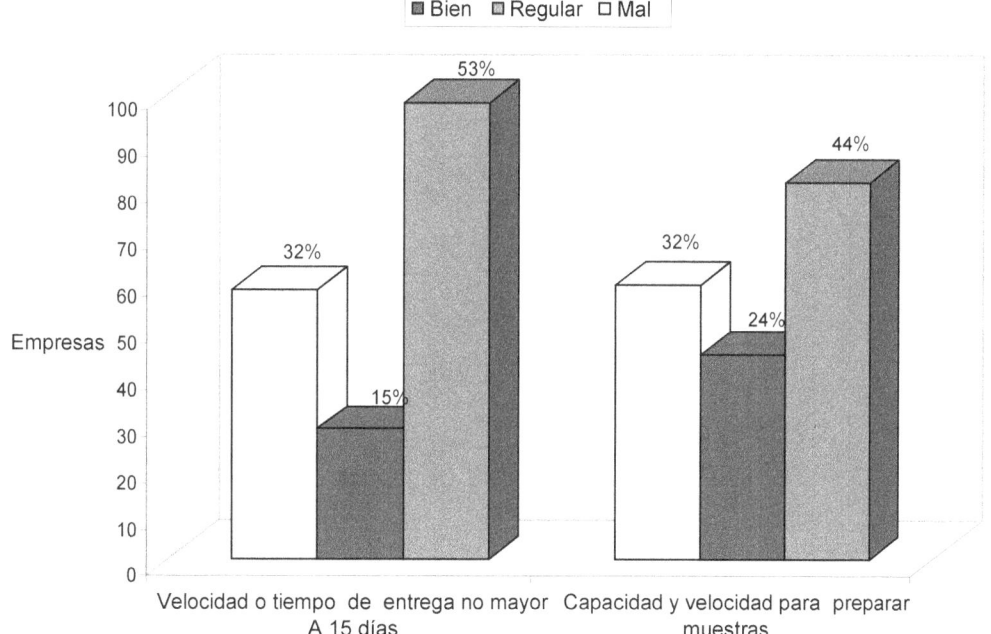

Agilidad Comercial: velocidad en entrega y muestras

Fuente: Elaborado por CECIC con datos del análisis de encuesta bajo un enfoque microempresarial

Gráfica 7.27

La agilidad para captar las necesidades del mercado obliga a las empresas a invertir en sistemas de información acerca de las tendencias del mercado internacional y las modalidades para llegar a éste. Esto se resume en la pregunta sobre el conocimiento del mercado de exportación, en el cual 89 empresas tuvieron una mala autoevaluación. A pesar de que las empresas deben tener la capacidad de cambiar de mercado cuando esto sea necesario, sólo 46 empresas del total cuentan con esta cualidad.

Por otro lado, el 51% de las empresas tienen capacidad para establecer alianzas estratégicas, es decir, cuentan con un vehículo para asegurar la entrada a algún mercado o complementar su habilidad de mercadeo. Por último, el 40% de las empresas cuentan con buenos sistemas de comercio electrónico con clientes o proveedores, mientras que, por el contrario, el 41% de las empresas se autoevaluaron con una mala calificación en este rubro.

Agilidad Comercial: Autoevaluación de las empresas 1

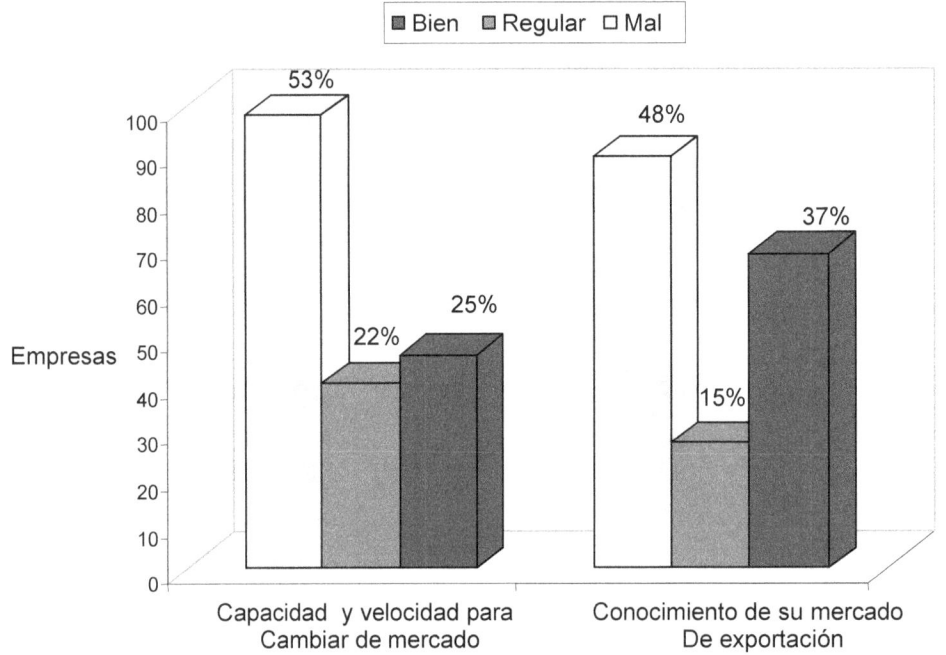

Fuente: Elaborado por CECIC con datos del análisis de encuesta bajo un enfoque microempresarial

Gráfica 7.28

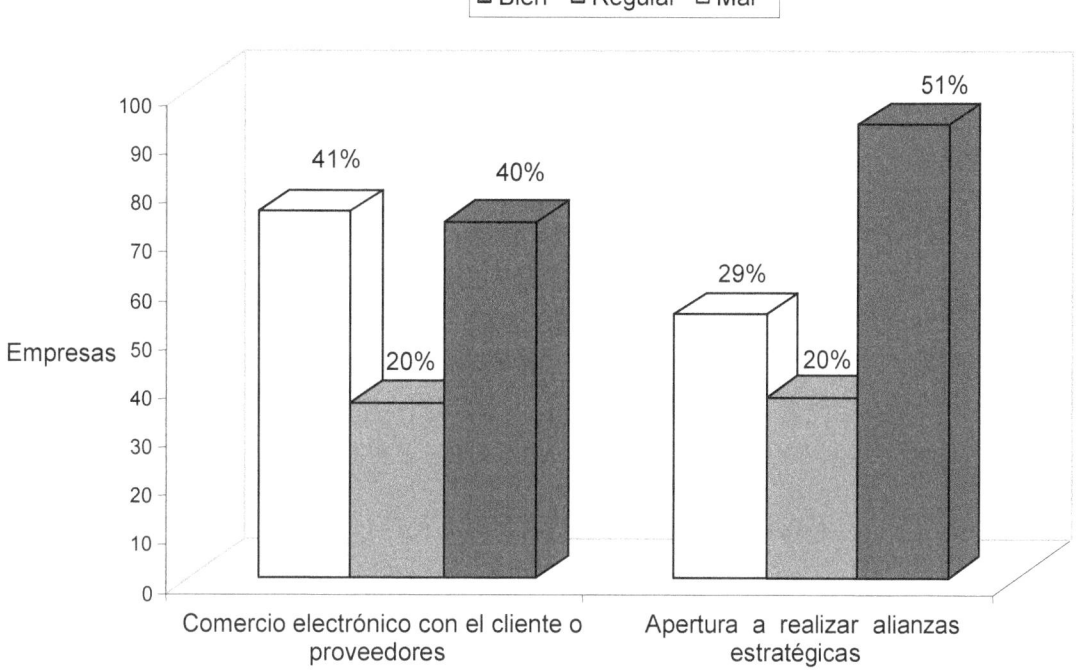

Agilidad Comercial: Autoevaluación de las empresas 2

Fuente: Elaborado por CECIC con datos del análisis de encuesta bajo un enfoque microempresarial

Gráfica 7.29

El promedio de agilidad comercial del total de la muestra es de 5.5. Podría anticiparse que esto ya nos señala una especificidad del sector industrial del Estado de Coahuila. Los aspectos con mayor puntuación son la velocidad de entrega con 7 puntos, la apertura para realizar alianzas estratégicas, el acceso directo a clientes o canales de distribución regional o nacional y la velocidad para elaborar muestras con promedios cercanos al 6. Con menor puntuación se encontraron el acceso directo a clientes o canales de distribución internacional y la capacidad para cambiar de mercado, ambos cercanos a una calificación de 4. El conocimiento del mercado de exportación de la empresa y la velocidad para ofrecer nuevos productos se encontraron en la mitad.

Agilidad Comercial en el total de la muestra (calificación promedio)

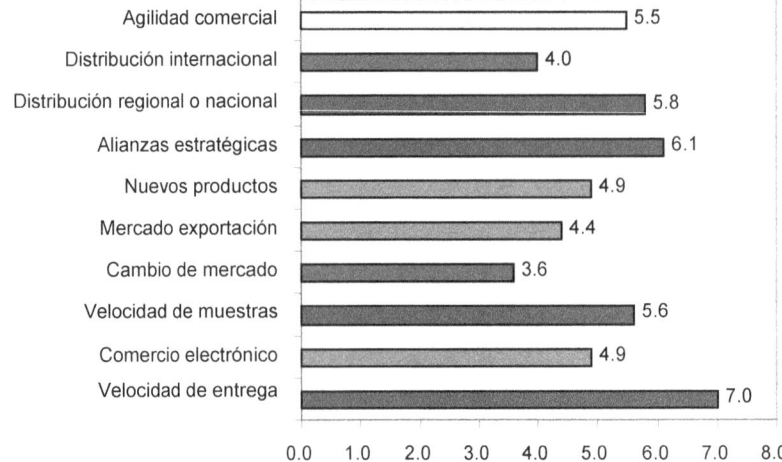

Fuente: Elaborado por CECIC con datos del análisis de encuesta bajo un enfoque microempresarial
Gráfica 7.30

El promedio de las empresas nacionales es de 4.7 puntos, sin embargo destaca la mayor puntuación que obtuvieron respecto al total de la muestra en la capacidad para distribuir sus productos en los mercados regionales o nacionales y la capacidad para llevar a cabo alianzas estratégicas. Por el contrario, las empresas se evalúan con 3 puntos en cuanto al acceso a canales de distribución internacional.

Agilidad Comercial de las empresas nacionales (calificación promedio)

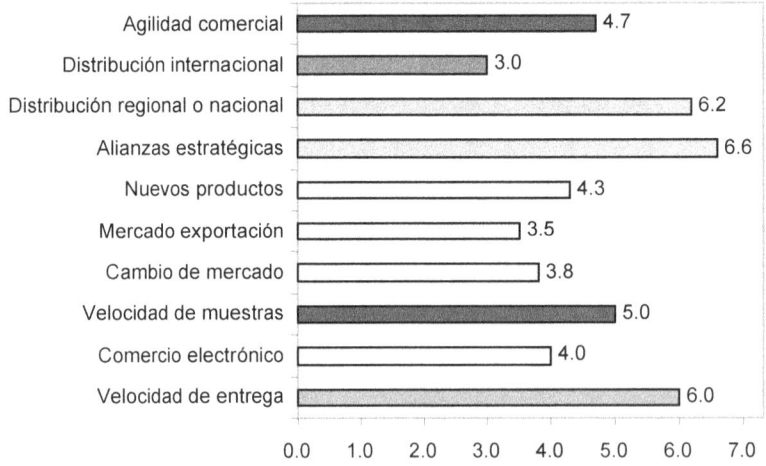

Fuente: Elaborado por CECIC con datos del análisis de encuesta bajo un enfoque microempresarial
Gráfica 7.31

El análisis realizado a través de la encuesta nos llevó a elaborar un diagnóstico de las empresas en relación a los tres atributos que son la base para la acumulación del capital empresarial y la ventaja competitiva sustentable. Sólo las empresas que tienen Inteligencia organizacional, Flexibilidad productiva y Agilidad comercial, tienen las armas necesarias para llevar a cabo una estrategia competitiva IFA o dicho de otra forma, cuentan con el capital empresarial necesario para hacerlo. Siguiendo esta línea de razonamiento, dentro del total de la muestra existen 120 empresas que tienen un nivel de capital empresarial de seis puntos o más, o sea 65% de las empresas. Si consideramos que un nivel de excelencia se ubica entre ocho y diez, sólo el 29% de las empresas encuestadas se encuentran en este caso.

Capital Empresarial para el total de la muestra

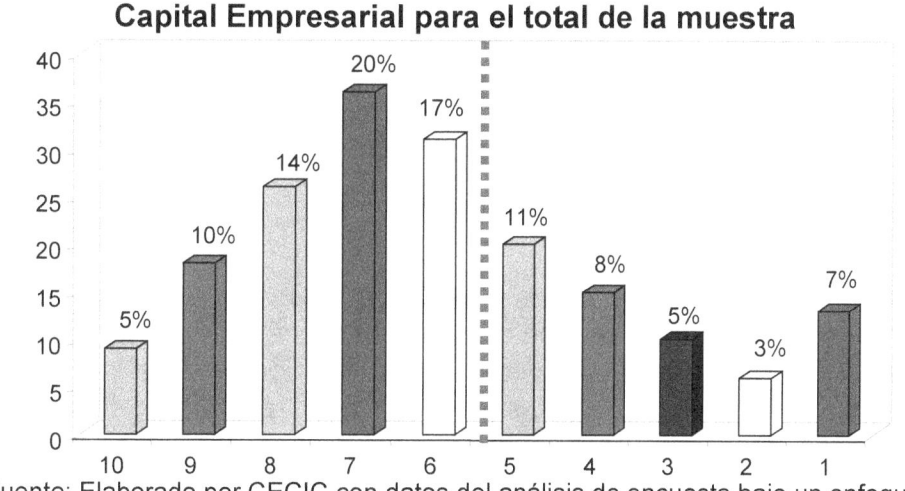

Fuente: Elaborado por CECIC con datos del análisis de encuesta bajo un enfoque microempresarial

Gráfica 7.32

Dentro del conjunto de empresas nacionales el número de empresas con un índice de capital empresarial de seis puntos o más es de sesenta y un empresas. En el nivel de excelencia se encuentran 22 empresas. Estas empresas han logrado acumular sostenidamente un acervo de capital empresarial. Cuentan con métodos modernos de management, sistemas de inteligencia e innovación empresarial, tecnologías flexibles y calidad, velocidad de entrega y adecuados canales de distribución, todo lo cual les permite avanzar hacia una estrategia de innovación de productos con valor agregado, velocidad para abastecer los mercados y encontrar nichos en donde se tenga ventaja competitiva.

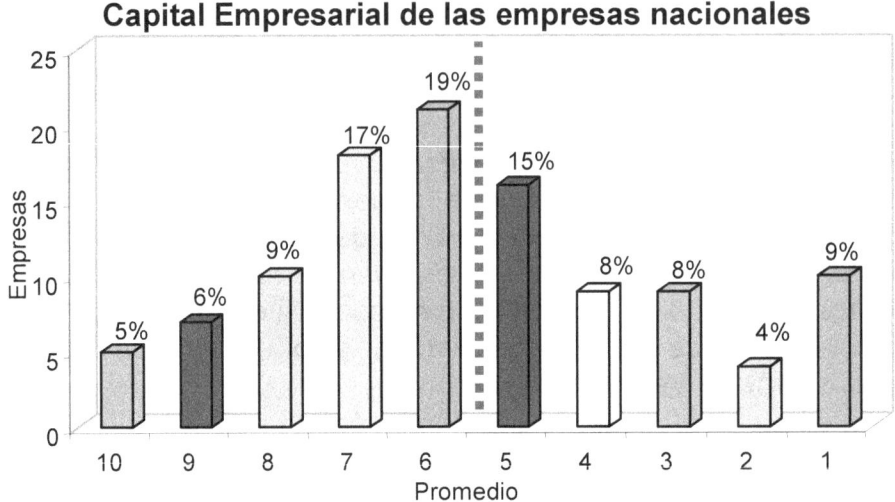

Capital Empresarial de las empresas nacionales

Fuente: Elaborado por CECIC con datos del análisis de encuesta bajo un enfoque microempresarial

Gráfica 7.33

Capital Laboral

La nueva economía de los negocios transita de la era industrial y la manufactura a la era del conocimiento y la mentefactura: de hacer las cosas con la mano a realizarlas con la mente, utilizando las nuevas tecnologías de la información y de la manufactura computarizada. Una nueva era de cambio continuo e incierto donde "la única constante es el cambio y lo único cierto es la incertidumbre", implica un nuevo paradigma de los negocios y las relaciones laborales, en donde la velocidad y agilidad de respuesta a los cambios del mercado se vuelven la base de la nueva estrategia para enfrentar la competencia. A su vez, lo anterior está relacionado con la transformación de las tecnologías de masa hacia las tecnologías flexibles multiproceso y multiproducto que se ven potenciadas con trabajadores del conocimiento multihabilidades que forman el capital intelectual.

La empresa con estrategia IFA requiere ser una organización en donde se promueve la transmisión del conocimiento y la motivación del trabajador. Ésta no se limita a hacer los círculos de calidad sino que avanza hacia las células de aprendizaje e innovación a lo largo de toda la cadena de valor en la empresa que a su vez es la base de la formación de capital intelectual a nivel de la planta o empresa. La estrategia es el desarrollo y administración del conocimiento como la nueva fuente de la ventaja competitiva sustentable: aprender a innovar nuevos procesos y productos y ponerlos en el mercado más rápido que la competencia.

Para evaluar el capital laboral de las empresas obtuvimos los promedios de los aspectos que lo integran. Estos promedios son útiles para evaluar las posiciones relativas de las empresas en cada cuestión. El promedio del capital laboral es de 6.8 puntos. Como puede verse en la siguiente gráfica, los promedios más altos son la permanencia de los trabajadores calificados en la empresa y la actitud de los trabajadores al aprendizaje; esto sugiere problemas de rotación. Así mismo, las empresas valoran la capacidad innovadora de sus trabajadores. En contraste, según la autoevaluación de los entrevistados, existe una insuficiente utilización de trabajadores provenientes de escuelas técnicas en lo cual se asignaron 5.1 puntos. Esto debe destacarse, porque como veremos mas adelante, en la opinión de los entrevistados, existe una buena disponibilidad de centros tecnológicos y escuelas técnicas. Es decir, no es un problema de oferta. En relación a la presencia de ingenieros en cuadros medios y productividad del trabajo las autoevaluaciones de las empresas fueron de 6.8 y 7, respectivamente.

Capital Laboral del total de la muestra (calificación promedio)

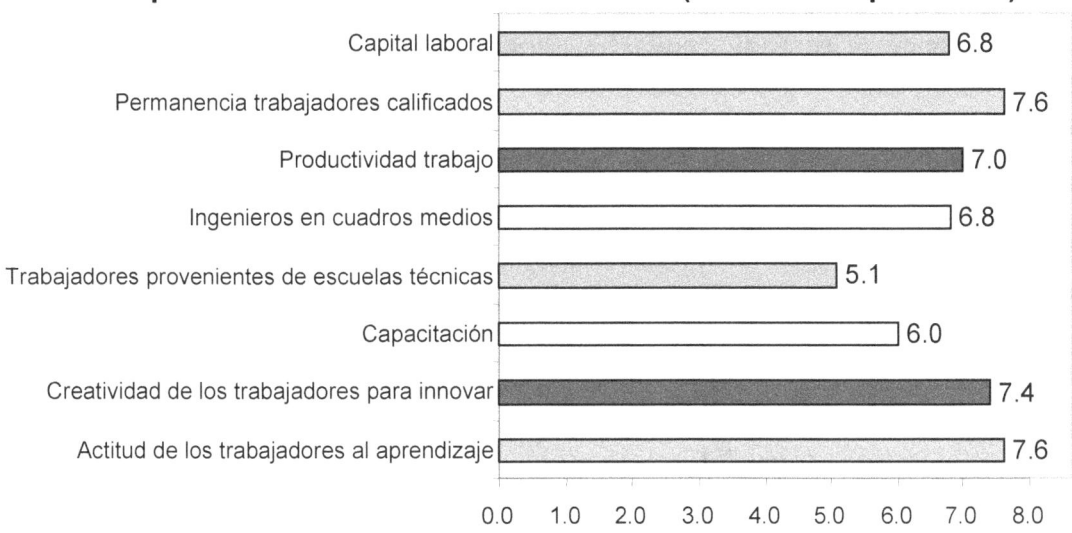

Fuente: Elaborado por CECIC con datos del análisis de encuesta bajo un enfoque microempresarial

Gráfica 7.34

El promedio del capital laboral de las empresas nacionales es de 6.3, cinco décimas menos que el total de la muestra. A excepción del rubro de la productividad del trabajo, en el resto de las calificaciones es menor, por tanto, las fortalezas así como las insuficiencias son coincidentes.

Capital Laboral de las empresas nacionales (calificación promedio)

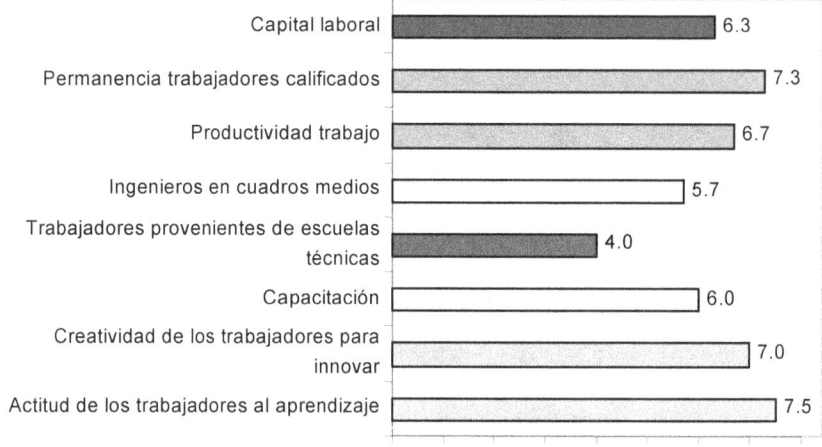

Fuente: Elaborado por CECIC con datos del análisis de encuesta bajo un enfoque microempresarial

Gráfica 7.35

De manera similar que el capital empresarial, en el capital laboral puede identificarse un grupo de empresas que han acumulado un nivel satisfactorio de capital laboral (6 puntos) para así poder aplicar una estrategia competitiva IFA. Son 138 empresas, es decir 75% del total, de las cuales 73 son del grupo nacional. La distribución del total de la muestra se observa en la siguiente gráfica.

Distribución del Capital Laboral en las empresas

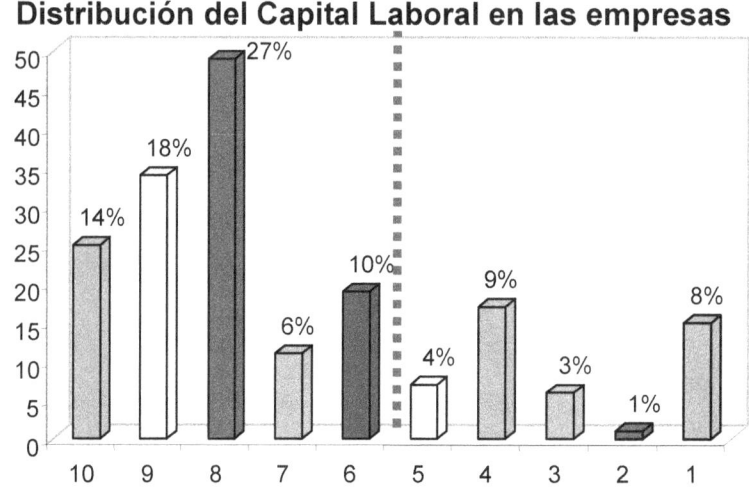

Fuente: Elaborado por CECIC con datos del análisis de encuesta bajo un enfoque microempresarial

Gráfica 7.36

- Eficiencia a Nivel Microeconómico

En las páginas anteriores analizamos el capital empresarial y el capital laboral que constituyen el nivel microeconómico de la competitividad sistémica. Combinando ambos niveles de nuestros resultados, encontramos dentro del total de la muestra 134 empresas que cuentan con un nivel mínimo para emprender una estrategia competitiva IFA. Estas empresas tienen un nivel microeconómico de seis o mayor como se observa en la gráfica. En el grupo de empresas nacionales las empresas con nivel para emprender una estrategia IFA son sólo 69 empresas.

Distribución del nivel microeconómico en el total de la muestra

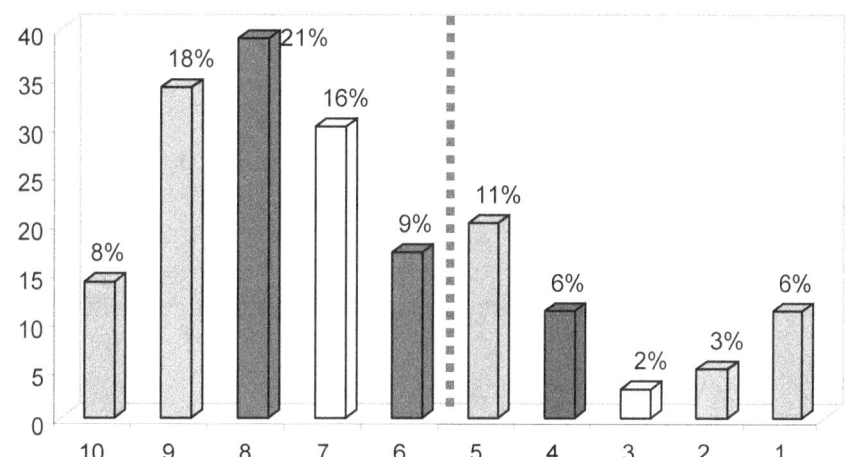

Fuente: Elaborado por CECIC con datos del análisis de encuesta bajo un enfoque microempresarial

Gráfica 7.37

El 11% de las empresas que podrían considerarse en transición debido al nivel medio (5) en el que se encuentran y en el cual si se aplicara un determinado nivel de inversión en los aspectos señalados podría mejorar sustantivamente. En contraste existen el 16% de las empresas con rezagos en el aprovechamiento de las capacidades en los distintos aspectos que constituyen el nivel microeconómico.

Finalmente, para fines de la presente obra, veremos los promedios obtenidos por las empresas en el capital intelectual, que como sabemos se ubica en el nivel mesoeconómico.

Capital Intelectual

Una empresa en proceso de apertura al mundo requiere conocer su entorno (ambiente tecnológico y de mercado), donde el capital de innovación juega un papel fundamental. El que las empresas trabajen en tecnologías maduras o difundidas no disminuye la importancia de la investigación para encontrar posibilidades de mejora: éstas nunca se agotan y siempre hay potencial de aprendizaje. Existen varios aspectos en que el papel de la innovación en la industria es esencial: la disminución de los costos, el diseño y los nuevos materiales. Por tanto, aun en industrias maduras, el capital intelectual para la innovación no es sustituible por la ventaja de salarios bajos, si lo que se desea es tener un nicho de mercado bien definido, con alto valor agregado.

Como se sabe, en toda economía la capacidad de mantener una ventaja competitiva en investigación y desarrollo tecnológico se explica por la creación y desarrollo de un entorno institucional óptimo, que incluye elementos como la capacidad de atraer al mejor talento de cualquier parte del mundo, la capacidad de innovar constantemente a lo largo de la cadena de valor en los procesos productivos y la capacidad de aprovechar los programas de instituciones tecnológicas públicas y privadas. Es por ello que el capital intelectual para la innovación, desde nuestra perspectiva, se compone de tres ejes:

1. Infraestructura tecnológica
2. Tecnología de la información
3. Organización inteligente que aprende e innova continuamente con alta capacidad de respuesta al cambio.

Los resultados de la encuesta sugieren una vinculación insuficiente de las empresas con las instituciones tecnológicas de la entidad estudiada. Sólo 30 empresas tienen algún programa o convenio con centros tecnológicos, 3 con universidades públicas o privadas y once con centros de diseño. El promedio de capital intelectual en la muestra es sorprendentemente bajo (3.8) tanto en el conjunto de la muestra como dentro de las empresas nacionales, como puede verse en las gráficas siguientes gráficas. Es decir, las estrategias dentro y fuera de la empresa dedicadas al desarrollo intelectual son pocas, a pesar de que existe buena disponibilidad de centros tecnológicos en el Estado. Las empresas tienen muy poca relación con institutos de educación superior o universidades. En general, cuando las hubo, estas relaciones sólo fueron para cursos de capacitación. Por otro lado, cabe resaltar que las empresas entrevistadas tienen poca propensión a tener sus propios centros de desarrollo de producto (la autoevaluación promedio fue de 2) o a desarrollar tecnología propia.

La escasa acumulación de capital intelectual en las empresas de la región sugiere patrones de especialización productiva basada en la articulación con la economía norteamericana y dependiente de las decisiones tecnológicas de la matriz. Pero el caso de las empresas de capital nacional, denota una desventaja evidente para enfrentar los difíciles retos de la competencia internacional, cada días más complejos.

Capital Intelectual del total de la muestra (calificación promedio)

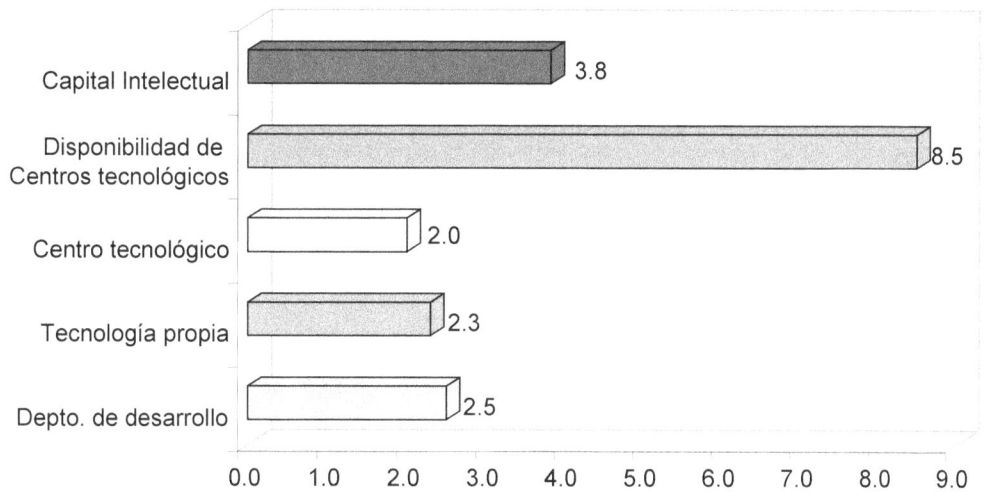

Fuente: Elaborado por CECIC con datos del análisis de encuesta bajo un enfoque microempresarial

Gráfica 7.38

Capital Intelectual de las empresas nacionales (calificación promedio)

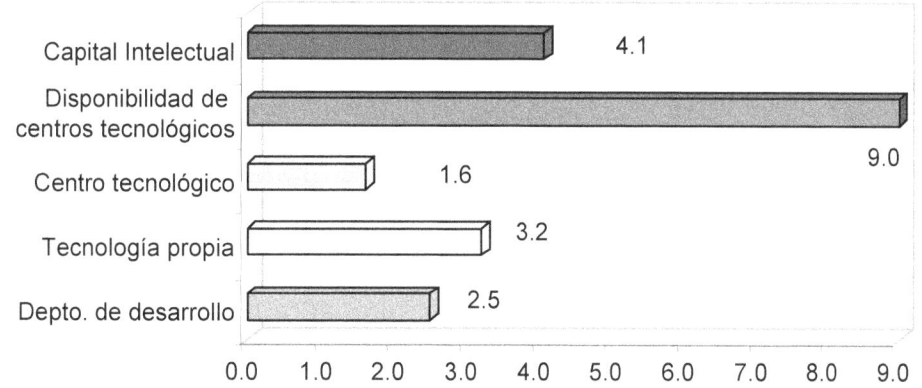

Fuente: Elaborado por CECIC con datos del análisis de encuesta bajo un enfoque microempresarial

Gráfica 7.39

Dentro del grupo de empresas con capital nacional encontramos doce empresas con un capital intelectual mayor a 7. Éstas cuentan con una gama de acciones encaminadas a la innovación interna. Además, aprovechan las instituciones externas y por tanto, son las que tienen el nivel mínimo de formación de capital intelectual para una estrategia de valor agregado; tema que deben atender las empresas si quieren tener la capacidad de innovación de producto y de proceso. Las posibilidades para mejorar en el terreno del capital intelectual son múltiples. No sólo existen los centros públicos y privados en el Estado; existe también la posibilidad de que dos o más empresas se agrupen para formar su centro de desarrollo de producto, apoyándose en programas existentes. Así, cuando las empresas no tienen un tamaño que justifique un centro individual, una red de empresas puede invertir en el establecimiento de un centro tecnológico para su uso exclusivo.

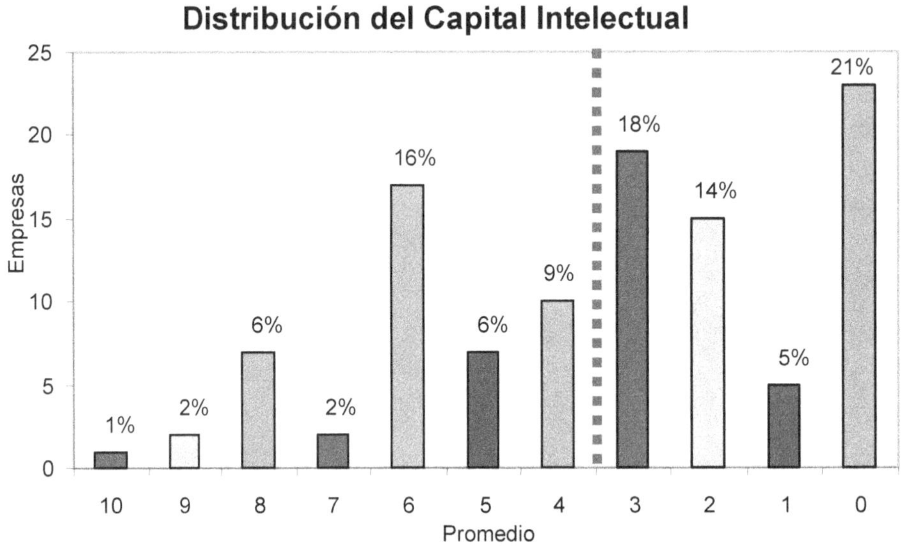

Distribución del Capital Intelectual

Fuente: Elaborado por CECIC con datos del análisis de encuesta bajo un enfoque microempresarial

Gráfica 7.40

Como podemos observar según los resultados obtenidos, los niveles de competitividad en los capitales arriba analizados no es suficiente para que las empresas puedan desarrollar una estrategia que les permita ser IFA en la nueva era del conocimiento y la mentefactura. Por otro lado, el capital intelectual con el que cuentan tampoco es suficiente para que las empresas aprendan e innoven constantemente.

Enfoque ICOP

El Enfoque ICOP mide el Índice de Competitividad para cada uno de los seis niveles en sus diez capitales pero va más allá de los enfoques tradicionales, al definir y analizar los obstáculos a la competitividad y las políticas públicas para mejorar la competitividad. Los resultados que obtuvimos en el análisis de la encuesta a nivel microempresarial realizada por el CECIC fueron los siguientes:

- En primer lugar es necesario, a riesgo de ser esquemáticos, identificar las empresas con potencial y aquellas con problemas, para dimensionar el esfuerzo de instrumentación de programas que se tiene que emprender. Cabe mencionar que para este análisis no se consideraron a las empresas maquiladoras.

- En total distinguimos más de sesenta empresas con mayor potencial. Éstas se caracterizan por tener sistemas modernos de administración, programas de capacitación, sistemas de inteligencia empresarial, entre muchas otras cosas. Frente a esto, hay otro grupo de empresas con algunas insuficiencias, pero con fortalezas en algunos campos, que podríamos catalogar como en "transición" a la competitividad. Estas fueron 58 en total. Por último, se localizaron sólo 35 con rezagos mayores y por tanto, mayor necesidad de aplicar distintos programas intensivos.

La composición de las empresas por tamaño y agrupamiento ya ha sido mencionada. Al haber examinado el grado de formación de los diez capitales nos ha sido posible localizar las insuficiencias en ellos, identificando los nudos que obstaculizan la competitividad de las empresas en el estado. A continuación se sintetizan los obstáculos y fortalezas de un grupo importante de sus empresas.

- Empresas

Entre las empresas encontramos **fortalezas** importantes: Un nivel alto de capitalización, un grupo de empresas de excelencia en cuanto a su inteligencia organizacional, flexibilidad productiva, aunque la agilidad comercial es un aspecto relativamente relegado. Así mismo, buena parte de los entrevistados mencionó como parte de sus fortalezas a su fuerza laboral, el trabajo logrado en equipo y su disposición al aprendizaje y su flexibilidad.

Por otro lado, la evaluación de las empresas de capital nacional, sobre todo las PYME permite detectar los siguientes **obstáculos** en el campo de ingerencia directa de la empresa.

1. Sistemas de administración deficientes: esta es esencial para identificar problemas, establecer indicadores y metas para el cambio.

2. Insuficiente conocimiento del mercado.

3. Falta de integración de las fases diseño-producción-mercadeo: hoy "ya no se vende lo que se produce, si no que se produce lo que se vende".

4. Aunque hay avances importantes, las empresas no le conceden su importancia a la necesidad de adaptar su proceso productivo para lograr las ventajas de un sistema que ahorre en inventarios, en mermas, retrabajos,

5. Falta de sistemas de comercio electrónico con clientes y proveedores. Este es ya parte de lo cotidiano a nivel internacional.

6. Baja calificación inicial de los obreros. Las empresas no utilizan suficientemente a los egresados de escuelas técnicas. Existen en Coahuila centros educativos en distintos niveles, que ofrecen estos conocimientos, pero los empresarios no están demandando una fuerza laboral más calificada.

7. Falta de programas continuos de capacitación: los trabajadores hacen lo que les enseñaron cuando entraron, pero no saben por qué y qué métodos alternativos podrían aplicarse. Esto puede ocasionar pérdidas por malos hábitos. Es necesario crear centros de capacitación donde que se habilite al trabajador con el método de aprender a aprender, aprender haciendo y aprender a emprender; esto en la esencia de una organización inteligente, tipo IFA, con capacidad de aprendizaje e innovación.

8. Procesos productivos que excluyen la participación laboral en los procesos de mejora continua e innovación.

9. Pocas empresas mencionaron tener programa de desarrollo de proveeduría (Supply Chain), que es fundamental para desarrollar la eficiencia de integración a lo largo de la cadena de valor.

De esta manera observamos mediante el enfoque ICOP la situación de las empresas en el ámbito microempresarial y con ello cuáles son sus fortalezas, obstáculos y/o debilidades que no les permiten sobresalir como empresas competitivas sustentables tipo IFA.

7.6 Conclusiones

La información presentada en el presente capítulo, derivada del análisis de la estrategia de desarrollo esbozada en el Modelo de Competitividad Sistémica, y a su vez de la construcción del Índice de Competitividad Sistémica en general, nos permite platear las siguientes conclusiones:

- México y América Latina muestran preocupantes debilidades sistémicas en los diez capitales de la competitividad. Evidencia clara de que la política económica seguida no es suficiente.

- De igual forma, las economías emergentes que compiten con la región por las inversiones están ganando la carrera de la hipercompetencia global, en especial en comparación con los tigres asiáticos, porque no se tiene una estrategia de competitividad sistémica que permita mantener y mejorar la ventaja competitiva sustentable.

- En lo que respecta a la formación de empresas IFA, Latinoamérica muestra deficiencias en el capital empresarial, lo que implica bajo desarrollo del management necesario ante la hipercompetencia global.

- De igual forma no hay capacidad de innovación y el uso de tecnologías es muy limitado, lo que conlleva a que las empresas realmente no estén entrando eficientemente al juego de la mentefactura en la nueva economía del conocimiento.

- En el caso específico de las empresas en México podemos deducir, mediante el análisis hecho a las empresas coahuilenses, que, aún falta un largo camino por recorrer para obtener los principales capitales y llevar a cabo una estrategia IFA.

- Finalmente, es claro que se requieren programas a nivel país, de Competitividad Sistémica, dirigidos a desarrollar los diez capitales de la competitividad y crear el ambiente propicio para promover a nivel microempresarial la formación de empresas IFA en América Latina, es decir la formación de empresas competitivas sustentables en la era de la mentefactura, de la globalización y del capital intelectual.

Referencias y Bibliografía

[1] Villarreal, René y Rocío Ramos de Villarreal. *México Competitivo 2020. Un Modelo de Competitividad Sistémica para el Desarrollo.* Ed. Océano México, 2002.

[2] Porter, Michael, Jeffrey Sachs y Andrew Warner. *Global Report of Competitiveness 2001-2002.* World Economic Forum y Harvard University. Ginebra, 2001.

[3] Programa Regional de Competitividad Sistémica: Un análisis de encuesta bajo un enfoque microempresarial elaborado por CECIC

 René Villarreal obtuvo en 1976 el Grado de Doctor (*Doctor of Philosophy in Economics*) por la Universidad de Yale, con su tesis: *"Desequilibrio Externo, Crecimiento Económico sin Desarrollo: El Modelo de Sustitución de Importaciones, la Experiencia Mexicana 1929-1975."* Se hizo acreedor al Premio Nacional de Economía con su tesis (hoy libro del Fondo de Cultura Económica, en su quinta edición ampliada) *"Industrialización, Competitividad y Desequilibrio Externo en México: Un Enfoque Macroindustrial y Financiero 1929-2010"*.

Además en esta universidad en 1974 obtuvo el Master of Arts y en 1975 obtuvo el Master of Philosophy, con especialidad en los campos de Comercio y Finanzas Internacionales y Desarrollo Económico; ambos por la Universidad de Yale.

Asimismo, obtuvo el grado de Maestro en Economía por el Colegio de México con la tesis: *"El Desarrollo Industrial de México: Una Perspectiva Histórica" y la* licenciatura en Economía por la Universidad de Nuevo León.

En la administración pública de México, se desempeñó como Subsecretario de Industria y Comercio en SECOFI (1982-1985), Subsecretario de Reconversión Industrial de la Secretaría de Energía, Minas e Industria Paraestatal SEMIP (1987-1988); Director de Finanzas Internacionales y de Planeación Hacendaria de la Secretaría de Hacienda y Crédito Público (SHCP); Director General del Grupo Industrial y Comercial Productora e Importadora de Papel PIPSA, y Presidente del Consejo de Administración de sus tres plantas productoras, durante 10 años (1988-1999).

Actualmente, es Presidente del Centro de Capital Intelectual y Competitividad (CECIC), Institución Asociada (Partner Institute) del Foro Económico Mundial de Davos para la elaboración del Reporte Global de Competitividad en el capítulo de México. Como presidente del CECIC, ha coordinado diversos programas de competitividad a nivel país, estado, sector y empresa entre los cuales destacan: El Plan Nacional de Competitividad Sistémica de la República Dominicana; El Programa Regional de Competitividad e Innovación: Nuevo León Competitivo base para el desarrollo de Monterrey como Ciudad del Conocimiento; El Programa de Competitividad del Clúster Farmacéutico de México; Los Programas de Competitividad de los Clusters de Salud y Servicios Médicos, de Telecomunicaciones por Cable y de Calzado; La Estrategia de Competitividad Internacional de PEMEX-Refinación, entre otros.

Asimismo, el Dr. Villarreal es consultor y conferencista internacional de empresas y gobiernos en temas de competitividad, globalización, capital intelectual, innovación, desarrollo regional, clúster, PyMEs, y competitividad gubernamental, así como en la evaluación de los tratados de libre comercio (TLCAN y DR. CAFTA).

Es editor y codirector del Observatorio Económico de la República Dominicana, revista de la Fundación Global Democracia y Desarrollo (FUNGLODE), es miembro del Nuevo Club de París -comunidad internacional del conocimiento-, la Fundación Internacional Triffin de la Universidad Católica de Lovaina, miembro del Consejo de Administración del Grupo Financiero Afirme. Ha sido miembro del Consejo Directivo del "Peter Drucker Center of Management" de la Universidad Claremont, California.

Es autor de más de 13 libros y más de 100 artículos sobre la economía latinoamericana y mexicana, así como de industrialización, comercio internacional, competitividad, macroeconomía y finanzas internacionales. Sus más recientes libros son: "El Secreto de China: Estrategia de Competitividad", Ediciones Ruz; "TLCAN 10 años Después: Lecciones para México y América Latina", Editorial Norma; "IFA La Empresa Competitiva Sustentable en la Era del Capital Intelectual", editado por Mc Graw-Hill, y "México Competitivo 2020: Un Modelo de Competitividad Sistémica para el Desarrollo", Editorial Océano; "El Modelo de Apertura Macroestabilizador. La Trampa al Crecimiento y a la Competitividad"; "El TLCAN II y La Competitividad Regional de la Integración Comercial a la Integración Productiva"; "Clúster. Un Modelo de Asociatividad y Competitividad Sistémica en la Cadena Global de Valor". Estos tres últimos libros editados por Amazon.com

En el campo de la educación, el Dr. Villarreal se ha desempeñado como Director Académico de "Economía Política y Gobierno", Diplomado en el Instituto Nacional de Administración Pública (INAP); y ha impartido cátedra de comercio y finanzas internacionales y macroeconomía en prestigiadas universidades como El Colegio de México, el ITAM y la Universidad Anáhuac, entre otras instituciones.

LIBROS PUBLICADOS

- El Secreto de China: Estrategia de Competitividad, Ediciones Ruz, 2006.
- Industrialización, Competitividad y Desequilibrio Externo en México: Un Enfoque Macroindustrial y Financiero 1929-2010, Fondo de Cultura Económica, 2005.
- TLCAN 10 Años Después. Experiencia de México y Lecciones para América Latina. Hacia una Estrategia de Competitividad Sistémica. Editorial Norma, 2004.
- La Empresa Competitiva Sustentable en la era del Capital Intelectual: IFA (Inteligente en la organización, Flexible en la producción y Ágil en la comercialización), Editorial McGraw Hill, 2003.
- México Competitivo 2020, Un Modelo de Competitividad Sistémica para el Desarrollo. Editorial Océano, 2001.
- Hacia una Nueva Economía de Mercado: Institucional y Participativa. El Reencuentro del Mercado Institucional con el Estado Reformado y la Sociedad Participativa, Ediciones Castillo, 1998.

- Liberalismo Social y Reforma del Estado: México en la Era del Capitalismo Posmoderno, Coedición FCE y Nacional Financiera, 1993.
- México 2010: de la Industrialización Tardía a la Reestructuración Industrial, Edit. Diana, 1988.
- Mitos y Realidades de la Empresa Pública, Edit. Diana, 1988.
- La Contrarrevolución Monetarista. Teoría, Política Económica e Ideología del Neoliberalismo, Primera Edición, Océano1983, Edición del FCE, 1986.
- Economía Internacional: Teorías del Comercio Internacional y su Evidencia Empírica, Tomos I y II, FCE, 1979.

ENSAYOS RECIENTES

- • El Nuevo Consenso Post-Keynesiano de Washington: El Reencuentro del Estado con el Mercado, Revista Global, No.32, enero-febrero, República Dominicana, 2010.
- • Connectivity Strategies Enhance Competitiveness: The Mexican and Korean Experiences and Lessons for Latin America. Global Technology Report 2005-2006. World Economic Forum.
- • Monterrey, Ciudad Internacional del Conocimiento, Revista Comercio Exterior, Vol. 59, Núm. 11, BANCOMEXT. México, Noviembre 2009.
- • El Libre Comercio y la Integración de las Américas: La Experiencia del TLCAN, en Historia Comparada de la Américas, UNAM-CIALC, México, 2009.
- • El Modelo de Apertura Macroestabilizador: La Experiencia de México, Revista Economía Teoría y Práctica, No. 32, UAM Xochimilco, enero-julio 2010.
- • Intellectual Capital and Innovation Cluster: Building an International Knowledge City. The Case of Monterrey. Matera, Italy, June, 2008.
- "Estrategia de Competitividad Turística de la RD", en *Revista de Investigación en Turismo*, 2008.
- "Competitividad", en *Revista Global,* FUNGLODE, Volumen 4, No. 19, noviembre/diciembre 2007.
- "Estrategia China: Lecciones para América Latina, en *Revista Global,* FUNGLODE, Volumen 4, No. 19, noviembre/diciembre 2007.
- "NAFTA: 12 Years of Mexico's Experience", en *The Latin America Competitiveness Review 2006 Paving the Way for Regional Prosperity*, World Economic Forum, 2006.
- "Connectivity Strategies Enhance Competitiveness: The Mexican and Korean Experiences and Lessons for Latin America", en Global Technology Report 2005-2006, World Economic Forum, 2006. En colaboración con René Alejandro Villarreal Ramos.
- "Hacia una Estrategia de Competitividad Sistémica para la Industria Siderúrgica Latinoamericana" en *Acero Latinoamericano*, ILAFA, abril, 2003.
- "La apertura de México y la paradoja de la competitividad: hacia un modelo de competitividad sistémica", en *Comercio Exterior*, Bancomext, 2001.

- "Financial Globalization: Lessons From Financial Crises In Latin America Since 1980", en *International Conference: Fragility of the International Monetary System, How can we prevent new crises in emerging markets?, Fondation Internationale Triffin*, Universidad Católica de Lovaina, semptiembre, 2000.
- "Hacia una Estrategia de Industrialización y Competitividad Sistémica", en *Estrategia Industrial*, Año 17, No. 190, México, 2001.
- "La Banca de desarrollo: palanca del financiamiento para el crecimiento", en. *Federalismo y Desarrollo*, No. 69, México, julio-sep., 2000.
- "La Globalización y las Opciones Nacionales", en *Memoria. Conferencia: La incorporación de México a los procesos económicos de la globalización*, Fondo de Cultura Económica, México, 2000.
- "El Contagio Global. Las Opciones de México ante la Globalización Financiera", en *Trayectorias Revista de Ciencias Sociales de La Universidad Autónoma de Nuevo León*, Año 1. Número 1. septiembre-diciembre, 2000.
- "Creating Intellectual Capital in the Mindfacturing Era. A Learning Cells Approach", en Jim Botkin (Editor), *Smart Business*, The Free Press, New York, junio, 1999.
- "La Globalización Financiera y su Impacto en las Estrategias de Desarrollo de los Países Emergentes: Restricciones y Opciones", en *International Conference on Financial Globalization and the Emerging Economies*, CEPAL, Santiago de Chile, 1999.
- "Hacia una Economía Institucional de Mercado del Cambio Estructural al Institucional y Organizacional", en *El Mercado de Valores,* Nacional Financiera, Octubre de 1999.
- "Dolarización en México. Las ideas y propuestas de Mundell", en *Expansión*, 22 de diciembre de 1999.

CONFERENCIAS RECIENTES

"Las PyMEs Ante la Crisis Económica Mundial, Confederación Dominicana de la Pequeña y Mediana Empresa, (CODOPYME), Santo Domingo, República Dominicana 29 de mayo de 2009.

"La Estrategia de Competitividad Empresarial Ante la Crisis Global", Asociación Dominicana de Mujeres Empresarias, Santo Domingo, República Dominicana, 20 de mayo de 2009.

"La Crisis Financiera Global y su Impacto en el Crecimiento y la Industrialización: Escenarios de Recuperación", Santo Domingo, República Dominicana, 29 de Abril de 2009.

"La Estrategia de Competitividad Sistémica para Perú Ante la Crisis Global", Lima, Perú, 21 de Abril de 2009.

"Estrategias para Impulsar la Competitividad en Jalisco: Hacia un Programa de Competitividad Sistémica", Guadalajara, Jalisco, 19 de noviembre del 2008.

"Intellectual Capital and Innovation Cluster: Building an International Knowledge City   The Case of Monterrey", Matera, Italy, June, 2008.

"El Libre Comercio y la Integración de las Américas: La Experiencia del TLCAN", Primer Seminario Historia Comparada de las Américas, Instituto Panamericano de Geografía e Historia, México, Octubre 10, 2007.

"Panorama Económico y Retos del Empresario de Hoy", USEM Monterrey, septiembre 12, 2007.

"Instrumentos de una Gobernabilidad para la Competitividad: Visión Estratégica", PNUD El Caso de la República Dominicana, el Plan Nacional de Competitividad Sistémica y Gobernabilidad para la Competitividad en América Latina, México, junio 4, 2007.

"La Innovación Tecnológica para el Desarrollo Sustentable: Desarrollo Imperativo de una Estrategia Inclusiva y la Importancia del Enfoque Estatal", ADIAT, Morelia, Abril 12, 2007.

"Taller de Desarrollo Económico y Social: Republica Dominicana 2030", Sede Subregional de la CEPAL, Ciudad de México, 15 y 16 de marzo 2007.

"México 2006-2012" H. Cámara de Diputados, Ciudad de México, 11 de marzo 2007.

"¿Qué México Queremos, Exigencias y Retos"?, en Congreso Nacional USEM, Hermosillo, Sonora, 1 de febrero, 2007.

"Que falta por ejecutarse del TLC", en Mesa de Análisis, Radio Monitor, Ciudad de México, 18 de enero 2007.

"Perspectivas económicas para el 2007" USEM, Ciudad de México, 11 enero 2007.

"Programa de Competitividad de la Industria Farmacéutica", CANIFARMA, Quintana Roo, Cancún, 3 de octubre 2006.

"La Ética para la Sustentabilidad de un Cluster Competitivo" Primer Simposium Internacional de Ética en Instituciones de Salud, Monterrey N.L., Ciudad del Conocimiento, 30 mayo de 2006.

"Panorama Económico Actual y Perspectivas para el 2006", León, Guanajuato, 19 de Julio de 2005.

"La Competitividad Sistémica y el Desarrollo Regional de México", Saltillo-Torreón, Coahuila, 8-9 Julio, de 2005.

"La Industrialización en México Diagnóstico y Desafíos: el Nuevo Camino", Torreón, Coahuila, 20 de enero de 2005.

"¿Es América Latina Competitiva en la Actualidad? La Competitividad Sistémica de América Latina", en Foro CONINDUSTRIA, Caracas, Venezuela, 30 Junio, 2004.

"TLCAN Experiencia de México y Lecciones para Colombia y América Latina. Hacia una Política de Competitividad Sistémica", Universidad Nacional de Colombia - Bogotá, Colombia, 2 de Junio, 2004.

"La Estrategia de Crecimiento Competitivo con Empleo y Estabilidad", H. Cámara de Diputados, México, 17 de mayo, 2004.

"TLCAN Experiencia de México y Lecciones para Colombia y América Latina. Hacia una Política de Competitividad Sistémica", ONUDI - Bogotá, Colombia – 10 de mayo, 2004.

"Estrategia de Competitividad y Modelo Empresarial IFA", CANITEC, Mérida, Yucatán 1° de Abril, 2004.

"El Trabajo en Equipo y la Estrategia de Comercialización Competitiva en la Empresa IFA", COLOMBINA, Santa Martha, Colombia, 20 de Febrero. 2004.

"La Estrategia de Competitividad Sistémica: La Vía Latinoamericana ante la Globalización", COLOMBINA, Cali, Colombia, 18 de Febrero, 2004.

"La Competitividad Sistémica en el Desarrollo de Clusters Sustentables", Tabasco en Acción, Villahermosa, Tabasco, 1° de Diciembre, 2003.

www.ingramcontent.com/pod-product-compliance
Lightning Source LLC
Chambersburg PA
CBHW081103170526
45165CB00008B/2314